Werner Rau

MOBIL REISEN

DÄNEMARK

Werner Rau

MOBIL REISEN

DÄNEMARK
MOBILE TOURING HIGHLIGHTS

Mit Wohnmobil, Caravan oder Van-Camper
unterwegs auf den schönsten Reiserouten
in Jütland, auf Fünen, Seeland,
Falster, Lolland und Bornholm

Mit vor Ort ermittelten GPS-Koordinaten

WERNER RAU VERLAG

Idee, Layout, Text, Karten, Stadtpläne und Fotos (falls nicht anders gekennzeichnet): Werner Rau
Titelgestaltung: HitzArtworks, 72667 Schlaitdorf
Titelfoto: Im Freilichtmuseum „Den Gamle By" in Aarhus, Jütland

9. komplett neu bearbeitete und aktualisierte Auflage 2020/2021

Herstellung: Druckerei & Verlag Steinmeier, 86738 Deiningen
Printed in Germany

ISBN   978-3-926145-87-1
Geo Nr. 663 10188

Extra-Infos

Karten und Stadtpläne

EIN KURZPORTRÄT DÄNEMARKS

Dänemark, offizieller Staatsname **Kongeriget Danmark**, ältestes Königreich Europas, liegt zwischen Nord- und Ostsee und grenzt im Süden mit der Halbinsel Jütland an Schleswig-Holstein. Das Land wird ansonsten begrenzt von Nordsee und Skagerrak im Westen und Nordwesten, vom Kattegat im Nordosten und von der Ostsee im Osten.

Größe des Landes: Das dänische Inselreich erstreckt sich über ein Territorium von 42.921 qkm. Davon entfallen auf die Halbinsel Jütland etwa 23.822 qkm (70%), der Rest verteilt sich auf 416 Inseln, von denen weniger als 100 bewohnt sind.

Die größten Inseln sind Seeland (7.031 qkm), Fünen (2.984 qkm), Lolland (1.243 qkm), Bornholm (588 qkm) und Falster (514 qkm).

Dänemarks Staatswappen

Ebenfalls zu Dänemark gehören – wenn auch mit autonomer Verwaltung – die Färöer Inseln und Grönland.

Dänemark rangiert auf der Größentabelle der Länder der Welt an 133. Stelle.

Die Länge der dänischen Küste misst stattliche 7.314 km! Die Landgrenze hingegen nur 67 km.

Bevölkerung: Dänemark hat etwas mehr als 5,8 Mio. Einwohner. Die Bevölkerungsdichte beträgt etwa 130 Menschen pro qkm (im Vergleich: BR Deutschland dagegen rund 232 Einwohner pro qkm).

Der ganz überwiegende Teil der Bevölkerung (ca. 90 %) gehört der evangelisch-lutherischen Glaubensrichtung (Staatsreligion, Volkskirche) an. Zumindest wird dieser große Personenkreis statistisch über die Erhebung Kirchensteuer als der Staatsreligion zugehörig angesehen. Katholiken, Juden, Baptisten, Methodisten und andere Gruppierungen zählen zu den religiösen Minderheiten. Generell ist die Glaubensfreiheit garantiert. Nur der Monarch hat als einziger Staatsbürger im Dänenreich kein Recht auf Religionsfreiheit. Laut Verfassung hat er der Volkskirche anzugehören.

Die Staatssprache ist Dänisch. In Südjütland wird Deutsch als Minderheitensprache anerkannt.

Hauptstadt ist Kopenhagen (København) auf der Insel Seeland, mit annähernd 623.000, bzw. ca. 1,22 Mio. Einwohnern inklusive der Außenbezirke und 26 Vororte.

Die vier nächstgrößten Städte Dänemarks sind Århus mit annähernd 277.000 Einwohnern, Odense mit ca. 179.000 Einwohnern, Aalborg mit rund 115.000 Einwohnern und Esbjerg mit ca. 72.000 Einwohnern.

Staatsform: Konstitutionelle Monarchie. Mit Einführung des Grundgesetzes 1849 wählten die Dänen die demokratische Regierungsform.

Dänemarks Monarchie ist eine der ältesten der Welt. Zeugnisse eines ersten dänischen Königs namens Hardekund gibt es aus dem Jahre 943. Kaum mehr als der Name ist auch von dessen Nachfolger, Gorm der Alte, bekannt. Erst mit Gorms Sohn, Harald Blauzahn, der zwischen 940 und 986 herrschte, werden die Details über das Wirken der nachfolgenden 52 Könige und Königinnen umfangreicher. Eine der längsten Regentschaften leistete König Christian VI., der ganze 60 Jahre den dänischen Thron innehatte.

Im Laufe der Generationen ging das dänische Königshaus viele Verbindungen durch Heirat mit anderen europäischen Dynastien ein. Peter Harmsen schreibt in seiner Broschüre „Tatsachen über Dänemark": König Christian IX., der 1818 geboren wurde, 1863 den Thron bestieg und 1906 starb, wurde z. B. „der Schwiegervater Europas" genannt. Einer seiner Söhne, der spätere König Frederik VIII., heiratete eine Prinzessin aus Schweden, und ein anderer Sohn, Wilhelm, wurde König

Dänemarks Königin

Königin Margrethe II. Alexandrine Thorhildur Ingrid, Königin von Dänemark, wurde am 16. April 1940 auf Schloss Amalienborg in Kopenhagen geboren. Margrethe ist die älteste Tochter von König Frederik IX. und Königin Ingrid. Nach dem Abitur (1959) studierte sie in Cambridge, an der Sorbonne in Paris, in London und in Kopenhagen u. a. Philosophie, Geschichte, Archäologie und Politikwissenschaften.

Am 10. Juni 1967 heiratete sie den französischen Grafen und Diplomaten Henri-Marie-Jean-André Count de Laborde de Monpezat, in Dänemark Prinz Henrik genannt. Prinz Henrik ist im Feruar 2018 verstorben. Königin Margrethe und Prinz Henrik haben zwei Söhne, Frederik (Kronprinz, geboren 1968, seit 14. Mai 2004 verheiratet mit Mary Donaldson, Thronfolgerpaar) und Joachim (geboren 1969).

Nach dem Tode ihres Vaters, König Frederick IX., bestieg Margrethe II. am 15. Januar 1972 als erste Regentin Dänemarks seit fast 600 Jahren den dänischen Thron.

Königin Margrethe ist– nicht zuletzt wegen der ihr nachgesagten sehr offenen Art – in ihrem Lande bei der Bevölkerung überaus beliebt. Schon zur Tradition wurden z. B. ihre sommerlichen Reisen mit der königlichen Yacht „Dannebrog", auf der alle Regionen des Reiches, auch die Faröer und Grönland, besucht werden.

Die Königin hat zusammen mit ihrem Gemahl unter einem Pseudonym Werke u. a. von Simone de Beauvoirs übersetzt und sie gilt als profilierte Malerin, Bühnenbildnerin, Buchillustratorin und Archäologin. Und zusammen mit ihrem Prinzgemahl Henrik, der u. a. als erfahrener Winzer galt, besitzt die Königin ein Weingut in Südfrankreich, das im Spätsommer gelegentlich als königliches Domizil dient.

Georg I. von Griechenland. Eine Tochter, Alexandra, heiratete den englischen Prinzen von Wales, den späteren König Edward VII. Eine andere Tochter, Dagmar, wurde als Gattin Zar Alexanders III. Zarin von Russland. Zarin Dagmar war die Muttervon Zar Nikolaj II., der nach der russischen Revolution von den Bolschewiken hingerichtet wurde."

Von der Mitte des 15. Jh. an stellte über 300 Jahre lang das Haus Oldenburg die dänischen Könige. Der letzte Monarch aus dieser Dynastie, Frederik VII., starb 1863 kinderlos. Von nun an stellte das Haus der Herzöge von Glücksburg die dänischen Thronfolger.

Staatsoberhaupt ist seit ihrer Inthronisierung am 15. Januar 1972 Königin Margrethe II. Sie folgte König Frederik IX. auf dem dänischen Thron. Thronfolger ist Kronprinz Frederik. Im Hause Schleswig-Holstein-Sonderburg-Glücks-burg ist die Königswürde erblich. Nach einer Verfassungsänderung von 1953 ist die weibliche Thronfolge möglich.

Die Machtbefugnisse der dänischen Königin sind heute aufgrund der Staatsform „Konstitutionelle Monarchie" relativ gering, sie kann nicht unabhängig politisch handeln. Der Königin obliegt es zwar, Gesetze zu unterschreiben, in Kraft treten Gesetze aber erst, wenn sie von Ministern der Regierung unterzeichnet worden sind. Verfügungen der Monarchin müssen mit dem Parlament abgestimmt sein. Königin Margrethe II. ernennt die Minister der Regierung. Unter dem Vorsitz der Königin bilden die Minister den Staatsrat.

Als **Volksvertretung** fungiert das Folketing, ein Ein-Kammer-Parlament mit 179 auf vier Jahre gewählten Abgeordneten, inkl. je zwei Parlamentariern aus Grönland und von den Färöern. Ministerpräsidentin ist seit dem 27. Juni 2019 *Mette Frederiksen* von der Partei Socialdemokratiet und kann mit ausschließlich sozialdemokratischen Ministern regieren, ist aber für die nötige Mehrheit im Parlament auf die Zusammenarbeit mit den Parteien der Socialistisk Folkepartei (SF), den Endhedslisten und den Radikale Venstre angewiesen.

Die bedeutendsten politischen Parteien Dänemarks sind die Socialdemokraterne, die seit 2019 mit 48 Sitzen im Parlament vertreten ist, dann die Venstre (Rechtsliberale) mit 43 Sitzen, die Socialistisk Folkeparti mit 14 Sitzen, die erst 1995 gegründete rechtsradikale („Dänemark den Dänen") Dansk Folkeparti mit 16 Sitzen, Det Radikale Venstre mit 16 Sitzen, die Enhedslisten de rød-grønne mit 13 Sitzen, die Alternativet (Grüne Partei) mit 5 Sitzen, die Liberal Alliance mit 4 Sitzen und die Konservative Folkeparti mit 12 Sitzen, sowie andere Parteien, die bei den letzten Wahlen allerdings unter 4% blieben. Die Faröer Inseln und Grönland sind jeweils mit 2 Abgeordneten im Parlament vertreten.

Verwaltungstechnisch ist Dänemark in 14 Amtskommuner (Kreisgemeinden) und 275 Primaerkommuner (Gemeinden) eingeteilt. Gemeinden und Kreisgemeinden werden von demokratisch gewählten Kreistagen bzw. Gemeinderäten geleitet.

Eine Ausnahme in diesem System bildet die Hauptstadt Kopenhagen. Hier ist eine Stadtverordnetenversammlung (Borgerrepraesentationen) für die legislativen Aufgaben zuständig, während der Magistrat (Magistraten) über die administrative Gewalt wacht.

Landesnatur: Dänemark besteht aus der großen, sich annähernd 350 km nach Norden erstreckenden Jütischen Halbinsel, sowie aus den Inseln Seeland mit der Hauptstadt Kopenhagen, Fünen, Lolland, Falster, Møn, Langeland, Ærø, Alsen, Bornholm und diversen kleineren Insel. Jütland alleine ist fast dreimal so groß wie die restlichen 406 Inseln des Landes. Die Insel Bornholm liegt gut 130 km östlich von Seeland in der Ostsee.

Geologisch gesehen bildet Dänemark mit seinem tiefen Kreideuntergrund einen Übergang von Mitteleuropa zu Nordeuropa. Deutlich zutage treten die Kreideschichten z. B. am Limfjord oder an den Klippen auf Møn (Mønsklint).

Bemerkenswert ist die nur schwach gegliederte Westküste Jütlands, die nur einige wenige Naturhäfen bietet.

Das recht dicht besiedelte und landwirtschaftlich intensiv genutzte Land weist kaum nennenswerte Erhebungen auf. Lediglich einige aus der Eiszeit übriggebliebenen Endmoränen bilden „Berge" mit Höhen um 170 m. Würde sich die dänische Landmasse um 30 Meter senken, wäre fast das halbe Staatsgebiet vom Meer überflutet.

Wirtschaftliche Schwerpunkte: Dänemarks Wirtschaft hat sich in den vergangenen Jahren eine herausragende Stellung in Europa erarbeitet. Eine vorzügliche, überaus effektive Landwirtschaft mit ausgezeichneter Viehzucht und ausgedehntem Getreideanbau ist immer noch eine der wichtigen Wirtschaftssäulen des Landes. Von wesentlicher Bedeutung ist folglich auch die verarbeitende Industrie landwirtschaftlicher Produkte.

Allerdings verschieben sich die Gewichte von der Agrarwirtschaft immer mehr hin zu anderen Industriezweigen und zum Dienstleistungssektor. Metallverarbeitende Industrie und Textilindustrie haben ihren festen Stellenwert im Wirtschaftsgefüge Dänemarks.

Von Bedeutung ist nach wie vor der Fischfang und die damit verbundenen Industriezweige.

Exportiert werden vor allem Fleisch-, Milch- und Fischprodukte und Erzeugnisse der Maschinenindustrie.

Dänisches Design im Bereich des Kunsthandwerks und der Innenarchitektur wird weltweit geschätzt. Und Dänemark ist führend im Bereich der Technologie von Windenergie.

Die drei größten Wirtschaftszweige, die in den vergangenen Jahren die größten Umsätze landesweit erwirtschafteten, sind die Nahrungs- und Genussmittelindustrie an unangefochtener erster

Stelle, danach folgen Maschinenbau und chemische Industrie, die fast gleichauf mit der elektronischen Industrie liegt.

Die Nationalflagge „Dannebrog" ist ein querliegendes weißes Kreuz auf rotem Grund. „Dannebrog" bedeutet übrigens soviel wie „rotes Tuch".

Der Überlieferung nach soll die Urflagge „Dannebrog" im Jahre 1219 vom Himmel gefallen sein, als König Valdemar II. in Estland auf Kriegszug war. Am 15. Juni jenen Jahres soll dieses Wunder geschehen sein. Den Dänen gefiel die Geschichte offenbar so gut, dass sie den 15. Juni fortan zum Valdemarstag ernannten. Gesichert dagegen ist, dass die „Dannebrog"-Fahne seit Mitte des 14. Jh. als Flagge des Königreiches geführt wird.

Nationalfeiertag ist der 5. Juni.

Die dänische Nationalhymne beginnt mit den Worten: „Der er et yndigt lande ..." (Es gibt ein lieblich Land ...).

Längster Fluss ist mit 160 km Länge die Gudenå in Jütland.

Im Osten Mitteljütlands, südwestlich von Skanderborg, findet man auch die **höchsten Erhebungen Dänemarks**: Yding Skovhøj, 173 m hoch und Ejer Bavnehøj, 171 m hoch.

Auto-Nationalitätskennzeichen: DK.

KUNST UND GESCHICHTE – IN STICHWORTEN

Mit dem Rückgang der Eismassen am Ende der Eiszeit vor 10.000 bis 15.000 Jahren drängten die ersten Menschen, wahrscheinlich aus osteuropäischen Gegenden, auf die dänischen Inseln und auf die skandinavische Halbinsel vor.

Um 8000 bis ca. 2000 v. Chr. – Erste Jäger und Sammler der Steinzeitkultur besiedeln die Küsten der dänischen Inseln. In der jüngeren Steinzeit wird mit der Kultivierung des Bodens und mit einer bescheidenen Landwirtschaft begonnen.

Um 1500 bis ca. 500 v. Chr. – In der Bronzezeit werden die alten Steinwerk-zeuge und Waffen rasch von der widerstandsfähigeren Bronze verdrängt. Erste eherne Gebrauchs- und Ziergegenstände werden gefertigt. Als Zeugen aus der Vorgeschichte sind Hünengräber und Dolmen erhalten.

5. Jh. v. Chr. – Erstmals wird Eisen verwendet. Einblick in die Lebensweisen der Menschen in der Epoche der Bronze- bzw. der Eisenzeit bietet u. a. das rekonstruierte Vorzeitdorf Lejre auf Jütland.

Ca. 3. Jh. v. Chr. – ca. 5. Jh. n. Chr. – Kimbern und Teutonen wandern von Jütland aus südwärts. Völkerwanderung. Später siedeln Dänen in den frei gewordenen Zonen Jütlands. Es bilden sich Kleinkönigreiche.

8. – 9. Jh. n. Chr. – Es ist die Zeit der Wikinger, eine Zeit, in der sich das Augenmerk der Bevölkerung vor allem aufs Meer richtet. Wikinger bestimmen das Geschehen im nord- und mitteleuropäischen Raum.

Dänemark wird ein wichtiges Siedlungsgebiet der Wikinger. Viele ihrer Eroberungszüge in den Mittelmeerraum, in die Normandie und nach England gehen von Dänemark aus. Erster dänischer König wird *Godfred*, der 810 stirbt.

Zeugen aus der Wikingerzeit sind in Dänemark noch erhalten bzw. rekonstruiert worden, so z. B. die Wikingerfestung Trelleborg bei Slagelse/Seeland, Fyrkat bei Hobro/Jütland, die Ausgrabungen eines Wikingergrabes bei Ladby nordöstlich von Odense auf Fünen oder das Wikingerschiff-Museum in Roskilde/Seeland.

In ihren bewundernswerten, meisterlich konzipierten und gebauten Holzbooten erkunden die Wikinger die Meere. Auf Handels- und Raubzügen dringen sie nach Frankreich, bis an den Bosporus, nach England, Island, Grönland, ja bis nach Nordamerika vor.

Im 9. Jh. beginnt mit dem norddeutschen *Bischof Ansgar* (801 – 865), dem „Apostel des Nordens", die Christianisierung Dänemarks. Die mit vielen Kriegen und Auseinandersetzungen verbundene Missionierung ist im 11. Jh. abgeschlossen.

10. Jh. – Der Dänenkönig *Gorm der Alte* (gest. ca. 950) eint sein Land und befestigt es im Süden (Schleswig) durch den Wall „Danewerk". *Harald Blåtand, Harald Blauzahn* (940 – 986), herrscht anschließend über Dänemark und Norwegen. Der König lässt sich taufen und festigt damit weiter die bis dahin noch keineswegs gesicherte Position der Kirche in Dänemark.

11. Jh. – Der Dänenkönig *Knud der Große* (1018 – 1035) dehnt das Dänenreich aus. 1028 erobert er Norwegen und für kurze Zeit auch Teile Englands. 1042 wird König *Magnus Olavsson* aus Norwegen durch einen Erbvertrag auch König von Dänemark.

Die Kunstepoche der **Romanik** (1060 – 1265) manifestiert sich in Dänemark vor allem in Sakralbauten. Viele Dorfkirchen sind da eine Fundgrube. Besonders erwähnenswert sind die Dome von Ribe und Viborg.

12. Jh. – *Valdemar I.* von Dänemark, der Große (1157 – 1182), eint nach den dänischen Nachfolgekriegen (1146 – 1157) das Reich erneut. Valdemar regiert ein Reich, das bis dahin von Aufständen und Bürgerkriegen erschüttert war. Das Königtum war bis zur Regentschaft Valdemars noch keineswegs eine stabile Institution. Dies sollte sich nun ändern. Dänemark erlebte ein starkes Königshaus, dessen kluge Politik das Reich stärkte. Erstmals gelingt es nachhaltig, die Küsten vor den Einfällen baltischer Völker, wie den Wenden, deren Machtzentrum auf Rügen lag, zu sichern.

Bis ins 12. Jh. wurde der dänische König von den Mitgliedern des Things, also quasi vom Volk gewählt. Valdemar aber wollte die Monarchie unabhängig machen, sie von unterschiedlichen Interessen des Things befreien. Um dies zu erreichen, suchte er die Hilfe des einflussreichen Klerus und ließ sich mit maßgeblicher Unterstützung des Erzbischofs Eskil auf dem Thron bestätigen.

Der Bischof von Roskilde, *Absalon*, engster Berater von König Valdemar I., gründet 1167 Kopenhagen. Dänen siedeln sich auch in Pommern, Mecklenburg und Holstein an.

13. Jh. – Die deutsche Hanse herrscht im Ostseeraum und festigt ihre Position als Handelsmacht. Dänemark verliert einen Teil seiner Ostseeküste.

Höhepunkte des **gotischen Baustils** (1265 – 1550) in Dänemark sind die Dome von Aarhus, Haderslev, Maribo und Roskilde, sowie die St.-Knuds-Kirche in Odense. Die bildenden Künste entfalten sich im Mittelalter in erster Linie auf dem Gebiet der Kirchenkunst. Altartafeln, Schnitzwerk und Holzplastiken sind erhalten.

1340 – 1375 – König *Valdemar IV. Attertag*.

1380 – Dänemark gewinnt Gotland und Island. *Olav Håkonsson* ist in Personalunion König von Dänemark und Norwegen.

1397 – Die „Kalmarer Union" wird auf Betreiben und unter Vorsitz der dänischen Königin *Margrethe I.* unterschrieben. Beabsichtigt ist, Schweden, Dänemark und Norwegen unter einem dänischen Unionskönig zu vereinigen. Bald aber versucht Schweden, sich der dänischen Vorherrschaft zu entziehen. Es gibt Aufstände, die der Bauernführer Engelbrekt nutzt und sich zum Reichsvorsteher Schwedens ernennen lässt.

Es entsteht ein Reichstag, zu dem Adel, Geistlichkeit, Bürgertum und Bauern ihre Vertreter entsenden. Dänemark erlebt eine Blütezeit. Burgen und Kirchen aus jener Zeit geben Einblick in die Kulturgeschichte.

15. Jh. – Schweden löst sich aus der Kalmarer Union. 1448 gelangt das Haus Oldenburg auf den dänischen Thron.

1520 – König *Christian II.* von Dänemark (1481 – 1559) versucht mit Angriffen auf Stockholm Schweden in die Union zurückzuzwingen. Am 8. November 1520 lässt er alle seine Gegner hinrichten („Blutbad von Stockholm"). Das Massaker aber schwächt die Position des Monarchen, der 1523 Dänemark sogar verlassen muss.

1524 – Ende der Union von Kalmar durch den „Frieden von Malmö".

1536 – König *Christian III.* (1534 – 1559) bringt die Reformation nach Dänemark. Während der Reformation werden die katholischen Bischöfe in den nordischen Ländern entmachtet. Dem dänischen und dem schwedischen Königshaus fallen riesige Ländereien zu, die ehemals im Besitz des Klerus waren.

1537 – Durch die von Dänemark erzwungene Abschaffung des Reichsrates wird Norwegen faktisch der Status eines eigenständigen Königreichs (bis 1814) genommen. Aufstände gegen die dänische Krone scheitern.

1563 – 1570 – Im Siebenjährigen Krieg wird Norwegen als Reichsteil Dänemarks in die Kriegshandlungen gegen Schweden verstrickt.

1550 – Die Vormachtstellung der Hanse in Norwegen wird durch Dänemark gebrochen.

1588 – 1648 – In Dänemark regiert König *Christian IV.*, der versucht – allerdings ohne Erfolge – in den Dreißigjährigen Krieg einzugreifen. Unter Christian IV., der 60 Jahre lang das Reich regiert, entstehen viele schöne Bauwerke im Stil der Holländischen Renaissance. Beispiele der dänischen Renaissance (1550 – 1660) findet man vor allem in den großen dänischen Schlössern wie Frederiksborg in Hillerød oder Kronborg am Øresund in Helsingør. In Kopenhagen sind bedeutende Renaissancebauten Schloss Rosenborg, der Runde Turm und die Börse. Das wohl schönste Privatpalais im Renaissancestil steht in Aalborg. Es ist dies das Jens Bangs Stenhus.

17. Jh. – Die erste Hälfte des Jahrhunderts ist geprägt von Kriegen zwischen Dänemark und Schweden (1611 – 1614 und 1643 – 1645), in die auch Norwegen verwickelt ist. Bis auf Kopenhagen wird 1648 nahezu ganz Dänemark von den Schweden besetzt. Dänemark verliert alte dänische Gebiete in Südschweden.

Der 1684 im norwegischen Bergen geborene Schriftsteller Ludvig Holberg lebte bis zu seinem Tod 1754 in Dänemark. Er schrieb u. a. Komödien.

Die Zeit des **Barock** (1660 - 1760) hinterließ in Dänemark nur wenig Spuren. Die wichtigsten in diesem Stil errichteten und dekorierten Bauten sind in Kopenhagen Schloss Amalienborg und die Erlöserkirche sowie Schloss Fredensborg, die königliche Sommerresidenz nahe Hillerød.

1754 – Die 1754 gegründete „Königliche Akademie der schönen Künste" bringt neue Impulse in das Kunstleben Dänemarks. Maler wie N. A. Abildgaard und Jens Juel setzen Maßstäbe (Landschafts-, Porträt- und historische Malerei). Unter den Bildhauern tritt Bertel Thorvaldsen (1770 – 1884) hervor. Thorvaldsen-Museum in Kopenhagen.

1773 – Schleswig-Holstein wird mit Dänemark vereinigt.

1783 – 1853 – C. W. Eckersberg, „Vater der dänischen Malerei".

1807 – 1814 – Während des Krieges Englands und Schwedens mit Dänemark/Norwegen verhängt England zwischen 1809 und 1812 eine Blockade, die die Verbindungen Norwegens mit Dänemark sehr stört und Norwegens Handelsschifffahrt hart trifft.

Schon 1807 hatten die Engländer Dänemarks Flotte beschlagnahmt. Dänemark verbündet sich daraufhin mit Napoleon I. Der Staatsbankrott 1813 ist aber nicht mehr abzuwenden.

1814 – Kieler Frieden. Nach den Wirren der Napoleonischen Kriege – Dänemark hatte während dieser Zeit mit Frankreich sympathisiert – muss sich Dänemark gegenüber England geschlagen geben und Helgoland an England und Norwegen an Schweden abtreten. Norwegen erklärt sich mit den Resultaten des Kieler Friedensvertrages nicht einverstanden. Auf der am 10. April 1814 in Eidsvoll einberufenen Nationalversammlung wählen die Norweger den dänischen Kronerben *Christian Frederik* zu ihrem neuen König.

Island, Grönland und die Faröer werden von Dänemark annektiert.

1848 – Der Versuch Dänemarks ganz Schleswig einzugliedern, führt zu den deutsch-dänischen Kriegen zwischen 1848 und 1850.

1849 – Dänemark gibt sich seine erste freie Verfassung mit demokratischer Regierungsform, Verabschiedung eines Grundgesetzes, Gründung des Reichstages.

1852 – Nach dem Krieg um Schleswig-Holstein fällt Holstein an Dänemark.

1863 – *Christian IX.* (1818 – 1906) aus dem Hause Schleswig-Holstein, Sonderburg, Glücksburg, kommt auf den dänischen Thron. Christian IX. regiert bis zu seinem Tode 1906. Der König trägt scherzhaft auch den Beinamen „Schwiegervater Europas", da mehrere seiner Kinder in Königs- und Fürstenhäuser einheirateten. Eine seiner Töchter wurde Zarin von Russland, eine andere Königin von England und ein Sohn kam auf den Thron von Griechenland.

1864 – Erneut Krieg um Schleswig-Holstein. Diesmal hat Dänemark aber gegen die Streitkräfte Österreichs und Preußens zu kämpfen, den schlagkräftigsten Truppen im damaligen Europa. Das Resultat war für Dänemark vernichtend. Es verlor ganz Schleswig-Holstein, das damals noch um einiges größer war als das heutige Bundesland. Erst mit dem Versailler Vertrag erhält Dänemark 1920 den nördlichsten Teil von Schleswig-Holstein zurück.

1872 – Am 3. August 1872 wird als zweitältester Sohn des dänischen Königs Frederik VII., Prinz Carl, der spätere norwegische König *Håkon VII.* geboren.

1891 – Frederik Bajer (1837 – 1922), Politiker, gründet 1891 des Internationale Friedensbüro in Bern. 1908 wird Bajer mit dem Friedensnobelpreis ausgezeichnet.

1903 – Niels R. Finsen (1860 – 1904), Arzt und Erfinder eines Heilverfahrens zur Behandlung von Hauterkrankungen mit Licht erhält 1903 den Nobelpreis für Medizin.

1914 – 1918 – Erster Weltkrieg. Dänemark und Norwegen bleiben neutral. 1918 wird Island selbständiges Königreich.

1915 – Dänemark führt das allgemeine, gleiche Wahlrecht und das Frauenwahlrecht ein.

1919 – 1945 – Nordschleswig fällt 1920 durch den Versailler Vertrag und durch Volksabstimmung an Dänemark. Der 1939 zwischen Deutschland und Dänemark geschlossene Nichtangriffspakt wird 1940 von Deutschland gebrochen. Deutsche Truppen besetzen Dänemark bis 1945.

1944 – Grönland wird selbständige Republik.

1947 – König *Frederik IX.* amtiert.

1949 – Dänemark wird Mitglied der NATO.

1952 – Der Nordische Rat wird gegründet. Ihm gehören alle fünf Nordischen Länder Dänemark, Norwegen, Schweden, Island und Finnland an. Es beginnt eine enge Kooperation und Annäherung der Gesetzgebung der Nordischen Länder (Sozialabkommen, Arbeitsrecht, Passrecht, Entwicklungs- und Handelspolitik u.a.).

1953 – Verfassungsreform in Dänemark, die weibliche Thronfolge wird erlaubt, das Einkammerparlament wird geschaffen, Grönland wird Teil des Königreiches.

1972 – Königin *Margrethe II.*, Tochter König *Frederiks IX.*, besteigt am 15. Januar den dänischen Thron. Am 2. Oktober 1972 stimmen die Dänen über einen Beitritt zur EG ab, mit zustimmendem Ergebnis.

1973 – Dänemark tritt der Europäischen Gemeinschaft (EG) bei.

1975 – A. Jørgensen wird dänischer Ministerpräsident in einer sozialdemokratischen Minderheitsregierung, die auch nach Neuwahlen 1977, 1979 und 1981 weiterbesteht.

1982 – Paul Schlüter wird Ministerpräsident in Dänemark und führt eine konservative Minderheitsregierung bis 1993.

1985 – In Dänemark beeinträchtigt im April eine landesweite, tagelange Streikwelle stark das öffentliche Leben.

1988 – Bille August, 1948 geborener Filmregisseur, erhält auf dem Filmfestival von Cannes die Goldene Palme für seinen Film „Pelle der Eroberer". Max von Sydow spielte die Hauptrolle.

1992 – Am 2. Juni Volksabstimmung in Dänemark über den Beitritt zur Europäischen Union. Mit einer knappen Mehrheit von 50,7% sprechen sich die Dänen gegen die Union aus. Dadurch geraten die im Dezember 1991 ausgehandelten Maastrichter Verträge zur Union Europas in Gefahr.

1993 – Im Januar tritt Ministerpräsident Schlüter zurück. Nachfolger wird der Sozialdemokrat Poul Nyrup Rasmussen.

Am 18. Mai findet eine erneute Abstimmung über die Maastrichter Verträge statt. Bei einer sehr hohen Wahlbeteiligung entfallen diesmal 56,8% der abgegebenen Stimmen (insgesamt waren vier Millionen Dänen wahlberechtigt) auf „Ja" für eine Europäische Union.

1994 – Bei den Wahlen zum Europäischen Parlament werden die dänischen Rechtsliberalen stärkste Kraft. Bei vorgezogenen Parlamentswahlen im September 1994 verliert die Mitte-Links-Koalition die absolute Mehrheit. Unter Rasmussen wird ein Minderheitskabinett gebildet.

1995 – 4. Internationale Nordseeschutz-Konferenz in Esbjerg. U. a. konferieren die acht Nordseeanrainerstaaten über das Verbot der Versenkung ausgedienter Ölplattformen auf hoher See. Frankreich, Norwegen und Großbritannien widersetzen sich dem angestrebten Verbot.

1996 – In Ottawa, Kanada, wird der Arktische Rat gebildet, dem auch Dänemark angehört.

1996 – Als erster Däne gewinnt Bjarne Riis die Tour de France.

1999 – Seit dem 1. Juni ist die Storebæltbrücke für den Auto- und Schienenverkehr befahrbar. Sie verbindet Nyborg auf der Insel Fünen mit Korsør auf der Insel Seeland.

2000 – 1. Juli feierliche Einweihung der Øresundbrücke durch die Königspaare von Dänemark und Schweden. Die 7,8 km lange Brücke über den Øresund verbindet Malmö mit Kopenhagen. Die Fahrzeit verkürzt sich auf nur noch 10 Minuten.

Am 7. November stirbt die Königinmutter Ingrid auf Schloss Fredensborg im Alter von 90 Jahren. Beisetzung am 14. November in der Domkirche zu Roskilde.

2001 – Anders Fogh Rasmussen, Chef der rechtsliberalen Venstre-Partei, gewinnt die Parlamentswahlen am 20. November 2001 und löst damit die seit neun Jahren regierenden Sozialdemokaraten unter Ministerpräsident Poul Nyrup Rasmussen ab. Der klare Sieg der Vens-tre-Partei gilt als deutlicher Rechtsruck in Dänemark. In Zeitungen las man z. B.: „Dänemarks legendärer Ruf als liberales Land wurde zerstört". Und die „Jyllands Posten" titelte: „Historischer Machtwechsel nach Erdrutschsieg".

2004 – Am 14. Mai heiratet Kronprinz Frederik in der Kathedrale zu Kopenhagen die bürgerliche Mary Donaldson aus Tasmanien/Australien.

2005 – Am 30. September veröffentlicht die Zeitung Jyllands-Posten Mohammed-Karikaturen, die vor allem in der islamischen Welt für einen weltweiten Sturm der Entrüstung sorgen und in vielen Ländern zu erregten Protesten gegen Dänemark führen.

15. Oktober Geburt von Christian, dem Erstgeborenen des Thronfolgerpaares. Er ist in der Thronfolge an 2. Stelle.

2010 – Am 16. April 2010 feierte Königin Margrethe II. ihren 70. Geburtstag.

2011 – Nach zehnjähriger Dauer einer Minderheitsregierung aus der Venstre-Partei und der Konservativen Volkspartei mit den Regierungschefs Anders Fogh Rasmussen bis 2009 und danach Lars Løkke Rasmussen, wird am 3. Oktober 2011 Helle Thorning-Schmidt von der Sozialdemokratischen Partei als erste Frau als Ministerpräsidentin vereidigt. Sie muss eine Minderheitsregierung aus 3 Mitte-Links-Parteien führen.

2014 – Im Januar verlassen die drei Minister der Sozialistischen Partei die Drei-Parteien-Koalition der Minderheitsregierung unter Ministerpräsidentin Thorning-Schmidt und verursachen damit eine Regierungskrise. Grund für den Austritt ist der Plan, Anteile an Dänemarks größtem Energiekonzern Dong Energy zu veräußern. Die Ministerpräsidentin führt die Regierung trotzdem weiter.

2018 – am 13. Februar ist der Gemahl der dänischen Königin Margrethe II., Prinz Henrik, gestorben. Sie waren 50 Jahre verheiratet.

2019 – Seit dem 27. Juni ist Mette Frederiksen von der Sozialdemokratiet Ministerpräsidentin und kann mit ausschließlich sozialdemokratischen Ministern regieren, ist aber für die nötige Mehrheit im Parlament auf die Zusammenarbei mit den Parteien der Socialistisk Folkepartei (SF), den Endhedslisten und den Radikale Venstre angewiesen.

WIE KOMMT MAN HIN?

Mit dem Auto

Bei der Anreise per Auto nach Dänemark führen so gut wie alle Wege über Hamburg, ob man nun auf die dänischen Inseln (Ausnahme Bornholm und Falster) oder nach Jütland will.

Ist Jütland, Ausgangspunkt der in diesem Reiseführer beschriebenen Rundreise durch Dänemark, das Ziel, nimmt man ab Hamburg die Autobahn E45/A7, passiert Neumünster, Schleswig und Flensburg und reist bei Padborg über Kruså nach Dänemark (Jütland) ein. Entfernung Hamburg – Grenze etwa 165 km.

Reist man über die „Vogelfluglinie" nach Seeland, bedient man sich ab Hamburg der Autobahn E22/A1 Richtung Lübeck. Die Autobahn (ab Lübeck E47/A1) endet bei Heiligenhafen Ost und führt als Bundesstraße B207 über die markante Fehmarnsund-Brücke auf die Ostseeinsel Fehmarn und dort zum Fährhafen Puttgarden. Entfernung Hamburg – Puttgarden ca. 154 km.

Mit dem Schiff

Die wohl am meisten frequentierte Fährverbindung auf einer Reise Richtung Kopenhagen ist sicher die zwischen Puttgarden und Rødbyhavn auf der Insel Lolland. Die Schiffe verkehren zumindest in den Sommermonaten Tag

und Nacht. Die Überfahrtsdauer ist kurz (45 Minuten).

Diese Strecke kann, da sie auch eine ganz wichtige Anreiseroute für Schweden-, Norwegen- und Finnlandurlauber ist, in der Ferienzeit zeitweise überlastet sein. Das bedeutet ohne Reservierung lange Wartezeiten am Fährhafen.

Wer seinen Reiseplan also sehr knapp kalkuliert, sollte während der Hauptreisezeit in den Urlaubsmonaten eine Reservierung für einen Autoplatz vornehmen. Die Aufnahmekapazität für Autos ist pro Schiff natürlich begrenzt und hier gibt es bei starkem Andrang zuerst Engpässe. Einzelheiten siehe unter „Fährverbindungen".

Alle hier aufgeführten Fähren bieten das „roll-on-roll-off-System" an. Man kann also mit dem Auto direkt vom Pier ins Schiff fahren und nach Ankunft ohne großes Manövrieren wieder heraus.

Endlich auf der Fähre, ist man gut beraten, sein Fahrzeug ordentlich zu verschließen, denn es gibt kaum eine Reederei, die für das Gepäck im, am oder auf dem Auto haftet. Selbstverständlich sind gasbetriebene Aggregate (z. B. Kühlschrank im Wohnmobil) während der Überfahrt abzuschalten und der Haupthahn am Gastank zu schließen.

Gerade in der betriebsamen Hochsaison werden die Autos auf den Fähren sehr, sehr dicht geparkt. Es ist deshalb wirklich kein Fehler, die Handbremse gut anzuziehen (eingelegter Gang genügt nicht), um die Bewegungen des Autos während der Überfahrt so gering wie möglich zu halten.

Mein Tipp! Alle Utensilien, die man während der Überfahrt zu brauchen glaubt, nimmt man gleich aus dem Auto mit, denn während der Überfahrt ist das Autodeck in aller Regel nicht mehr zugänglich.

Fährverbindungen

„Vogelfluglinie" Puttgarden – Rødbyhavn/Lolland,

Scandlines – Ganzjähriger Verkehr, im Sommer bis zu 48 Abfahrten täglich. Abfahrten halbstündlich jeweils zu den Minuten 15 und 45, Fahrtdauer 45 Minuten.

Achten Sie darauf: Scandlines bietet günstige Kombinationstarife für die Strecken Puttgarden – Rødby / Helsingør – Helsingborg (Schweden); www.scandlines.de

Sassnitz/Rügen – Rønne/Insel Bornholm

Reederei Bornholmslinjen; www.bornholmslinjen.de – Ganzjährig eine Abfahrt mit der Autofähre „Hammershus", zusätzlich von Juni bis September an Wochenenden die Autofähre „Povl Anker". Fahrtdauer 3,5 Std.

Rostock – Gedser/Falster

Scandlines – Im Sommer bis zu 10 Abfahrten täglich. Fahrtdauer 1 Std. 45 Minuten; www.scandlines.de.

Fährverbindungen zwischen den dänischen Inseln siehe unter „Reisen im Lande – Mit dem Schiff".

Ein Wort zum **Telefonieren mit dem Handy auf Fährschiffen**, wie beispielsweise auf der Vogelfluglinien von Puttgarden nach Rødby. Seit längerem wird das Bordnetz durch die Firma Maritime Communications Partner AS (MCP Norway) das Mobilfunknetz auf Fährschiffen bzw. auch auf Kreuzfahrtschiffen betrieben. Diese Firma fungiert als Roaming Partner mit deutlich höheren Preisen als bei Nutzung nationaler Netze. Man wird per kurzer SMS darüber informiert, dass sich das Handy mit MCP eingeloggt hat und dass nun für abgehende und ankommende Gespräche nach/aus Deutschland höhere Gebühren (bis 7,- Euro pro Minute) anfallen. Ein Megabyte mobile Datennutzung kann bis zu 30 Euro kosten.

Schon in Hafennähe kann sich ein Handy in das MCP-Funknetz einwählen. Deaktivieren Sie deshalb schon vorher die automatische Netzwahl in den Einstellungen Ihres Mobilfunkgerätes.

Man sollte sich also vor der Reise nach dem neuesten Stand dieses Themas erkundigen, z. B. bei der Verbraucherzentrale Düsseldorf unter www.verbraucherzentrale.de/wissen/digitalewelt/mobilfunk-undfestnetz/telefonieren-und-surfen-auf-schiffen-7851.

Mobile Touring Highlights

Die schönsten
Van-Camper- und Wohnmobil-Touren
in Dänemark

Limfjordmuseum in Løgstør

JÜTLAND
8 Touren – ca. 12 Tage
Seite 19

Freilichtmuseum „Den Fynske Landsby"

INSEL FÜNEN
2 Touren – ca. 3 Tage
Seite140

Der Strand bei Gilleleje

INSEL SEELAND
4 Touren – ca. 6 Tage
Seite 175

Fischräucherei in Gudhjem

INSEL BORNHOLM
1Tour – ca. 4 Tage
Seite 242

JÜTLAND

Fischerboote am Strand von Nørre Vorupør

ROUTE 1: KRUSÅ – RIBE

Länge der Tour:	Rund 180 km, ohne Abstecher.
Die Route:	Über die Straße 401 bis **Sønderborg** – Straße 41 bis **Åbenrå** – Straßen 42 u. 8 bis **Tønder** – Straße 25 bis **Løgumkloster** – Straßen 401 u. 11 bis **Ribe**.
Reisedauer:	Mindestens ein Tag, besser zwei Tage und evtl. Stopp in Møgeltønder.
Höhepunkte:	Die **Kirche von Broager** * – Schloss und Museum in **Sønderborg** * – das sehenswerte **Tønder** * – die reizvolle Slotsgade in **Møgeltønder** ** – die Kirche von **Løgumkloster** – die historische **Innenstadt von Ribe** **.

Route 1: KRUSÅ – RIBE

ROUTE: *Kruså erreicht man entweder über Padborg und über die Autobahn E45/A7 (Ausfahrt 75) oder über Flensburg und die B200.*

Das Städtchen **Kruså**, dicht an der deutsch-dänischen Grenze gelegen, bietet neben einer Ansammlung von Tankstellen und einigen Souvenirgeschäften nichts was den Reisenden aufhalten könnte.

ROUTE: *Bevor man von Kruså nach Norden weiterfährt, bietet sich*

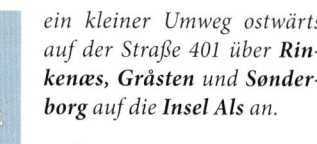

ein kleiner Umweg ostwärts auf der Straße 401 über **Rinkenæs, Gråsten** *und* **Sønderborg** *auf die Insel Als an.*

Übrigens: Die **Margueritruten** ist eine weitverzweigte, insgesamt 3.540 km lange Reiseroute in Dänemark, die durch ein braun-weiß-gelbes Margeriten-Symbol markiert ist. Die Margeriten-Route führt auch in abgelegene, weniger besuchte Ecken des Landes und oft auch auf verkehrsarmen, kleinen Landstraßen durch die schönsten Orte und reizvolls-

CAMPING

Camping Kruså [N54° 51' 12.7" E9° 24' 7"], Åbenråvej 7, Tel. +45 74 67 12 06, www.krusaacamping.dk, 1. Jan. – 31. Dez.; von der E45 Ausfahrt 75 und weiter Richtung Kruså, hier ca. 400 m weiter auf der Straße 170 Richtung Aabenra; weitläufiges Wiesengelände, durch Baumgruppen und kleine Waldstücke aufgelockert und windgeschützt; ca. 9 ha – 400 Stpl.; Standard-Sanitärausstattung. Cafeteria, Kiosk, Waschmaschine, Trockner, Schwimmbad, WLAN. Miethütten.

WOHNMOBIL-STELLPLATZ

Wohnmobil-Stellplatz A Hereford Beefstouw Holdby Kro [N54° 52' 41.2" E9° 24' 52.9"], Aabenraavej 24 A, Tel. +45 74 67 30 00. **Zufahrt**: An der Straße 170 (Kruså – Åbenrå) ca. 3,5 km nördlich von Kruså. Parkplatz beim Landgasthof Holdby Kro für 5 Wohnmobile. **Ausstattung**: Müllentsorgung. **Gebühr:** Gebührenfrei. **Geöffnet:** Ganzjährig.

ten Landschaften Dänemarks. Kaum ein historischer Ort, markanter Küstenstreifen, Dom, Schloss oder Herrensitz wird ausgelassen. Beliebt ist die Route besonders bei Fahrradtourern. Aber auch der in diesem Reiseführer beschriebene Reiseweg durch Dänemark folgt immer wieder längeren oder kürzeren Teilstücken der Margeriten-Route.

Ein kurzer Abstecher von der Straße 401, ca. 4 km nordöstlich von Kruså, zum Fischerdorf **Sønderhav** zum **Restaurant Bind [N54° 51' 53.28" E9° 30' 4.68"]**, lohnt für alle Bewunderer des deutschen Schriftstellers **Siegfried Lenz** (1926 – 2014, Autor u. a. von „Deutschstunde"). Im Bind konnte die Witwe Ulla Lenz ein Gedenkzimmer an Siegfried Lenz im ersten Stock einrichten. Bücher, Fotos, Möbel und persönliche Dinge des Dichters lassen seine Verbundenheit mit Südjütland erkennen. Geöffnet ist das kleine Museum allerdings nur für Gäste des Restaurants; www.restaurantbind.dk/de.

In **Rinkenæs** sollte man zur **Dorfkirche [N54° 53' 45.7" E9° 33' 45.1"]** abzweigen. Die weiße Kreuzkirche steht, von Wiesen umgeben, oberhalb der Förde. Das besonders reizvolle aber ist

der schöne Blick über den Meeresarm nach Broager mit seiner markanten Kirche mit den beiden Turmspitzen.

Besonders Ende Juli zur Zeit des Ringreiterfestes lohnt der Weg über Gråsten.

Ringreiterfeste – ein aus dem Mittelalter überkommener Brauch – werden in Südjütland und besonders im Alssundgebiet alljährlich noch veranstaltet. Der Höhepunkt dieser Volksfeste sind die Reiterspiele, an denen oft mehr als 400 Reiter teilnehmen. Die Reiter müssen mit lanzenartigen Stangen vom galoppierenden Pferd aus kleine Ringe treffen, die an dünnen Leinen über der Reitbahn hängen. Und das Ringreiterfest in Gråsten, das immer am dritten Wochenende im Juli stattfindet, gehört zu den großen Festen dieser Art.

Gråsten heißt auf Deutsch Gravenstein. Dem Obstfreund wird der Name vertraut vorkommen. Aus den Treibhausanlagen, der Orangerie des Schlosses in Gråsten, stammt die bekannte Apfelsorte „Gravensteiner". Dort wurde sie erstmals gezüchtet.

Öffentliche **Parkplätze [N54° 55' 24.87" E9° 35' 47.03"]** findet man an der Slotsgade, ganz in der Nähe des Schlosses.

Schloss Gråsten

Das **Gråstener Schloss [N54° 55' 38.9" E9° 35' 53.7"]** ist seit 1935 königliche Sommerresidenz. Das weitläufige Anwesen, zu dem einst auch Gut Søgård gehörte, stammt aus dem 17. Jh. und wurde von den Ahlefeldts errichtet. Im Laufe der Zeit entstand dann um das Schloss herum der Ort. Während der Reformation wurden Gråsten und Søgård aufgeteilt. 1603 brannte der größte Teil des Schlosses nieder. Daraufhin entstand an der gegenüberliegenden Seeseite – damals war der See noch Teil der Flensburger Förde – das jetzige Schlossgebäude. Dem neuen Schlossbau stand eine ganze Fischeransiedlung im Wege. Aber mit einem Federstrich befahlen die Ahlefeldts den Umzug des ganzen Dorfes nach Süden. Es entstand der Ort Alnor.

Der Bau des Gråstener Schlosses, so wie man ihn heute sieht, stammt aus der Mitte des 18. Jh., der Zeit des Großkanzlers Frederik Ahlefeldt. Ein Sohn des Großkanzler, ebenfalls mit Namen Frederik, brachte von einem Aufenthalt in Savoyen südlich von Genf junge Apfelbäumchen mit, die die Basis für die Zucht der Apfelsorte „Gravensteiner" bilden sollten.

Die Jahre brachten dem Anwesen mehrere Eigentümer. In der Mitte des 18. Jh. gehörte es z. B. dem Herzog von Augustenburg, Christian August, der das gesamte Anwesen nach einer Zwangsauktion erwarb. In den folgenden Jahren war der Märchendichter H. C. Andersen häufig Gast in Gråsten. Und wie man liest, soll er unter einer Eiche im Park das Märchen „Das kleine Mädchen mit den Schwefelhölzchen" geschrieben haben.

Schließlich zerstörte ein Brand den größten Teil des Bauwerks. Nur der Westflügel und die Schlosskirche sind erhalten geblieben. 1935 kam das Anwesen zum Königshaus. Der damalige Kronprinz Frederik und dessen aus Schweden stammende Gemahlin und Königinmutter Ingrid erhielten es als Hochzeitsgeschenk.

Im herrlichen Schlosspark mit See und angrenzenden großen Wäldern findet man markierte Spazierwege (*geöffnet Apr. tgl. 7.30 - 19 Uhr; 1. Mai - 30. Sept. tgl. 7.30 - 20 Uhr; März + Okt. tgl. 7.30 - 18 Uhr; 1. Nov. - 28. Feb. 7.30 - 16.30 Uhr; www.visitsonderborg.de/de/schloss-grasten-gdk611078*).

Die prächtig im barocken Stil dekorierte Schlosskirche kann man von *April bis Oktober mittwochs, samstags und sonntags 14 - 16 Uhr* besichtigen – wenn man Glück hat. Denn der Öffentlichkeit sind das Anwesen, der Park und die Kirche nur zugänglich, wenn die Königsfamilie nicht anwesend ist; www.fjordregion.com/de/kultur/schloesser/schloss-graasten.html.

ROUTE: *Auf der Weiterfahrt von Gråsten nach Osten lohnt der Umweg über* **Broager.**

Den Turm mit den Zwillingsspitzen der hochgelegenen **Ortskirche von Broager [Parkplatz für Fz. bis 3,5 t – N54° 53' 28.4" E9° 40' 25.2"]** sieht man schon von Rinkenæs aus. Das Innere der Kirche besticht zunächst durch seine Schlichtheit und Klarheit. Der Kirchenraum des um 1200 erbauten Gotteshauses ist vor allem wegen seiner gut erhaltenen Kalkmalereien, die teils erst in den 20er Jahren wieder freigelegt worden sind, einen Besuch wert. Außerdem sieht man im Seitenschiff die historische Holzplastik „St. Georg mit dem Drachen". Und in der Apsis verdienen die herrlichen Malereien ebenso Beachtung wie die wunderschön gearbeitete, fast üppig dekorierte Kanzel.

CAMPING

Kollund
Camping Frigård [N54° 50' 34.52" E9° 27' 35.52"], Kummelefort 14, Tel. +45 74 67 88 30, www.frikamp.dk; 1. Jan. – 31. Dez., Autobahn E45 Ausfahrt 75 und weiter Richtung Sønderborg, am östlichen Ortsrand von Kollund oberhalb der Küstenstraße; ausgedehntes Wiesengelände; 15 ha – 400 Stpl. + Dau.; Komfortausstattung. Imbiss, Laden, Waschmaschine, Trockner, Schwimmbad, Whirlpool, Grillstelle. WLAN. Miethütten. V & E für Wohnmobile. QuickStop.

Camping Kollund, DCU [N54° 50' 43.2" E9° 28' 06.3"], Fjordvejen 29 A, Tel. +45 74 67 85 15, www.dcu-dk/campingplads/dcu-camping-kollund/; 23. März – 21. Okt.; Autobahn E45 Ausfahrt 75 und weiter Richtung Sønderborg, an der Küstenstraße ca. 500 östlich von Kollund; Wiesengelände teils zur Straße hin abfallend, 3 ha – 150 Stpl. + Dau.; zur Förde über die Straße. Standard-Sanitärausstattung. Kiosk, Waschmaschine, Trockner. WLAN. Minigolf. Miethütten.

Rinkenæs
Camping Lærkelunden [N54° 54' 3" E9° 34' 17"], Nederbyvej 17-25, Tel. +45 74 65 02 50, www.laerkelunden.dk; 29. März – 20. Okt.; nordöstlich von Rinkenæs zwischen Straße 401 und Flensburger Förde; Wiesengelände; 5 ha

Die Kirche von Broager mit ihrem markanten Doppelturm

– 200 Stpl.; gute Standard-Sanitärausstattung. Laden, Hallenbad, Waschmaschine mit Trockner, Schwimmbad, Fahrradverkeih, WLAN, Sauna, Grillstelle. Sandstrand. Miethütten. V & E für Wohnmobile. QuickStop.

Dynt bei Broager
Camping Gammelmark Strand [N54° 53' 07,9" E9° 43' 44.9"], Gammelmark 20, Tel. +45 74 44 17 42, www.gammelmark.de; Ende März – Ende Okt.; von der Straße 401 bei KM 20,7 Abzweig Richtung Skelde und in Dynt nordostwärts nach Gammelmark. Teils ebenes, teils zu einem Meeresarm hin leicht geneigtes Grasgelände mit großen, von Hecken eingefassten Geländestufen, fast bis an den Strand von Gammelmark reichend. Von den oberen Stellplätzen schöner Blick auf die Sønderborg Bucht; ca. 5 ha – 150 Stpl. + Dau.; gute, zeitgemäße Sanitärausstattung. Laden, Waschmaschine mit Trockner, WLAN, Internetecke, Ponyreiten, Reitschule, Sauna, Bootsslipanlage. Miethütten. V & E für Wohnmobile. QuickStop.

Skeldebro bei Broager
Camping Broager Strand [N54° 52' 3.4" E9° 44' 38.5"], Skeldebro 32, Tel. +45 74 44 14 18, www.broagerstrandcamping.dk; Anf. Jan. – Ende Dez.; von der Straße 401 bei KM 20,7 Abzweig Richtung Skelde zum Strand östlich von Skeldebro; Wiesengelände; 2 ha – 70 Stpl. + Dau.; Standard-Sanitärausstattung. 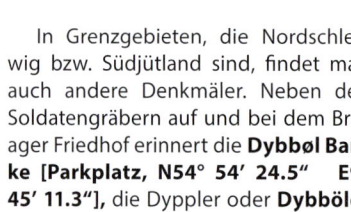 Kiosk, Waschmaschine, Trockner, E-Bike-, Fahrrad- und Bootsverleih. Miethütten. V & E für Wohnmobile.

In Grenzgebieten, die Nordschleswig bzw. Südjütland sind, findet man auch andere Denkmäler. Neben den Soldatengräbern auf und bei dem Broager Friedhof erinnert die **Dybbøl Banke [Parkplatz, N54° 54' 24.5" E9° 45' 11.3"]**, die Dyppler oder **Dybbøler Schanze** – rund 6 km östlich Broager an der Straße 401 kurz vor Sønderborg – an den deutsch-dänischen Krieg von 1864.

Die Windmühle *(geöffnet 13. Apr. - 11. Okt. tgl. 11 - 16 Uhr; 12. Okt. - 20. Okt. tgl. 11 - 17 Uhr; www.1864.dk)* dort auf dem 68 Meter hohen Moränenhügel ist zum dänischen Symbol für Willenskraft und Standhaftigkeit geworden. Schöne Aussicht von der Anhöhe.

Auf der Dybbøler Schanze standen sich 1864 die Truppen Dänemarks und Preußens gegenüber. Bis 1945 stand

Die Dybbøl Mølle an der Dybbøler Schanze

hier ein Denkmal zur Erinnerung an die Schlacht von 1864. Es wurde 1945 gesprengt und die Reste in Kiesgruben vergraben. Nur wenige Reste des Gemäuers sind heute noch zu sehen (Infotafeln). An der Straße gleich neben dem Parkplatz liegt das Informationszentrum mit Gedenkpavillon und Multivisionspräsentation der Kriegsgeschehnisse *(geöffnet 1. Apr. - 31. Okt. tgl. 10 - 17 Uhr; www.1864.dk)*.

Über die 324 Meter lange Christian X.-Brücke aus dem Jahre 1930, die den Alssund als seefahrtsgerechte Klappbrücke überspannt, kann man nach **Sønderborg** auf die Insel Als gelangen. Die Stadt mit großer Seefahrertradition ist stolz darauf, Sitz der ältesten Seefahrerzunft Dänemarks zu sein.

Schon von der Brücke (Straße 481) aus sieht man rechterhand am Ende des Kais den viereckigen Block des **Sønderborger Schlosses [N54° 54' 27.1" E9° 47' 03.4"]** auf einem Landvorsprung liegen. Ein Besuch lohnt, denn im Schloss ist heute das **Museumcenter Sønderjylland** (Parkplatz), das größte landeskundliche Museum Dänemarks außerhalb Kopenhagens untergebracht *(geöffnet Juni - Sept. tgl. 10 - 17 Uhr; Apr., Mai, Okt. Di - So 10 - 16 Uhr; Nov. - März Di - So 13 - 16 Uhr; www.museum-sonderjylland.dk)*.

Begonnen wurde mit dem Schlossbau 1160. König Waldemar der Große wollte damals den Alssund durch eine Feste gesichert wissen. Langsam begann sich dann um das Schloss die Stadt Sønderborg zu entwickeln.

Später besaßen Herzöge und Könige Schloss Sønderborg, aber eine bedeutende Rolle spielte es nie. Außer im 16. Jh. vielleicht. Da kam der Bau ins Gerede, weil dort ab 1532 König Christian II. 17 Jahre lang gefangen saß.

Ausgangs des 16. Jh. wurde von Königin Dorothea die Schlosskapelle hinzugefügt. Der Kirchenraum gilt als eine der ältesten und schönsten Renaissancekapellen in Nordeuropa. Aber der älteste noch original erhaltene Raum im Schloss ist der Drabantsaal aus dem 15. Jh.

Im frühen 18. Jh. wurden – bis auf einen – alle Ecktürme abgerissen, was den nüchternen und strengen Charakter des äußeren Erscheinungsbildes des Schlosses noch mehr hervorhob. 1920 ging Schloss Sønderborg in den Besitz des Staates über.

Von baugeschichtlichem Interesse in Sønderborg ist die **St. Marienkirche**. Sie liegt nördlich der Auffahrtsrampe zur Christian X.-Brücke. Der wuchtige, etwas gedrungen wirkende Kirchenbau stammt aus dem späten 16. Jh. Er erhielt

Sønderborg

PRAKTISCHE HINWEISE — SØNDERBORG

Sønderborg Turistbureau [N54° 54′ 44.98″ E9° 47′ 34.28″], Perlegade 50, 6400 Sønderborg, Tel. +45 74 42 35 55; www.visitsonderborg.com. *Geöffnet Mo - Fr 10 - 17 Uhr, Sa 10 - 13 Uhr, im Sommer 10 - 14 Uhr.*

Feste, Folklore, Märkte: Ringreiterfest. Das größte Ringreiterfest in Dänemark findet jedes Jahr am zweiten Juliwochenende statt. An diesem großen Volksfest mit Ringstechen, Reiterumzug, Jahrmarkt und Festlichkeiten nehmen mehr als 500 Reiter teil; www.ringriderfest.com.

CAMPING

Camping Sønderborg [N54° 54′ 03.1″ E9° 47′ 52.6″], Ringgade 7, Tel. +45 74 42 41 89, www.sonderborgcamping.dk; 23. März – 21. Okt.; im südöstl. Stadtbereich über Ringgade, Strandvej; dreieckige Wiese in Buchtnähe; 2 ha – 150 Stpl.; Standard-Sanitärausstattung. Laden, Waschmaschine, Trockner, WLAN. V & E für Wohnmobile. Miethütten.

Camping Madeskov [N54° 56′ 8.69″ E9° 50′ 44.76″], Madeskov 9, Tel. +45 74 42 13 93; 10. März – 21. Okt.; zwischen Sønderborg und Augustenborg abseits der Straße 8; Wiese zwischen Wald und Bucht; 1,3 ha – 70 Stpl.; Standard-Sanitärausstattung. Laden, Waschmaschine, Trockner. WLAN. V & E für Wohnmobile.

1962 wieder sein ursprüngliches Aussehen. Beachtenswert sind Altar, Kanzel, Taufbecken und der Herzogstuhl. Glockenspiel zwischen 8, 10, 12, 15, 16, 17, 18, 19, 20, 21 und 22 Uhr; www.sctmarie.dk.

Schließlich kann in Sønderborg noch das **Deutsche Museum Nordschleswig** (Rønhaveplads 12) besichtigt werden. Das Museum ist nur *dienstags von 10 bis 16 Uhr und freitags von 10 bis 12 Uhr und jeden 1. Samstag 10 – 13 Uhr geöffnet*; www.deutsches-museum.dk.

Falls Sie den nachstehend beschriebenen Abstecher auf die Insel Als nicht machen möchten, bitte weiter mit „**Hauptroute**" weiter hinten.

Abstecher auf die Insel Als

Beliebt ist Als bei Sommergästen vor allem wegen seiner schönen Strände bei Skovbyballe, Mommark und Østerby/ Kegnæs im Süden und bei Købingsmark im Norden der Insel.

Zu den eher bescheidenen Sehenswürdigkeiten auf einer Rundfahrt um die Insel Als können der Fischereihafen von **Høruphav** (Parken für Wohnmobile im Hafenbereich verboten!), die **Wassermühle** bei **Vibæk** (*geöffnet Mai - Aug. tgl. 11 - 16 Uhr; www.vibaek-moel-lerne.dk*), für Vogelfreunde der Hart-See auf der über eine Straßenbrücke, südlich vorgelagerten Insel Kegnæs, dann die Kirchen von Lysabild und Sønderby (Insel Kegnæs), sowie der Schlossgarten und die Kirche in **Nordborg** gezählt werden. Wer nicht auf Badefreuden an den Alser Stränden aus ist und dessen Reisetage nicht allzu üppig bemessen sind, kann auf die Inselrundfahrt verzichten, ohne Großartiges zu versäumen.

*ROUTE: Von Sønderborg auf dem Søndre Landevej ostwärts und über **Høruphav** und **Vibøge** (Abzweig zur Vi-bæk Wassermühle, einspurige Zufahrt ohne Ausweichstellen, schlechte Parkplatzmöglichkeiten) nach **Skovby**. Weiter auf der Straße 427 nordwärts über **Lysabild** und **Fynshav** nach **Elstrup**.*

Versteckt im Wald „Nørreskov" bei **Ertebjerg**, nördlich von Fynshav, findet man die fast fünftausend Jahre alten **Hünengräber „Blomeskobbel"**. Einer der größten dieser prähistorischen Steine ist annähernd 53 m lang und ist von 69 großen Steinen umgeben. Im Nørreskov lag einst auch die alte Burg „Østerholm" von Thomas Sture, um die sich viele Sagen und Legenden ranken. So heißt es z. B., dass in einem der Gräber bei der Burg eine Goldkette liegen soll, die so lang ist, dass sie einmal um die ganze Insel Als reicht.

In **Elstrup** liegt an der Hauptstraße nach Guderup eine **Windmühle** (Parkplatz), die besichtigt werden kann, ebenso wie das Mølleri Museum gleich nebenan. Auch ein Restaurant gibt es hier.

Bei Nordborg sind die bekannten Danfoss-Werke ansässig, eine der größten Firmen in Dänemark. Im Mads Patent Vej 1 wurde im Mai 2005 der Science- und Erlebnispark **„Universe" [N55° 02' 26.9" E9° 48' 29.5"]** anlässlich des 100. Geburtstags des Firmengründers Mads Clausen eröffnet (geöffnet Mitte - Ende Apr. tgl. 10 - 17 Uhr, Mai + Juni 10 - 16 Uhr; Juli - Mitte Aug. 10 - 18 Uhr; Mitte Aug. - Mitte Okt. 10 - 16 Uhr; https://universe. dk). In dem Erlebnismuseum erschließen sich für Jung und Alt naturwissenschaftliche und technische Welten, die sich um die Themen Wärme, Kälte und Bewegung drehen.

Schloss Nordborg [N55° 03' 30.4" E9° 44' 53.7"], ein hübsches Barockschloss mit See und Burggraben, stammt ursprünglich aus dem 12. Jh. Nach einem Brand 1665 wurde es 3 Jahre später als Barockschloss renoviert und von der Familie von Herzog August bis 1729 genutzt. Die nachfolgenden Jahre bekamen dem Schloss nicht gut, es verfiel. Erst 1910 wurde das Anwesen wieder aufgebaut und darin ein Internat eingerichtet. Es kann innen nicht besichtigt werden. Allerdings besucht werden kann der Schlosspark (geöffnet tgl. 10 - 17 Uhr).

Die **Kirche von Nordborg [N55° 03' 35.5" E9° 44' 18.1"]**, Tontoft 1, hat ein sehenswertes Inneres mit schönen Wandfresken aus dem Jahre 1500 und einem prächtigen Altarbild aus 1785. Die Gruft der Herzogsfamilie hinter dem Altar kann durch eine Gittertür eingesehen werden.

Auf dem Rückweg der Inselrundfahrt kommt man – kurz bevor man wieder in Sønderborg ist – durch das Städtchen **Augustenborg**. Bemerkenswert ist **Schloss Augustenborg [Parkplatz, N54° 56' 43.7" E9° 52' 12.7"]**, der ehemalige Stammsitz der Herzöge von Augustenborg aus dem 17. Jh.

Augustenborg gilt als eines der schönsten Barockschlösser in Dänemark. Erbaut hat Schloss Augustenborg Herzog Ernst Günther Mitte des 17. Jh. Benannt hat er das Anwesen nach seiner Frau Auguste von Glücksburg.

Heute dient das Schloss als Krankenhaus und Seniorenheim. Besichtigen kann man im Glockenturmgebäude ein sog. „Minimuseum" über die Geschichte des Schlosses und der Herzogsfamilie, die Schlosskapelle und den Schlossgarten (geöffnet Minimuseum und Schlosspark ganzjährig tagsüber, Schlosskirche 11. März - 31. Dez. Di - So 10 - 18 Uhr). Im Sommer werden auf Führungen das Arbeitszimmer des Herzogs, der Speisesaal und der Gartensaal gezeigt.

Die Schlosskapelle wurde 1755 fertiggestellt und ist üppig mit Stuckarbeiten und vergoldeten Holzschnitzereien dekoriert. Das Taufbecken aus Carrara-Marmor im weiten Chorraum war ein Geschenk von Zar Alexander. Ungewöhnlich ist die Annordung von Altar Kanzel und Orgel, die übereinander platziert sind.

Fähren von und nach Als
Von Fynshav nach Søby auf Ærø, im Sommer bis zu 4 Abfahrten täglich, Fahrzeit eine Stunde (www.aeroe-ferry.de).

Von Fynshav nach Bøjden auf Fünen, bis zu 11 Abfahrten täglich, Fahrzeit ca. 50 Minuten (www.faergen.de).

Von Hardeshøj nach Ballebro, Jütland, bis zu 24 Abfahrten täglich, Fahrzeit ca. 10 Minuten (https://faergen-bitten.dk/).

HAUPTROUTE

ROUTE: Von Sønderborg auf der Schnellstraße 8 westwärts bis Ausfahrt Søgård/Aabenraa und auf der 170 nordwärts bis **Aabenraa/Åbenrå**.

CAMPING AUF DER INSEL ALS

Augustenborg

Camping Hertugbyens [N54° 56′ 49.2″ E9° 51′ 14.6″], Ny Stavnsbøl 1, Tel. +45 74 47 16 39, www.hertugbyenscamping.dk; 1. Jan. – 31. Dez.; ca. 700 m westlich vom Schloss Augustenborg an der Straße zum Strand; ebene Wiese, von Wald und Feldern umgeben; 3 ha - 70 Stpl. + Dau.; einfache Standard-Sanitärausstattung. Miethütten.

Nordborg/Als

Camping Augustenhof Strand [N55° 4′ 39.47″ E9° 42′ 53.47″], Augustenhofvej 30, Tel. +45 74 45 03 04, www.augustenhof-camping.dk; Anf. Jan. – Ende Dez.; nordwestl. Nordborg; Wiesen mit hohen Hecken bei einem alten Bauernhof und einem Leuchtturm, ansprechend und relativ ruhig am Meer gelegen; ca. 6,5 ha – 130 Stpl. + Dau.; Standard-Sanitärausstattung. Laden, Waschmaschine, Trockner, Minigolf, WLAN. V & E für Wohnmobile. Miethütten. Badestrand.

Camping Lavensy Strand [N55° 4′ 16″ E9° 47′ 44″], Arnbjergvej 49, Tel. +45 74 45 19 14, www.lavensbystrandcamping.dk; 23. März – 23. Okt.; ca. 3 km östl. Nordborg; gestufte Wiesen, ansprechende, ruhige Lage am Meer; ca. 2,5 ha – 60 Stpl. + Dau.; Standard-Sanitärausstattung. Laden, Waschmaschine, Trockner, WLAN. Miethütten. V & E für Wohnmobile.

Camping Købingsmark Strand [N55° 4′ 43.54″ E9° 43′ 43.41″], Købingsmarkvej 53, Tel. +45 74 45 18 70, www.koebingsmarkcamping.dk; 23. März – 31. Okt.; nördl. Nordborg; durch Hecken in größere Felder unterteilte, ebene Wiese am Meer; ca. 2,5 ha – 80 Stpl. + 20 Dau.; einfache Standard-Sanitärausstattung. Kiosk, Fahrradverleih, Waschmaschine, Trockner. V & E für Wohnmobile. Miethütten. QuickStop.

Fynshav

Camping Lillebælt [N54° 59′ 9″ E9° 59′ 25″], Lillebæltvej 4, Tel. +45 74 47 48 40, www.lillebaeltcamping.dk; 1. Apr. – 30. Sept.; ca. 1 km südl. Fynshav; geneigte Wiese mit Hecken, am Kleinen Belt; ca. 3 ha – 70 Stpl. + Dau.; Standard-Sanitärausstattung. Laden, Waschmaschine, Trockner, WLAN, Badestrand.

Camping Naldmose Feriecenter [N54° 59′ 36.67″ E9° 58′ 31.95″], Naldmose 12, Tel. +45 74 4742 49, www.naldmose.dk; 1. Jan. – 31. Dez.; nördl. Fynshav am Strand; ca. 3 ha – 80 Stpl. + 100 Dau.; einfache Standard-Sanitärausstattung. Laden, WLAN. Miethütten.

Kegnæs Halbinsel

Camping Sønderkobbel [N54° 51′ 15.71″ E9° 57′ 31.55″], Piledøppel 2, Tel. +45 74 40 51 62, www.soenderkobbel.dk; 1. Jan. – 31. Dez.; ca. 2 km südöstlich von Bredsten, zum Meer abzweigen, ebenes Grasgelände mit Stellplatzreihen und Baumbestand; über eine Düne zum Strand; Standard-Sanitärausstattung. Laden, Imbiss, Waschmaschine, Trockner, Fahrradverleih, Bootsslipanlage. Miethütten. V & E für Wohnmobile.

Camping Møller's [N54° 51′ 49.16″ E9° 54′ 50.33″], Østerbyvej 51, Tel. +45 74 40 53 21, www.mollerscamping.dk; 8. März – 6. Okt.; östl. Sønderby; Sand- und Wiesengelände, Windschutzhecken, am Meer; ca. 2 ha – 70 Stpl. + Dau.; Standard-Sanitärausstattung, Sand- und Kiesstrand.

Skovby/Sydals

Camping Lysabildskov [N54° 53′ 23″ E10° 3′ 18″], Skovforten 4, Tel. +45 74 40 43 98, www.lysabildskov.dk; 1. Apr. – 30. Sept.; ca. 5 km östlich Skovby; ebene Wiesen mit Bäumen und Hecken, inmitten von Feldern recht ruhig gelegen; zum Strand 600 m; ca. 4 ha – 130 Stpl. + Dau.; Komfort-Sanitärausstattung; Laden, Imbiss, Schwimmbad, Waschmaschine, Trockner, Sauna, WLAN, Tennis, Minigolf. Miethütten. V & E für Wohnmobile.

Camping Skovmose [N54° 52' 18" E10° 0' 52"], Skovmosevej 8, Tel. +45 74 40 41 33, www.skovmose-camping.dk; 5. Apr. – 22. Sept.; ca. 2 km südöstl. Skovby; ebene, von Hecken begrenzte Wiesen, am Sandstrand; ca. 3 ha – 150 Stpl. + Dau.; Standard-Sanitärausstattung. Waschmaschine, Trockner. Miethütten. V & E für Wohnmobile.

Camping Drejby Strand [N54° 51' 39" E9° 60' 0"], Kegnæsvej 85, Tel. +45 74 40 43 05, www.drejby.dk; Ende März – Mitte Okt.; ca. 3 km südl. Skovby; ausgedehnte, vielfach unterteilte Wiese zwischen Strand und Straße; ca. 10 ha – 280 Stpl. + Dau.; Komfort-Sanitärausstattung. Restaurant, Laden, Waschmaschine mit Trockner, Sauna, Schwimmbad, Minigolf, Segelschule, Beachvolleyballfeld, Bootsslipanlage, WLAN, Internetecke. Zahlreiche Miethütten. Strand unterhalb des Steilufers. V & E für Wohnmobile.

Die Landschaft nordwestlich von Sønderborg zwischen dem schmalen Meeresarm Alssund und dem mit der Flensburger Förde verbundenen See Nyböl Nor ist für Dänemark von historischer Bedeutung. Diese Region war Mitte des 19. Jahrhunderts Schauplatz verschiedener Schlachten zwischen dänischen und preußischen Streitkräften. Schanzanlagen und Denkmäler, wie die bei Dybbøl (siehe weiter oben), erinnern an die Kämpfe von 1848 – 51 und 1864. Und man erzählt sich, dass der Mohn, den man im Frühsommer am Wegesrand blühen sieht, noch von Mohnsamen stammen soll, den österreichische Söldner 1848 in ihrem Verpflegungstross mitbrachten.

Åbenrå (Apenra), am gleichnamigen Fjord gelegen, ist ein hübsches altes Schifferstädtchen, das seine Handelstradition bis ins 14. Jh. zurückverfolgen kann. Später dann, im 17. Jh., erwarb der Ort seinen guten Ruf als Silberschmiedestadt. Wer in die Innenstadt fährt, findet vor allem in der Slotsgade noch einige schöne alte Stadthäuser.

Im **Stadtmuseum [N55° 02' 41.0" E9° 25' 17.3"]** *(geöffnet Juni - Aug. Di - So 10 - 17 Uhr; Sept. - Mai Di - So 13 - 16 Uhr; www.msj.dk/de/kulturgeschichte-apen-rade/)*, auch Kulturhistorisches Museum und Maritime Museum genannt, in der H. P. Hanssens Gade 33 wird u.a. die Seehandelsgeschichte von Åbenrå dokumentiert. Schöne Sammlung von Bottleschiffen und Schiffsmodellen, sowie das Skelett des „Nybølmanden" aus der Bronzezeit.

*ROUTE: Zur Weiterreise nehmen wir ab Åbenrå die Straße 443 nach Südwesten über **Bredevad** und stoßen nach gut 30 km bei **Bov** auf die Hauptstraße 8. Ihr folgen wir westwärts und kommen nach 13 km nach **Tønder**.*

Tønder, früher Tondern, ist eine alte Stadt. Schon im 12. Jh. wurde sie urkundlich erstmals erwähnt und erhielt bereits 1243 Stadtrechte, die ältesten heute in Dänemark. Das Stadtwappen enthält u. a. ein Schiff, ein Hinweis darauf, dass Tønder früher eine sehr lebhaf-

PRAKTISCHE HINWEISE — ÅBENRÅ

Åbenrå Turistbüro [N55° 02' 35.3" E9° 25' 07.5"], Storegade 30, 6200 Åbenrå, Tel. +45 74 62 35 00; www.visitaabenraa.dk. *Geöffnet Mo - Fr 9 – 18 Uhr, Sa + So 10 - 16 Uhr.*

Feste, Folklore, Märkte: Viertägige Internationale Ringreiterfestspiele mit Militärtattoo während des zweiten Juliwochenendes, www.ringriderfesten.dk.

CAMPING

Camping Aabenraa Fjordlyst [N55° 1' 29.1" E9° 24' 52.5"], Sønderskovvej 100, Tel. +45 74 62 26 99, www.fjordlyst.dk; Jan. - Dez.; über Straße 170 am südl. Stadtrand, gestuftes Wiesengelände bei der Jugendherberge; ca. 4 ha – 110 Stpl.; Standard-Sanitärausstattung. Kiosk, Waschmaschine, Trockner, WLAN. Miethütten. V & E für Wohnmobile. Quickstop.

te Handels- und Hafenstadt am Flüsschen Vidå (Wiedau) war. Einigermaßen erstaunlich, denn heute ist die Küste immerhin etwa 14 km von der Stadt entfernt.

Die heutige Entfernung zur Küste ist auch das Resultat eines früher bitter nötigen Deichbauprogramms, das einerseits zwar die Auswirkungen der Sturmfluten etwas erträglicher machte, andererseits aber auch die Verlandung des Watts und die Entstehung von Marschen rasch fortschreiten ließ. Das letzte große Deichbauprogramm, ein dänisch-deutsches Projekt übrigens, konnte 1981 von der dänischen Königin und dem Bundespräsidenten eingeweiht werden.

Tønder wird nicht umsonst auch die „Hauptstadt der Marsche" genannt. „Marsch" wird tiefliegendes, aber fruchtbares Land genannt, das zwar bei Flut immer wieder überflutet wird, durch Ablagerungen aber auch stetig ansteigt. Hat das Marschland eine gewisse Höhe erreicht, wird es gewöhnlich eingedeicht, um es fürderhin vom Meer zu schützen. Die so gewonnenen Flächen nennt man „Koog".

Wie hoch das Wasser bei Sturmfluten schon gestiegen ist, kann man an der Sturmflutsäule bei der alten Højerschleuse sehen. Dort sind die Höchststände durch Eisenringe markiert.

Beachtung in Tønder verdient die sehr sehenswerte **Christuskirche [Parkplatz, N54° 56' 14.2" E8° 52' 18.7"]** mit ihrem gotischen Turm aus dem 16. Jh. Im 17. Jh. wurde die Turmspitz durch Blitzschlag erheblich beschädigt. In der Kirchenchronik heißt es darüber: „Im September des Jahres 1686 wurde durch Gottes Zorn die Spitze des Turmes vom Blitz in einer Höhe von 8 Ellen abgerissen, aber durch die Gnade desselben wurde sie im nächstfolgenden Monat glücklich wieder errichtet."

Das Kircheninnere besticht durch sein kunstvoll gearbeitetes Inventar, darunter ein prächtiger Lettner vor dem Altarraum. Diese offene Empore, auch Sängerempore genannt, diente früher als Trennung des Chorraums der Geist-lichkeit vom Kirchenraum der Laien. Das Gitter zwischen den Säulchen, auf denen die Empore ruht, sind nicht mehr vorhanden. Bemerkenswert sind die 18 Bilder auf der dem Kirchenschiff zugewandten Seite. Sie stammen von Hans Schmidt, wurden zu Beginn des 17. Jh. gemalt und stellen biblische Motive von Adam und Eva und dem Sündenfall über das Leiden Christi bis hin zum Jüngsten Gericht dar.

Der prächtige barocke Altaraufsatz stammt aus dem Jahre 1696. Das große Altarbild zeigt das Motiv „Heiliges Abendmahl". In dem kleinen Medaillon direkt darüber sieht man das Porträt von Anna Jürgensen. Sie war die früh verstorbenen Tochter des Amtsschreibers Friedrich Jürgensen und dessen Frau Catharina, die den Altar der Kirche gestiftet haben. Das Bildmotiv darüber stammt von einem flämischen Maler und stellt die „Wanderung nach Golgatha" dar. Ganz oben wird der Altaraufsatz durch Christus dem Erlöser mit der Siegesfahne abgeschlossen.

Links im Kirchenschiff sieht man die reich mit Schnitzereien, Bildmotiven und Reliefs aus der Christusgeschichte geschmückte Kanzel. Und auf dem Rückweg durch das schön gearbeitete Renaissancegestühl zum Ausgang erblickt man die wunderschöne Orgel mit üppigem barocken Akanthuswerk auf einer Empore mit Apostelfiguren.

Große Tradition hatte in Tønder Jahrhunderte lang das Kunsthandwerk des Spitzenklöppelns. Heute wird diese alte Handarbeit nur noch im Kreise von Liebhabern weitergeführt. Alle drei Jahre gibt es in Tønder das internationales Klöppelfestival „Kniplingsfestival i Tønder". Das nächste Mal wollen sich die Klöpplerinnen vom 3. bis 5. Juni 2016 treffen, www.kniplings-festival.dk/de/.

Eine Ausstellung von Klöppelspitzen findet man im Tønder Museum, vor allem aber auch im sehr besuchenswerten Museum im **Drøhses Haus**, Storegade 14, **[N54° 56' 8.06" E8°52' 11.46"]** *(geöffnet Juni - Aug. Mo - Fr 11 - 17 Uhr, Sa 10 - 14 Uhr; Sept. - Mai Di - Fr 11 - 17 Uhr, Sa 10 - 14 Uhr; www.msj.dk/de/*

Klöppelkissen, Tønder Museum

drohses-Haus/). Das stattliche Bürgerhaus mit seinen gewundenen Säulen am Portal stammt aus dem Jahre 1672 und gehörte damals dem Amtsschreiber Friedrich Jürgensen, einer offenbar wohlhabenden Persönlichkeit seiner Zeit in Tønder. Seinen heutigen Namen hat das Haus vom Buchhändler Drøhse, der das Haus 1859 erworben hatte. Heute sind die Räumlichkeiten von der Diele im Erdgeschoss bis zur „Feinen Stube Pisel" mit Ausstellungen zum Klöppelhandwerk, mit bewundernswerten Arbeiten feiner Klöppelspitzen, Klöppelzubehör, Textilien sowie Sammlungen von Trinkgläsern, Porzellan und Öfen bestückt.

Wer den Weg über Tønder macht, wird dort vor allem die hübschen alten Straßenzüge um den Marktplatz (bunter Wochenmarkt jeden Dienstag und Freitag), in der Storgade und vor allem aber in der Uldgade bewundern.

Schließlich lohnt ein Besuch im kulturhistorischen **Tønder Museum og Sønderjyllands Kunstmuseum**, Kongevej 51 **[Parkplatz nahe Museum – N54° 56' 01.6" E8° 52' 00.9"]** *(geöffnet Juni - Aug. tgl. 10 - 17 Uhr; Sept. - Mai Di - So 10 - 17 Uhr; www.msj.dk/de/kunstmuseum-tondern/).* Eine Sehenswürdigkeit

sind die umfangreiche Sammlung von Möbeln, teils mit aufwendigen westschleswigschen Schnitzereien aus dem 16 Jh., Klöppelspitzen, Silberschmiedearbeiten sowie die bemerkenswerte Sammlung alter flandrischer Kacheln, die zu den größten ihrer Art in Nordeuropa zählt.

Vor allem im 18. und 19. Jh. wurden Rinder, die sich auf den Marschen ernährten, in großem Umfang auf dem Seewege nach Holland exportiert. Und viele der Kapitäne brachten auf dem Rückwege holländische Fliesen mit nach Tønder.

Im angegliederten Neubau aus dem Jahre 1999 ist das Kunstmuseum eingerichtet, das moderne dänische Kunst ausstellt.

Sehenswert ist schließlich der Museumsturm mit der **Wegner-Ausstellung.** Das Museum befindet sich in einem umgebauten Wasserturm gleich neben dem Tønder Museum und zeigt auf sieben Etagen Möbel und vor allem Stühle des in Tønder geborenen, weit über Dänemark hinaus berühmten Möbeldesigner Hans Jørgen Wegner.

Darüber hinaus ist hier auch das **Sønderjyllands Kunstmuseum** untergebracht. Ganz oben gibt es in 35

PRAKTISCHE HINWEISE — TØNDER

Tønder Turistbureau [N54° 56' 09.7" E8° 52' 12.3"], Torvet 1, Storegade 2-4, 6270 Tønder, Tel. +45 73 70 96 50; www.visittonder.dk.

Tønder Folk & Jazz Festival, jährlich letztes Wochenende im August. Seit Jahren beliebtes und viel besuchtes Open-Air-Festival mit Blues, Jazz, Soul und viel Folkmusic. www.tf.dk.

CAMPING

Camping Tønder [N54° 56' 3.94" E8° 52' 46.38"], Sønderport 4, Tel. +45 74 7 92 80 00; Ende März – Ende Okt.; östl. Stadtrand, Nähe Straße 11; ca. 2 ha – 80 Stpl.; Standard-Sanitärausstattung. Laden, Schwimmbad, WLAN. Quick-Stop.

m Höhe einen Panoramasalon (auch per Aufzug zu erreichen), von dem aus ein weiter Blick über die Stadt und das Marschland möglich ist.

Abstecher nach Møgeltønder

Ein lohnender Abstecher führt von Tønder ins nur knapp 6 km westlich gelegene **Møgeltønder [Parkplatz, N54° 56' 30.8" E8° 48' 29.4"]**. Das überaus reizvolle, denkmalgeschützte Straßenbild an der kopfsteingepflasterten Slotsgade, mit ihren nostalgischen Laternen und den Alleebäumen, hinter denen sich die strohgedeckten Häuser aufreihen, hat Møgeltønder wohl das stolze Prädikat eingebracht, die „schönste Dorfstraße Dänemarks" zu haben .

Sehenswert ist die Kirche des Ortes, die gewöhnlich zwischen 8 Uhr und 16 Uhr (aber nicht während der Messen!) Besuchern offen steht. Die Kirche enthält neben mittelalterlichen Fresken die Grabkapelle der Grafen Schack und eine Orgel aus dem 17. Jh., die als die älteste noch „diensttuende" Orgel in Dänemark gilt.

Das historische **Schloss Schackenborg** stammt im wesentlichen aus dem 17. Jh. Hans Schack erhielt 1661 die mittelalterliche Burg „Møgeltønderhus" von der Krone für seine Verdienste im Krieg gegen Schweden vermacht. Schack ließ das alte Gemäuer fast vollständig abreißen und errichtete statt dessen ein stattliches Barockschloss. Elf Generationen lang blieb das Anwesen im Besitz der Grafen Schack.

Seit 1993 war das Schloss Schackenborg Residenz des jüngsten Sohnes der dänischen Königin, Prinz Joachim.

2014 wurde das Schloss in eine Stiftung überführt. Stiftungsmitglieder sind Prinz Joachim und Mäzenen aus der Wirtschaft. Veranlasst wurde dieser Schritt aus ökonomischen Gründen, denn das Anwesen war hoch verschuldet.

Das Schloss und seine Parkanlagen sollen nun mit großen finanziellen Anstrengungen restauriert und der Öffentlichkeit auf Führungen wieder zugänglich gemacht werden. Öffnungszeiten bei Drucklegung leider unklar; www.schackenborg.de.

Rund 7 km westlich von Møgeltønder liegt Højer mit der nicht zu übersehenden **Højer Mølle [N54° 57' 50.7" E8° 41' 38.1"]**. Die Windmühle im Stil einer Holländermühle stammt aus dem Jah-

CAMPING – MØGELTØNDER

Camping Møgeltønder [N54° 56' 17.4" E8° 47' 57.7"], Sønderstrengvej 2, Tel. +45 74 77 84 60, www.mogeltondercamping.dk; Anf. Jan. – Ende Dez.; gut eingerichteter Gemeindeplatz am südöstl. Ortsrand; weitläufiges, ebenes, von hohen Hecken umgebenes, gepflegtes Wiesengelände mit einigen flachen Geländestufen, von ca. 3,5 ha – 220 Stpl. + Dau.; Standard-Sanitärausstattung, Laden, Schwimmbad, Waschmaschine, Trockner, Fahrradverleih, Minigolf. Miethütten. V & E für Wohnmobile. QuickStop.

In Møgeltønder in der „schönsten Dorfstraße Dänemarks"

re 1857. Heute ist hier das interessante **Mølle- og Marksmuseum** eingerichtet *(geöffnet 29. Juni - 31. Okt. tgl. 10 - 17 Uhr; www.msj.dk/hoejer-moelle/).* Die Ausstellungen befassen sich mit dem Thema Brot, Backen und Müllerei, dazu wird ein Film über das Müllerhandwerk gezeigt, sowie mit Geschichte und Kultur im Watten- und Marschland um Højer und die gefährdete Fauna und Flora dort.

Südlich von Højer im Slusevej 10 kommt man zur **Højer Sluse [N54° 57′ 25.9″ E8° 40′ 56.5″]** *(geöffnet Mai - Aug. tgl. 10 - 20 Uhr; März, Apr., Sept. - Nov. Mo - Mi - Fr - So 10 - 20 Uhr; www.slusen.dk).* Die Schleuse an der Mündung des Flüsschens Vidå (Wiedau) wurde 1861 gebaut und 1980 durch die modernere Vidåslusen ersetzt. Das Bauwerk soll das Hinterland vor Fluten schützen. Eine Säule, die bei der Flut 1976 komplett unter Wasser stand, zeigt verschiedene Hochwasserstände.

Bis zum Bau des Hindenburgdamms 1927 war Højer Sluse übrigens Endpunkt der Eisenbahnlinie aus Hamburg, von dem die Fahrgäste per Fähre nach Sylt übersetzten. Eine Ausstellung im Tøndermarkens Naturcenter an der Schleuse informiert über Fauna und Flora im Wattenmeer.

HAUPTROUTE

ROUTE: *Auf der Weiterfahrt von Tønder nach Norden auf der Straße 11 lohnt ab* **Abild** *der kleine Umweg über die Straße 25 nach* **Løgumkloster,** *ca. 17 km nördlich Tønder gelegen.*

Sehenswert in **Løgumkloster [Parkplatz, N55° 03′ 25.7″ E8° 56′ 58.5″]** ist die im Stil nüchterner, aber beeindruckender Backsteingotik errichtete **Kirche des Zisterzienserklosters** aus dem 13. Jh., Rådhusstræde 2 *(geöffnet werktags 10 - 17.30 Uhr, So 12 - 17 Uhr; www.loegumkloster-kirke.dk).* In der Kirche, im 13. Jh. im romanischen Stil begonnen, später im gotischen Stil vollendet, mit ihrer gestuften Giebelfassade verdient vor allem der herrliche Flügelaltar aus dem 15. Jh. Beachtung. Man rechnet ihn mit zu den schönsten seiner Art in ganz Dänemark.

ROUTE: *Nach weiteren 17 km erreichen wir* **Skærbæk** *(Abzweig zur Insel Rømø).*

Ein interessanter Besuch in **Skærbæk** könnte im **Skærbæk Uldspinderi Museum [N55° 9′ 34.54″ E8° 45′ 52.08″]** sein. Die Wollspinnerei im Kir-

CAMPING – SKÆRBÆK

Camping Skærbæk Familiecamping [N55° 10' 4.9" E8° 47' 3.0"], Ulle-rupvej 76, Tel. +45 74 75 22 22, www.skaerbaekfamiliecamping.dk-camp.dk; Jan. – Dez.; 1 km außerhalb Skærbæk ostwärts Richtung Straße 175 gelegen; ebenes Wiesenviereck an einer Seite von Wald begrenzt und durch Platzstra-ßen aufgeteilt, nebenan große freie Wiese; 5 ha – 100 Stpl.; einfache Stan-dard-Sanitärausstattung. Imbiss. Miethütten. V & E für Wohnmobile.

kevej 13 war als Spinnerei und Weberei von 1889 bis 1998 in Betrieb. 2000 wur-de sie von den Freunden der Skaerbae-ker Wollspinnerei als sog. arbeitendes Museum mit den allen alten Webma-schinen aus 1889 wieder eröffnet *(geöff-net 3. Aug. - 14. Sept. tgl. 12 - 16 Uhr; www. uldspinderi.tumblr.com).*

Und ein Besuch im **Hjemsted Old-tidspark [N55° 09' 08.0" E8° 44' 31.5"]**, Hjemstedvej 60, einem Freilicht-museum zum Thema „Eisenzeit" am westlichen Ortsrand von Skærbæk mit Erlebnispark und einem großen unter-irdischen Museum, kann für die ganze Familie ein Ferienspaß sein *(geöffnet 11. Mai - 30. Juni + 31. Aug. - 22. Sept. Di - So 10.30 - 16.30 Uhr; 1. Juli - 30. Aug. Fr - Mi 10 - 17 Uhr, Do 10 - 21.30 Uhr; www.hjems-ted.dk).*

Abstecher auf die Insel Rømø

Wer vor allem Badeurlaub machen will, zweigt in Skærbæk nach Westen ab und erreicht nach 15 km über einen breiten Fahrdamm die Insel Rømø. Mit fast 100 qkm Ausdehnung ist sie die größte dänische Insel in der Nordsee und zählt noch zur Gruppe der Nordfrie-sischen Inseln.

Auf Spuren der großen Zeit, als Wal-fängerkapitäne Wohlstand nach Rømø brachten, stößt man heute nur noch im Heimatmuseum in Toftum, in Grabin-schriften auf dem Friedhof der Rømø-**Kirche bei Kirkeby [N55° 6' 47.83" E8° 32' 35.64"]**, in Straßen- und Hof-namen und im **Kommandørgården [N55° 09' 59.0" E8° 33' 17.4"]**. Dieser alte Gutshof aus dem 15. Jh. am Juvre-vej 60 im Norden der Insel, ist heute ein sehenswertes Museum *(geöffnet 1. Mai - 30. Sept. Di - So 10 - 17 Uhr; 1. Okt. - 31. Okt. Di - So 10 - 15 Uhr; https://en.natmus.*

dk/museums-and-palaces/the-sea-cap-tains-house/).

„Kommandeure" wurden auf Rømø noch im 17. und 18. Jh. die Kapitäne auf Walfangschiffen genannt. Im Nati-onalmuseum Kommandørgården kann man der Zeit und dem Leben wohlha-bender Seefahrerfamilien im 16. und 17. Jh. nachspüren, die ihre Reichtümer vor allem aus dem Walfang im Eismeer be-zogen. Neben einem riesigen Walske-lett in einem ehemaligen Wirtschafts-gebäude mit Ausstellungen über die Walfischfängerzeit, sieht man in dem Gehöft mehrere noch original möblier-te Stuben und Wirtschaftsräume. Einer der Räume z. B. ist komplett mit flämi-schen Fliesen dekoriert, die die Kapitä-ne von Handelsfahrten nach Holland mitbrachten.

Das erwähnte Skelett stammt übri-gens von einem Pottwal, der 1996 mit 16 Artgenossen an der nahen Nordsee-küste gestrandet ist.

Berühmt und bei Sommerurlaubern beliebt ist Rømø aber vor allem wegen des unvergleichlich zwischen 1 und 4 km breiten **Sandstrandes**, der zudem extrem flach ist. Einen Nachteil hat die riesige Strandausdehnung denn doch. Bei Ebbe nämlich wird man vergeblich nach dem salzigen Nass der Nordsee su-chen. Das Meer zieht sich dann soweit zurück, dass man erst nach einer kleine-ren Wattwanderung Badefreuden genie-ßen kann.

Bei **Lakolk [N55° 08' 41.4" E8° 28' 40.3"]** und weiter südlich am Søn-derstrand bei **Havneby [N55° 04' 53.1" E8° 31' 14.9"]** wird der Strand sogar mit Autos befahren (max. 30 km/h und nicht näher als 20 m an das Wasser heran).

Vor allem ist der breite flache Strand von Rømø von jeher ein Eldorado für

„Gute Stube" im Kommandørgården, Insel Rømø

Strandsegler und Kitebuggy-Fahrer. Ihre Gebiete sind im Süden der Insel am Sønderstrand ausgewiesen, während Windsurfer ihr Revier vor dem Strand nördlich von Lokalk haben.

PRAKTISCHE HINWEISE – INSEL RØMØ

Rømø-Tønder Turistforening [N55° 9' 10.60" E8° 33' 0.04"], Juvrevej 6, Nøre Tvismark, Tel. +45 73 70 96 50; www.romo-tonder.dk. *Geöffnet Mo – Sa 9 – 16.30 Uhr, So 9 – 12 Uhr.*

CAMPING

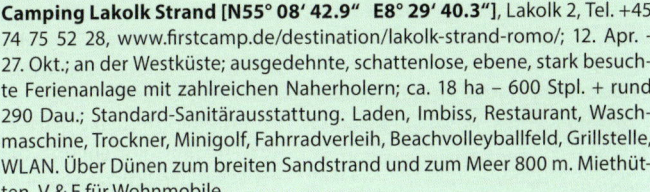

Camping Lakolk Strand [N55° 08' 42.9" E8° 29' 40.3"], Lakolk 2, Tel. +45 74 75 52 28, www.firstcamp.de/destination/lakolk-strand-romo/; 12. Apr. - 27. Okt.; an der Westküste; ausgedehnte, schattenlose, ebene, stark besuchte Ferienanlage mit zahlreichen Naherholern; ca. 18 ha – 600 Stpl. + rund 290 Dau.; Standard-Sanitärausstattung. Laden, Imbiss, Restaurant, Waschmaschine, Trockner, Minigolf, Fahrradverleih, Beachvolleyballfeld, Grillstelle, WLAN. Über Dünen zum breiten Sandstrand und zum Meer 800 m. Miethütten. V & E für Wohnmobile.

Camping Rømø Familiecamp [N55° 9' 45.39" E8° 32' 49.41"] Toftum, Vestervej 13, Tel. +45 74 75 51 54, www.romocamping.dk; 24. März – 14. Okt.; ca. 2 km nördl. der Straße vom Festland; fast schattenloses, offenes, ebenes Wiesengelände; ca. 8 ha – 260 Stpl. + Dau.; Standard-Sanitärausstattung; Laden, Imbiss, Waschmaschine, Trockner, Internetecke, Minigolf. Zahlreiche Miethütten; Baden an der Westküste 5 km. V & E für Wohnmobile. QuickStop.

Camping Kommandørgården [N55° 05' 54.7" E8° 32' 34.6"], Mølby-Havneby, Havnebyvej 201, Tel. +45 74 75 51 22, www.kommandoergaarden.dk; 1. Jan. – 31. Dez.; ca. 4 km südl. Kongsmark; schattenlos und eben; ca. 12 ha – 350 Stpl. + Dau.; Komfort-Sanitärausstattung; Laden, Imbiss, Restaurant, Waschmaschine mit Trockner, Schwimmbad, Sauna, Dampfbad, Solarium, Fitnessraum, Frei- und Hallenbad, Fahrradverleih. WLAN an einigen Plätzen. Zahlreiche Miethütten; Baden am Südstrand gut 2 km. V & E für Wohnmobile. QuickStop.

Strandsegler nutzen gerne die kilometerlangen Strände auf der Insel Rømø

Ab Havneby an der Südostseite der Insel Rømø bestehen regelmäßig Autofährverbindungen nach List auf Sylt.

HAUPTROUTE

ROUTE: Im weiteren Verlauf unserer Route folgen wir weiter der Straße 11 nordwärts, die zwischen Tønder und Brokær/Gredstedbro nördlich Ribe auch „Grüne Küstenstraße" genannt wird, und erreichen nach 22 km die Stadt Ribe.

Routenalternative über Haderslev

ROUTE: Alternativ zu unserem Reiseweg über Tønder kann man von Åbenrå auch auf der Straße 170 nach Norden und über Haderslev nach Ribe fahren.

Rund 25 km nördlich von Åbenrå kommt man durch Haderslev, einem alten Fürsten- und Bischofsitz am Haderslev Fjord, der schon ausgangs des 13. Jh. Stadtrechte erlangte. Im 16. und 17. Jh. war Haderslev zeitweise gar königliche Residenz. König Frederik II. hielt sich hier mehrmals, wenn auch nur kurzzeitig, auf. Und sein Nachfolger, König Christian IV., Dänemarks baufreudiger Regent, feierte in Haderslev seine Vermählung.

Der sehenswerte historische Stadtkern wird überragt vom hohen Backsteinbau der Domkirche. Der Bau wurde im 14. Jh. im gotischen Stil errichtet. Im bis zu 22 Meter hohen Kirchenschiff verdienen vor allem das schöne, bronzene Taufbecken, das in 1485 in Flensburg gegossen worden sein soll und die beachtenswerte Barockkanzel Beachtung. In der Domkirche, die der hl. Maria geweiht ist, hatte Martin Luther seine Lehre erstmals in Dänemark verkündet *(geöffnet Juni + Sept. tgl. 10 - 16 Uhr; Juli + Aug. tgl. 10 - 17 Uhr; Okt. Mai So - Fr 10 - 15 Uhr; www.hado.dk).*

Trotz des großen Stadtbrandes von 1627, der auch die Domkirche in Mitleidenschaft gezogen hatte, sind im Stadtzentrum und vor allem in unmittelbarer Nähe des Domes einige hübsche alte Stadthäuser und Fachwerkgebäude erhalten geblieben, die allesamt schön restauriert sind. Dafür wurde Haderslev vor einiger Zeit zu Dänemarks „Stadt des Jahres" gekürt.

Interessant sind das Heimatmuseum **Arkæologie Haderslev [Parkplatz, N55° 15' 13.40" E9° 29' 56.71"]** in der Dalgade 7 *(geöffnet 1. Juni - 31. Aug. Di - So 10 - 16 Uhr; 1. Sept. - 31. Mai Di - So 13 - 16 Uhr)*, sowie das **Museum Sonderjyl-**

land Bymuseet i Haderslev [N55° 14' 59.3" E9° 29' 27.1"] in der Slotsgade 22, ein interessantes Freilichtmuseum, das sich mit der Frühgeschichte und der Kulturentwicklung von Südjütland beschäftigt und u. a. Funde aus der Steinzeit zeigt *(geöffnet Juni - Aug. Di - So 10 - 16 Uhr; Sept. - Mai Di - So 13 - 16 Uhr, https://historiehaderslev.dk/).*

In der Nachbarschaft findet man in der Slotsgade 20 die Ehlers Lertøjssamling *(geöffnet Di - So 12 - 16 Uhr; https://historiehaderslev.dk/).* Hier ist in einem historischen Haus aus dem 16. Jh. mit hübschem Innenhof die umfangreiche Sammlung von Steingutkeramik zu sehen, die der Maler Louis Ehlers (1916 – 1998) zusammengetragen hat. Die Sammlung gilt heute als eine der größten ihrer Art in Nordeuropa.

Man kann Spaziergänge entlang oder Bootsfahrten auf dem Haderslev-Dam unternehmen, der westlich der Stadt liegt. Es ist der größte Binnensee in Nordschleswig.

PRAKTISCHE HINWEISE – HADERSLEV

Haderslev Turistbureau [N55° 15' 0.25" E9° 30' 9.68"], Honnørkajen 1, 6160 Haderslev, Tel. +45 73 54 56 30; www.visithaderslev.dk. *Geöffnet Mo - Fr 10 - 15 Uhr.*

CAMPING

Diernæs bei Haderslev
Camping Vikær-Diernæs Strandcamping [N55° 9' 0.05" E9° 29' 44.89"], Dundelum 29, Tel. +45 74 57 5464, www.vikaercamp.dk; 5. Apr. – 29. Sept.; von Haderslev auf der Straße 170 südwärts Richtung Åbenrå, nach ca. 10 km Richtung Diernæs ostwärts abzweigen und noch ca. 5 km Richtung Vikær zum Platz; leicht geneigtes Wiesengelände an der Steilküste der Diernæsbucht; 15 ha – 220 Stpl. + Dau.; Standard-Sanitärausstattung. Laden, Imbiss, Waschmaschine, Trockner, Bootsslipanlage, Minigolf, WLAN auf Teilen des Platzes, Internetecke. Miethütten. V & E für Wohnmobile. QuickStop.

Sønderballe bei Haderslev
Camping Gåsevig Strand [N55° 8' 31.71" E9° 30' 2.00"], Gåsevig 19, Tel. +45 74 57 55 97, www.gaasevig.dk; 13. Apr. – 15. Sept.; von Haderslev auf der Straße 170 Richtung Åbenrå nach Sønderballe abzweigen, von hier weiter Richtung Genner Strand; fast ebenes Wiesenviereck durch Hecken unterteilt; 5,5 ha – 60 Stpl. + Dau.; Standard-Sanitärausstattung. Laden, Waschmaschi- ne, Trockner, WLAN auf Teilen des Platzes, Internetecke. Miethütten. V & E für Wohnmobile. QuickStop.

Camping Sønderballe [N55° 7' 56.32" E9° 28' 33.94"], Haderslev, Diernæsvej 218, Tel. +45 74 69 89 33, https://389.dk/de/; 1. Apr. – 15. Sept.; von Haderslev auf der Straße 170 Richtung Åbenrå nach Sønderballe abzweigen, von hier weiter Richtung Genner Strand und weiter Richtung Sønderballe Strand, beschildert; Wiesengelände von Wald umrahmt, teils terrassiert, von den Terrassen Meerblick; Standard-Sanitärausstattung. Laden, Imbiss, Waschmaschi- ne, Trockner, WLAN auf Teilen des Platzes. Miethütten. V & E für Wohnmobile. QuickStop.

Halk bei Haderslev
Camping Halk [N55°11'9.55" E9°39'13.70"], Brunbjerg 105, Tel. +45 74 57 11 87, www.halkcamping.dk; 1. Apr. – 22. Sept.; von der Straße 170 Richtung Åbenrå in Hoptrup Richtung Arøsund abzweigen und in Hejsager weiter nach Halk; durch Hecken unterteiltes, leicht geneigte Wiesenstücke in ländlicher Umgebung mit Blick auf den Kleinen Belt; Standard-Sanitärausstattung. Laden, Waschmaschine, Trockner, Minigolf, Miethütten. V & E für Wohnmobile. QuickStop.

WOHNMOBIL-STELLPLÄTZE

Wohnmobil-Stellplatz Haderslev Sejl-Club [N55° 14' 51.99" E9° 29' 55.53"], Sydhavnsvej 1 F, Tel. +45 40 87 31 32, www.haderslevsejlclub.dk. Zufahrt: Vom Stadtzentrum Haderslev zum Bootshafen am Haderslev-Fjord. Gekiester Platz des Haderslev Sejl-Club für 15 Wohnmobile. **Ausstattung**: Frischwasserhahn und Ausguss für Grauwasser und Chemikaltoilette. Strom. Hafen-Sanitäreinrichtung mit Dusche und WC. Beleuchtet. Liegewiese und Grillstelle. **Gebühr:** Pauschale. Parkscheinautomat. **Geöffnet:** Mitte Mai - Anf.Okt.

Wohnmobil-Stellplatz Kolindsholm [N55° 16' 55.66" E9° 33' 22.34"], Fjelstrupvej 71, Tel. +45 74 56 69 10. **Zufahrt**: Von Haderslev ca. 7 km auf der Straße Richtung Fjelstrup zum Gehöft von Niels Holm. Hier Schotterfläche zwischen Obstplantagen mit Platz für 5 Wohnmobile. Ländliche Umgebung. **Ausstattung**: Frischwasserhahn, Dusche, WC, Strom, WLAN. **Gebühr:** Pauschale inkl. Wasser, WC, WLAN. Strom, Chemikalausguss und Dusche Extragebühr. **Geöffnet:** Ganzjährig.

---

*ROUTE: Wir verlassen Haderslev auf der Straße 47 über **Vojens** westwärts, stoßen in **Gabøl** auf die Straße 24 und folgen ihr über **Gram [Schloss Gram aus dem 17. Jh., N55° 17' 44.0" E9° 03' 24.7"]) nach **Ribe**.*

HAUPTROUTE

Ribe nimmt für sich in Anspruch, die älteste Stadt Dänemarks zu sein, schließlich hatten schon zu Beginn des 9. Jh. Wikinger hier einen wichtigen Umschlagplatz für Waren eingerichtet. Und Handel und Schifffahrt waren es auch noch im 12. Jh., die der Stadt Wohlstand brachten. Saxo, der dänische Historiker jener Zeit, berichtet, die Geschäfte seien voll mit allen nur erdenklichen Gütern gewesen.

Bis weit ins Mittelalter behielt Ribe seine Bedeutung als Seehandelsstadt, als Warenumschlagsplatz zwischen Nord und Süd, sowie zwischen England, Nordeuropa und dem Ostseeraum. Als jedoch der Hafen an der Flussmündung zu versanden begann, sank auch der Stern Ribes als Handelsstadt.

Große Bedeutung erlangte Ribe als Bischofsitz und Residenzstadt. Seit 948 schon ist Ribe Bischofsitz, der die ersten christlichen Bauten Dänemarks aufweist. Von Ribe aus betrieb der Apostel Ansgar die Christianisierung Dänemarks.

Das Ansehen der Stadt wuchs noch, als um 1200 das Königsgeschlecht der Valdemars sich Ribe als Residenz wählte. Unübersehbares Symbol dieser Glanzzeit ist noch heute der mächtige Dom von Ribe.

Selbst als 1417 Kopenhagen Hauptstadt des dänischen Königreiches wurde, behielt Ribe viele seiner Privilegien. Erst mit der Reformation 1536 und durch spätere Naturkatastrophen, darunter Sturmfluten, Pest und Feuersbrünste, wurde Ribe seines Glanzes beraubt. Und als schließlich mit dem Absolutismus 1665 alle Macht nach Kopenhagen verlagert wurde, war das Ende der Blütezeit Ribes gekommen.

Für das kleine, hübsche Städtchen sollten Sie sich ein bisschen Zeit nehmen, denn ein Bummel durch die malerische Innenstadt lohnt sehr.

Lohnend ist der **RibePas**, eine Discountkarte, die Preisermäßigungen von bis zu 20% bei Museen, bei geführten Stadtrundgängen, auf dem Mandøbus u. a. bietet. Der RibePas wird kostenlos ausgegeben an Gäste, die in den größeren Hotels, in der Jugendherberge Danhostel Ribe, auf dem Campingplatz Ribe oder auf dem Wohnmobilstellplatz Sorkesøen nächtigen.

Das Touristenbüro veranstaltet im Sommer gebührenpflichtige, geführte Stadtspaziergänge von etwa 90-minütiger Dauer.

Da das **Parken** in der verkehrsberuhigten, historischen Altstadt so gut wie unmöglich ist, beginnt man einen Stadtrundgang am einfachsten an einem der beiden großen öffentlichen, gut ausgeschilderten Parkplätze (WC's) – **Parkplatz Parkering Centrum [N55° 19' 49.89" E8° 45' 49.78"]** bei der Jugendherberge, zu erreichen über die Sanct-Peders-Gade, oder **Parkering Centrum Syd [N55° 19' 28.09" E8° 45' 26.07"]** im Südwesten am Stampemøllevej (Tøndervej). Beide Parkplätze eignen sich gut als Ausgangspunkt für einen Stadtspaziergang. Der Parkplatz Centrum liegt etwas näher zum Zentrum am Dom, ein Teil des Parkplatzes Syd dient auch als Wohnmobilstellplatz.

Stadtspaziergang

Der folgende Stadtrundgang beginnt am Parkplatz Parkering Centrum Syd am Stampemøllevej (Tøndervej), der recht verkehrsgünstig am Südwestrand der Stadt und nahe dem Abzweig von der Umgehungsstraße 11/24 liegt.

Vom Parkplatz folgen wir zunächst einem Fußweg, der über das Flüsschen Stampemølle Å führt, gehen links am Friedhof vorbei, nehmen aber gleich die erste Möglichkeit links, überqueren die Gravsgade und gehen über die Sviegade weiter stadteinwärts. Rechts sieht man die **Kathedralschule**, deren Anfänge ins 12. Jh. zurückreichen.

Man quert die Sønderportsgade, in der noch einige sehr schöne alte Fachwerkhäuser stehen, folgt weiter der Gråbrødregade bis zur Grydergade, der wir rechts bis zum nahen Torvet am Dom folgen. Unterwegs kommt man in der Grydergade am Restaurant Backhaus (4 Zimmer, Tel. +45 75 42 11 01, www.backhaus-ribe.dk) vorbei.

RIBE – 1 Lateinschule – 2 Dom, Torvet – 3 Touristeninformation – 4 Weis' Stue – 5 Skibbroen – 6 ehem. Schloss Riberhus – 7 Quedens Gaard – 8 St. Katharinenkirche – 9 Sct. Catharinæ Plads – 10 Kunstmuseum – 11 Altes Rathaus – 12 Gedenktafel – 13 Häuserensemble – 14 Hans Tausens Haus – 15 Aussicht auf Skibbroen Pier, Stadt und Dom – 16 Hotel Dagmar – 17 Ribes Wikingermuseum – 18 zum Wohnmobil-Stellplatz Storkesøen und zum Ribe Vikingecenter

Bevor wir auf den Domplatz Torvet kommen, verdient das Gebäude rechts, Grydergade/Ecke Skolegade, Beachtung. Es ist die alte **Lateinschule (1)**, die 300 Jahre lang vom 16. bis ins 19. Jh. ihre Zöglinge nicht nur in Latein unterrichtete. Hier wurde 1849 Jacob A. Riis geboren, der später nach Amerika auswanderte, dort durch sein soziales Engagement in den Elendsvierteln von New York von sich reden machte, dass ihn so-

Der Dom zu Ribe am zentralen Stadtplatz Torvet

gar Präsident Roosevelt als „nützlichsten Bürger Amerikas" bezeichnete.

Torvet, der zentrale Stadtplatz, wird beherrscht vom **Dom (2) [N55° 19' 40.87" E8° 45' 38.92"]** *(geöffnet Mai + Juni tgl. 10 - 17 Uhr; 1. Juli - 15. Aug. tgl. 10 - 17.30 Uhr; 16. Aug. - 15. Sept. tgl. 10 - 17 Uhr; 16. Sept. - 31. Okt. tgl. 11- 16 Uhr; Nov. März tgl. 11 - 15 Uhr, www.ribe-domkirke. dk)*. Angeblich ließ Ansgar, der Apostel

des Nordens, hier schon im Jahre 860 eine Holzkapelle errichten. Der Sakralbau, so wie er sich uns heute darbietet, entstand zwischen 1150 und 1250.

Der teils aus Ziegeln teils aus Tuffstein aus dem Rheinland und jütländischem Granit errichtete Dom zählt zu den schönsten fünfschiffigen romanischen Kirchenbauten in Dänemark. In späteren Um- und Anbauten sind aber auch Stilelemente der Gotik erkennbar.

Denkmale vor dem Kirchenbau erinnern an den dänischen Reformator Hans Tausen, der von 1491 bis 1561 lebte und an den Dichter und Bischof Adolf Brorson, der im 18. Jh. in Ribe wirkte.

Auffallend in der Kirchenapsis sind die sieben modernen Glasmosaiken mit biblischen Motiven. Gestaltet wurden sie von Carl-Henning Pedersen (1913 – 2007), der dazu über drei Millionen Mosaiksteinchen verwendete. Das Motiv ganz links z. B. hat den Titel „Himmelstor", das Motiv ganz rechts den Titel „Licht des Himmels".

Große Diskussionen in der Kirchengemeinde lösten auch die bizarren bunten Fresken Pedersens in der Wölbung über den Mosaiken aus. Viele können sie nicht als Kirchenschmuck akzeptieren und glauben, der Künstler sei zu weit gegangen, während andere die Fresken geradezu als wegweisende künstlerische Arbeiten ansehen. Wie es heißt, sei der Maler durch die Klänge der Domorgel zu den eigenwilligen Motiven inspiriert worden.

Deutlich erkennbar ist, dass die Türme an der Westseite des Doms von recht unterschiedlichem Aussehen sind, vor allem im oberen Abschluss. Grund:

Der eine Turm brach schon wenige Jahre nach Fertigstellung des Doms während der Weihnachtsfeierlichkeiten im Jahre 1283 in sich zusammen und begrub einen großen Teil der Kirchengemeinde unter sich.

Nach diesem Desaster entstand der imposante viereckige, fast 52 Meter hohe Turm des Doms, der Bürgerturm oder „Store Tårn", der 1333 fertiggestellt werden konnte. Der ganz aus Ziegeln aufgeführte Turm diente sowohl als Wach- und Sturmglockenturm, als auch als Landmarke für die Schifffahrt. Der Bürgerturm kann bestiegen werden (248 Stufen). Die Mühe wird mit einem weiten Blick über die Stadt und die Marsch belohnt.

Das Glockenspiel des Doms ertönt täglich um 8, 12, 15 und 18 Uhr. Um 8 Uhr und um 18 Uhr wird die Melodie des Psalms „Den yndigste rose er funde" (Die anmutigste Rose ist gefunden) intoniert und um 12 und 15 Uhr hört man die Volksweise „Dronning Dagmar ligger udi Ribe syg" (Königin Dagmar liegt krank zu Ribe).

In der Skolegade an der Südseite des Doms, liegt das **Tausens Hus (14)**, eine der ältesten Bischofsresidenzen in Ribe aus dem 16. Jh. Hier lebte der Bischof und Reformator Hans Tausen von 1551 bis zu seinem Tode 1561.

Hans Tausen (auch Tavsen) gilt in Dänemark als eine der treibenden Kräfte während der Reformation. Tausen ging als Ordensbruder nach Wittenberg, wo er natürlich mit den Lehren Luthers in Kontakt kam und davon stark beeinflusst und geprägt wurde. Wieder zurück in Dänemark wurde Tausen einer der Vorreiter der Reformationslehre, der sich der schützenden Hand des Königs gewiss sein konnte. Seine Bibelübersetzung sollte ein entscheidender Faktor bei der Gründung der Lutherischen Kirche in Dänemark sein. 1541 wurde Hans Tausen zum Bischof von Ribe geweiht.

Östlich vom Dom, in der Straße Overdammen, sieht man **Weis' Stue (4)**, eines der urigsten und ältesten Gasthäuser der Stadt. Stilgerecht in einem

Das historische Restaurant „Weis' Stue"

schon etwas windschiefen, niederen Fachwerkbau untergebracht, findet man alte Gaststuben aus dem frühen 18. Jh. mit Balkendecken, flandrischen Kacheln, Wandtäfelung und alten Öfen. Das Haus fungiert nach wie vor auch als Herberge. Es gibt fünf Gästezimmer, Tel. +45 75 42 07 00; www.weis-stue.dk.

Gegenüber der Weis' Stue, am alten Marktplatz, liegen das **Hotel Dagmar**

(16), das in einem repräsentativen Patrizierhaus eingerichtet ist, sowie der alte Handelshof „Porsborg" aus dem 16. Jh. Daneben, Torvet 3, befindet sich auch das **Touristenbüro (3) [N55° 19′ 41.8″ E8° 45′ 43.8″]**.

Wir gehen nun am Touristenbüro vorbei und folgen ein Stück der nach Westen führenden Grønnegade. Schon wenig später führen mehrere kleine Gassen nach rechts. Wir folgen einer der schmalen, von niederen Gebäuden gesäumten Gassen und kommen kurz darauf zur Fiskergade, eine der idyllischsten Straßen in Ribe. Schon um 1400 wurde diese Straße angelegt. 1580 wütete hier ein verheerendes Feuer, dem der größte Teil der Stadt zum Opfer fiel.

Wir folgen der Fiskergade nach links (westwärts), die wenig später in die **Skibbroen (5)** am Wasser mündet. Hier am Ribe Å war früher der Hafen von Ribe.

Ganz in der Nähe, dort wo die Fiskergade auf die Skibbroen stößt, sieht man am Ufer die Sturmflutsäule. Eisenringe markieren die Hochwasserstände und erinnern daran, wie weit der „Blanke Hans" bei Sturmflut ins Land dringen kann. Bei der Flutkatastrophe 1634 stieg das Wasser auf unvorstellbare 6 Meter über Normal. Der oberste Eisenring zeigt es an. Und auch bei der Flut 1976 mussten viele Häuser an der Skibbroen evakuiert werden. Zwischenzeitlich wurden die Deichanlagen verstärkt und erhöht.

Man könnte nun flussabwärts gehen und käme nach etwa 200 Meter zur linkerhand gelegenen ehemaligen **Burg Riberhus (6) [N55° 19′ 53.26″ E8° 45′ 21.30″]**. Von der einst stattlichen Anlage sind heute aber nur noch spärliche Ruinenreste, der Schlossgraben und ein Standbild von Königin Dagmar vorhanden. Die Statue erinnert an Sophia von Minsk, Gattin von König Waldemar II. dem Sieger, der 1241 starb. Schloss Riberhus entstand im 12. Jh. auf Geheiß von König Nils. Etwa 300 Jahre lang war es Königsresidenz.

Ab Skibbroen verkehren im Sommer Ausflugsboote. Auf die schöne alte Häuserzeile an der Skibbroen mit dem urig gemütlichen Gasthaus „Værtshuset Sælhunden" hat man vom gegenüberliegenden Ufer nahe des dortigen Nord-Parkplatzes oder von der etwas weiter östlich gelegenen Brücke einen sehr schönen Blick.

Von der Skibbroen gehen wir wieder stadteinwärts bis zur Brücke am Overdammen, wenden uns rechts und biegen gegenüber der schon bekannten Fiskergade in die Sortebrødregade ein.

Interessant ist **Quedens Gaard (7)**, gleich an der Ecke Sortebrødregade/Overdammen. Der vierflüglige Fachwerkbau eines reichen Kaufmanns stammt aus dem 16. Jh. In früheren Jahres war hier das Stadtmuseum eingerichtet. Heute beherbergt das Haus ein nettes Café und einen Krämerladen.

Weiter südöstlich, am Ende der Sortebrødregade, erkennt man auf der anderen Straßenseite die **St. Katharinenkirche (8) [N55° 19′ 38.76″ E8° 45 ,52.87″]** und das Dominikanerkloster. Das Kloster wurde 1228 gegründet. Der jetzige Kirchenbau stammt aus dem 15. Jh. Im mittelalterlichen Klosterhof ein Kreuzgang. Kloster und Kirche sind – neben dem Dom – die letzten Zeugen der zahlreichen Kirchen aus der Zeit vor der Reformation. Nach der Reformation diente die Klosterkirche als Gemeindekirche, das Kloster wurde als Hospital genutzt. Besichtigt werden kann der **Klostergården** (geöffnet Di - So 10 - 16 Uhr, www.ribe-kloster.dk).

Hinter der Sankt Katharinenkirche verläuft die Klostergade, die von kleinen Häusern flankiert wird. Hier wohnten früher die armen Leute von Ribe. Eines der kleinsten Häuser dort ist das private Haus Nr. 26, bei Einheimischen als „Sjæleboderne" bekannt, das angeblich eine Grundfläche von nur 27 qm hat, und das sich seit seinem Entstehen im 17. Jh. – zumindest äußerlich – kaum verändert zu haben scheint.

Recht malerisch und romantisch ist die Szenerie an den Flussarmen und Fußstegen am Ostende der Gasse **Sct. Catharinæ Plads (9)** unweit nördlich der St. Katharinenkirche.

An der Skibbroen, dem alten Hafen Ribes

Überquert man die Stege über den Ribe Å und hält sich rechts Richtung Postamt, kommt man zum **Ribe Kunstmuseum (10) [N55° 19' 45.27" E8° 46' 3.57"]** in der Sanct Nicolaj Gade. Das 2010 neu gestaltete und von Königin Margrethe höchstselbst wiedereröffnete Museum zeigt in erster Linie Werke heimischer Künstler aus dem 19. und 20. Jh. Schöne Sammlung von Ribe-Motiven *(geöffnet Juli + Aug. tgl. 11 - 17 Uhr; Sept. - Juni Di - So 11 - 16 Uhr; https://ribekunstmuseum.dk/).*

Wir gehen die St. Nicolaj Gade nach rechts (südostwärts) bis zum Odins Plads am Bahnhof. Rechts liegt das **Museum Ribes Wikinger (17) [Parkmöglichkeit, N55° 19' 40.73" E8° 46' 8.30"]**. Das Haus präsentiert anhand seiner Exponate, die vor allem auch aus der Wikingerzeit und dem Mittelalter stammen, die Geschichte Ribes von 700 bis 1700 *(geöffnet 1. Juni - 31. Aug. tgl. 10 - 17 Uhr; 1. Sept. - 31. Mai Di - So 10 - 16 Uhr).*

Vom Wikingermuseum gehen wir über die Dagmarsgade und die Flussbrücke zurück zur St. Katharinenkirche und weiter Richtung Dom. Am Støckens Plads wenden wir uns links in die

Sønderportsgade. Gleich rechts am Eck liegt **Det Gamle Rådhus, das Alte Rathaus (11)**. 1496 wurde es als Handelshaus errichtet und diente von 1709 bis 1966 als Rathaus der Stadt. Im Ratssaal, der Ende des 19. Jh. angebaut wurde, tagt heute gelegentlich noch der Gemeinderat.

Der Dichter und erste dänische Zeitungsverleger Anders Bording wurde im alten Rathaus 1619 geboren.

Das ehemalige Schuldgefängnis ist heute zum Museum umfunktioniert und in den Sommermonaten zu besichtigen.

Auf dem Weg durch die Sønderportsgade kann man an der Ecke zur Bispegade eine Gedenktafel (12) sehen. Sie erinnert an Maren Splid, die am 9. November 1641 „blev braendt for Trolddom", also wegen Hexerei auf dem Galgenberg verbrannt wurde.

Ein sehr schönes **Häuserensemble (13)** findet man an der Ecke mit der Puggårdsgade mit Gebäuden zum Teil aus dem 16. Jh.

Der weitere Verlauf unseres Stadtspaziergangs führt durch die Puggårdsgade stadtauswärts, passiert den linkerhand gelegenen ehemaligen Domherrensitz Tårnborg aus dem 16. Jh., kommt an einer mittelalterlichen Reihenhaussiedlung in Fachwerkbauweise vorbei und stößt schließlich auf die Gravsgade.

Wir gehen rechts bis zum rechterhand gelegenen Puggård, Domherrensitz und Schulstift aus dem 14. Jh. Wenige Meter weiter biegen wir links zum Friedhof ab, gehen an seiner Westseite entlang, überqueren den Damvej und kommen über den Fußweg zurück zu unserem Parkplatz am Tøndervej.

Wer Geschichte und Geschichten über Ribe aus erster Hand erfahren will, kann sich in der Zeit vom 1. Mai bis Mitte Oktober dem **Rundgang des Nachtwächters** anschließen. Zünftig gekleidet und mit Morgenstern und Laterne versehen, macht er allabendlich seine Runde, die meistens um 20 Uhr auf dem Marktplatz beginnt (Mai bis Okt. um 20 Uhr; Juni - Aug. um 20 und 22 Uhr;). Der Rundgang dauert 45 Minuten und ist kostenfrei.

Rund 2 km südöstlich von Ribe findet man an der Straße 24 das **Ribe Vikinge-Center [Parkplatz, N55° 18' 34.5" E8° 45' 53.7"]** *(geöffnet Ende Apr. - Ende Juni 10 - 15.30 Uhr; Ende Juni - Ende Aug. 11 - 17 Uhr; Ende Aug. - Ende Okt. 10 - 15.30 Uhr; Ende Apr. Wikingermarkt; www.ribe-vikingecenter.dk/de/).* Das Freilichtmuseum wurde nach Ausgrabungsfunden, die nahe von Ribe gemacht wurden, rekonstruiert. Der Besucher sieht einen nachempfundenen Marktplatz aus dem Jahre 720, einen großen Gutshof aus dem Jahre 980 und ein Stadtmilieu aus dem Jahre 1050. Außerdem kann man Handwerkern bei der Arbeit zusehen, die sich mit Korbflechten, Töpfern, Schmieden, Gerben, Strohflechten und anderen so gut wie ausgestorbenen Handwerken betätigen.

Ausflug zur Insel Mandø

Bei längerem Aufenthalt lohnt ein Ausflug in die Marsch hinter den Deichen, wo man Störche und Strandvögel beobachten oder Wattwanderungen unternehmen kann.

Mit dem Trekkerbus gelangt man bei Niedrigwasser durchs Watt über den Ebbeweg auf die gerade mal 8 qkm große **Insel Mandø**. Dazu fährt man von Ribe ca. 5 km auf der Straße 11 südwärts Richtung Vedsted und zweigt dort meerwärts nach Vester Vedsted ab. Von dort verkehrt der Trekkerbus zur Insel Mandø, die mitten im Wattenmeer zwischen der Insel Fanø im Norden und Rømø im Süden liegt.

Das gesamte **Wattenmeer** entlang der dänischen Westküste bis Holland, von Blåvandshuk bis ins niederländische Den Helder steht unter Naturschutz und umfasst mehr als 30 Inseln.

Der dänische Teil des Wattenmeers, der Nationalpark Wattenmeer zwischen Blåvandshuk und der Tønder Marsch, gilt als eines der ökologisch wertvollsten Gezeitengebiete der Welt. Hier rasten Zugvögel, 10 bis 12 Millionen Tiere sollen es jedes Jahr sein, auf ihrem Weg in ihre Brutgebiete in Nordskandinavien, Sibirien und Grönland. Darüber hinaus sind diese Regionen ein wichtiges Überwinterungsgebiet für Wasservögel und Aufenthaltsort für Seehunde, die hier ihre Jungen zur Welt bringen.

Übrigens: Sollten Sie auf einer Wattwanderung je auf einen „Heuler", eine Seehundbaby treffen, das verlassen scheint, bitten Sie die Naturschutzbehörden dringend, das Tier keinesfalls zu berühren. Nur so wird die evtl. zurückkehrende Seehundmutter das Junge wieder annehmen.

Erst kürzlich wurde nach zweijähriger Umbauphase das neue **„Wattenmeercenter - Tor zum UNESCO-Weltkulturerbe" Vadehavscentret [N55° 17' 45.63" E8° 40' 11.36"]** in Vester Vedsted, Okholmvej 5, wiedereröffnet *(geöffnet Mai - Sept. tgl. 10 - 17 Uhr; Okt. - Apr. tgl. 10 - 16 Uhr; www.vadehavscentret.dk).* Es befindet sich ca. 10 km südwestlich von Ribe und ist über die Straße 11 zu erreichen.

Das neue Wattenmeer-Zentrum wurde nach ökologischen Gesichtspunkten in die Landschaft eingepasst. Die Ausstellungen befassen sich mit Flora und

Fauna des 147.000 ha großen Nationalparks an der süddänischen Nordsee. Die Dauerausstellung „die Zugvögel im Wattenmeer" bilden das Kernstück des Museums, aber auch die Kultur und die Entwicklung des Landstrichs wird in interessanten Ausstellungen dargestellt. Man veranstaltet Wattwanderungen, Austernsafaris, Robbensafaris und Vogelbeobachtungen in der Marsch.

PRAKTISCHE HINWEISE — RIBE

 Ribe Turistbureau [N55° 19′ 41.8″ E8° 45′ 43.8″], Torvet 3, 6760 Ribe, Tel. +45 75 42 15 00; www.visitribe.dk. Infos über Ribe, Esbjerg und das Wattenmeer. *Geöffnet ganzjährig Mo - Fr 10 - 16 Uhr; Selbstbedienung ganzjährig tgl. 9 - 22 Uhr.*
Kostenloser Internetzugang im Besucherinformationszentrum und in der Ribe Bibliothek.

RESTAURANT

 Weis Stue, Torvet 2, Tel. +45 75 42 07 00; www.weisstue.dk. Traditionelles Haus am Domplatz von Ribe in gemütlichem Ambiente des 18. Jh., die gutbürgliche Küche des Restaurants ist weit über die Stadt hinaus bekannt.

CAMPING

 Camping Ribe [N55° 20′ 26.9″ E8° 45′ 59.5″], Farupvej 2, Tel. +45 75 41 07 77, www.ribecamping.dk; 1. Jan. – 31. Dez.; 1 km nördl. Ribe und westl. der Straße 11/24; ausgedehntes, ebenes, von Wald umgebenes Wiesengelände, durch hohe Baumreihen, Hecken und Platzwege in zahlreiche Stellplatzfelder unterteilt. Ein neuerer Platzteil ist noch schattenlos. Eigens für Wohnmobile vorgesehener Platzteil, der sich aber in nichts von den übrigen Platzteilen unterscheidet und auch mit Caravans belegt wird. Unmittelbar vor einem der Sanitärblocks findet man einen mit Kunstrasen belegten, drehbaren Stellplatz, der sich angeblich automatisch nach der Sonne ausrichtet – wohl mehr Marketing-Gag als sinnvolle Novität im Campingwesen. Die Rezeption ist nur bis 18 Uhr besetzt! Danach nur Telefonanmeldung möglich. Ca. 9 ha – 300 Stpl. Über 50% sind mit DC und Mietcaravans belegt; ordentliche Sanitärausstattung. Laden, Waschmaschine, Trockner, Schwimmbad, Volleyballplatz, WLAN. Zahlreiche, teils hübsche Miethütten. Großer Kinderspielplatz, großzügig gestaltete Grillhütte und Aufenthaltsraum, Campingküche. Große V & E-Station für Wohnmobile. QuickStop. Bushaltestelle vor dem Platz.

WOHNMOBIL-STELLPLATZ

 Wohnmobil-Stellplatz Storkesøen Ribe Fiske og Familiepark [N55° 19′ 01.3″ E8° 45′ 36.8″], Haulundvej 164, Tel. +45 75 41 04 11, www.storkesoen. dk. Zufahrt: Von Ribe auf der Straße 11 ca. 2 km Richtung Tønder bis Kreisverkehr, hier ca. 500 ostwärts Richtung Haderslev, dann südwärts abzweigen auf den Haulundvej, noch 500 m zum Platz. **Ausstattung:** Wiesenstreifen an einem Angelsee mit Platz für 24 Reisemobile. Strom, Dusche, WC, Ver- und Entsorgung. **Gebühr:** Pauschal inkl. Strom, V & E, Duschen, WC. Miethütten und Ferienwohnungen. **Geöffnet:** Ganzjährig. Pkw-Parkplatz nebenan.
Wohnmobil-Stellplatz Ribe Parking Syd [N55° 19′ 27.62″ E8° 45′ 28.30″], Stampemøllevej, Tel. +45 76 16 16 16. **Zufahrt:** Vom Stadtzentrum südwärts Richtung Haderslev und weiter zum Parkplatz Parkering Centrum Syd. **Ausstattung:** Asphaltierter Teil des großen Parkplatzes am Südrand der Stadt. Frischwasser, Grauwaser- und Chemikaltoiletteauguss, WC. Max. Aufenthalt 48 Stunden. **Gebühr:** Kostenfrei. **Geöffnet:** Ganzjährig.

ROUTE 2: RIBE – VIBORG

Länge der Tour: Rund 240 km, ohne Abstecher.

Die Route: Über die Straße 11/24 bis **Esbjerg** – Straße 463/431 bis **Oksbøl** – Landstraße bis **Henne** – Straße 181 bis **Søndervig** –Straße 15 bis **Herning** – Straße 12 bis **Viborg**.

Reisedauer: Mindestens ein Tag, mit allen Abstechern und Besichtigungen besser zwei Tage..

Höhepunkte: Das **Fischerei- und Seefahrtmuseum** * in Esbjerg – Küste und **Dünen bei Blåvand** ** – der **Ringkøbing Fjord** * – der **Dom in Viborg** **.

Damals, nach dem deutsch-dänischen Krieg, sah sich Dänemark genötigt, einen eigenen Nordseehafen anzulegen. Bis dahin lebten an diesem Küstenstrich gegenüber der Insel Fanø kaum eine Handvoll Familien.

Schon kurz nach der Fertigstellung des Hafenbeckens florierte die Handelsschifffahrt vor allem mit England ausgezeichnet. Schnell entstand um den geschäftigen Hafen eine rapide wachsende Stadt. 1910 lebten bereits knapp 20.000 Menschen in den schachbrettartig angelegten Straßenzügen Esbjergs.

Heute, fast 150 Jahre nach der Stadtgründung, wohnen fast 71.000 Menschen in Esbjerg, dessen Hafen sich zum größten Containerhafen, zum bedeutendsten Fischereihafen Dänemarks mit über 400 Kuttern und zum wichtigsten Stützpunkt für die Offshore-Aktivitäten des Landes im Nordseeölgeschäft entwickelt hat.

ROUTE: Wir verlassen Ribe auf der Straße 11/24 (Margueritruten) in nördlicher Richtung und erreichen nach rund 31 km Esbjerg.

Esbjerg, Dänemarks wichtigste Hafenstadt an der jütländischen Westküste, ist eine sehr junge Stadt. Erst 1868 begann man unter der Regentschaft von König Christian IX. einen Hafen zu bauen.

Sehenswertes in Esbjerg

Mittelpunkt der Innenstadt ist der **Torvet [N55° 28′ 0.40″   E8° 27′ 7.76″] (2)**, der Marktplatz, von den Stadtplanern im 19. Jh. mit Bedacht etwa auf halbem Wege zwischen Hafen und Bahnhof angelegt. Das Reiterstandbild auf dem Platz erinnert an König Christian IX., den Stadtgründer. Auf dem Denkmalsockel neben einer Danksagung der Bürger Esbjergs an den König das däni-

ESBJERG – **1** Touristeninformation – **2** Torvet – **3** Bahnhof, Busbahnhof – **4** Buch-
druckermuseum – **5** Multihaus, Tabakfabrik – **6** Kunstmuseum, Musikhuset Esbjerg –
7 Wasserturm, Stadtpark – **8** Fanøfähren, Fähre nach Harwich – **9** I. C. Møllerparken –
10 Skt. Nikolaj Kirche, moderner Kirchenbau aus dem Jahre 1965 – **11** Esbjerg Museum
und Westjütisches Bernsteinmuseum – **12** Stadtgeschichtliches Archiv/Museum –
13 Rathaus – **14** Krankenhaus Esbjerg – **15** Strandparken – **16** Motorfeuerschiff-
Museum – **17** zum Fischerei- und Seefahrtmuseum und zu „Menschen am Meer" –
18 Schwimmstadion – **19** Vor Frelsers Kirke (Erlöserkirche), älteste Kirche Esbjergs von 1887

sche Reichswappen und das Motto König Christians IX. „Mit Gott für Ehre und
Recht".

Haus Nummer 19 am Torvet war
Ende des 19. Jh. eines der ersten Hotels in Esbjerg mit einem einladenden
Restaurant zur Marktseite hin. Im Hin-
terhof allerdings soll sich damals eine
üble, stadtbekannte Spelunke befun-
den haben, in die kein Mann offiziell zu
gehen pflegte. Im Laufe der Jahre diente das Gebäude unterschiedlichen Ver-
wendungszwecken. Und heute finden
Sie hier wieder ein sehr einladendes Restaurant mit Bar.

Als eines der markantesten Bauwerke aus der Gründerzeit der Stadt gilt der
1904 fertiggestellte **Bahnhof [N55° 28'
7.80" E8° 27' 30.66"] (3)** von Esbjerg
mit seinen beiden sechseckigen Türmen, die das Portal flankieren. Die Pläne
stammen vom Architekten Prof. Wenck,
der auch für die Pläne des Kopenhagener Bahnhofs verantwortlich zeichnete.

Weiter südlich vom Bahnhof findet
man das **Bogtrykmuseet [N55° 27'
53.67" E8° 27' 21.49"] (4)**. Das Buch-
druckermuseum in der Borgergade 6,
führt mit seinen Ausstellungen über
den Werdegang des Druckerhandwerk

durch mehr als 100 Jahre Buchdruckgeschichte *(geöffnet 17. Juni - 11. Sept. 12 - 16 Uhr; www.bogtrykmuseet.dk)*. Ausgestellt sind u. a. historische Druckerpressen, Setzmaschinen, Druckerhandwerkzeug u. a.

Das **Kunstmuseum [N55° 27' 51.25" E8° 27' 2.06"] (6)** im Stadtpark am Wasserturm, Havnegade 20, ein neugestaltetes Museum für Moderne Kunst, zeigt Werke dänischer Maler und Bildhauer nach 1915, sowie eine Auswahl neuer dänischer Kunst *(geöffnet ganzjährig Di - So 10 - 16 Uhr; im Juli + Aug. auch montags geöffnet; www.eskum.dk)*.

Das Kunstmuseum ist Teil des Foyers des modernen Esbjerg Musikhuset, ein Konzert- und Theaterhaus.

Unübersehbar erhebt sich der **Wasserturm [N55° 27' 48.71" E8° 27' 0.40"] (7)** im Stadtpark von Esbjerg. Der Wasserturm, längst Esbjergs Wahrzeichen, entstand ausgangs des 19. Jh. Der Architekt, C. H. Clausen, soll beim Entwurf der Pläne Anleihen am mittelalterlichen Bürgerhaus Nassau in Nürnberg genommen haben. Aussichtsplattform mit schöner Sicht über Stadt und Hafen *(geöffnet Juni – Aug. tgl. 10 – 16 Uhr; www.esbjergmuseum.dk/Deutsch/Wasserturm)*.

Im nördlichen Innenstadtgebiet findet man das **Esbjerg Museum [N55° 28' 09.9" E8° 27' 10.8"] (11)**, Torvegade 45 *(geöffnet 1. Juni . - 31. Aug. tgl. 10 - 17 Uhr; 1. Sept. - 31. Mai Mo - Fr 13- 17 Uhr, Sa + So 10 - 16 Uhr; www.esbjergmuseum.dk)*. Dem kulturhistorischen Heimatmuseum ist ein nicht minder sehenswertes Bernsteinmuseum angegliedert.

Schließlich lohnt ein Bummel über die **Kongensgade**, Esbjergs Fußgängerzone und Hauptgeschäftsstraße mit über 150 Geschäften, Restaurants, Cafés. Sie gilt übrigens als längste Fußgängerzone in Dänemark.

Zumindest bei schönem Wetter kann – je nach Interesse – eine Hafenrundfahrt oder eine Robbensafari in der Ho Bucht ein abwechslungsreiches Erlebnis sein. Erleben Sie die Stadtsilhouette von Esbjerg mit den markanten „Menschen am Meer", dem Wasserturm und dem Musikhaus sowie die Insel Fanø vom Wasser aus. Die M/S Sønderho startet im Juli und August montags bis donnerstags um 10.45 Uhr und 13.45 Uhr und freitags um 10.45 Uhr zu zweieinhalbstündigen Rundfahrten durch die Ho Bucht. Und mit etwas Glück können Sie dabei auch Robben beobachten. Infos bei: Faergen Robbensafari [N55° 27' 40.5" E8° 26' 28.0"], Dokvej 5, 6700 Esbjerg, Tel. +45 70 23 15 15; www. faergen.de/robbensafari.

Am Westrand der Stadt, im Nord-Fiskerihavn am Rødspættekaj, hat das ausgediente **Motorfyrskib „Horns Rev" [N55° 28' 25.6" E8°° 25' 34.7"] (16)** für den Rest seiner Tage festgemacht *(geöffnet 1. Mai - 31. Okt. Mo, Di, Do 9 - 12 Uhr; www.horns-rev.dk)*. Das Motorfeuerschiff erinnert an die Zeit, als Feuerschiffe in den Gewässern vor Esbjerg ihren Dienst taten. Das Schiff, 1912 in Fåberg gebaut, gilt als das größte noch erhaltene, aus Holz gebaute Feuerschiff der Welt.

Weiter im Nordwesten der Stadt findet man am Sædding Strandvej (E20) am Abzweig zur Straße 447 Richtung Billum die **„Mennesket ved Havet"** (Menschen am Meer) **[Parkplatz, N55° 29' 15.2" E8° 24' 42.1"]**, vier 9 Meter hohe, sitzende, weiße Gestalten, die mit ernstem Blick aufs Meer schauen. Sie wurden vom Künstler Wiig Hansen geschaffen und zur Feier des hundertjährigen Jubiläums der Gemeinde Esbjerg am 28.10.1995 enthüllt.

Auf dem Weg zu den „Menschen am Meer" bietet sich Gelegenheit Richtung Hjerting zum besuchenswerten **Fiskeri- og Søfartsmuseet [N55° 29' 21.95" E8° 24' 42.34"]** am Tarphagevej 2 abzuzweigen *(geöffnet 2. Jan. - 31. Dez. tgl. 10 - 17 Uhr; 9. - 17. Feb., 13. - 22. Apr., Juli + Aug., 12. - 20. Okt. tgl. 10 - 18 Uhr; www. fimus.dk)*. Zu sehen gibt es ein großes Seeaquarium, eine interessante Sammlung von Fischereiwerkzeugen, Schiffsmodellen und Gegenständen aus der langen Seefahrtstradition Westjütlands und ein großes Seehundbecken. Im neu

Die Skulpturengruppe „Menschen am Meer" in Esbjerg

renovierten Robbarium kann man täglich um 11 Uhr und um 14.30 Uhr die Robbenfütterung beobachten. Interessant auch die Off-Shore-Ausstellung, die anschaulich Auskunft über die Ölförderung gibt.

Ein interessantes Erlebnis ist die **Fischauktion** in der 225 m langen Versteigerungshalle am Hafen von Esbjerg **[Parkplatz: Auktionskaj N55° 28′ 21.11″ E8° 25′ 38.35″].** Die Auktion für Touristen findet vom 3. Juli bis 7. August mittwochs von 11 bis 12 Uhr statt. Die ursprüngliche Fischauktion wurde 2002 eingestellt. Viel verstehen wird man allerdings nicht. Auch wird man kaum hinter die Bedeutung der Zeichensprache kommen, die dem Eingeweihten sagt, wer was ersteigert. Aber allein die Atmosphäre ist den Abstecher wert.

Falls Sie auf den nachstehend beschriebenen Abstecher zur Insel Fanø verzichten, bitte weiter mit **„Hauptroute"** weiter hinten.

PRAKTISCHE HINWEISE — ESBJERG

Esbjerg Turistbureau [N55° 28′ 0.65″ E8° 27′ 8.73″], Skolegade 33, 6700 Esbjerg, Tel. +45 75 12 55 99, www.visitesbjerg.dk. Informationen über Esbjerg, Ribe und Südwestjütland sowie den Nationalpark Wattenmeer. *Geöffnet ganzjährig So - Mi 10 - 20 Uhr, Do - Sa 10 - 18 Uhr.*

CAMPING
Camping Esbjerg [N55° 30′ 45.19″ E8° 23′ 19.41″], Gudenåvej 20, Tel. +45 75 15 88 22; www.esbjergcamping.dk; 1. Jan. – 31. Dez.; nordwestlich der Stadt, über die Küstenstraße Strandvejen Richtung Hjerting; im Stadtteil Sædding; städtischer Platz; fast ebenes Wiesengelände, teils von Büschen und Bäumen begrenzt; ca. 6 ha – 200 Stpl. + Dau.; gute Standard-Sanitärausstattung. Laden, Waschmaschine, Trockner, Schwimmbad, Beachvolleyballfeld, Fahrradverleih, Minigolf, WLAN.Miethütten. V & E für Wohnmobile.

Sjelborg bei Hjerting
Camping Sjelborg [N55° 32′ 35.6″ E8° 20′ 20.9″], Sjelborg Strandvej 11, Hjerting, Tel. +45 75 11 54 32, www.sjelborg.dk; 7. April — 16. Sept.; nordwestlich von Hjerting gelegen; durch Hecken eingefriedete Wiesenflächen;

ca. 9 ha — 250 Stpl. + Dau.; Standard-Sanitärausstattung. Laden, Minigolf, Miethütten. V & E für Wohnmobile. Streichelzoo.

WOHNMOBIL-STELLPLATZ

Wohnmobil-Stellplatz Nebel Sø [N55° 32' 59.32" E8° 32' 36.98"], Vestervadsvej 17. **Zufahrt:** Von Esbjerg auf der E20 Richtung Kolding und über die Ausfahrt Korskro zur Straße 11 Richtung Varde bis Abzweig Richtung Vester Nebel. Hier weiter auf dem Vesterhavsvej noch ca. 800 m nordwärts zum Platz am Angelsee. **Ausstattung:** Wiesenstreifen für 25 Wohnmobile. Lediglich Frischwasser und Strom. **Gebühr:** Pauschale inkl. Wasser, für Strom Extragebühr. **Geöffnet:** April - Oktober.

Abstecher zur Insel Fanø

Ab Esbjerg [Fährbüro am Dokvej, N55° 27' 40.8" E8° 26' 25.0"; https://www.fanoelinjen.de/] verkehren ganzjährig in etwa halbstündlichem Abstand (im Sommer auch alle 20 Minuten) Fähren nach Nordby auf der „Ferieninsel" Fanø. Die Überfahrt dauert knapp 15 Minuten. Reservierungen sind nicht möglich. Wartezeiten in der Hauptreisezeit einkalkulieren!

Fanø, die nördlichste der Nordfriesischen Inseln, ist rund 55 qkm groß und wird im 13. Jh. erstmals in Chroniken erwähnt. Bis zur Mitte des 18. Jh. war Fanø Kronbesitz. Im 18. und 19. Jh. machte sich Fanø einen Namen durch seine bedeutende Handelsflotte, die zeitweise mehr als 150 stolze Segler zählte.

Ab dem 19. Jh. wuchs der Ruf der Insel als renommiertes Seebad. Damals entstanden z. B. die Badehotels in Fanø-Vesterhavsbad. Und noch heute erlebt Fanø jeden Sommer eine wahre Invasion von Gästen.

Vor allem an der Westküste der Insel liegen kilometerlange, breite Sandstrände. Campingplätze und Ferienhäuser findet man vor allem im Süden bei Sønderho und in Fanø Vesterhavsbad.

Nordby, der Fährhafen an der Nordostküste der Insel, ist die größte Gemeinde auf Fanø. Im alten Ortskern sind noch einige der traditionellen, niederen, strohgedeckten Fanø-Häuser zu finden.

Die große Tradition als Heimat der Seefahrer lebt in der Seefahrtsschule im Nordwesten der Stadt fort. In einem fast 300 Jahre alten Fanø-Haus ist das **Fanø-Museum [N55° 26' 43.7" E8° 24' 13.7"]** eingerichtet, mit Exponaten zur Schifffahrtsgeschichte und mit Einrichtungsgegenständen eines inseltypischen Hauses aus dem 18. Jh. (geöffnet 14. - 20. Apr. 11 - 15 Uhr; 13. Mai - 20. Okt. tgl. 11 - 15 Uhr; www.fanomuseerne.dk).

Die **Fanø Skibsfarts- og Dragtsamling [N55° 26' 50.33" E8° 24' 22.42"]**, eine Schifffahrt- und Trachtenausstellung ist im „Skipperhuset", Hovedgade 28, dem alten Sitz der früheren Reedereivereinigung, zu sehen (geöffnet 1. Apr. - 31. Mai Mo - Fr 10.30 - 16 Uhr; 1. Juni - 31. Aug. Mo - Fr 10.30 - 17 Uhr; 1. Sept. - 2 Nov. Mo - Fr 10.30 - 15 Uhr; 1. Apr. - 2. Nov. Sa 10 - 15 Uhr; www.fanoskibs-dragt.dk). Schiffsmodelle, Fotos, Dokumente etc. zeigen die Entwicklung der einstmals bedeutenden Segelschiffsflotte von Fanø auf. Außerdem umfangreiche Trachtensammlung aus dem 19. Jh.

Auf dem Weg nach Sønderho im Süden der Insel kann man am Südrand von Nordby an der Kirche haltmachen. Sie stammt aus dem Jahre 1786. Neben dem bronzenen Taufbecken aus dem 14. Jh. sind die acht Schiffsmodelle bemerkenswert, die an die lange Seefahrtstradition erinnern.

An der einzigen Straße nach Süden, die durch flaches Heidegebiet und Jungforste führt, sind Parkplätze angelegt, von denen aus schöne Spaziergänge unternommen werden können.

Ca. 7 km südlich Nordby kann man westwärts zu einem Parkplatz abzweigen, der umgeben von Heidekraut und Kiefernschonungen am Fuße des 21 m hohen „Pælebjerg" liegt. Vom höchsten „Berg" Fanøs hat man einen schönen Blick auf die mächtigen Dünen an der

Westküste der Insel, die größtenteils unter Naturschutz stehen.

Der nächste Parkplatz – an der Ostseite der Straße – ist Ausgangspunkt für Wanderungen in ein Vogelschutzgebiet im Marschland an der „Albo Bugt".

Sønderho, 13 km südlich von Nordby, liegt geschützt hinter Dünen und Deichen. Viele der Häuser des kleinen Städtchens stehen unter Denkmalschutz, so dass sich zumindest dort das Gepräge aus der großen Zeit der Segelschiffkapitäne kaum verändert hat.

Hannes Hus [N55° 20' 56.07" E8° 28' 25.12"] ist ein schönes Beispiel für ein typisches Haus aus den Tagen der großen Zeit der Windjammer. Bescheidenes, aber interessantes zeitgenössisches Inventar.

Nördlich von Sønderho liegt das Wahrzeichen der Stadt, eine alte **Windmühle [N55° 21' 13.8" E8° 27' 53.4"]**. Daneben erhebt sich eine Kirche aus dem 18. Jh. mit Schiffsmodellen und einem Seefahrerdenkmal, einer Frauengestalt, die suchend aufs Meer blickt.

An der Südspitze der Insel, „Hønen" genannt, gehen Wiesen und Marsch langsam in das Wattenmeer der Nordsee über.

Man kann auf der Teerstraße oder aber über den für den Autoverkehr freigegebenen Sandstrand nach Nordby zurückfahren. Auf diesem **„Autostrand"** wurden zwar schon Geschwindigkeitsrekorde aufgestellt (1924 240 km/h), aber heute ist die Höchstgeschwindigkeit natürlich beschränkt, auf 40 km/h.

Vorbei an endlosen Dünen und einigen Bunkerruinen kommen wir zunächst nach Rindby-Strand und etwas

PRAKTISCHE HINWEISE — FANØ

 Fanø Turistbureau [N55° 26' 45.49" E8° 24' 9.14"], Skolevej 5-7, 6720 Nordby/Fanø, Tel. +45 70 26 42 00, www.visitfanoe.dk. *Geöffnet Juli + Aug. Mo - Fr 10 - 16 Uhr, Sa + So 11 - 15 Uhr; Sept. - Juni Mo - Fr 10 - 12 + 13 - 16 Uhr.*

 CAMPING

Fast alle Campinganlagen auf Fanø sind sehr stark, nicht selten bis über die Hälfte, mit Dauercampern belegt.

Rindby
Camping Feldberg Strand [N55° 25' 22.27" E8° 23' 2.18"], Kirkevejen 37, Tel. +45 75 16 24 90, www.feldbergstrandcamping.dk; 7. Apr. – 2. Nov.; an der Straße nach Rindby Strand; ebene Wiese mit Hecken; ca. 2 ha – 60 Stpl. + Dau.; Standard-Sanitärausstattung. Imbiss, Waschmaschine, Trockner, WLAN. Miethütten; zum Meer ca. 300 m. V & E für Wohnmobile.

Camping Feldberg Familie Camping [N55° 25' 45" E8° 23' 30"], Kirkevejen 3-5, Tel. +45 75 16 36 80, www.feldbergfamiliecamping.dk; 23. März – 21. Okt.; an der Straße nach Rindby Strand; Senke hinter Dünen; ca. 7 ha – 150 Stpl. + Dau.; gute Standard-Sanitärausstattung; Waschmaschine, Trockner, Fahrradverleih, Minigolf, WLAN. Miethütten; zum Meer ca. 1,5 km. V & E für Wohnmobile.QuickStop.

Camping Rødgård Fanø [N55° 25' 36.60" E8° 23' 25.36"], Kirkevejen 13, Tel. +45 75 16 33 11, www.rodgaard-camping.dk; 9. Mai – 24. Sept.; Richtung Rindby Strand; ca. 5 ha – 130 Stpl. + Dau.; gute Standard-Sanitärausstattung; Kiosk, Imbiss, Restaurant, Waschmaschine, Trockner, Minigolf, WLAN. Miethütten; zum Meer 1,5 km. V & E für Wohnmobile.

Sønderho
Camping Ny Sønderho [N55° 21' 34.67" E8° 27' 52.02"], Gammeltoftvej 3, Tel. +45 75 16 41 44, www.nycamping.dk; 1. Apr. – 15. Okt.; am nördlichen Ortsrand gelegen, ebenes Grasgelände, durch Hecken und Bäume in Parzellen aufgeteilt; 3 ha – 90 Stpl. + Dau.; Standard-Sanitärausstattung. Kiosk, Hallenbad, Sauna, Waschmaschine,Trockner, Fahrradverleih. Internetecke. V & E für Wohnmobile.

weiter nach **Fanø-Vesterhavsbad**, das Seebad auf Fanø schlechthin. Hier endet der „Autostrand". Am Strand weiter nördlich wird auch hüllenloses Baden toleriert.

Unter Kennern ist Fanø auch als Fundort für Bernstein bekannt. Wenn Sie also mal Langeweile haben und Wetter und Meer nicht zum Baden verleiten, können Sie ja mal auf Bernsteinsuche gehen. Bernstein ist hart gewordenes Harz und schwimmt. Gerade nach ein paar Tagen Sturm aus Westen wird Bernstein oft zusammen mit Tang oder Treibgut angespült.

HAUPTROUTE

*ROUTE: Der weitere Weg unserer Route Richtung Viborg führt von Esbjerg auf der Straße 12 zunächst nach Norden Richtung **Varde** (Varde Museum, Miniaturstadt, Touristeninformation). Unterwegs passiert man das interessante Fischereimuseum (siehe unter Esbjerg). Schon nach wenigen Kilometern zweigen wir nach Nordwesten ab und erreichen nach 16 km **Billum** und gleich darauf Oksbøl.*

Wer sich sehr für Kirchenbaukunst interessiert, wird sich die **Aal Kirke [N55° 37' 55.4" E8° 16' 53.3"]** am Nordrand von **Oksbøl** ansehen. Die Kirche stammt aus dem 12. Jh., ist somit eines der ältesten Gebäude der Region und weist interessante Fresken und ein weit über Oksbøl hinaus bekanntes Reiterfries auf. Übrigens: Die Kirche darf nur mit Plastiküberschuhen betreten werden, die am Eingang reichlich und kostenlos zur Verfügung stehen *(Öffnungszeiten derzeit unklar)*.

Zu den weiteren Sehenswürdigkeiten in Oksbøl zählt **Danmarks Brandbiler og Pansermuseet [N55° 37' 17.3" E8° 17' 34.7"]**, Industrivej 18 *(geöffnet 1. Apr. - 31. Okt. Mo - Do 10 - 15 Uhr, letzter Einlass 45 Min. vor Schließung; www.danmarksbrandbiler.dk)*. Das Dänische Feuerwehrauto- und Panzermuseum ist ein Erlebnis für alle großen und kleinen Fans von historischen Löschfahrzeugen. Einige Ausstellungsfahrzeuge stammen noch aus der Zeit um 1800. Darüber hinaus sind dänische Panzerfahrzeuge aus dem 2. Weltkrieg ausgestellt, von denen noch viele fahrbereit sind.

Ab Oksbøl bietet sich ein Abstecher auf der Straße 431 nach **Blåvand** und zum westlichsten Punkt Dänemarks **„Blåvands Huk"** an **[Parkplatz, N55° 33' 25.8" E8° 05' 03.8"]**. Blåvands Huk wird markiert von einem schlanken, 40 m hohen Leuchtturm, der von den wei-

Aal Kirke, Oksbøl

> **CAMPING – OKSBØL**
>
> **Camping CampWest [N55° 38' 26.19" E8° 16' 54.84"]**, Baunhøjvej 34, Tel. +45 75 27 11 30, www.CampWest.dk; 1. Jan. – 31. Dez.; nördl. von Oksbøl bei einem Forst an der Straße Richtung Vrøgum; ca. 10 ha – 140 Stpl.; einfache Standard-Sanitärausstattung. Schwimmbad, Fahrradverleih. WLAN. Miethütten. Ehemals Camping Baunhøj.

ßen Dünen aus sein Licht gut 42 km weit auf die Nordsee schickt. Die Glaslinse des Leuchtfeuers wiegt stattliche vier Tonnen.

Der Leuchtturm, der 1900 erbaut wurde, warnt die Schifffahrt vor den Untiefen des 40 km langen Riffs Horns Rev vor der Küste, das in früheren Zeiten bei den Seeleuten „Djævlens horn", als „Teufelshorn", gefürchtet war. Viele Seemänner fanden an dem Riff, das als eines der gefährlichsten im Nordatlantik gilt, ein nasses Grab. Besucher können über 170 Stufen hinauf zur Aussichtsplattform steigen und von dort eine prächtige Aussicht auf das Riff, den Strand von Blåvand und auf die weite Heide im Hinterland genießen *(geöffnet Mitte Apr. – Ende Okt. tgl. 10 – 17 Uhr, übrige Zeit tgl. 10 – 15 Uhr)*.

Unten am Leuchtturm ist das Blåvand Naturcenter eingerichtet.

Der Ort Blåvand selbst hat sich in den letzten Jahren zu einer betriebsamen Touristenhochburg mit allerlei Versorgungsmöglichkeiten für die vielen Urlauber in den umliegenden Ferienhäusern entwickelt.

Östlich von Blåvand liegt im Ortsteil **Oksby** das Bunkermuseum **'Tirpitz' [N55° 32' 59.14" E8° 10' 20.55"]**, Tane Hedevej 40, *(geöffnet 1. Apr. - 30. Juni + 16. Aug. - 30. Nov. tgl. 10 - 17 Uhr; 1. Juli - 15. Aug. tgl. 9 - 19 Uhr; 1. Dez. - 31. März Di - So 10 - 17 Uhr; https://www.tir-pitz.dk/de/)*. Der ehemalige Bunker der deutschen Wehrmacht wurde von der berühmten Architekten Gruppe BIG in ein Multifunktionsmuseum umgestaltet, das sich seit der Eröffnung vor zwei Jahren mit Besucherrekoreden rühmen kann. Zu sehen ist die Ausstellung zur Weltkriegsgeschichte „En hær af beton" (Ein Heer aus Beton), die Ausstellung „Den skjulte vestkyst" (Verborgene Geschichten der Nordseeküste) sowie die größte Bernsteinsammlung „Havets guld" (Gold des Meeres). Ein unterirdischer Tunnel verbindet den Neubau

Der Leuchtturm bei Nørre-Lyngvig

Camping Blåvand [N55° 32′ 38.31″ E8° 8′ 2.59″], Hvidbjerg Strandvej 31, Tel. +45 75 27 90 40, www.hvidbjerg.dk; Ende März – Ende Okt.; ca. 1 km östl. Oksby; ebene, heckenunterteilte Wiese; ca. 1 ha – 80 Stpl. + Dau.; Standard-Sanitärausstattung; Imbiss, Waschmaschine, Trockner, Hallenbad, Beachvolley-ballfeld, Internetecke, Sauna. Miethütten. V & E für Wohnmobile. Zum Meer mit breitem Sandstrand kaum 100 m. Gehört zu Camping Hvidbjerg Strand.
Camping Hvidbjerg Strand Feriepark [N55° 32′ 45.4″   E8° 08′ 02.3″], Hvidbjerg Strandvej 27, Tel. +45 75 27 90 40, www.hvidbjergstrand.dk; 12. März – 28. Okt.; südl. Oksby; ansprechender Ferienplatz, weitläufiges, über-wiegend ebenes Wiesen- und Sandgelände, teils direkt hinter der Düne; ca. 25 ha – 580 Stpl. + Dau.; Komfortausstattung; Laden, Imbiss, Restaurant, Wasch-maschine, Trockner, Minigolf; große Badelandschaft; Sauna, Whirlpool, Fahr-radverleih, Minigolf, WLAN, Grillstelle. Zahlreiche Miethütten; zum schönen Strand ca. 300 m. V & E für Wohnmobile.

Vejers Strand

Camping Vejers Strand [N55° 37′ 11.4″ E8° 07′ 10.1″], Vejers Sydstrand 3, Tel. +45 75 27 70 50, www.vejersstrandcamping.dk; 13. Apr. – 15. Sept.; weit-läufiges Dünengelände, relativ ruhige Lage; ca. 20 ha – 300 Stpl. + Dau.; Stan-dard-Sanitärausstattung; Laden, Imbiss, Waschmaschine, Trockner, WLAN auf Teilen des Platzes, Internetecke, Miethütten; zum Meer ca. 300 m, „Auto-strand". Miethütten. V & E für Wohnmobile.
Camping Stjerne [N55° 37′ 09.2″ E8° 08′ 31.0″], Vejers Havvej 7, Tel. +45 75 27 70 54, www.stjernecamping.dk; ganzjährig; an der Straße zum Strand, Einfahrt bei der Unox-Tankstelle; parzellierte Wiese; ca. 5 ha – 140 Stpl. + Dau.; Standard-Sanitärausstattung; Laden, Imbiss, Waschmaschine, Trockner, Miet-hütten. Zum „Autostrand" ca. 1 km. V & E für Wohnmobile. QuickStop.
Camping Vejers Familiecamping [N55° 37′ 09.9″ E8° 08′ 10.9″], Vejers Havvej 15, Tel. +45 75 27 70 36, www.vejersfamiliecamping.dk; ganzjährig; an der Straße zum Strand; ca. 3,5 ha – 100 Stpl. + Dau.; gute Standard-Sanitäraus-stattung; Laden, Imbiss 100 m entfernt, Waschmaschine, Trockner, beheiztes Freibad, Minigolf, WLAN.Miethütten. Zum Meer ca. 1 km, „Autostrand". V & E für Wohnmobile. QuickStop.

Børsmose bei Oksbøl

Camping Børsmose Strand [N55° 40′ 18″ E8° 8′ 45″], Børsmosevej 3, Tel. +45 75 27 70 70, www.bormose.dk; 24. März – 29. Okt.; ca. 3 km westl. Børsmo-se; ausgedehntes Dünengelände; ca. 25 ha – 250 Stpl. + 120 Dau.; Standard-Sanitärausstattung; Laden, Waschmaschine, Trockner. Zum Meer ca. 500 m. V & E für Wohnmobile.

Henne

Camping Henneby [N55° 44′ 2″ E8° 13′ 21″], Hennebysvej 20, Tel. +45 75 25 51 63, www.hennebycamping.dk; 29. März – Mitte Okt.; südl. Henne, nahe der Straße nach Varde; in typ. westjütischer Landschaft; ca. 3,5 ha – 120 Stpl. + Dau.; Standard-Sanitärausstattung. Laden, Waschmaschine, Trockner, Fahrrad- und E-Bike-Verleih, Minigolf, WLAN. Miethütten. V & E für Wohnmobile. QuickStop.
Camping Henne Strand [N55° 44′ 16.89″ E8° 11′ 3.03″], Henne Strandvej 418, Tel. +45 75 25 50 79, www.hennestrandcamping.dk; Ende März – Mitte Okt.; Heide und Dünengelände; ca. 4 ha – 180 Stpl.; gute Standard-Sanitär-ausstattung; Laden, Imbiss 100 m entfernt, Hallenbad, Sauna, Minigolf, WLAN, Miethütten. Zum Meer ca. 600 m. V & E für Wohnmobile.
Camping FKK Naturist Lyngboparken [N55° 44′ 8.52″ E8° 12′ 29.45″], Strandfogedvej 15, Tel. +45 75 25 50 92, www.lyngbo.dk; 1. Mai – 31. Aug.; Zu-fahrt von der Straße 465 am westlichen Ortsrand von Henne; Dünengelän-de mit sandigen Mulden mit Dünengras und Krüppelkiefern; Standard-Sani-tärausstattung; Waschmaschine, Trockner, WLAN, Volleyballfeld. Miethütten.

Houstrup (Nørre Nebel)
Camping Houstrup [N55° 46' 27.0" E8° 14' 16.4"], Houstrupvej 90, Tel. +45 75 28 83 40, www.houstrupcamping.com; 23. März – 21. Okt.; südl. Lønne Kirke; ebene, durch Hecken unterteilte Wiesen; ca. 6 ha – 120 Stpl. + Dau.; Standard-Sanitärausstattung; Laden, Waschmaschine, Imbiss, Trockner, beheiztes Schwimmbad, Tennis, Minigolf, WLAN. V & E für Wohnmobile.

Nymindegab
Camping Nymindegab Familiecamping [N55° 48' 46.5" E8° 12' 00.1"], Lyngtoften 12, Tel. +45 75 28 91 83, www.nycamp.dk; 27. März – 20. Okt.; an der Straße nach Nørre Nebel; ausgedehntes Dünen- und Wiesengelände, mit Hecken und Kiefern unterteilt; ca. 7 ha – 230 Stpl. + Dau.; gute Standard-Sanitärausstattung; Laden, Imbiss, Waschmaschine, Trockner, beheiztes Schwimmbad, Fahrradverleih, Minigolf, WLAN, Internetecke, Sauna, Grillstelle. Zum Meer ca. 2 km. V & E für Wohnmobile. QuickStop.

WOHNMOBIL-STELLPLÄTZE

Nørre Nebel
Stellplatz Farm Camp & Café [N55° 45' 59.71" E8° 14' 38.94"], Britta & Peter Thomas, Houstrupvej 66, Tel. +45 75 28 75 60, www.farm-cafe.de. **Zufahrt:** Von Nørre Nebel südwärts Richtung Klinting und weiter westwärts Richtung Favstrup/Hovstrup, noch ca. 1 km zur Hofeinfahrt. 12 Plätze auf Wiesen um einen Bauernhof. **Ausstattung:** Strom, WC, Duschen, Frischwasserhahn. **Gebühr:** Gebührenpflichtig. Café täglich 14 – 18 Uhr geöffnet. Mietcaravans. **Geöffnet:** Ganzjährig.

Stellplatz Kløvergården Put & Take [N55° 45' 53.54" E8° 18' 10.12"], Benny Jacobsen, Kollevej 50, Tel. +45 20 20 00 26, www.kloevergaarden.com. **Zufahrt**: Von Nørre Nebel an der OK-Tankstelle ca. 1,5 km südwärts Richtung Kolle, der Beschilderung „Put & Take" folgen. Naturbelassene Wiese mit Platz für 20 Wohnmobile an einem Angelteich, Angelkarte erhältlich. **Ausstattung**: Strom, Ausguss für Grauwasser und Chemikaltoiletten, WLAN. Außendusche. **Gebühr**: Gebührenpflichtig. **Geöffnet**: Ganzjährig.

mit der Tirpitz-Bunker-Ausstellung. Als eine Art Kanonenbastion begann man mit dem Bau der Bunkers im Juli 1944, allerdings kam der geplanten Fertigstellung im September 1945 das Kriegsende am 5. Mai 1945 zuvor.

Macht man den kleinen Umweg über **Ho** an der Ostküste der Halbinsel, kann man in der dortigen **Kirche [N55° 33' 13.5" E8° 13' 48.2"]** aus dem 15. Jh. das älteste Kirchenschiff in Dänemark bewundern.

Südlich von Ho erstreckt sich die Halbinsel Skallingen. Sie steht als Vogelreservat unter Naturschutz.

ROUTE: *Weiterfahrt von Blåvand über* **Oksby, Vejers, Børsmose** *und* **Henne** *bis Nymindegab*.

Auf dem Wege nach Nymindegab durchquert man ausgedehnte militäri-sche Übungsgebiete, die mit Warnschildern deutlich markiert sind.

Kilometerlange Sandstrände und hohe Dünengürtel findet man westlich davon zwischen Vejers Strand und Henne Strand. Gelegentlich kann der Feriengast hier durch übendes Militär in seiner Ruhe gestört werden. Der höchste Dünenhügel ist der 64 m hohe „Blåbjerg". Er liegt etwa 3 km nördlich von Henne.

ROUTE: *Von Nymindegab auf der Straße 181 (Margueritruten) über die Landenge „Holmsland Klit", die den Ringkøbing Fjord von der Nordsee trennt, nach Norden bis* **Søndervig**.

Am Südende des Ringkøbing Fjords liegt die **Halbinsel Tipperne**, ein Vogelschutzgebiet. Hier nisten und brüten z. B. Säbelschnäbler und Eidergänse und rasten Zugvögel. Das Reservat ist nicht

Windsurfen im Ringkøbing Fjord

zugänglich, außer im Juni und Juli mit Sondergenehmigung.

Die schmale Landzunge **Holmsland Klit** ist 40 km lang und bietet gute Strände und breite Dünengürtel. „Klit" ist übrigens das dänische Wort für Dünen.

Nördlich von Havrvig lohnt ein Abstecher zum **Abelines Gård [N55° 56′ 44.3″ E8° 9′ 24.0″]**, Sdr. Klitvej 87, einem alten Strandvogtshof aus dem Jahre 1871, mit Strohdach und interessanter Inneneinrichtung *(geöffnet 1. Apr. - 31. Okt. Mo - Fr + So 11 - 17 Uhr; www.levendehistorie.dk).*

In **Hvide Sande [N56° 00′ 00.7″ E8° 07′ 44.2″]** wurde die Landzunge Holmsland Klit 1931 durchstochen. Ein Kanal mit Schleuse verbindet seitdem den relativ seichten, lagunenartigen Ringkøbing Fjord mit der Nordsee.

Hvide Sande weist einen großen Fischerei- und Jachthafen auf. Außerdem gibt es herrliche, weiße Strände und windschützende Dünen.

Der ganze Ringkøbing Fjord ist ein beliebtes Revier für Wind- und Kitesurfer mit fast immer vorhandener Brise aus Westen und dennoch ruhigem Gewässer.

Die höchste Düne auf Holmsland Klit liegt knapp 3 km nördlich von Hvide Sande und ist 24 m hoch.

Bei **Nørre-Lyngvig** ragt an der Nordseeküste ein 36 m hoher Leuchtturm auf. Wenn er gerade zugänglich ist, sollte man ihn besteigen. Die Belohnung ist ein herrlicher Rundblick.

Søndervig liegt 14 km nördlich von Hvide Sande am Ende der Landzunge Holmsland Klit. Der Ort ist wegen der schönen Strände sehr beliebt.

Lange verfügte Søndervig über ein kleines Rock & Roll Museum, in dem alle jung gebliebenen Rockmusik-Fans Erinnerungsstücke an die im August 1977 viel zu früh gestorbenen Rocklegende Elvis Presley bestaunen konnten. Nach neueren Informationen wurde das Museum leider geschlossen, eine Wiedereröffnung ist fraglich!

Søndervig ist inzwischen bekannt für sein **Internationales Sandskulpturenfestival [Parkplatz, N56° 7′ 25.87″ E8° 6′ 52.40″]**, das jüngst zum siebzehntenmal stattgefunden hat. Von Mitte Mai bis Ende Oktober kann man am Lodbergsvej 44 aus Sand hergestellte Kunstwerke bewundern *(geöffnet 15. Mai - 31. Aug. tgl. 10 - 19 Uhr; 1. Sept. - 27. Okt. tgl. 10 - 17 Uhr; www.sandskulptur.dk).* Die Ausstellung wird jährlich von über 140.000 Besuchern angeschaut.

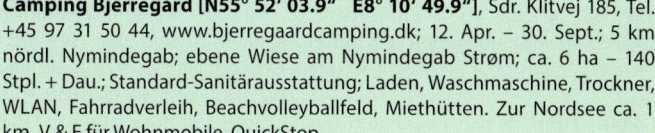

CAMPING – ZWISCHEN NYMINDEGAB UND SØNDERVIG

Bjerregård

Camping Bjerregård [N55° 52' 03.9" E8° 10' 49.9"], Sdr. Klitvej 185, Tel. +45 97 31 50 44, www.bjerregaardcamping.dk; 12. Apr. – 30. Sept.; 5 km nördl. Nymindegab; ebene Wiese am Nymindegab Strøm; ca. 6 ha – 140 Stpl. + Dau.; Standard-Sanitärausstattung; Laden, Waschmaschine, Trockner, WLAN, Fahrradverleih, Beachvolleyballfeld, Miethütten. Zur Nordsee ca. 1 km. V & E für Wohnmobile. QuickStop.

Hvide Sande

Camping Dancamps Nordsø [N55° 56' 58.2" E8° 09' 08.9"], Tingodden 3, Tel. +45 75 52 14 82, www.dancamps.dk/de/nordsoe/; Ende März – Ende Okt.; 5 km südl. Hvide Sande; ebene, sandige Wiese, durch hohe Dünen von der Nordsee getrennt; ca. 5 ha – 200 Stpl.; Komfortausstattung; Laden, Restaurant, Waschmaschine, Trockner, Hallenbad, Sauna, Grillstelle, Segelschule, WLAN, Miethütten. V & E für Wohnmobile.

Camping Dancamps Holmsland [N55° 57' 45.4" E8° 08' 29.6"], Tingodden 141, Tel. +45 97 31 13 09, www.dancamps.dk/de/holmsland; 28. März – 16. Sept.; 3 km südl. Hvide Sande; ebene sandige Wiese, durch hohe Dünen von der Nordsee getrennt; ca. 5 ha – 100 Stpl.; Standard-Sanitärausstattung; Kiosk, Waschmaschine, Trockner, WLAN, Miethütten. Zum Strand 200 m. V & E für Wohnmobile.

Camping Nørre Lyngvig [N56° 02' 27.7" E8° 07' 02.8"], Holmsland Klitvej 81, Tel. +45 97 31 12 31, www.lyngvigcamping.dk; 1. Jan. – 31. Dez.; ca. 4 km nördl. Hvide Sande; riesiges, unübersichtliches Heide- und Dünengelände mit Hügeln; ca. 40 ha – 400 Stpl. + Dau.; Standard-Sanitärausstattung; Laden, Waschmaschine, Trockner, Hallenbad, WLAN, Miethütten, über die Dünen zum langen Sandstrand. V & E für Wohnmobile.

Søndervig

Camping Søndervig [N56° 06' 42.5" E8° 07' 03.08"], Solvej 2, Tel. +45 97 33 90 34, www.soendervigcamping.dk; 12. apr. – 6. Okt.; südl. Søndervig; sandige Wiese; ca. 3 ha – 150 Stpl. + Dau.; Standard-Sanitärausstattung. Kiosk, Waschmaschine, Trockner, Hallenbad, Sauna, WLAN, zum Strand 200 m. V & E für Wohnmobile. QuickStop.

ROUTE: In Søndervig zweigen wir auf die Straße 15 ab, die uns ostwärts ins Landesinnere von Jütland führt. Nach 9 km erreichen wir Ringkøbing.

Ringkøbing, eine der ältesten Städte der Region, die schon 1443 mit Marktrechten versehen wurde, ist der Hauptort Westjütlands. Das Stadtzentrum am Marktplatz „Torvet" wird markiert vom trutzigen, viereckigen Backsteinturm der spätmittelalterlichen Kirche. Kurioserweise ist der Turm oben breiter als am Fundament.

Ebenfalls am Marktplatz steht das älteste Gebäude der Stadt, ein Fachwerkhaus aus dem 17. Jh. Es beherbergt heute das hübsche, einladende Hotel „Ringkøbing". Daneben sieht man den „Bür-

germeisterhof", ein Patrizierhaus aus dem Jahre 1807.

Das **Stadtmuseum [N56° 05' 18.0" E8° 14' 51.4"]**, Herningvej 4, liegt nahe des Sportboothafens *(geöffnet Juli + Aug. tgl. 11 - 17 Uhr; Apr. - Juni tgl. 11 - 16 Uhr; Sept. - 6. Okt. tgl. 11 - 16 Uhr; 7. - 27. Okt. tgl. 11 - 17 Uhr; www.levendehistorie. dk)*. Ausgestellt sind u. a. Funde aus dem Altertum. Zudem kann man eine kulturhistorische Abteilung und eine Grönlandausstellung besichtigen. Die Ausstellung „Was der Bunker verbarg" zeigt die Einrichtung der ehemaligen deutschen Artilleriestellung „Kryle". Der Bunker am Strand wurde erst 2008 nach einem Sturm, der die Stellung freilegte, wiederentdeckt. Die Figur vor dem Museum stellt den Grönlandforscher Mylius Erichsen dar.

Parkplätze in Ringkøbing findet man unweit vom Marktplatz z. B. am **Havnepladsen [Parkplatz, N56° 05' 18.8" E8° 14' 26.7"]** beim Bronzedenkmal „Die Fettesten überleben", ein dürrer schwarzer Mann trägt eine fette, nackte Frau.

Mein Tipp! In den Gewässern des Ringkøbing Fjords wird eine Fischart namens Maräne gefangen. Geräuchert ist sie eine Delikatesse und eine Spezialität der Region. Nach alter Tradition isst man geräucherte Maränen nicht mit Messer und Gabel, sondern greift herzhaft mit den Fingern zu. Man hält das zu verzehrende Stück Fisch mit dem Rücken nach unten, zieht mit den Fingern die Haut ab und knabbert dann das Fischfleisch von den Gräten. Dazu wird normalerweise deftiges Vollkornbrot gereicht und wer's mag, nimmt einen kräftigen klaren Schnaps dazu.

Auf der Weiterreise kann man einen kleinen Umweg über **Hee** machen. Der Ort liegt an der Straße 16, kaum 8 km nördlich von Ringkøbing. Grund des Umwegs ist die Kirche von Hee, ein großer Granitbau im romanischen Stil.

In der Nähe von Hee liegt der Fiske- og Familiepark West, ein Freizeit- und Tierpark *(geöffnet Mitte Apr. - Mltte Sept. Tgl. 10 - 19 Uhr; www.familieparkwest.dk).* Ein Campingplatz mit Hütten ist angegliedert. Er ist ganzjährig geöffnet.

ROUTE: *Unser nächstes Ziel ist* **Herning** *an der Straße 15, 45 km östlich von Ringkøbing gelegen.*

Herning [Parkplatz, N56° 08' 14.5" E8° 58' 47.0"] lohnt aus touristischer Sicht eigentlich nur seiner Museen wegen einen Reisestopp.

Da wäre vor allem das **Herning Museum of Contemporary Art (HEART) [N56° 07' 57.1"   E9° 01' 22.3"]** *(geöffnet Di - So 10 – 16 Uhr, www.heartmus. dk)*, Bitten & Aage Damgaards Plads 2, am östlichen Stadtrand zu nennen. Das Kunstmuseum zeigt vor allem Werke moderner dänischer Künstler wie Paul Gadegaard und Richard Mortensen. Aber auch Arbeiten von internationalen Künstlern wie Victor Vasarely oder John Dewasne sind zu sehen.

Der angrenzende Skulpturenpark zeigt moderne Plastiken dänischer Künstler, während die nebenanliegenden Geometrischen Gärten als absolutes Meisterwerk der Gartenkunst bezeichnet wird.

Zum Kunstzentrum am Birk Centerpark gehört das im Zufahrtsbereich erbaute **Carl-Henning Pedersen & Else Alfelts Museum**, Birk Centerpark 1. Der mit farbigen Keramikfliesen umhüllte, moderne Museumsbau beherbergt die Werke und das Vermächtnis des Künstlerpaares *(geöffnet Di - So 10 - 16 Uhr; www.chpeamuseum.dk)*.

Ca. 700 m vom Kunstmuseum entfernt erstellte der Künstler Ingvar Cronhammers die außergewöhnliche Skulptur namens **„Elia" [N56° 07' 39.0" E9° 01' 32.9]**. Mit einem Durchmesser von 60 m und einer Höhe von 32 m hat das Kunstwerk beeindruckende Ausmaße. Der Aufgang auf die 11 m hohe Plattform wird über Treppen ermöglicht. Von dort oben blickt man in das 15 m tiefe Innere. Es wirkt beklemmend, wenn man weiß, dass die Skulptur an das Naturgasnetz angeschlossen ist, durch einen Zufallsgenerator aktiviert wird und dann etwa 30 Sekunden lang eine gewaltige Feuersäule bis 8 m hoch ausspeit. Das Gelände und der Aufgang zur Elia-Plattform ist jederzeit zugänglich; www.elia.dk/en/.

Außergewöhnlich, das Kunstobjekt „Elia" in Herning

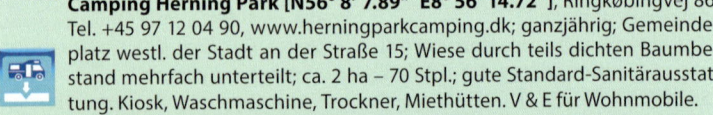

 CAMPING

Herning
Camping Herning Park [N56° 8' 7.89" E8° 56' 14.72"], Ringkøbingvej 86, Tel. +45 97 12 04 90, www.herningparkcamping.dk; ganzjährig; Gemeindeplatz westl. der Stadt an der Straße 15; Wiese durch teils dichten Baumbestand mehrfach unterteilt; ca. 2 ha – 70 Stpl.; gute Standard-Sanitärausstattung. Kiosk, Waschmaschine, Trockner, Miethütten. V & E für Wohnmobile.

Sunds
Camping Sunds Sø [N56° 12' 29.59" E9° 1' 25.83"], Søgårdvej 2, Tel. +45 20 71 66 00, www.sundscamping.dk; 29. März – 22. Okt.; ca. 8 km nördl. Herning von der Straße 12 (Herning – Viborg) bei KM 37,5 abzweigen, am Südufer des Sundsees gelegen; ca. 2 ha – 40 Stpl. + Dau; einfache Standard-Sanitärausstattung; Laden, Imbiss, Waschmaschine, Trockner, Beachvolleyballfeld, WLAN auf Teilen des Platzes. Miethütten.

Karup
 Camping Hesselund Sø [N56° 19' 23.48" E9° 6' 54.33"], Hessellundvej 12, Tel. +45 97 10 16 04, www.hessellund-camping.dk; 29. März – 29. Sept.; ca. 5 km nordwestl. Karup nahe dem Flugplatz Zufahrt von der Straße 467; gestufte Wiesen mit einem Badesee und Angelteichen, nahe dem Flüsschen Karup Å; ca. 6 ha – 180 Stpl. + Dau.; gute Standard-Sanitärausstattung. Laden, Waschmaschine, Trockner, beheiztes Schwimmbad, Bootsverleih, Beachvolleyballfeld, WLAN, Miethütten. V & E für Wohnmobile. QuickStop.

Schließlich lohnt in **Søby**, rund 10 km südlich von Herning gelegen, das **Brunkulsmuseet (Braunkohlemuseum) [N56° 2' 38.14" E9° 3' 6.00"]**, Brunkulsvej 29, einen Besuch *(geöffnet 1. Apr. - 20. Okt. tgl. 10 - 17 Uhr; www.brunkulsmuseum.dk)*. Das Museum besteht aus einigen restaurierten Gebäuden und einem kleinen Braunkohlelager. U. a. geben Originalfotografien einen Einblick in die Arbeits- und Lebensbedingungen in den Jahren des Braunkohleabbaus zwischen 1939 und 1970.

ROUTE: Der weitere Verlauf unserer Route führt von Herning auf der Straße 12 nordostwärts nach Viborg.

Etwa 10 km vor Viborg sollte man von der Hauptstraße 12 nach **Dollerup** am Hald See abzweigen. Der Weg entlang des Sees durch Laubwälder und Heide ist abwechslungsreicher als der auf der Hauptstraße.

Wir passieren wir die Zufahrt zum Parkplatz am Ravensbjergvej nahe des 61 m hohen Aussichtspunkts „**Dollerup Bakker**" [**Parkplatz, N56° 22' 18.60" E9° 19' 17.94"**], später den hübschen Gasthof **Niels Bugge's Kro [N56° 23' 19.32" E9° 20' 16.73"]** und noch etwas weiter das rote Backsteingebäude des Gutshofs **Hald Hovedgaard [Parkplatz, N56° 23' 35.09" E9° 20' 32.20"]**. Seit 2002 ist hier ein Zentrum für Autoren, Übersetzer und Buchillustratoren eingerichtet worden, das den Künstlern kostenfreie Studienaufenthalte und literarische Treffen ermöglicht. In einem Scheunengebäude findet man seit 2008 eine Ausstellung zum Thema regionale Geographie, Natur und Geschichte.

Auf einem längeren Fußweg über Wiesen, vom **Hald Ruin Parkplatz [N56° 23' 37.28" E9° 20' 44.26"]** unweit nordöstlich des Gutshofes aus zu erreichen, liegen auf einer Landzunge am Hald Sø die Ruinen der Bischofsburg **Hald Slott [N56° 23' 25.41" E9° 21' 20.23"]**. Schon Mitte des 14. Jh. stand dort ein befestigtes Rittergut, das aber zum Ende des Jahrhunderts zerstört wurde. Von den früheren Bauten und Anlagen sind nur noch Reste übrig. Etwa 150 Jahre später ließ der Bischof von Viborg, Jörgen Friis, hier eine richtige Burg erbauen, die aber auch zerstört wurde. Um 1700 entstand eine neue Feste und erst 1798 wurde westlich der Bischofsburg Hald Hovegaard errichtet.

Viborg verdankt seine Entstehung wahrscheinlich einer heidnischen Kultstätte, die in alter Zeit einmal im Jahr von den Wikingern aufgesucht wurde. Der Stadtname weist darauf hin. Nach einer Stadtbeschreibung des Touristenbüros hieß Viborg früher Wibjerg. „Wi" bedeutet soviel wie Heiligtum und „bjerg" heißt Hügel oder Berg. Wibjerg war also der Heilige Berg.

Die Stadtgründung wird im 8. Jh. angesiedelt. Viborg ist demzufolge eine recht alte Stadt und macht der Stadt Ribe unverhohlen den Rang streitig, älteste Stadt Dänemarks zu sein.

Über den alten Heerweg, der von Nord nach Süd mitten durch Jütland führte, kamen früh die ersten Missionare nach Viborg und brachten das Christentum in die Stadt. Rasch etablierte sich hier ein Zentrum des Christentums. Schon 1065 war Viborg bedeutender Bischofssitz mit Dom, sechs Klöstern und zwölf Kirchen.

Viborg, das „Herz Jütlands", war bis ins 17. Jh. größte Stadt Jütlands und erlangte Bedeutung auch als Thingstätte (Gerichtsort) und als Stadt der Königswahl.

Schutzheiliger der Stadt ist der Heilige Kjeld, der 1150 in Viborg starb. Ihm werden viele Wunder nachgesagt. Einer der Legenden zufolge stieg Kjeld, damals Domprobst zu Viborg, während eines Brandes im Jahre 1145 auf einen der noch unfertigen Türme des Doms, um mit seinem Gebet die Flammen vom Dom abzuhalten, mit Erfolg wie überliefert ist.

Ein anderer Großbrand im Jahre 1726 vernichtete fast ganz Viborg. Damals hatte der Brand seinen Ursprung in der Küche des wohlhabenden Kaufmanns Peter Vandet. Eine Dienstmagd, so die Überlieferung, hatte mit Heidekraut ein Feuer zum Biersieden entfachen wollen und ließ den Herd eine Zeit lang unbeobachtet. Die Flammen sprangen auf das Strohdach des Hauses über. Und es wird behauptet, dass die Herrin des Hauses aus Geiz es verweigerte, dass man zum Löschen der Flammen, was im Anfangsstadium des Brandes wohl noch erfolgversprechend gewesen wäre, das kostbare Bier verwendete. In der Folge breitete sich das Feuer in rasender Geschwindigkeit über die ganze Stadt aus.

*VIBORG – **1** Touristeninformation – **2** Domkirche, Gammeltorv, Skovgård Museum – **3** Viborg Museum – **4** Sortebrødre Kirche – **5** Ausflugsschiff „Margrethe I" – **6** Postamt – **7** Viborg Kunsthalle Brænderigården – **8** Theater – **9** Landesarchiv – **10** zum Bahnhof – **11** Krankenhaus*

Drei Tage und Nächte lang wütete damals das Großfeuer. Trotz dieses Desasters sind in Viborg doch noch einige wenige alte Profanbauten erhalten geblieben.

Übrigens war Bier aus Viborg bis ins vergangene Jahrhundert ein begehrtes Produkt in Jütland. Wahrscheinlich hieß es nicht umsonst: „Viborg ist bekannt für sein Bier und seine Küster". Richtiggehend berühmt war Viborgs „Skald-Bier". Chronisten berichteten über das Gebräu: „Viborg Skald dringt durch Mark und Bein wie ein Schwert, rumort im Bauch, dass die Haut brummt." Letzte Relikte aus Viborgs Bierzeit sind die Bierkeller in der Sct. Mathias Gade.

Heute ist Viborg mit annähernd 41.000 Einwohnern Sitz der Kreisverwaltung, des Landgerichts und anderer wichtiger Verwaltungen.

Einen **Parkplatz [N56° 27' 2.50" E9° 24' 40.81"]** findet man evtl. am **Gammeltorv (2)** bei der Domkirche. Parkplätze innerhalb der Altstadt von Viborg sind nur für Fahrzeuge bis 3,5 t zugelassen! Das Parken ist oft kostenlos, allerdings ist eine Parkscheibe notwendig. Die Parkdauer ist meist auf eine Stunde begrenzt.

Stadtspaziergang

Startpunkt für einen Stadtrundgang kann der Nytorv [N56° 27' 3.20" E9° 24' 35.88"] ganz in der Nähe des Domplatzes oder Gammeltorv (2) sein.

Auf dem Nytorv (Neumarkt) sieht man den Sct.-Kjelds-Brunnen aus dem Jahre 1914, eine Arbeit des Bildhauers Anders Bundgård. Auf dem Brunnen blicken Eichhörnchen auf Marktfrauen herab, die ihr Gemüse waschen. Außerdem ist der Platz umgeben von einigen stattlichen Häusern, wie z. B. dem Stillings Gård an der Ostseite. Dieses Bürgerhaus im klassizistischen Stil stammt aus dem Jahre 1813.

Vom Nytorv kann man durch die Nytorvgade nach Osten gehen und trifft kurz darauf auf die Sct. Mogens Gade, in die wir rechts einbiegen und zum nahen Domplatz (Gammeltorv) gehen.

In der Sct. Mogens Gade befand sich einst das „Paradies", ein stadtbekanntes Wirtshaus und wie man liest, war die Sct. Mogens Gade in alten Tagen traditionell der nächtliche Austragungsort von Ehrenhändeln und Duellen.

In der Straße sind noch einige bemerkenswerte alte Patrizierhäuser erhalten. Beachtung verdienen u. a. Haus Nr.

Der Dom zu Viborg am Gammeltorv

7. der „Hauchske Gård" aus dem Jahre 1726, dann Haus Nr. 9a, der „Villadsens Gård" mit Treppengiebel und der Jahreszahl 1520, oder Haus Nr. 11, der alte Pfarrhof „Gamle Præstegård" von 1736.

Gepflegt und behütet wird von den Eigentümern von Haus Nr. 26 das alte Zunftschild mit Brezel und Krone einer traditionsreichen Bäckerei. Auf dem Schild steht der Vers: „Bageren er desværre død – så nu bager han ei brød" (Leider ist der Bäcker tot - darum backt er jetzt kein Brot).

Auf dem **Domkirkepladsen [N56° 27' 02.3" E9° 24' 40.9"]** oder Gammeltorv (Altmarkt, Parkmöglichkeit), dem mittelalterlichen Richtplatz der Stadt, sieht man rechts vom Dom das alte **Rathaus** (Domkirkestræde 2 - 4). Den schönen Barockbau hatte der aus Altona stammende Baumeister Claus Stallknecht nach dem großen Brand von 1726 errichtet. 1828 wurde hier Viborgs Sparkasse gegründet und im zweiten Stock war dazu passend gleich das Schuldgefängnis untergebracht.

Heute beherbergt das Gebäude das **Skovgård-Museum** (geöffnet Juni - Aug. Di - So 10 - 17 Uhr; Sept. - Mai Di - So 11 - 16 Uhr; www.skovgaardmuseet.dk) mit Ausstellungen über den Kirchenmaler und Ehrenbürger Viborgs, Joakim Skovgård.

Größte Sehenswürdigkeit am Domplatz ist der **Dom (2) [N56° 27' 02.3" E9° 24' 40.9"]**. Schon 1130 wurde über einer Krypta eine Kirche errichtet. Nach Bränden entschied man sich 1870 zum Wiederaufbau der Kirche im romanischen Stil. Sieben Jahre später war der Dom aus Granitblöcken in der Form vollendet, wie wir ihn heute sehen.

Im Inneren sind vor allem die Fresken mit biblischen Motiven von Joakim Skovgård, sehenswert. Sie entstanden bald nach der Jahrhundertwende (geöffnet 1. Mai - 30. Sept. Mo - Sa 11 - 17 Uhr, So 12 - 17 Uhr; https://www.viborgdomkirke.dk/).

Von der Sct. Mogens Gade am Domplatz kann man durch den kleinen **Park Latinerhaven** das kurze Stück nach Westen zurück zum Nytorv gehen.

Vom Nytorv folgen wir der Store Sct. Mikkels Gade nach Süden und kommen gleich darauf zum rechterhand gelegenen Platz Hjultorvet, dem Radmarkt.

An der Nordseite des Platzes, auf dem traditionell der Wochenmarkt abgehalten wird, findet man in einem Gebäude aus dem Jahre 1867 das **Viborg Museum [N56° 27' 0.35" E9° 24' 30.03"] (3)** mit kulturhistorischen Sammlungen. Das Museum ist derzeit geschlossen. Es soll bis 2022 in den früheren District Court im Cathedral District umziehen, wo ein neues Stadtmuseum eröffnet wird (www.viborgmuseum.dk/en/).

Die beiden Standbilder vor dem Gebäude stellen die Herren Morville und Lüttichau dar, der eine Justizrat, der andere Kammerherr und beide Vorkämpfer der Bewegung, die sich für die Urbarmachung der Heide einsetzte, im 19. Jh. offenbar ein Anliegen vieler Bürger Viborgs.

Noch ein Stück weiter südlich, jenseits der Sct. Mathias Gade, liegt die **Sortebrødre Kirche (4)**. Sie entstand um 1250 als Klosterkirche („Schwarzbrüder-Kirche") einer Dominikanerabtei. Der Dominikanerorden, die „Schwarzbrüder", waren einer der ältesten Orden im Norden Europas. Im Inneren kostbarer, vergoldeter Altar von 1520 und etwa 200 Malereien am Gestühl.

Über die Sct. Mathias Gade gelangt man zurück zum nahen Dom.

Bei längerem Aufenthalt und besonders bei schönem Wetter lohnt eine Rundfahrt auf dem Stadtsee mit dem Ausflugsschiff „Margrethe I".

PRAKTISCHE HINWEISE — VIBORG

Viborg Turistbureau [N56° 27' 12.17" E9° 24' 11.71"], Tingvej 2A, 8800 Viborg, Tel. +45 87 87 88 88, www.visitviborg.dk. Geöffnet Mo - Sa 10 - 14 Uhr.

In der Sct. Mogens Gade in Viborg

CAMPING

Camping DCU Viborg [N56° 26' 17.11" E9° 25' 18.43"], Vinkelvej 36 B, Tel. +45 86 67 13 11, www.camping-viborg.dk; 23. März – 21. Okt.; am Ostufer des Viborg-Sees zwischen Waldstücken, zentrumsnah, ca. 3 ha – 180 Stpl. + Dau.; Standard-Sanitärausstattung. Kiosk, Waschmaschine, Trockner, Beachvolleyballfeld, Minigolf, WLAN. Miethütten. V & E für Wohnmobile.

Tjele-Langsø
Camping Vammen [N56° 31' 20.11" E9° 35' 40.11"], Langsøvej 15, Tel. +45 86 69 01 52, www.vammencamping.dk; 1. Mai – 31. Aug.; am Südwestende des Sees, Zufahrt von der Straße 517 nach Vammen, weiter beschildert; geneigte Wiese am See, teils große Geländestufen, ruhige, schöne Lage, rustikaler Gemeinschaftsraum; ca. 5 ha – 90 Stpl.; Standard-Sanitärausstattung. Kiosk, Restaurant, Waschmaschine, Trockner, Bootsverleih, Beachvolleyballfeld, Sauna, WLAN. Badegelegenheit im See. Miethütten. V & E für Wohnmobile.

WOHNMOBIL-STELLPLATZ

Wohnmobil-Stellplatz Hanne Mølgård [N56° 28' 7.33" E9° 20' 32.65"], Jestrupvej Vest 114, Tel. +45 86 64 74 01. **Zufahrt**: Von der Viborg-Umgehungsstraße A13 westwärts Richtung Jegstrup und weiter auf dem Jegstrupvej Vest ca. 4 km; Platz bei einem Pferdebauernhof mit Platz für 4 Wohnmobile, max. zwei Nächte. **Ausstattung**: Frischwasserhahn, Auslass für Grauwasser und Chemikaltoilette, Strom. **Gebühr:** Pauschale inkl. V & E und Strom. **Geöffnet:** Ganzjährig.

ROUTE 3: VIBORG – THISTED

Länge der Tour: Rund 265 km, ohne Abstecher.

Die Route: Über die Straße 16 bis **Holstebro** – Landstraße und Straße 28 bis **Ulfborg** – Straße 537 bis **Husby** – Straßen 181 und 513 bis **Lemvig** – Straße 565 bis **Humlum** – Straße 11 bis **Hurup** – Straße 181 bis **Klitmøller** – Straße 557 bis **Thisted**.

Reisedauer: Mindestens ein Tag.

Höhepunkte: Die **Kalkgruben** * bei Mønsted – die **Steilküste am Bovbjerg** ** – **Wandern** in den Staatswäldern – **Windsurfen** und **Bootssport** rund um Thyhol.

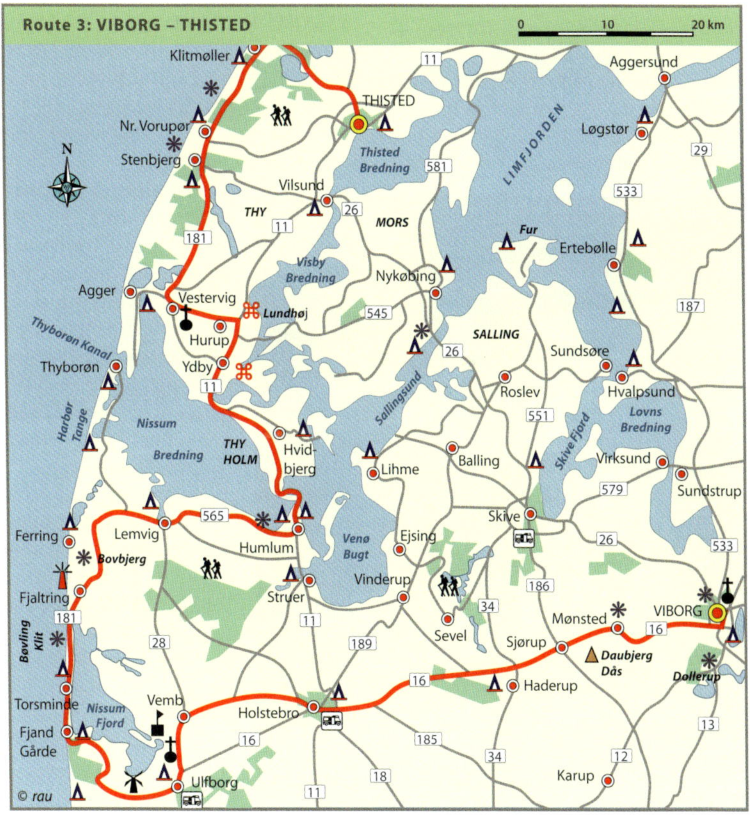

ROUTE: *Wir verlassen Viborg auf der Straße 16 westwärts Richtung Holstebro. Nach 14 km kommen wir nach* **Mønsted***.*

Bei **Mønsted** liegen die **Mønsted Kalkgruber [N56°** 27'' 212.5"   E9° 09' 55.8"], Kalkværksvej 8 *(geöffnet 1. Apr. - 31. Okt. tgl. 10 - 17 Uhr; https://www.monsted-kalkgruber. dk/?lang=de).*

In Mønsted wurde über 1.000 Jahre lang Kalkabbau

betrieben. Heute überwintern jedes Jahr mehr als 10.000 Fledermäuse in den Gruben. Im Frühling und Sommer verteilen sich die Tiere auf Sommerkolonien in ganz Jütland und gebären ihre Jungen. Schon ab August kommen sie wieder nach Mønsted, um sich zu paaren, bevor sie sich zum Winterschlaf wieder in die Gruben begeben. Ein Fledermausmuseum gibt Auskunft über die inzwischen bedrohte Spezies Fledermaus.

Nach dem der Kalkabbau eingestellt wurde, werden in Teilen der unterirdischen Gruben, in denen eine konstante Temperatur von 8 Grad Celsius herrscht, viele Tonnen des bekannten dänischen Höhlenkäses gelagert und zur Reife gebracht.

Ein Grubenzug fährt Besucher vom 15. Mai bis 15. August durch Teile des insgesamt über 35 km langen unterirdischen Ganglabyrinths der Kalkgruben.

Daugbjerg liegt 4 km weiter westlich. Auch hier gibt es alte unterirdische **Kalkgruben [N56° 26' 36.9" E9° 08' 14.5"]**. Sie sollen schon um 950 von König Gorm dem Alten angelegt worden sein. Besichtigen kann man auch das **Daugbjerg Egensmuseum**. Dort werden alte landwirtschaftliche Geräte und Werkzeuge gezeigt.

*ROUTE: Weiter auf der Straße 16 in westlicher Richtung nach **Holstebro**, das nach weiteren rund 33 km erreicht wird.*

Holstebro ist eine geschäftige Stadt mit interessantem **Kunstmuseum [N56° 21' 16.0" E8° 37' 13.5"]**, Museumsvej 2 *(geöffnet 1. Apr. - 30. Juni Di - Fr 12 - 16 Uhr, Sa + So 11 - 17 Uhr; Juli + Aug. Di - So 11 - 17 Uhr, Sept. - März Di - Fr 12 - 16 Uhr, Sa + So 11 - 17 Uhr; www.holstebrokunstmuseum.dk).*

Das **Holstebro Stadtmuseum** befindet sich im Nachbargebäude und befasst sich mit der Geschichte Westjütland. Es ist vorübergehend geschlossen und soll Anfang 2020 mit neuen, moderneren Ausstellungen wiedereröffnet werden *(Öffnungszeiten wie im Kunstmuseum nebenan)* .

Der Stadt Holstebro eilt der Ruf voraus, eine experimentierfreudige Theater- und Kunstszene zu haben. Tatsächlich findet man in den Einkaufsstraßen und auf den Plätzen, ja sogar auf den neueren Gebäuden zahlreiche moderne Skulpturen und Plastiken.

Vor dem Alten Rathaus in der Nørregade 25 [N56° 21' 36.29" E8° 37' 2.64"] kann z. B. die von Alberto Giacometti geschaffene „Frau auf dem Karren", von den Einheimischen auch

Skulptur „Frau auf dem Karren", Holstebro, Altes Rathaus

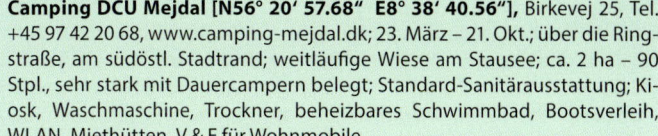

Holstebro Turistbureau [N56° 21' 34.01" E8° 36' 53.84"], Kirkestræde, 7500 Holstebro, Tel. +45 96 11 70 80; www.visitholstebro.dk. *Geöffnet Mo - Fr 10 - 16 Uhr.*

CAMPING

Camping DCU Mejdal [N56° 20' 57.68" E8° 38' 40.56"], Birkevej 25, Tel. +45 97 42 20 68, www.camping-mejdal.dk; 23. März – 21. Okt.; über die Ringstraße, am südöstl. Stadtrand; weitläufige Wiese am Stausee; ca. 2 ha – 90 Stpl., sehr stark mit Dauercampern belegt; Standard-Sanitärausstattung; Kiosk, Waschmaschine, Trockner, beheizbares Schwimmbad, Bootsverleih, WLAN. Miethütten. V & E für Wohnmobile.

WOHNMOBIL-STELLPLATZ

Wohnmobil-Stellplatz Brødbæk [N56° 25' 17.77" E8° 43' 27.56"] Nørre Hvamvej 5, Tel. +45 40 10 27 50. **Zufahrt:** Von der Straße 189 (Holstebro – Vinderup) ca. 8 km nordöstlich abzweigen und noch ca. 1 km bis zum Bauernhof von Birgit Brødbæk mit Platz für ca. 5 Wohnmobile auf befestigter Wiese. **Ausstattung**: Frischwasserhahn, Ausguss für Grauwasser und Chemikaltoilette, Dusche, WC, Strom. **Gebühr:** Pauschale für V & E und Strom. **Geöffnet:** Ganzjährig.

„Maren o æ woun" genannt, bewundert werden.

Und weiter südlich, am Brotorvet in der Nähe der Brücke über den Storå [N56° 21' 24.69" E8° 37' 5.91"], steht vor einem Lokal die von Pietro Taccas geschaffene Nachbildung der Metallskulptur „Il Porcellino", die 1986 hier aufgestellt wurde und eine der vielen in der Welt verteilten Kopien des Metallebers ist, der im Original seit 1639 in Florenz zu finden ist.

Ein ganzer **Skulpturenzyklus** ist rund um das Hotel Royal (Dachskulptur „Der Sonnenwagen") [N56° 21' 23.57" E8° 37' 4.54"] und beim **Musiktheater** zu bestaunen. Das 36 Kunstobjekte umfassende Projekt wurde von der Künstlergruppe Krukako (einem Dänen, einem Russen und einem Ukrainer) 1993 unter dem Thema „Traum des Tabakarbeiters" geschaffen.

Einen zentrumsnahen **Parkplatz** [N56° 21' 20.77" E8° 36' 59.36"] findet man in Holstebro in der Straße Ved Hallen.

ROUTE: *Holstebro verlassen wir in westlicher Richtung. Man kann entweder der Straße 16 nach Ulfborg folgen oder einen kleinen Umweg über die Landstraße 509 machen, die zwischen Bahnlinie und dem Flüsschen Storå nach* **Vemb** *führt (19 km). Ab Vemb geht es dann auf der Straße 28 südwärts Richtung* **Ulfborg***.*

Auf dem Umweg kann man unterwegs wenige Kilometer südlich Vemb zum alten befestigten Herrensitz **Nørre Vosborg Herregård [Parkplatz, N56° 19' 33.6" E8° 19' 59.1"]** abzweigen. Vosborg ist einer der ältesten Herrensitze in Westjütland. Er wird schon in einem Dokument von König Glipping aus dem Jahre 1299 erwähnt. Erbaut haben soll die alte Burg ein Niels Bugge. 1532 zerstörte eine Sturmflut das Anwesen.

Zwanzig Jahre später begann die Familie Gyldenstjerne mit dem Bau einer neuen Burg. Zunächst entstand der Ostflügel der heute vierflügligen und mit Wällen und Gräben befestigten Anlage, die in einem Park mit unzähligen Rhododendronbüschen liegt.

Der Hauptflügel ist seit dem späten 18. Jh. unverändert geblieben und ist Besuchern gewöhnlich zugänglich.

Als Eingangstor in den Hof dient ein schöner Glockenturm aus der Zeit, in der auch der Hauptflügel entstand. Heute dient das Anwesen als Hotel und Restaurant und als Veranstaltungsort für

Konzerte, Kunst und Kultur; www.nrvos-borg.dk.

Auf der Weiterfahrt südwärts nach Ulfborg passieren wir **Ulfborg Kirkeby [N56° 17' 59.37" E8° 20' 32.41"]** mit einer interessanten, 1980 vollständig restaurierten Kirche, deren Ursprünge ins Mittelalter reichen. Seltene Anordnung der Kanzel und Empore. Grabkapelle der Gyldenstjernes aus Vosborg.

Ulfborg, die kleine Marktgemeinde, entwickelte sich erst Ende des vorigen Jahrhunderts zur Stadt, nachdem man hier eine Bahnstation gebaut hatte. Zuvor war Ulfborg lediglich der Platz für den seit 1840 abgehaltenen **Pferdemarkt**, der aber so an Bedeutung für ganz Jütland gewann, dass die Bahn-strecke nötig wurde. Noch heute findet dieser Pferdemarkt jedes Jahr am letzten Mittwoch im August statt, ein großes Volksfest.

Schwimmzentrum mit großem Hallenbad, mehrere Schwimmbecken, Rutschen, Sauna, Solarium, Fitnesscenter, Café.

Allenthalben sieht man auf einer Reise durch Dänemark ausgedehnte Anlagen von Windkraftwerken. Schließlich ist Dänemark in der Welt führend in der Erforschung und im Bau von Windgeneratoren, die Strom erzeugen. Im Land gibt es ein Gesetz, das den privaten Bau von Windkrafträdern fördert und es erlaubt, dass zuviel produzierter Strom, der für den Eigenbedarf des privaten Erzeugers nicht benötigt wird, in das öf-

PRAKTISCHE HINWEISE – VEDERSØ

 Ulfborg-Vemb Turistcenter Vedersø Klit [N56° 15' 26.53" E8° 8' 21.42"], Havvej 6-10, Vedersø Klit, 6990 Ulfborg, Tel. +45 96 11 91 00, www.ulfborg-turist.dk. *Geöffnet Juli + Aug. Mo - Do 9 - 16 Uhr, Fr 9 - 17 Uhr, Sa 8 - 18 Uhr, So 10 - 16 Uhr; Jan. - Juni + Sept. - Dez. Mo - Fr 9 - 16 Uhr, Sa 8 - 16 Uhr, So 10 - 14 Uhr.*

CAMPING

 Camping Rejkjær [N56° 14' 00.5" E8° 18' 35.1"], Ringkøbingvej 24, Tel. +45 97 49 12 11, www.rejkjaer-camping.dk; Ostern – Mitte Okt.; ca. 4 km südl. Ulfborg nahe der Straße 16; ca. 3 ha – 70 Stpl.; Standard-Sanitärausstattung; Miethütten.

Vedersø Klit
Camping Vedersø Klit [N56° 15' 34.47" E8° 8' 42.89"], Øhusevej 23, Tel. +45 97 49 52 00, www.klitcamping.dk; 29. März – 20. Okt.; an der Küste rund 12 km westl. von Ulfborg von der Straße 181 erreichbar; durch Hecken unterteilte ebene Wiesen; ca. 4 ha – 100 Stpl. + Dau.; Standard-Sanitärausstattung; Laden, Imbiss, Waschmaschine, Trockner, Tennis, Fahrradverleih, Minigolf, Sauna. Miethütten; zum Meer ca. 700 m. V & E für Wohnmobile.

WOHNMOBIL-STELLPLÄTZE

 Ulfborg
Wohnmobil-Stellplatz Tvind School Center (N56° 15' 21.47" E8° 16' 53.49"], Skorkærvej 8, Tel. +45 23 29 56 73, www.twind.dk. **Zufahrt**: Von Ulfborg westwärts auf die Straße 537 Richtung Staby, nach ca. 300 m südwärts auf den Skorkærvej abzweigen und noch ca. 1,2 km zur Platzeinfahrt bei einem Windgenerator. Platz für 15 Wohnmobile auf Schotterfläche bei einem Lehrer- und Schülerausbildungszentrum. **Ausstattung**: Keine Einrichtungen. **Gebühr:** Kostenlos. **Geöffnet:** Ganzjährig.

 Ulfborg-Vedersø
Wohnmobil-Stellplatz Vestergaard Autocamperplads Inga & Thorkil Schmidt [N56° 14' 58.03" E8° 10' 4.57"], Hugvej 5, Vedersø. **Zufahrt:** Von Vedersø Klit ca. 2 km westwärts auf dem Vesterhavsvej Richtung Vedersø, dann auf den Hugvej abzweigen und noch ca. 1 km zum Bauernhof der Familie Schmidt. Fast ebene Wiese für 15 Wohnmobile. **Ausstattung**: Frischwasser. **Gebühr:** Kostenlos. **Geöffnet:** Ganzjährig.

CAMPING – FJAND GÅRDE

Camping Nissum Fjord (ehemals Fjand Camping) **[N56° 19' 08.7" E8° 08' 59.8"]**, Klitvej 16, Tel. +45 97 49 60 11, www.fjandcamping.dk; 1. Jan. – 31. Dez.; ebene Wiese mit Hecken beim Gasthaus an der Straße 181 bei Fjand Gårde; ca. 7 ha – 140 Stpl. + Dau.; gute Standard-Sanitärausstattung; Laden, Restaurant im Gasthof, Schwimmbad, Sauna, Waschmaschine, Trockner, WLAN, Reitstall. Miethütten. Zum Meer gut 1 km. V & E für Wohnmobile.

fentliche Stromnetz eingespeist und verrechnet werden kann.

*ROUTE: Weiterreise von Ulfborg auf der Straße 537 nach Westen. Bei **Husby** treffen wir auf die Straße 181 (Margueritruten) und bei **Fjand Gårde** erreichen wir die Nordseeküste.*

Erneut folgt eine Fahrt auf einer schmalen Landzunge oder besser einem Dünenstreifen, die **Bøvling Klit**, die den Nissum Fjord von der offenen Nordsee trennt.

Thorsminde liegt mitten auf dem Bøvling Klit. Das Städtchen an der wasserstandsregulierenden Schleuse zwischen Meer und Nissum Fjord ist ein wichtiger Stützpunkt für die dänische Hochseefischereiflotte. Seit jeher ist Thorsminde aber auch Basis eines Seenotrettungskreuzers.

Sehenswert ist das **Strandingsmuseum St. George [N56° 22' 22.4" E8° 07' 07.5"]** (geöffnet 4. Feb. - 1. Dez. tgl. 10 - 17 Uhr, https://strandingsmuseet.dk/de/). Es liegt unweit der offenen Nordsee am Hafen von Thorsminde in

der Vesterhavsgade 1E. Das Museum befasst sich mit Havarien und Strandungen, die bei stürmischen Wetterlagen bis ins 19. Jahrhundert hinein vor der Küste immer wieder vorkamen.

Eine der letzten dramatischen Strandungskatastrophen, mit der sich auch das Strandungsmuseum St. George ausführlich befasst, passierte am Weihnachtsabend des Jahres 1811, als das britische Kriegsschiff „HMS St. George" und das Linienschiff „HMS Defence" vor der Küste von Thorsminde sanken. Damals kamen weit über tausend Menschen um. Mehrere tausend Fundstücke wurden später von Tauchern aus den Wracks geborgen und viele davon sind im Museum zu sehen.

*ROUTE: Straße 181 (Margueritruten) nordwärts über **Fjaltring** bis **Ferring**.*

Empfohlen werden kann ein Abstecher zur **Trans Kirke [N56° 29' 51.8" E8° 07' 16.9"]**, südlich des Bovbjerg Leuchtturms. Die Kirche liegt in herrlicher Lage oberhalb der Klippen Bovbjerg Klint in ruhiger ländlicher Gegend.

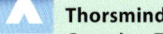

CAMPING

Thorsminde
Camping Thorsminde [N56° 22' 34.94" E8° 7' 21.74"], Klitrosevej 4, Tel. +45 97 49 70 56, www.thorsmindecamping.dk; 12. März – 20. Okt.; Abzweig im Ort von der 181 ca. 200 nördl. der Schleuse; ebene Wiese hinter Bretterzäunen, im Ortsbereich; ca. 4 ha – 150 Stpl. + Dau.; gute Standard-Sanitärausstattung; Laden, Restaurant 50 m entfernt, Waschmaschine, Trockner, Schwimmbad, Sauna, Miethütten, zum Meer rund 300 m. V & E für Wohnmobile.

Ferring
Camping Bovbjerg [N56° 31' 39.7" E8° 07' 31.4"], Julsgårdvej 13. Tel. +45 97 89 51 20, www.bovbjergcamping.dk; 16. März – 21. Okt.; ebene, durch Hecken eingefriedete Wiesen bei einem alten Bauernhof nahe der Steilküste am Nordrand des Ortes; ca. 4 ha – 130 Stpl. + Dau.; Standard-Sanitärausstattung; Laden, beheizbares Schwimmbad, Waschmaschine, Trockner, Fahrradverleih. Miethütten, zum Meer ca. 250 m. V & E für Wohnmobile. QuickStop.

Ferring findet man in unmittelbarer Nähe der 41 m hohen Steilküste von **Bovbjerg**. 1877 baute man hier den 26 m hohen Leuchtturm **„Bovbjerg Fyr" [N56° 30' 49.6" E8° 07' 05.5"]**, der längst nötig war, um die Schiffsstrandungen an der gefährlichen Küste hier zu vermindern (siehe auch oben unter Thorsminde). Der Leuchtturm kann tagsüber bestiegen werden und das Café ist *Feb. - März Di - So 13 - 16 Uhr; Apr. - Juni Di - So 13 - 17 Uhr; Juli + Aug. tgl. 11 - 17 Uhr; Sept. - Okt. Di - So 13 - 17 Uhr; Nov. - 8. Dez. Di - So 13 - 16 Uhr geöffnet.*

Erwähnung verdient auch das **Jens Søndergaard Museum [N56° 31' 32.3" E8° 7' 10.5"]** in Ferring, das im ehemaligen Sommerhaus des Malers Søndergaard eingerichtet ist. Ausgestellt sind Mobiliar, Staffelei und 70 Werke des Künstlers, der vor allem Küstenlandschaften malte *(geöffnet Juni - Aug. tgl. 11 - 17 Uhr, übrige Zeit Di - So 11 - 17 Uhr; www.jenssoendergaard.dk).*

ROUTE: Im weiteren Verlauf unserer Route verlassen wir nun die Nordseeküste, fahren ostwärts, zunächst über Landstraßen, dann auf der Straße 513 und erreichen nach knapp 15 km **Lemvig**.

Das Städtchen **Lemvig** erstreckt sich an einem Hügelkamm, der zur Lemvig-Bucht, einem Ausläufer der ausgedehnten Bucht Nissum Bredning, abfällt. Überragt wird die Stadt von der weiß getünchten Kirche mit Stufengiebel am Marktplatz. Traditioneller Freitagsmarkt.

Das **Lemvigs Heimatmuseum [N56° 32' 57.4" E8° 18' 06.6"]** liegt in der Vestergade 44 *(geöffnet Juni - Sept. Di - So 13 - 17 Uhr; März - Mai + Okt. So 13- 16 Uhr; www.lemvigmuseum.dk).* Zu sehen sind Gemälde lokaler Künstler, eine Sammlung handbemalter Bauernmöbel und für Lemvig typische Hornlöffel, sowie eine Ausstellung über das Seenotrettungswesen.

Ein anderes **Museum [N56° 33' 10.59" E8° 17' 46.00"]**, am Strandvejen an der Westseite der Lemvig Bucht gelegen, befasst sich mit religiöser Kunst.

Auf dem **Planetsti** (Planetenweg) **[N56° 32' 57.8" E8° 18' 09.2"]** kann man unser Sonnensystem im Maßstab 1:1 Mrd. durchwandern (ein Meter im „Lemviger Weltraum" entspricht 1 Mio. Kilometer im Universum). Der Weg entlang des westlichen Fjordufers führt vorbei an Modellen unseres Sonnensystems im genauen Maßstab. Also ist die Entfernung von der Erde zum Mond nur 58 Meter weit, während es zum weitestentfernten Pluto doch 12 Kilometer sind. Einen genauen Plan erhält man im Touristenbüro.

PRAKTISCHE HINWEISE — LEMVIG

Lemvig Tourist Information [N56° 32' 57.24" E8° 18' 35.23"], Skolegade 3, 7620 Lemvig, Tel. +45 96 63 15 00; *geöffnet Mo - Fr 10 - 18 Uhr, Sa 10 - 13 Uhr.*

CAMPING

Camping Lemvig Strand [N56° 34' 2.03" E8° 17' 39.26"], Vinkelhagevej 6, Tel. +45 97 82 00 45, www.lemvigstrandcamping.dk; 5. Apr. – 20. Okt.; nördl. der Stadt am Westufer der Lemvig Bucht; städtischer Platz in schöner Lage, ebene Wiesen zur Straße hin mit dichtem Baumbestand, teils durch hohe Hecken unterteilt; ca. 8 ha – 160 Stpl. + Dau.; gute Standard-Sanitärausstattung. Kiosk, Waschmaschine, Trockner, Fahrradverleih, Minigolf, Beachvolleyballfeld, WLAN. Miethütten. V & E für Wohnmobile. QuickStop.

WOHNMOBIL-STELLPLATZ

Im Hafengelände an der Ostseite der Lemvig Bucht, Havnen 11, hat die Stadt **10 Parkplätze für Wohnmobile [N56° 33' 12.07" E8° 18' 37.15"]** freigegeben. Es gibt allerdings keinerlei Einrichtungen wie Strom- oder Wasserversorgung. Der Aufenthalt ist auf 12 Stunden begrenzt! **Gebühr:** Kostenlos. **Geöffnet:** Ganzjährig zugänglich.

Ausgedehnte Wanderungen sind im Waldgebiet **Kronhede/Klosterhede Plantage** südöstlich von Lemvig möglich. Der Forst ist eine der größten Waldpflanzungen in Dänemark. Zahlreiche markierte Wanderwege durchziehen dieses riesige Wald- und Heidegebiet.

*ROUTE: Über die Straße 565 und über **Nissumby** geht unser Weg ostwärts am Südufer der Bucht Nissum Bredning entlang. Kurz vor **Humlum** liegt linkerhand der 49 m hohe Aussichtspunkt **Toftum Bjerge**. Von oben hat man einen schönen Blick auf die Nissum Bucht und den Oddesund. In Humlum treffen wir auf die Straße 11. Ihr folgen wir nordwärts.*

Abstecher nach Struer

Ca. 6 km südlich von Humlum liegt das Städtchen Struer. Hier lohnt sich ein Besuch im **Struer Museum [N56° 29′ 23.94′ E8° 35′ 58.80″]**, auch bekannt als Bang & Olufsen Museum, in der Søndergade 23 *(geöffnet Juli - Aug. Di - Fr 11 - 17 Uhr, Sa + So 12 - 17 Uhr; Sept. - Juni Di - Fr 12 - 16 Uhr, Sa + So 12 - 17 Uhr; www. struermuseum.dk)*. Das Museum ist im Torngaard, dem ältesten Gebäude der Stadt, eingerichtet. Die unterschiedlichen Themen, mit denen sich die Ausstellungen des Museums befassen, reichen von der Entwicklung der Lim-fjord-Region über eine Gemäldesammlung hiesiger Künstler bis hin zum Thema Bang & Olufsen. Die Firma ist in Struer ansässig, gilt als weltbekannter Hersteller von Unterhaltungselektronik und zählt zu den größten Konzernen von Jütland, ja von ganz Dänemark. Nicht zuletzt haben Design und Qualität der Bang & Olufsen Produkte das Unternehmen berühmt gemacht. Zu dieser Abteilung des Museums gehören auch Informationen und Exponate über die Geschichte des Rundfunks und Fernsehens sowie über die Entwicklung der Medien in unseren Tagen.

HAUPTROUTE

Auf dem Weg von Humlum auf der Straße 11 nordwärts gelangt man über die Oddesundbrücke auf die **Halbinsel Thyholm**, die mittels eines Straßendammes mit der östlich benachbarten, wesentlich kleineren Insel Jegindø verbunden ist. Thyholm und Jegindø sind Hochburgen der Aalfischerei. Entsprechend werden in den Restaurants häufig gute Aalgerichte angeboten.

Die Gewässer, die Thyholm und Jegindø umgeben, gehören alle noch zum riesigen, verzweigten und buchtenreichen Seensystem des **Limfjords.** Das ganze Gebiet ist ein wahres Eldorado für Wind- und Kitesurfer und Bootssportler. Überall findet man gute Sporthäfen. Einer der größten Jachthäfen ist in Struer an der Venø Bucht entstanden.

Zur Wikingerzeit sammelten die seefahrenden Nordmänner oft ihre Flotte bei der Insel Thyholm, um dann über die Nissum Bredning und den Thyborøn Ka-

---

CAMPING

Humlum bei Struer

Camping Humlum [N56° 32′ 49.08″ E8° 34′ 17.60″], Bredalsvigvej 5, Tel. +45 97 86 13 04, www.humlumcamping.dk; 23. März – 21. Okt.; zwischen Straße 11 und Venø Sund; Wiesengelände mit hübschem Naturhafen, recht ruhige Lage; ca. 20 ha – 120 Stpl. + Dau.; einfache Standard-Sanitärausstattung. Laden, Waschmaschine, Trockner, Minigolf, WLAN. Miethütten. V & E für Wohnmobile.

Toftum Bjerge bei Struer

Camping Toftum Bjerge [N56° 32′ 27.24″ E8° 31′ 52.61″], Gl. Landevej 4, Tel. +45 97 86 13 30, www.toftum-bjerge.dk; Jan. – Dez.; am westlichen Ortsrand von Humlum Zufahrt von der Straße 565; ebenes Wiesengelände an einer Seite von Häusern begrenzt; 3 ha – 40 Stpl. + Dau., Standard-Sanitärausstattung. Kiosk, Restaurant, Waschmaschine, Trockner. Miethütten. V & E für Wohnmobile.

nal in die offene See zu gelangen und zu ihren Eroberungszügen nach England aufzubrechen.

Hauptort von Thyholm ist **Hvidbjerg** inmitten der Halbinsel.

Über die Kirche von Hvidbjerg erzählt man sich eine grausame Geschichte. Mitte des 13. Jh. soll sich der Graf Jens Glob, genannt „der Harte", an Bischof Oluf Glob, seinem Onkel, auf echte Wikingermanier gerächt haben. Vor dem Kirchenaltar spaltete der Edelmann mit seiner Streitaxt des Bischofs Kopf.

Auf der Weiterfahrt auf der Straße 11 nach Nordwesten über eine Landenge, die in Jahrhunderten entstand und Thyholm an die nördlich angrenzende Landschaft Thy anschloss, kommen wir nach **Ydby**.

Sandstrände gibt es südlich von **Hellingsø**, übrigens einer der wenigen Sandstrände an der Nissum Bredning Bucht.

Das Gebiet um Ydby und das Heidegelände Ydby Hede östlich davon ist voller frühgeschichtlicher **Hügelgräber**. Einer der bedeutendsten Grabhügel aus der Bronzezeit, **Boddum Højo**, liegt ca. 2,5 km südöstlich des Ortes, etwa auf halbem Wege nach Boddum.

Folgt man der Straße 11 weiter nordwärts, kann man zwischen **Heltborg** (Kunst- und Heimatmuseum) und **Ullerup** ostwärts abzweigen und kommt dann zur frühgeschichtlichen **Ganggrab Lundehøj Jættestue [N56° 46' 13.1" E8° 27' 38.0"]**. Das fast 5.000 Jahre alte Ganggrab ist eines der größten seiner Art und das am besten erhaltene in ganz Dänemark. Gegen eine Gebühr erhält man im Bauernhof, auf dessen Gelände die Sehenswürdigkeit liegt, den Schlüssel zum Ganggrab, ca. 500 m Fußweg.

ROUTE: *Der weitere Verlauf unserer Route führt westwärts und über* **Hurup** *nach* **Vestervig**.

Vestervig Kirke [N56° 46' 25.2" E8° 19' 04.0"] liegt etwa 1 km nördlich des Ortes. Sie gilt als die größte Dorfkirche der Region. Ursprünglich war sie als Dom konzipiert worden.

An der Nordseite der Kirche findet man **„Kirstens Grab"**. Wie es heißt, ist es die letzte Ruhestätte von Liden Kirsten, einer Halbschwester König Waldemars des Großen. Sie soll hier mit ihrem vom König ungelittenen Liebhaber, Prinz Buris, begraben sein. Zu ihren Lebzeiten hatten die beiden ständig mit Strafen und mit der Missgunst des Königs zu kämpfen. Ein bisschen Romeo und Julia in Dänemark.

Und noch heute ist es Brauch, dass jungvermählte Bräute nach der Trauung in der Kirche ihren Brautstrauß auf Kirstens und Buris' Grab niederlegen.

Nördlich des Friedhofs wurden in den sechziger Jahren Reste eines eisenzeitlichen Dorfes ausgegraben.

Beenden kann man diese Etappe, je nach Vorliebe, entweder in **Nørre Vorupør**, einem Fischerdorf mit Seenotrettungsstation, mit langen Stränden, dem **Nordsø Akvariet** und dem **Heimatmuseum** in Dorfzentrum, oder in **Klitmøller,** einem alten Fischerdorf, jetzt beliebtes Seebad mit herrlichem **Sandstrand,** oder in **Thisted**, der Hafenstadt am Limfjord.

Das **Nordsø-Akvariet [N56° 57' 29.8" E8° 22' 03.4"]** in der Vesterhavsgade 131 in Nørre Vorupør *(geöffnet Ostern - Juni + Sept. - Okt. tgl. 10 - 16 Uhr; Juli + Aug. tgl. 10 - 18 Uhr; www.north-sea.dk)* zeigt die Unterwasserwelt der Nordsee mit ihrer vielfältigen Meeresfauna etc.

CAMPING – HVIDBJERG

Camping Tambosund [N56° 38' 34.17" E8° 34' 45.76"], Jegindøvej 27, Tel. +45 97 87 17 72; 12. Apr. – 15. Sept.; südöstl. Hvidbjerg, an der Ostküste der Halbinsel; ebene Wiesen am Sund, an einer Seite von einem Waldstück begrenzt; relativ ruhig gelegen; ca. 2,5 ha – 80 Stpl. + Dau.; Standard-Sanitärausstattung; Laden, Waschmaschine, Trockner, Schwimmbad, Fahrradverleih, Minigolf, Beachvolleyballfeld. Miethütten. V & E für Wohnmobile.

Am Strand von Nørre Vorupør

CAMPING – AGGER/VESTERVIG

Camping Krik Vig [N56° 46' 44.60" E8° 15' 42.70"], Krig Strandvej 112, Agger, Tel. +45 97 94 14 96, www.krikvigcamping.dk; 24. März – 30. Sept.; ca. 3 km westl. Vestervig; überwiegend ebenes Gelände zwischen einer Waldung und einem breiten Kanal; ca. 6,5 ha – 280 Stpl. + Dau.; Standard-Sanitärausstattung. Laden, Imbiss, Waschmaschien, Trockner, Fahrrad- und Bootsverleih, Volleyballfeld, Grillstelle. Miethütten. V & E für Wohnmobile.

Im **Heimatmuseum Vorupør [N56° 56' 59.77" E8° 22' 22.64"]** in der Vesterhavsgade 21 *(geöffnet 1. Apr. - 30. Juni + 12. Aug. - 31. Okt. Di - So 12 - 16 Uhr; 1. Juli - 11. Aug. tgl. 10 - 16 Uhr)*, das in einer ehemaligen Bootswerft eingerichtet wurde, wird über die Zeit des Fischfangs berichtet. Vorupør verfügte einstmals über 27 Küstenboote.

Das Städtchen **Thisted** hat ebenfalls ein hübsches **Heimatmuseum [56° 57' 15.1" E8° 41' 26.2"]** zu bieten. Man findet es in der Jernbanegade 4 *(geöffnet Juli - Mitte Aug. Mo - Fr 11 - 16 Uhr, Sa + So 13 - 16 Uhr; Jan. - Juni + Mitte Aug. - 31. Dez. Di - Fr 11 - 16 Uhr, So 13 - 16 Uhr; www.museumthy.dk)*. Zu sehen ist eine stadtbezogene Ausstellung mit Grabungsfunden aus der Bronzezeit, sowie allerlei Dinge des täglichen Lebens früher und heute.

Im Sommer findet jeden Freitag und Samstag Markt auf dem Stadtplatz Store Torvet statt.

Westlich von **Vester Vandet [N57° 0' 38.49" E8° 35' 8.32"]** liegt der Vandet Sø. Das Gewässer ist Teil des ausgedehnten **Nationalparks Thy**. Dieses Naturschutzgebiet und Vogelreservat erstreckt sich bis an die Nordseeküste und von Hanstholm im Norden bis hinab nach Thyborøn.

Rund um den Vandet Sø ist das Land bedeckt mit ausgedehnten Baumpflanzungen, Schonungen und Forsten wie die Torup Klitplantage, die Nystrup Klitplantage und andere. Diese Forste – „Klitplantage" bedeutet soviel wie Dünenpflanzung – sind ausgangs des 19. Jahrhunderts angelegt worden. Man wollte endlich dem verheerenden Sandtreiben Einhalt gebieten.

Bis dahin wurden ganze Landstriche bis 14 km ins Landesinnere unter Wanderdünen begraben. Und noch heute ist das Sandtreiben ein Problem, mit dem die Küstenbewohner Westjütlands zu kämpfen haben. Aus diesem Grund achtet man auch ganz genau darauf, dass Dünenpflanzungen, Strandhafer oder Reisiggestecke, die alle dazu dienen sollen, den Sand festzuhalten, nicht mutwillig zerstört werden.

Durch dieses hügelige, fast 3.000 ha große Landschaftsgebiet führen eine ganze Reihe markierter Wanderwege, die von Parkplätzen ausgehen und zwischen 1 und 9 km lang sind. Wer Interesse daran hat, sollte in den Touristenbüros der Gegend nach dem Faltblatt „Wanderwege in den Staatlichen Wäldern – Vandet Sør Thy" fragen, das mit ganz exakter Karte und Beschreibung der Wege aufwartet.

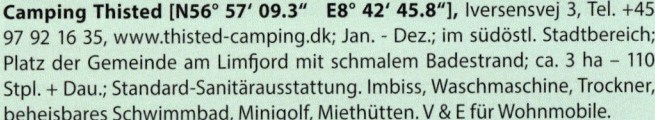

PRAKTISCHE HINWEISE — THISTED

 Thisted Turistbureau [N56° 57' 16.5" E8° 41' 27.0"], Store Torv 6, 7700 Thisted, Tel. +45 97 92 19 00, www.visitthy.dk. *Geöffnet Juli + Aug. Mo - Fr 10 - 17 Uhr; Sept. - Juni Mo - Fr 10 - 16 Uhr.*

CAMPING

Thisted

 Camping Thisted [N56° 57' 09.3" E8° 42' 45.8"], Iversensvej 3, Tel. +45 97 92 16 35, www.thisted-camping.dk; Jan. - Dez.; im südöstl. Stadtbereich; Platz der Gemeinde am Limfjord mit schmalem Badestrand; ca. 3 ha – 110 Stpl. + Dau.; Standard-Sanitärausstattung. Imbiss, Waschmaschine, Trockner, beheisbares Schwimmbad, Minigolf, Miethütten. V & E für Wohnmobile.

Nørre Vorupør

 Camping Strandgården [N56° 57' 15.50" E8° 21' 59.20"], Vesterhavsgade 85, Tel. +45 97 93 80 22, www.strandgaardenscamping.dk; 12. März - 26. Okt.; von der Küstenstraße zum Meer; größtenteils unebenes Dünengelände, einige durch Schotter befestigte Stellflächen; ca. 3 ha – 150 Stpl. + Dau.; einfache Standard-Sanitärausstattung; Laden, Imbiss, Waschmaschine, Trockner. Zum Meer ca. 300 m. V & E für Wohnmobile.

 Camping Nystrup Klitmøller [N57° 01' 58.9" E8° 28' 45.6"], Trøjborgvej 22, Tel. +45 97 97 52 49, www.nystrupcampingklitmoller.dk ; 1. März - 31. Okt.; südwestl. Klitmøller; aufgeforstetes Dünenareal; ca. 6 ha – 300 Stpl. + Dau; gute Standard-Sanitärausstattung; Laden, Imbiss, Waschmaschine, Trockner,Minigolf, Fahrradverleih, WLAN, Miethütten; zum Meer ca. 800 m. V & E für Wohnmobile.

Hanstholm

 Camping Hanstholm [N57° 6' 33.64" E8° 40' 2.52"], Hamborgvej 95, Tel. +45 97 96 51 98, www.hanstholm-camping.dk; 1. Jan. – 31. Dez.; ca. 3 km östl. des Fährhafens gelegen, von der Straße 25 (Hanstholm – Thisted) am östlichen Ortsrand meerwärts abzweigen und auf dem Hamborgvej noch ca. 2 km zum Platz, beschildert; leicht hügeliges, bewachsenes Dünengelände, teils von hohen Hecken unterteilt; über einen hohen Dünenhang hinab zum Meer; ca. 13 ha – 300 Stpl. + Dau.; gute Standard-Sanitärausstattung; Laden, Waschmaschine, Trockner, Restaurant, beheizbares Schwimmbad, Fahrradverleih, Volleyballfeld. WLAN, Internetecke. Zahlreiche Miethütten. Zum Meer 300 m. V & E für Wohnmobile. QuickStop.

ROUTE 4: THISTED – SKIVE

Länge der Tour: Rund 150 km.

Die Route: Über die Straße 26 und über **Nykøbing/Mors** bis **Harre/Salling** – Landstraßen über **Balling, Lihme**, **Eising** und **Sahl** bis **Sevel** – Landstraße und Straße 34 bis **Skive**.

Reisedauer: Mindestens ein Tag.

Höhepunkte: Der Blumen- und Freizeitpark **Jesperhus Blomsterpark *** auf der Insel Mors – „**Goldener Altar** " * Kirche von Sahl – Freilichtmuseum „**Das Alte Dorf**" ** Hjerl Hede.

ROUTE: Über die Straße 26 und die Brücke bei *Vilsund, 10 km südlich von Thisted*, gelangen wir auf die *Insel Mors*.

Mit 363 qkm ist **Mors** die größte Insel im Limfjord. Gleich in **Sundby** zweigen wir nordostwärts ab und fahren ca. 6 km bis zu der **Steilküste „Hanklit"** [N56° 53' 33.9" E8° 44' 50.8"]. 61 m fällt hier das Ufer fast senkrecht zum Meer hin ab. Interessant sind die dunklen Erdstreifen in der sonst hellen Abbruchkante. Sie stammen von der Asche der Vulkanausbrüche, die in grauer

Vorzeit im Skagerrak stattfanden. Gletscher schoben die Asche dann in der Eiszeit bis hierher.

Unweit östlich davon liegt beim Ort **Flade** der höchste Punkt der Insel, die 89 m hohe „Salgjer Høj" [Parkplatz, N56° 53' 39.14" E8° 47' 3.88"]. Bei schönem Wetter kann man bis an die Küste bei Thisted sehen.

*ROUTE: Weiterreise von Hanklit oder Salgjer Høj ostwärts bis **Sønder Dråby** an der gleichnamigen Bucht. Dort südwärts auch der Straße 581 nach Nykøbing/Mors.*

Nykøbing/Mors liegt hübsch am nördlichen Ausgang des Salling Sunds. Sehenswert ist das **Morslands Historiske Museum**, Dueholmgade 7 (geöffnet 1. Juli - 2. Aug. tgl. 10 - 17 Uhr; 2. Jan. - 30. Juni Di - So 10 - 16 Uhr; Juli – 9. Aug. tgl. 10 – 17 Uhr; 3. Aug. - 20. Dez. Di - So 10 - 16 Uhr; https://museummors.dk/dueholm-kloster/historie), das im **Dueholm Kloster [N56° 47' 40.5" E8° 51' 13.3"]** eingerichtet ist, dem ehemaligen Johanniterkloster. In den Räumen dieses ältesten Gebäudes der Stadt zeigt man eine Ausstellung über das Leben auf Mors von der Frühzeit bis um 1900.

Landschaftlich sehr reizvoll sind die teilweise aufgeforsteten Hügel **Legind Bjerge** am Sallingsund südlich der Sundbrücke.

Ganz in der Nähe liegt **Jesperhus Feriepark [N56° 45' 44.7" E8° 49' 11.6"]**, Legindevej 30 (geöffnet Juli - 11. Aug. 10 - 19 Uhr; Mitte Mai - Ende Juni 10 - 17 Uhr, Sa + So 10 - 18 Uhr; 12. Aug. 22. Sept. 10 - 17 Uhr; 12. - 20. Okt. 10 - 17 Uhr; www.jesperhus.dk), ein botanischer Garten mit Gewächshäusern, Palmengarten, tropischem Aquarium, Terrarien, mit dem größten Vogelzoo Dänemarks, einem Schmetterlingsland und einem Freizeitpark für Kinder. In der Nachbarschaft liegt Jesperhus Camping (siehe weiter unten).

Außerhalb von Nykøbing/Mors, etwa 3 km südlich vom Jesperhus Blomsterpark entfernt, findet man **Højriis Slot & Park**, Hojriisvej 3, aus dem 15. Jh. Nach neuester Information soll das Schloss für Besucher geschlossen worden sein! www.hojriis.dk.

*ROUTE: Auf der Straße 26 und über die schon erwähnte Brücke über den Sallingsund – die Brücke ist 1.730 m lang, die Durchfahrtshöhe für Schiffe ist 26 m – kommen wir auf die **Halbinsel Salling**.*

PRAKTISCHE HINWEISE — NYKØBING/MORS

Morsø Turistbureau [N56° 47' 40.81" E8° 51' 48.40"], Havnen 4, 7900 Nykøbing M., Tel. +45 97 72 04 88, https://www.visitmors.de/. Geöffnet Mai + Juni + Aug. Mo - Fr 9 - 17 Uhr, Sa 9 - 14 Uhr; Juli Mo - Fr 9 - 18 Uhr, Sa 9 - 15 Uhr; Sept. - Apr. Mo - Fr 9 - 16 Uhr, Sa 9 - 12 Uhr.

CAMPING
Nykøbing/Mors
Camping Morsø [N56° 47' 50.9" E8° 52' 35.9"], Pavillonvej 1-7, Tel. +45 97 71 01 99, www.mors-camping.dk; 12. Apr. - 22. Sept.; im Osten der Stadt am Limfjord, ca. 1 km zum Stadtzentrum; eben, von Bäumen umgeben; ca. 1,5 ha – 70 Stpl. + Dau.; einfache Standard-Sanitärausstattung. Miethütten.
Camping Jesperhus [N56° 45' 51.87" E8° 48' 58.04"], Legindvej 30, Tel. +45 96 70 14 00, www.jesperhus.dk; 19. März – 23. Okt.; 5 km südl. Nykøbing, beim botanischen Garten Jesperhus Blomsterpark; ausgedehntes Gelände, teils ebene Wiesen mit Bewuchs, teils auf Terrassen, dort durch hohe Hecken begrenzte Stellplätze; großzügiges, modernes Hallenbad, Erlebnisbad im Freien, großer Kinderspielplatz; ca. 10 ha – 500 Stpl. + Dau.; Komfortausstattung; Laden, Imbiss, Restauran, Waschmaschine, Trockner, beheizbares Freibad, Hallenbad, Sauna, Fahrradverleih, Minigolf, Beachvolleyballfeld, Tennis, WLAN, Internetecke, zahlreiche Miethütten. V & E für Wohnmobile.

Camping Sallingsund [N56° 45' 02.16"   E8° 50' 07.17"], Sallingsundvej 106, Tel. +45 97 72 00 88, www.sfkro.dk; 5. Apr. – 20. Okt.; ca. 5 km südlich von Nykøbing unweit südlich der Sallingsundbrücke (Straße 26) gelegen; ebenes, schattenloses, parzelliertes Wiesengelände durch Straße vom Sallingsund getrennt. ca. 3 ha – 40 Stpl.; einfache Standard-Sanitärausstattung. Miethütten. Neben Gasthof Sallingsund-Færgekro gelegen.

Dragstrup
Camping Dragstrup [N56° 49' 03.4" E8° 40' 18.99"], Dragstrupvej 87, Tel. +45 97 74 42 49, www.dragstrup.dk; Ende März – 30. Sept.; nordwestlich von Nykøbing an der Westseite der Insel Mors; Zufahrt von der Straße 26 (Thisted – Nykøbing) bei KM 14,4 beschildert; weitläufiges, teils bewaldetes Gelände an der Dragstrup Bucht; ca. 10 ha –100 Stpl. + Dau.; Standard-Sanitärausstattung. Laden, Restaurant, Waschmaschine, Trockner, beheizbares Schwimmbad, Fahrradverleih, Minigolf. Miethütten. V & E für Wohnmobile. QuickStop.

Abstecher auf die Insel Fur

Wer's ruhig und abgeschieden liebt, sollte einen Abstecher (Margueritruten) über **Glyngøre** auf die nördlich vorgelagerte **Insel Fur** fahren. Eine regelmäßig verkehrende Autofähre bringt den Besucher von **Branden [N56° 48' 0.71" E9° 1' 32.98"]** in wenigen Minuten über den Fur Sund auf die Insel, die kaum 5 km breit und 7 km lang ist.

Für Sporttaucher und engagierte Schnorchler wurde im Salling Sund vor der Küste von Glyngøre der **Salling Dykker Park**, der erste große **Tauchpark** Nordeuropas, eingerichtet. In bis zu 24 m Wassertiefe kann man hier u. a. nach Schiffswracks, zu einem Steinriff und einer Höhe tauchen.

Schöne Strände findet man bei **Engelst** und an der teilweise sehr steilen Nordküste von Fur. Die Gewässer des Limfjord um die Insel werden von Kennern als sehr gute Windsurfreviere geschätzt.

Zu besichtigen gibt es bei **Madsbad/ Fur** das **Fur Museum [N56° 48' 59.5" E9° 1' 17.93"]** (geöffnet Apr. - Juni Mo - Fr 12 - 16 Uhr; Juli + Aug. tgl. 10 - 17 Uhr; Sept. - Okt. Mo - Fr 12 - 16 Uhr; www.furmuseum.dk) mit einer schönen Fossiliensammlung und kulturhistorischen Exponaten von der Insel.

HAUPTROUTE

ROUTE: *Von der Sallingsundbrücke auf der Straße 26 weiter nach Südosten und über* **Harre** *bis* **Vium***. Dort verlassen wir die Hauptstraße und nehmen die Straße 591 südwestwärts über* **Oddense** *bis* **Balling***. In Balling auf der Straße 573 westwärts und durch eine flache, mit Getreide- und Rapsfeldern überzogene Agrarlandschaft nach* **Spøttrup***.*

Burg Spøttrup Middelalderborg [Parkplatz, N56° 38' 16.47"   E8° 47' 12.35"], Borgen 6a (geöffnet 9. - 30. Apr.

+ Okt. Di - So 11 - 16 Uhr; Mai - Juni + Aug. tgl. 10 - 17 Uhr; Juli tgl. 10 - 18 Uhr; Sept. tgl. 10 - 16 Uhr; www.museumsalling. dk/kom-og-besog-os/spottrup-midelal-derborg/), liegt nahe der Westküste der Halbinsel Salling. Der aus rotem Ziegel aufgeführte, dreiflüglige Bau mit einem trutzigen Wehrturm, durch den der einzige Zugang führt, stammt aus dem 15. Jh. Die Befestigungsanlagen, doppelter Wall und Wassergräben, machten die kalt und abweisend wirkende, kompakte Anlage fast uneinnehmbar. Seit 1937 in Staatsbesitz und vollständig restauriert. Inventar ist heute nur noch wenig vorhanden. Nahebei ein wunderschöner Rosen- und Arzneikräutergarten. In der Burg findet man auch eine Touristeninformation.

ROUTE: Über *Ålbæk, Lihme* bis *Lem (Margueritruten). In Lem süd-*

Der „Goldene Altar" in der Kirche von Sahl

wärts und über *Ejsing* und *Hasselholt auf Landstraßen (Margueritruten)* bis *Sahl.*

Die **Kirche von Lihme**, die ein altes, romanisches Taufbecken aufweist, stammt aus dem frühen 11. Jh. und gilt als eine der ältesten Steinkirchen in Jütland.

Sahl ist bekannt wegen seines „**Goldenen Altars**" in der **Dorfkirche [56° 29' 04.2" E8° 50' 15.5"]**, Stokholmvej 2 *(geöffnet Mo - Fr 8 - 16 Uhr, Sa 9 - 16 Uhr; www.sahlkirke.dk).* Die Kirche stammt aus der Zeit um 1150. Die prachtvolle Ausgestaltung des Altars wird einem Handwerksmeister des 13. Jh. aus Ribe zugeschrieben. Die Bezeichnung „goldener Altar" stammt von den vergoldeten Kupferbeschlägen und Tafeln, die kunstvoll bearbeitet sind und den Altaraufbau aus Eichenholz bedecken. Dieser seltene Altarschmuck wird als einer der Höhepunkte dänischer Sakralkunst angesehen.

Den Weg wert ist ein Abstecher in die **Hjerl Hede** am Flynder See und zum dortigen **Frilandsmuseum „Das Alte Dorf" [Parkplatz, N56° 29' 03.73" E8° 52' 09.38"]**, *(geöffnet 23. Apr. - 28. Juni + 12. Aug. - 30. Sept. tgl. 10 - 16 Uhr; 29. Juni - 11. Aug. tgl. 10 - 17.30 Uhr; 12. Aug. - 20. Okt. tgl. 10 - 16 Uhr; www. hjerlhede.dk.)* im Hjerlhedevej 14.

Mitten in dem 1.100 ha großen unter Naturschutz stehenden Heidegebiet wurden seit 1929 40 alte Gebäude, Bauernhäuser, eine Kirche, eine Dorfschule, Mühlen, Werkstätten aus allen Teilen Dänemarks zusammengetragen und hier wieder aufgebaut. Zu den historischen Höfen zählt auch der **älteste Bauernhof Dänemarks**, der aus dem Jahre 1530 und aus der Gegend von Viborg stammt,

An Sommernachmittagen (meist nur im Juli) werden einige der alten Werkstätten von Leuten in zeitgenössischen Kostümen und Trachten wieder aktiviert. Dann wird nach alter Väter Sitte wieder gemahlen, geschmiedet, gewoben, gesponnen, Kerzen gezogen oder Seile gemacht u. a. Unten am See wurden eine steinzeitliche Siedlung und eine Hütte aus der Eisenzeit rekonstruiert

Bei schönem Wetter sollte man den Spaziergang zum mit „Udsigten" beschilderten Aussichtspunkt nicht auslassen. Schöner Blick auf den Flynderső, Dänemarks größten Heidesee. Angegliedert an das „Alte Dorf" ist ein **Forstmuseum** mit Sägewerk und Kleinbahn und ein **Moorkulturmuseum**.

*ROUTE: Von Hjerl Hede südwärts (Margueritruten) nach **Sevel**, dort ostwärts zur Hauptstraße 34, der wir nordwärts nach **Skive** folgen.*

Etwa 3 km südöstlich von **Sevel** liegen auf einer Halbinsel im Stubbergård See die Ruinen des **Stubbenklosters**, eines Nonnenklosters aus dem 13. Jh. Einst gehörte es dem Benediktinerorden an. Lediglich das Gewölbe des ehemaligen Refektoriums ist noch einigermaßen erhalten.

Ca. 2 km hinter Sevel führt von der Straße nach Skive eine Schotterstraße (Hinweisschild) rund 2 km bis in die Nähe der Ruine **[Parkplatz, N56° 27' 16.4" E8° 53' 56.2"]**. Den Rest des Weges muss man zu Fuß gehen.

Skive, eine Industriestadt mit alten Handelsrechten, liegt am Skive Fjord, einem Seitenarm des weitverzeigten Limfjords.

Zu den eher bescheidenen Sehenswürdigkeiten von Skive zählt – neben dem **Kunstmuseum**, Havnevej 14, mit einer Kollektion moderner dänischer Kunst des 20. Jahrhunderts *(geöffnet Di – So 11 – 17 Uhr, www.skivekunstmuseum.dk)*– das **Skive Museum [N56° 34' 10.4" E9° 02' 12.6"]**, ebenfalls Havne-

vej 14 *(geöffnet Do - Di 12 - 16 Uhr, Mi 12 - 21Uhr; www.museumsalling.dk/kom-og-besog-os/skivemuseum)*. Es zeigt archäologische Funde, eine große Bernsteinsammlung, die Moorleiche „Daugbjergmanden", Abteilungen, die sich mit dem Alltag in Skive und auf dem Lande früherer Zeiten befassen, eine Grönlandsammlung und Kunstgegenstände. Beide Museen sind im gleichen Gebäude untergebracht.

Liebhaber sakraler Baukunst wird die alte **Frauenkirche [N56° 33' 54.31" E9° 1' 22.24"]** interessieren. Sie liegt erhöht in der Stadt und weist in ihrem Kreuzbogengewölbe über 400 Jahre alte Fresken auf. Altar aus dem frühen 17. Jh.

Schließlich gehört zu den Sehenswürdigkeiten von Skive noch **Krabbesholm**, ein Herrensitz aus dem 16. Jh. am nordöstlichen Stadtrand. Hauptgebäude mit reich verziertem Stufengiebel und zwei Fachwerkseitenflügeln. Rittersaal im Hauptgebäude. Heute befindet sich darin die Hochschule für Architektur, Design und Grafik-Design, Kunst, Fotografie Volkshochschule. Besichtigen kann man Krabbesholm nur am Wochenende.

Ausflüge ab Skive

Bootswanderung (auch mehrtägig) auf dem Flüsschen Karup Å, weiter südlich der Stadt Skive. Infos darüber findet man im Touristenbüro.

Außerdem bietet sich die Halbinsel Salling für **Touren mit dem Fahrrad** an. Falls Sie Ihr eigenes Fahrrad nicht dabei haben sollten, erfahren Sie Mietstationadressen für Fahrräder im Touristenbüro.

Eine **Radtour** könnte z. B. zum ca. 12 km nördlich von Skive gelegenen, ehemaligen Wohnhaus des dänischen Dichters Jeppe Aakjær und dessen Frau Nanna, einer namhaften Bildhauerin, in **Jenle,** nordöstlich von Grøning, führen. Das Haus war bislang allerdings nur im Juli tgl. von 10 – 17 Uhr zu besichtigen.

PRAKTISCHE HINWEISE — SKIVE

Skive-Egnens Turistbureau [N56° 33' 59.41" E9° 1' 44.35"], in der Skive Bibliothek, Østergade 25, 7800 Skive, Tel. +45 99 15 70 00, https://www.skivebibliotek.dk/tilbud/turistinformation. *Geöffnet Mai – Sept. Mo - Fr 9 - 16 Uhr; Juli 9 - 17 Uhr, Sa 10 - 13 Uhr; übrige Zeit Mo - Fr 9 -16 Uhr.*

CAMPING

Camping Skive Fjord [N56° 35' 55.5" E9° 2' 17.0"], Marienlyst Strand 15 - 17, Tel. +45 97 51 44 55, www.skivefjordcamping.dk; 23, März – 16. Sept.; rund 3 km nördlich von Skive, bei Resen, zu erreichen über die 551 Richtung Breum; schattenloses Wiesengelände in mehreren geschwungenen Geländestufen, am Skive Fjord in schöner, relativ ruhiger Lage mit Blick ins Land; ca. 6 ha – 200 Stp.; Standard-Sanitärausstattung. Kiosk, Waschmaschine, Trockner, beheizbares Schwimmbad, Minigolf, WLAN. Miethütten. V & E für Wohnmobile. QuickStop.

WOHNMOBIL-STELLPLATZ – FLY

Wohnmobil-Stellplatz Pedersen [N56° 29' 34.96" E9° 0' 55.60"], Laerkenborgvej 6, Tel. +45 97 54 52 40. **Zufahrt:** Von Skive zunächst auf der Straße 186 südwärts, ca. 1,5 km, dann ca. 4 km weiter auf der Landstraße Sogardsvej bis zum Ort **Fly**, dann links ab auf den Laerkenborgvej bis zum Platz für 10 Wohnmobile beim Bauernhof von Henrik Pedersen. **Ausstattung:** Frischwasserhahn, Ausguss für Grauwasser und Chemikaltoilette, Strom. **Gebühr:** Pauschale inkl. V & E, Extragebühr für Strom. **Geöffnet:** Anfang März bis Ende Oktober.

Markant, Jütlands hübsche Dorfkirchen

ROUTE 5: SKIVE – SKAGEN

Länge der Tour: Rund 245 km.

Die Route: Über die Straße 26 bis **Højslev** – Straße 579 bis **Sundstrup** – Straße 533 bis **Aggersund** – Straße 29 bis **Fjerritslev** – Straße 11 bis **Aabybro** – Straße 55 bis **Hirtshals** – Straße 597 bis **Aalbæk** – Straße 40 bis **Skagen**.

Reisedauer: Mindestens ein Tag.

Höhepunkte: Das **Dänische Fahrradmuseum **** in Ålestrup – **Strand und Dünen** * zwischen Løkken und Hirtshals – die „Dünen-wüste" **Råbjerg Mile *** – **Skagens Museen *** – die **Landzunge „Grenen" *** – Skagens versandete Kirche.

*ROUTE: Von Skive auf der Straße 26 ostwärts bis **Højslev Stationsby**. Dort auf der Straße 579 nordostwärts über **Virksund** bis **Møldrup**.*

Gut 3 km südlich von **Møldrup** liegt bei Bjerregrav das Ausgrabungsgebiet **Hvolris Jernalderlandsbyen [N56° 34' 53.1" E9° 30' 39.4"]**, Zufahrt 500 m Schotterstraße. Grabungsfunde von der Steinzeit über die Bronze-, Eisen- und Wikingerzeit bis ins Mittelalter sind hier ausgestellt *(geöffnet 1. Juli – 9. Aug. Mo – Fr 10 – 16 Uhr, Di bis 21 Uhr, März – Juni + Mitte Aug. – Ende Nov. Mo – Do 8.30 – 15.30 Uhr, Fr 8.30 – 14 Uhr, https://hvolris. viborg.dk/).*

ROUTE: Von Møldrup weiter auf der Straße 13 9 km nach Norden, dann west-wärts auf die Straße 561 nach Ålestrup.

In **Ålestrup** findet man in der Bor-gergade 10 **Danmarks Cykelmuseum [Parkplatz, N56° 41' 36.6" E9° 29' 50.9]**, *geöffnet 1. Mai - 30. Sept. Di - So 10 - 17 Uhr; www.cykelmuseum.dk.* Zu sehen sind in dem interessanten Fahr-radmuseum etwa 200 Zweiräder, vom Holzrad über das Hochrad und das drei-rädrige Transportrad bis zu den heu-tigen Modellen. Insgesamt vermittelt das Museum einen vorzüglichen Über-blick über die technische Entwicklung des Zweirads. Außerdem kann man eine umfangreiche Sammlung von Fahrrä-dern mit Hilfsmotor, darunter das ers-te Mofa Baujahr 1902, weiter Fahrradzu-

Dänemarks Fahrradmuseum in Ålestrup

behör, Nähmaschinen aus der Mitte des 19. Jh., Radios u. ä. besichtigen. Untergebracht ist das Dänische Fahrradmuseum übrigens in der ehemaligen Villa aus dem Jahre 1921 des Direktors der Fahrradfabrik „Jyden".

Etwas südlich von Ålestrup liegt der **Jütländische Rosenpark**, Nygade 18 C *(geöffnet Park: ist ganzjährig täglich geöffnet; Pavillonen: Mitte Juni - Ende Sept. Di - So 10 - 17 Uhr; http://www.rosenparken. dk/de/rosenparken/)*, mit 15.000 Rosen aus mehr als 2.000 Sorten. Kunstpavillon.

Gleich nebenan befindet sich **Camping Ålestrup [N56° 41′ 29.13″ E9° 29′ 58.61″]**, Parkvænget 2, 1. Apr. - 31. Okt., ein kleiner, bescheidener Platz.

ROUTE: *Weiterfahrt von Ålestrup auf der Straße 561 westwärts bis **Gedsted**, knapp 10 km. Dort auf der Straße 533 nordwärts entlang des Limfjords, durch die Landschaft „**Himmerland**" und über **Vitskøl Kloster**, **Løgstør** (teils Margueritruten) und **Aggersund** nordwärts bis **Fjerritslev**.*

Wenige Kilometer südlich von Løgstør passiert die Straße 533 die **Klosterruine Vitskøl [N56° 52′ 09.9″ E9° 12′ 43.6″]**.

Im hübschen Ort **Løgstør** ist das **Limfjordmuseet [N56° 57′ 52.8″ E9° 14′ 30.3″]**, Kanalvejen 40, sehenswert *(geöffnet 13. - 22. Apr., 15. Juni - 31. Aug., 14. - 20. Okt. tgl. 10 - 17 Uhr; 27. Apr. - 14. Juni + 1. Sept. - 13. Okt. Sa + So 10 - 17 Uhr; www.limfjordsmuseet.dk)*. Ein Teil des Museums (nur in den Sommermonaten geöffnet), ist im ehemaligen Amtshaus des Kanalvogts eingerichtet, das unmittelbar am Frederik VII. Kanal liegt und über die Bedeutung des Fischfangs und der Seefahrt auf dem Limfjord berichtet. Ein neues, modernes Museumsgebäude, nur wenige Schritte entfernt, beherbergt den Hauptteil der Ausstellungen

Vom 2. Juli bis 30. August werden jeden Dienstag, Donnerstag, Freitag und Sonntag um 11 Uhr und um 14 Uhr Bootstouren mit der „Grevinde Danner" auf dem Kanal hinaus bis zum Lendrup Huse angeboten. Unterwegs erfahren Sie bei historischen Erzählungen mehr über den Frederik VII's Kanal; Dauer ca. 1 ½ Stunden. Oder Sie können sich im Sommer ein Ruderboot ausleihen und selbst auf dem Kanal herumschippern.

Fjerritslev wartet mit dem **Bryggeri- und Egnsmuseum [N57° 05′ 17.6″ E9° 15′ 57.7″]** auf, einem Heimat- und Biermuseum *(geöffnet 24. Juni - 31. Aug.*

Das Limfjordmuseum am Frederik VII. Kanal in Løgstør

Mo - Fr 10 - 15 Uhr, Sa 10 - 13 Uhr; 1. Jan. - 31. Dez. Mo 11 - 14 Uhr; www.fjerritslevmuseum.dk). Gegründet worden war die kleine Privatbrauerei 1885 vom Braumeister Peter Bauer, später von Peder Kjeldgaard und nach dessen frühem Tod von seiner Tochter Kirsten weitergeführt. 1968 schließlich verließ das letzte Fass Bier die Brauerei. Das Museum liegt in der Østergade 1, der Durchgangsstraße Richtung Aabybro, gleich neben dem Touristenbüro.

CAMPING – AN DER OSTKÜSTE DES LIMFJORD, ZWISCHEN ULBJERG UND FJERRITSLEV/JAMMERBUGT

Ulbjerg
Camping Ulbjerg [N56° 38' 41.58" E9° 20' 22.45"], Skråhedevej 6, Tel. +45 29 28 00 50, www.ulbjerg.dk; Jan. - Dez.; von der Straße 533 (Viborg – Løgstør) ca. 1 km nördl. Ulbjerg bei KM 23 meerwärts abzweigen; etwas unebene Wiesen, teils von hohen Bäumen umgeben, schöne, ruhige Lage in abgeschiedener Heidelandschaft mit Blick zur Bucht; ca. 5 ha – 80 Stpl. +Dau.; Standard-Sanitärausstattung; Laden, Waschmaschine mit Trockner, beheizbares Schwimmbad, Beachvolleyballfeld, Tennis, WLAN. Miethütten. Zur Bucht ca. 800 m. V & E für Wohnmobile.

Hvalpsund
Camping Hvalpsund Familie Camping [N56° 42' 31.15" E9° 12' 36.53"], Overgaden 24, Tel. +45 98 63 81 23, www.hvalpsundcamp.dk; 1. Apr. – Ende Sept.; ebenes Wiesenareal am Limfjord im nördlichen Ortsbereich, durch Baumreihen in lange Felder unterteilt; ca. 5 ha – 100 Stpl. + Dau.; Stan-dard-Sanitärausstattung. Laden, Waschmaschine, Trockner, beheizbares Schwimmbad, Minigolf. Miethütten. V & E für Wohnmobile.

Strandby
Camping Farsø Fjord [N56° 45' 28.94" E9° 14' 33.95"], Gl. Viborgvej 13, Tel. +45 98 63 61 76, www.farso-fjordcamping.dk; Jan. - Dez.; an der Straße 533 (Viborg – Løgstør) ca. 6 km westl. Farsø; ca. 4 ha – 90 Stpl. + Dau.; guteStandard-Sanitärausstattung. Kiosk, Imbiss, Waschmaschine, Trockner, beheizbares Schwimmbad, Minigolf, WLAN. Zum Limfjord ca. 400 m. V & E für Wohnmobile.

Camping Myrhøj [N56°47' 54.53" E9° 12' 31.20"], Løgstørvej 69, Tel. +45 53 54 72 34, www.myrhojcamping.dk; 16. März – 19. Okt.; östl. der Straße 533 (Viborg – Løgstør) bei KM 45 nördlich von Strandby; ca. 4,5 ha – 120 Stpl. + Dau.; Standard-Sanitärausstattung; Kiosk, Waschmaschine, Trockner, Fahrradverleih, Minigolf. Miethütten. V & E für Wohnmobile.

Camping Ertebølle Strand [N56° 48' 44.29" E9° 10' 53.95"], Ertebøllevej 42, Tel. +45 98 63 63 75, www.escamp.dk; 13. März – 21. Okt.; von der Straße 533 (Viborg – Løgstør) nach Ertebølle abzweigen und noch ca. 1 km zum Platz am Limfjord; ca. 3,5 ha – 100 Stpl. + Dau.; Standard-Sanitärausstattung; Waschmaschine, Trockner, beheizbares Schwimmbad, WLAN. Miethütten. V & E für Wohnmobile.

 Camping Trend [N56° 50' 23.66" E9° 12' 44.80"], Trendvej 6, Tel. +45 98 67 82 50, www.trend-camping.dk; 1. Jan. – 31. Dez.; nördlich Trend an der Straße 533 (Viborg – Løgstør); ca. 4 ha – 100 Stpl.; einfache Standard-Sanitärausstattung. Laden, Imbiss, Waschmaschine, Trockner. Miethütten

Løgstør

 Camping Løgstør [N56° 57' 45.95" E9° 14' 53.40"], Skovbrynet 1, Tel. +45 98 67 10 51, www.logstor-camping.de; 1. Jan – 31. Dez.; beim Park am Südwestrand der Stadt; ca. 3 ha – 80 Stpl.; Standard-Sanitärausstattung; Kiosk, Waschmaschine, Tockner, Minigolf, WLAN, Internetecke. Zum Limfjord ca. 600 m. Miethütten. V & E für Wohnmobile.

Fjerritslev

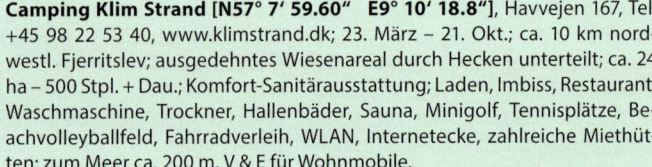

 Camping Klim Strand [N57° 7' 59.60" E9° 10' 18.8"], Havvejen 167, Tel. +45 98 22 53 40, www.klimstrand.dk; 23. März – 21. Okt.; ca. 10 km nordwestl. Fjerritslev; ausgedehntes Wiesenareal durch Hecken unterteilt; ca. 24 ha – 500 Stpl. + Dau.; Komfort-Sanitärausstattung; Laden, Imbiss, Restaurant, Waschmaschine, Trockner, Hallenbäder, Sauna, Minigolf, Tennisplätze, Beachvolleyballfeld, Fahrradverleih, WLAN, Internetecke, zahlreiche Miethütten; zum Meer ca. 200 m. V & E für Wohnmobile.

 Camping Svinkløv [N57° 8' 57.18" E9° 19' 21.37"], Svinkløvvej 541, Tel. +45 98 21 71 80, www.svinklovcamping.dk; 24. März – 30. Sept.; westl. Slettestrand; leicht hügelig in aufgeforstetem Dünengelände, recht ruhig gelegen; ca. 9 ha – 200 Stpl. + Dau.; Standard-Sanitärausstattung; Laden, Waschmaschine, Trockner, Beachvolleyballfeld, WLAN, Internetecke; zum Meer ca. 400 m. V & E für Wohnmobile.

ROUTE: *Ab Fjerritslev folgen wir der Straße 11 ostwärts bis* **Aabybro***, wenden uns dort auf der Straße 55 nordwärts und kommen über* **Løkken** *und* **Hjørring** *nach* **Hirtshals** *(Margueritruten).*

Kunsthistorische Sehenswürdigkeiten in Form von Fresken und Runensteinen findet man in der **Jetsmark Kirke [N57° 12' 41.2" E9° 40' 16.2"]**, die rund 7 km nördlich von Aabybro zwischen **Kås** und Pandrup westlich der Straße 55 liegt.

Dänemarks größter Freizeitpark **Fårup Sommerland [N57° 15' 59.20" E9° 38' 46.44"]** *(geöffnet 2. - 31. Mai Sa + So 10 - 18 Uhr; Juni 10 - 18 Uhr; Juni tgl.* *10 - 18 Uhr; Juli 10 - 20 Uhr; Aug. 10 - 18 Uhr; 5. - 20. Sept. Sa + So 10 - 17 Uhr; www.faarupsommerland.dk),* Pirupvejen 147, liegt nur wenige Kilometer südwestlich von **Saltum**. Im Aqualand des Freizeitparks mit Wasserrutschen finden besonders Kinder ihren Spass, während auf der Achterbahn aus Holz bei einer Höchstgeschwindigkeit von 75 km/h auch Erwachsene das Fürchten lernen können. Daneben findet der Urlauber auf dem 550.000 qm großen Gelände vieles andere, was Urlauber an Unterhaltungs- und Spielaktivitäten suchen.

Løkken ist nicht nur Fischereihafen, sondern auch größter Badeort an der Nordwestküste Jütlands. Die fast endlos langen Strände und Dünengürtel ziehen jeden Sommer Scharen von Gästen an. Entsprechend groß ist das Angebot an Campingplätzen, Hotels und Ferienhäusern, Einkaufs- und Verpflegungsmöglichkeiten, Schwimmbädern, Tennis- und Sportanlagen. Vom Anschein eines mondänen Seebades aber ist Løkken weit entfernt.

Zu den eher bescheidenen Sehenswürdigkeiten zählt das **Løkken Museum [N57° 22' 19.6" E9° 42' 42.6"]** *(geöffnet 5. Juni - 31. Aug. tgl. 10 - 16 Uhr; www.loekkenmuseum.dk).* Zum Museum gehört auch das Küstenfischereimuseum, das am Strand in einem ehemaligen Haus der Seenotretter eingerichtet ist.

5 km östlich von Løkken liegt **Børglum Kloster [N57° 22' 9.7" E9°47'55.5"]** am Børglum Klostervej 255 *(geöffnet 13. Apr. - 20. Okt. tgl. 10 - 17 Uhr; www.boerglumkloster.dk).* Die äußere Fassade dieses alten ehemaligen Herrensitzes ist alles andere als aufgelockert oder einladend.

Kahl und farblos erwartet das vierflüglige Anwesen seine Besucher, das im 11. Jh. zeitweise Residenz von König Knud „dem Heiligen" war.

Der König wurde schließlich von Bauern vertrieben, die es leid waren, immer wieder Soldaten für Wikinger-Raubzüge stellen zu müssen. Um auch ganz sicher zu gehen, ihren Wikingerfürsten los zu sein, verfolgten die Landmänner König Knud bis nach Odense, wo sie ihn und des Königs Bruder Benedikt in der St. Albans Kirche töteten.

Danach wurde aus Børglum ein Kloster des Prämonstratenserordens.

Eine recht schillernde Figur, die mit Børglum Kloster in Verbindung gebracht wird, war Bischof Stygge Krumpen. Der Bischof tat sich aber nicht als gottesfürchtiger Kirchenmann hervor, sondern vielmehr als korrupter und intriganter Betrüger, der sich an den Kirchengütern schamlos bereicherte, wo es nur ging. Er entging den aufgebrachten Bauern nur knapp, in dem er sich in letzter Minute im Backofen von Schloss Voergård vor seinen Verfolgern versteckte. Nach der Reformation, als Børg-

lum Kloster wieder an die Krone gegangen war, verlor auch Bischof Stygge seine fetten Pfründe. König Christian III. ließ ihn in den Kerker werfen. Später wurde das Anwesen Privatbesitz.

Weiter nördlich von Løkken liegt bei Lønstrup an der Küste die „verlorene" **Kirche von Mårup [N57° 27' 43.2" E9° 47' 03.6"]**, von der heute allerdings nur noch Mauerfragmente und alte Grabsteine auf dem von Gras und Gebüsch mittlerweile überwucherten Friedhof vorhanden sind. Als die Kirche im 13. Jh. erbaut wurde, stand sie noch gut 2 km von der Steilküste entfernt. Heute sind es nur noch knapp 30 m bis zum Steilufer. Fatalerweise brechen vom Ufer immer wieder Landstücke ab. Messungen haben ergeben, dass die Küste auf diese Weise jedes Jahr rund 3 m näher rückt. Es ist also nur noch eine Frage der Zeit, bis für die Kirche von Mårup das endgültige Ende kommt und sie in den Fluten der Nordsee versinken wird. Vor der Kirche liegen ein Gedenkstein und ein riesiger Anker, die an das britische Kriegsschiff „Crescent" erinnern, das 1908 hier vor der Küste versank.

Lønstrup wartet mit einer alten romanischen Kirche auf.

In **Hjørring**, einer der ältesten Handelsstädte in der nordjütischen Region Vendsyssel, die schon 1234 von Erik Plovpenning Stadtrechte verliehen bekam, sei die alte Katharinen Kirche mit ihrem beachtenswerten Barockaltar erwähnt.

Einen guten Einblick in die ereignisreiche Vergangenheit der Region Vendsyssel, der Landschaft zwischen Aalborg und Skagen, gewährt das **Vendsyssel Historiske Museum [N57° 27' 38.8" E9° 58' 59.3"]** *(geöffnet 16. Juni - 31. Aug. tgl. 11 - 16 Uhr; 1. Sept. - 15. Juni Di - Fr + So 11 - 16 Uhr; www.vhm.dk)* in der Museumsgade 3 mitten im alten Stadtteil von Hjørring. Das Museum befindet sich in der ehemaligen Propstei neben dem ältesten Schulgebäude der Stadt. Ausstellungsschwerpunkte sind Kirchenkunst der Region, Möbel und Kunsthandwerk, Ausstellungen über landwirtschaftliche Geräte sowie Sammlungen zur Stadtgeschichte.

Aus der „guten, alten Zeit" erhalten, der Tornby Gamle Købmandsgård

Das **Vendsyssel Kunstmuseum** [N57° 27' 38.0" E9° 59' 15.8"] am P. Nørkjærs Plads 15 wurde erst 2003 eröffnet. Eingerichtet in der ehemaligen Kleiderfabrik Bech zeigt es Bilder, die sich hauptsächlich mit Motiven der umliegenden Landschaft befassen *(geöffnet Di - So 11 - 16 Uhr; www.vkm.dk).*

Westlich von Hjørring liegt der Ort **Sønderlev**. Hier im Skallerupvej 525 liegt **Ravgåraden-Ravsliberi & Museum** [N57° 28' 13.4" E9° 51' 55.8"] *(geöffnet Mo - Fr 10 - 17 Uhr; www.ravgaarden. dk.* In der Bernsteinschleiferei der Familie Christiansen wird Bernsteinschmuck hergestellt und im angrenzenden Museum sieht man seltene Stücke mit schönen Mustern in unterschiedlichen Farben.

Auf dem Weg von Hjørring nach Hirtshals lohnt es sich, den 200 Jahr alten **Tornby Gamle Købmandsgård** [N57° 32' 19.9" E9° 56' 36.9"] *(geöffnet Jan. - Mitte Apr. tgl. 12.30 - 17 Uhr; Mitte Apr. - Ende Dez. Mo - Fr 11 - 17 Uhr, Sa + So 12.30 - 17 Uhr; www.tornbygk.dk)*, Hovedvejen 61, aufzusuchen. In dem alten, mit Inventar aus der Zeit um 1860 ausgestatteten Kaufmannssitz, wird – wie in alter Zeit – noch über den Ladentisch verkauft. Dazu gehört eine Ausstellung über die Schifffahrt im Skagerrak.

Nordöstlich von **Tornby** erhebt sich der 85 m hohe **Aussichtsberg „Engbjerg"**. Schöne Rundsicht. Eine Sage erzählt davon, dass im Engbjerg der Goldschatz des Königs Hjarne verborgen sein soll.

ROUTE: Weiterreise von Tornby auf *der Straße 55 bis* **Hirtshals** *(Margueritruten).*

So bescheiden die Kunstgenüsse in dieser Region auch sein mögen, so überragend sind die Möglichkeiten, an der Jammerbucht Badeferien zu verbringen. Die gesamte Küste zwischen Slettestrand und Hirtshals ist über 60 km lang und ein einziger, breiter Sandstrand mit dahinter aufragendem, mehr oder weniger hohem und breitem Dünengürtel und teils mit bis zu 100 m hohen Steilufern, z. B. bei **Rubjerg Knude** [**Parkplatz, N57° 27' 4.61" E9° 47' 40.61"**].

Hinter den turmhohen Dünen von Rubjerg Knude findet man den berühmt gewordenen 23 Meter hohen und 1899 erbauten **Leuchtturm Rubjerg Knud Fyr**, dem die Wanderdünen schon gefährlich nahe gekommen sind. Der Flugsand hat 1968 das Aus für das Leuchtfeuer gebracht. Längst sind die Sandberge

Ein Opfer des Flugsandes, der Leuchtturm bei Rubjerg Knude

höher als der Leuchtturm. Und Teile der Gebäude sind bereits vom Sand umzingelt oder bereits darunter begraben.

Zur Rettung des 700 Tonnen schweren Leuchtturms wurde er am 22. Oktober 2019 um 70 Meter landeinwärts versetzt. Auf Rollelementen bewegte er sich Milimeter um Milimeter und war nach sechs Stunden an seinem neuen Standort. Nach Befestigung des Fundaments und Renovierung des Turms wird er ab November 2019 Besuchern wieder offen stehen. Kosten des Umzugs ca. € 670.000,-.

Über weite Strecken ist der Strand hier so fest, dass er mit dem Auto befahren werden darf. Beschilderung beachten. Eigentlich eine eigenartige Vorstellung, am Strand zu liegen und von Autos umkurvt zu werden.

CAMPING – ZWISCHEN SLETTESTRAND UND HIRTSHALS

Brovst-Tranum
Camping Tranum Klit [N57° 10' 15.23" E9° 27' 45.51"], Sandmosevej 525, Tel. +45 98 23 52 82, www.tranumklitcamping.dk; 29. März – 29. Sept.; ca. 5 km nördlich von Tranum, beschildert. Wald- und Heidegelände; ca. 8 ha – 200 Stpl. + Dau.; Standard-Sanitärausstattung; zum Meer ca. 1,5 km. Quick-Stop.

Pandrup-Rødhus
Camping Rødhus Klit [N57° 12' 0.83" E9° 30' 49.98"], Rødhusmindevej 25, Tel. +45 29 70 57 19, www.rodhuscamping.dk; 6. Apr. – 24. Sept.; ebenes Gelände hinter Dünen im Forst Tranum Klit Plantage, abseits und ruhig; ca. 9 ha – 180 Stpl. + Dau.; Standard-Sanitärausstattung. Laden, Waschmaschine, Trockner, Minigolf, Tennis. Miethütten. Zum Meer ca. 800 m. V & E für Wohnmobile.

Camping Blokhus Klit [N57° 13' 14.40" E9° 35' 5.35"], Kystvejen 52, Hune, Tel. +45 98 24 91 57, www.blokhusklit-camping.dk; Ende März – Ende Sept.; in Hune südwärts Richtung Rødhus; Wiesen bei einem Gehöft, nach Westen durch Bäume windgeschützt; ca. 6 ha – 200 Stpl. + Dau.; Standard-Sanitärausstattung. Laden, Restaurant, beheizbares Schwimmbad, Waschmaschine mit Trockner, Tennis, Reitstall, Minigolf, Fahrradverleih, Internetecke. V & E für Wohnmobile. QuickStop.

Blokhus bei Pandrup
Camping Blokhus By Camping [N57° 14' 59.79" E9° 35' 54.25"], Aalborg-vej 62, Tel. +45 98 24 90 96, www.blokhusbycamping.dk; 23. März – 21. Okt.; von der Straße 55 auf die Straße 559 Richtung Blokhus abzweigen; in aufgeforstetem Dünengebiet; ca. 6,5 ha – 250 Stpl. + Dau.; Standard-Sanitärausstattung. Waschmaschine, Trockner, Schwimmbad, Tennis, WLAN. Miethütten. Zum Meer ca. 1 km. V & E für Wohnmobile. QuickStop.

Saltum
Camping Jambo Feriepark [N57° 16' 42.10" E9° 39' 33.9"], Solvejen 58, Tel. +45 98 88 16 66, www.jambo.dk; 12. Apr. – 20. Okt.; ca. 3 km westl. Saltum; eben, im Waldgebiet, ruhig; ca. 20 ha – 350 Stpl. + Dau.; Komfort-Sanitärausstattung. Laden, Imbiss, Restaurant, Waschmaschine, Trockner, beheizbares Schwimmbad, Tennis, Volleyballfeld, Fahrradverleih, Minigolf, Sauna, Whirlpool, Grillstelle, WLAN. Miethütten. Zum Meer ca. 2 km. V & E für Wohnmobile.

Camping Saltum Strand [N57° 17' 5.56" E9° 39' 7.60"], Saltum Strandvej 141, Tel. +45 98 88 11 59, www.saltumstrand.dk; 24. März – 21. Okt.; ca. 4 km westl. Saltum; Standard-Sanitärausstattung. Laden, Waschmaschine mit Trockner, beheizbares Schwimmbad, Tennis, Volleyballfeld, Fahrradverleih, Minigolf, WLAN. Miethütten; zum Meer ca. 1,5 km. V & E für Wohnmobile. QuickStop.

Camping Guldager [N57° 17' 36.59" E9° 39' 12.20"], Bondagervej 67, Tel. +45 98 88 15 12, www.guldagercamping.dk; 30. März – 15. Sept.; ca. 4 km westl. Saltum; Standard-Sanitärausstattung. Kiosk, Waschmaschine, Trockner, Minigolf, Internetecke. Miethütten; zum Meer ca. 1 km. V & E für Wohnmobile. QuickStop.

Løkken
In dem im Sommer überlaufenen Ferienort befinden sich nicht weniger als 10 Campingplätze, von denen keiner direkt am Meer liegt und auch keiner durch eine herausragende Ausstattung auffällt.

Lønstrup
Camping Egelund [N57° 27' 58.74" E9° 47' 52.07"], Rubjergvej 21, Tel. +45 98 96 01 35, www.egelundscamping.dk; 24. März – 23. Sept.; ca. 13 km westl. Hjørring, am Südrand von Lønstrup; kleiner Platz auf ebenen Wiesen bei einem Motel mit Schwimmbad; ca. 1,5 ha – 50 Stpl. + Dau.; Standardausstattung. Kiosk, Restaurant, beheizbares Schwimmbad, Waschmaschine, Trock-

ner, Fahrradverleih, WLAN, Miethütten. Zum Meer ca. 800 m. V & E für Wohnmobile. QuickStop.

Hjørring
Camping Hjørring City Camping [N57° 27' 57.04" E10° 0' 6.19"], Idræts Allé 45, Tel. +45 60 18 02 60; www.citycamping-hjoerring.dk; 30. März – 29. Sept.; kleiner ortsnaher, ebener Wiesenplatz am östlichen Ortsrand, von Laubwald umgeben; ca. 1,5 ha – 80 Stpl. + Dau.; Standard-Sanitärausstattun. Laden, Waschmaschine, Trockner, Minigolf, WLAN, Schwimmbad, Miethütten.

WOHNMOBIL-STELLPLATZ

Ingstrup bei Løkken
Wohnmobil-Stellplatz Galleri Munkens [N57° 20' 18.68" E9° 42' 23.80"], Munkensvej 11, Ingstrup, Tel. +45 70 26 90 50; www.gallerimunken.dk. **Zufahrt:** Von Løkken ca. 1,5 km südwärts bis Anzweig in den Munkensvej und noch 150 m zum Platz bei einer Kunstgallerie. Wiese von Büschen und Bäumen umgeben für 10 Wohnmobile in ruhiger Lage. **Ausstattung:** Frischwasser, Ausguss für Grauwasser und Chemikaltoiletten, Dusche, WC, Strom. **Gebühr:** Pauschal für V & E, Strom Extragebühr. **Geöffnet:** Anfang April bis Ende Oktober.

Hirtshals ist wichtiger Fischerei- und Fährhafen. Es verkehren regelmäßig Autofähren nach Kristiansand, Stavanger, Bergen, Larvik und Langesund in Norwegen, sowie zu den Faröer Inseln und nach Island.

Am südlichen Stadtrand von Hirtshals im Willemoesvej liegt das **Nordsø Oceanarium [Parkplatz, N57° 35' 13.00" E9° 58' 46.09"]** *(geöffnet Feb. Juni tgl. 10 - 17 Uhr; Juli + Aug. 9 - 18 Uhr; Sept. Okt. tgl. 10 - 17 Uhr; Nov. - Mitte Dez. tgl. 10 - 16 Uhr; https://nordsoeoceanarium.dk)*. Das Fischerei- und Meeresforschungszentrum bietet Besuchern eines der größten Seewasseraquarien Europas. Das Museum gibt nicht nur Auskunft über die Hochseefischerei, sondern zeigt in den großen Aquarien und Freiluftbecken neben Haien, Robben und Seehunden bis zu 70 Arten von

Meereslebewesen. Sie können Rochen streicheln, mit Seehunden spielen oder der Fütterungen von Robben oder der Fischfütterung im großen Aquarium zusehen.

Das **Hirtshals Museum „Lilleheden" [N57° 35' 22.6" E9° 57' 34.3"]** liegt in der Sophus Thomsensgade 6 *(geöffnet Mai + Juni Di, Mi, Do 11 - 16 Uhr, Fr 11 - 14 Uhr; 1. - 31. Juli Mo - Fr 10 - 16 Uhr, Sa 10 - 14 Uhr; 1. Aug. - 20. Okt. Di - Fr 11 - 16 Uhr; 23. Okt. - 30. Apr. Di - Do 11 - 16 Uhr; www.vhm.dk/museerne/hirts-hals-museum/)*. Es ist in einem alten, typischen, 1880 aus Feldsteinen errichteten Fischerhaus untergebracht. Das Museum befasst sich in erster Linie mit der Arbeits- und Lebensweise früherer Fischergenerationen. Eine spezielle Abteilung befasst sich mit der Herstellung von Kräuterschnaps. In einem Boots-

Hirtshals Turistbureau [N57° 35' 20.06" E9° 57' 39.09"], Jyllandsgade 10, 9850 Hirtshals, Tel. +45 98 94 22 20, www.visithirtshals.dk. *Geöffnet 1. Apr. - 30. Juni Mo - Fr 9 - 16 Uhr, Sa 9 - 13 Uhr; Juli + Aug. Mo - Fr 9 - 16 Uhr; 1. Sept. - 20. Okt. Mo - Fr 9 - 16 Uhr, Sa 9 - 13 Uhr; 21. Okt. - 31. März Mo, Di, Do 9 - 16 Uhr, Mi, Fr, Sa 9 - 14 Uhr.*

CAMPING

Camping Tornby Strand [N57° 33' 17.78" E9° 55' 57.92"], Strandvejen 13, Tel. +45 98 97 78 77, www.tornbystrandcamping.dk; Jan. - Dez.; ca. 3 km südl. Hirtshals; ausgedehntes Wiesenareal mit Hecken als Windschutz; ca. 8 ha –200 Stpl. + Dau.; gute Standard-Sanitärausstattung; Laden, Waschmaschine, Trockner, beheizbares Schwimmbad, WLAN, Beachvolleyballfeld, Minigolf, Grillstelle. Miethütten. Zum Meer ca. 900 m. V & E für Wohnmobile. QuickStop.
Camping Hirtshals [N57° 35'11.12" E9°56'46.78"], Kystvejen 6, Tel. +45 98 94 25 35, www.hirtshals-camping.dk; 24. März - 21. Okt.; am westl. Ortsrand unterhalb des markanten Leuchtturms; teils eben, teils auf Terrassen; ca. 3 ha – 150 Stpl. + Dau.; Standard-Sanitärausstattung; Kiosk, Waschmaschine, Trockner, Internetecke. Miethütten. Zum Meer mit Steilufer und Dünen ca. 200 m. V & E für Wohnmobile. QuickStop.
Camping Kjul Strand [N57° 34' 58.36" E10° 1' 53.57"], Kjulvej 12, Tel. +45 98 94 91 03; www.kjulcamping.dk/de/; 12. Apr. – 30. Sept.; ca. 5 km östl. Hirtshals, abseits der Straße 597 nach Aalbæk; zum Meer hin geneigte Wiesen, durch Baumreihen windgeschützt; ca. 9 ha – 300 Stpl.; Standard-Sanitärausstattung; Laden, Waschmaschine, Trockner. Zum Meer und Sandstrand ca. 500 m.

WOHNMOBIL-STELLPLATZ

Wohnmobil-Stellplatz Hirtshals Autocamperplads (Doggerbanke) [N57° 35' 23.94" E9° 57' 54.56"], Doggerbanke 1, Tel. +45 98 94 22 20. **Zufahrt:** Im Zentrum der Stadt, nahe des Fährhafens. Ebener, schattenloser Wiesenplatz für 25 Wohnmobile. **Ausstattung:** Außer Mülltonnen keienrlei Einrichtungen. **Gebühr:** Pauschale für 2 Personen. **Geöffnet:** Ganzjährig.

Am Strand von Hirtshals

haus sind zwei der ältesten Bootstypen zu sehen, wie sie in Hirtshals lange gebaut wurden.

Unweit des Campingplatzes am Westrand des Städtchens sieht man den markanten, 57 m hohen **Leuchtturm [Parkplatz, N57° 35' 4.37" E9° 56' 33.92"]** aufragen. Von den Dünen dort hat man einen wunderbaren Blick auf den endlos langen, breiten Strand und aufs Meer.

Hier, wie an vielen Stellen der jütländischen Küste, stehen noch etliche Bunker und ehemalige Geschützstellungen aus dem 2. Weltkrieg in den Dünen. Eine davon, die sog. 10. Batterie, liegt zwischen dem Leuchtturm und dem Appartementhotels Fyrklit am Kystvejen. Man kann durch die Gräben gehen, die die einzelnen Bunker verbinden. Das **Bunkermuseum Hirtshals [N57° 35' 4.68" E9° 56' 32.61"]**. ist *geöffnet 30. Juni - 18. Aug. So - Do 14 - 15.30 Uhr; 14 - 18 Okt. Mo - Fr 10.30 - 12 + 14 - 15.30 Uhr; Freilandgelände ganzjährig zugänglich; www.vhm.dk/museerne/bunkermuseet/.*

ROUTE: *Etwa 2 km östlich von Hirtshals erreicht man über den großen Kreisverkehr die Straße 597 (Margueritruten bis Tuen), der wir Richtung **Ålbæk** folgen. Für alle, die sich für Kirchenbau-*

*kunst interessieren, ein kleiner Umweg über **Horne** mit seiner alten romanischen Kirche (steinzeitlicher Dolmen auf dem Friedhof) und über **Hjørup** (Windmühle südlich des Ortes).*

Auch östlich von Hirtshals erstreckt sich etwa 35 km weit ein unabsehbarer Sand- und Dünengürtel entlang der Tannis Bucht bis Gammel-Skagen. Tannisby und Tversted sind an dieser Küste beliebte Ferienorte.

Östlich von Tannisby dehnt sich ein weites Waldgebiet mit mehreren kleinen Seen, Aussichtstürmen und markierten Spazierwegen.

Nahe der Straße 597 und rund 3 km nordöstlich von **Tuen** hat man im Adlerreservat **Tuen Ørnereservatet [N57°36'17.75" E10°19'8.01"]**, *Skagensvej 107 (geöffnet wird 1 Std. vor, und man schließt 30 Min. nach den Vorführungen; Vorführungen: Apr. ab Ostern + Mai Mi 10 Uhr, Sa 15 Uhr; Juni Mi + Do um 10 Uhr, Sa + So 15 Uhr; Juli Di - Fr um 10 und um 15 Uhr, Sa + So um 15 Uhr; Aug. Di - Sa um 15 Uhr; Sept. Mi um 10 Uhr, Sa um 15 Uhr; 13. - 20. Okt. um 15 Uhr, Dauer 1 Std.; www.eagleworld.dk)* die Möglichkeit, Adler und Falken bei der Fütterung und beim Fliegen zu beobachten.

CAMPING – NÄHE TANNIS BUCHT

Tversted

Camping Aabo Vandland [N57° 35′ 6.13″   E10° 11′ 5.93″], Åbovej 18, Tel. +45 98 93 12 34, www.aabo-camping.dk; 16. März - 15. Aug.; Richtung Meer; ausgedehntes, vielfach durch Bepflanzung unterteiltes Wiesengelände an naturgeschützten Wald grenzend; ca. 10 ha – 300 Stpl. + Dau.; gute Standard-Sanitärausstattung, Laden, Grill-Bar, Buffet und Live-Musik zweimal pro Woche in der Saison, Waschmaschine, Trockner, Erlebnisbad, Minigolf, Beachvolleyballfeld, WLAN, Miethütten. Zum Meer ca. 1,5 km. V & E für Wohnmobile.

Camping Tannisby [N57° 35′ 25.73″   E10° 11′ 17.75″], Tannisbugtvej 86, Tel 98 93 12 50, www.tannisbycamping.dk; Jan. - Dez.; im nördlichen Ortsbereich von Tannesby; ebene Wiese; ca. 3 ha – 100 Stpl. + Dau.; Standard-Sanitärausstattung. Waschmaschine, Trockner, Fahrradverleih, Sauna, WLAN. Miethütten; zum Meer ca. 800 m. V & E für Wohnmobile.

Camping Skiveren [N57° 36′ 58.56″   E10° 16′ 47.94″], Niels Skiverensvej 5, Tel. +45 98 93 22 00, www.skiveren.dk; 12. Apr. – 30. Sept.; von der Straße 597 ca. 9 km westl. Aalbæk bei Tuen nordwärts zum Meer; weitläufig, eben, teils sandig; von Wald begrenzt, ruhig, ca. 15 ha – 460 Stpl. + Dau.; Komfortausstattung, Laden, Restaurant, Grillstelle, Waschmaschine, Trockner, Tennis, Minigolf, beheizbares Schwimmbad, Sauna, Whirlpool, Fahrradverleih, WLAN, Miethütten. Zum Meer ca. 300 m. V & E für Wohnmobile.

Das Flüsschen Uggerby Å mit seinem windungsreichen Lauf lädt zu einer kleinen **Flusswanderung** durch die sanfte Wiesenlandschaft westlich von Tversted bis an die Mündung in die Nordsee ein. Kanus werden in Bindslev und in Uggerby vermietet.

ROUTE: *4 km nordöstlich von Tuen bietet sich Gelegenheit zu einem kleinen Umweg nordwärts über die historische* **Råberg Kirche**. *Von der Kirche fährt man dann ostwärts weiter und erreicht nach 6 km die Hauptstraße 40, der wir nordwärts über* **Hulsig** *bis* **Skagen** *und weiter bis zur Landspitze* **Grenen** *folgen.*

Die kleine **Råbjerg Kirke [N57° 3′ 31.6″   E10° 21′ 19.8″]** mit ihrem freistehenden, niederen Holzgerüst, das als Glockenturm fungiert, stammt aus dem 14. Jh. Das Kircheninnere fällt durch einen recht niederen Kirchenraum mit Holzdecke auf. Beachtung verdienen vor allem die schönen **Barockfiguren** an der linken Seite.

In Hulsig kann man westwärts hinaus nach **Kandestederne** an die Küste der Jammerbucht fahren. Südlich von Kandestederne liegt an der Nordsee **Råbjerg Mile [Parkplatz, N57° 39′ 12.67″ E10° 24′ 32.20″]**, ein riesiges Dünengebiet, das schon fast an die Landschaft einer Sandwüste erinnert. Råbjerg Mile ist eine Wanderdüne, die jährlich rund 15 m weiter wandert und sich ganz langsam, aber unaufhaltsam quer über die Landzunge Skagens Odde auf die Ostseeküste an der Ålbæk Bucht zubewegt und alles unter sich begräbt. Ein Naturphänomen, das seit Generationen den Menschen hier das Leben schwer macht. Der höchste Punkt ist momentan 41 m hoch. Diese Wanderdünen waren verschiedentlich Schauplatz von Filmaufnahmen, wobei die Sandberge als Ersatz für wirkliche Sandwüsten herhalten mussten.

Skagen mit annähernd 7.400 Einwohnern ist die nördlichste Stadt Dänemarks und bedeutendster Ferienort im Norden Jütlands. 2013 konnte Skagen sein 600-jähriges Bestehen feiern. 1413 hatte Erik von Pommern Skagen Stadtprivilegien verliehen, was Skagen rasch zu einer einflussreichen und hervorgehobenen Handelsstadt machte, die seinerzeit sogar größer gewesen sein soll als das damalige Aalborg. Aber bis weit ins 16. Jh. hinein war Skagen keine eigentliche Stadt mit Straßen und Plätzen, eher eine in den Dünen verstreute Siedlung. Und Straßen, über die man den Ort erreichen konnte, gab es lange nicht.

Nach Ålbæk, das nächst gelegene Hafenstädtchen, gelangte man entweder mit dem Boot oder über den Strand. Erst als Mitte des 19. Jh. erste Künstler und Sommerfrischler den Weg nach Skagen fanden, wurde eine Straße gebaut. 1890 kam die Eisenbahn aus Frederikshavn nach Skagen und erst 1907 wurde ein richtiger Hafen gebaut.

Vom alten Skagen ist allerdings bis auf den Turm der „versandeten Kirche" (siehe weiter unten) nichts übriggeblieben. Der Flugsand hat alles begraben. Drei Ortschaften, Østerby, Vesterby und Kappelsborg, die um jene Kirche herum lagen, wurden ein Raub der Dünen.

Die „versandete Kirche" bei Skagen

Eigentlich besteht die heutige Gemeinde Skagen ja aus zwei Stadtteilen, Gammel Skagen an der Westseite am Skagerrak und Skagen an der Ostseite am Kattegatt. Von Gammel Skagen wird behauptet, es sei eine alte Kolonie holländischer Seefahrer.

Skagen selbst ist heute vor allem eine Fischereistadt. Seit alters her war der Fischfang in der Ostsee ein wichtiger Erwerbszweig, der Skagen heute zum größten Fischereihafen in Dänemark macht. Von Bedeutung sind darüber hinaus fischverarbeitende Industrien, die u. a. Fischmehl und Fischöl produzieren, die Werften und zuarbeitende Handwerksbetriebe. Zwischenzeitlich hat aber auch der Tourismus einen fast gleichwertigen Stellenwert im Wirtschaftsleben der Stadt erreicht.

Im 19. Jh. war Skagen mit seinen geduckten, farbigen Häusern im alten Zentrum Gammle By zu einer beliebten **Künstlerkolonie** geworden. Viele der Maler schätzten das klare, die Farben betonende Licht hier. Motive für ihre Arbeiten fanden die Freiluftmaler reichlich in den weiten Dünenlandschaften, bei den Fischern, ihrer Arbeit und in deren bescheidenen Katen. Bald folgten den Künstlern Sommertouristen.

Skagen, fast am Ende der jütländischen Landspitze wurde – nicht zuletzt dank seiner langen Strände – ein beliebter und vielbesuchter Ferienort, durch den sich im Juli die Urlauber drängen. Schließlich will jeder mal zur Landspitze Grenen, dem „dänischen Nordkap".

Aus der Zeit, als sich in Skagen eine richtiggehende „Künstlerkolonie" etabliert hatte, stammen die Häuser der Maler Marie und P. S. Kroyer und Anna und Michael Anchers, sowie des Dichters Holger Drachmann, die heute in Museen umgewandelt worden sind. Dort zeigt man Werke der Künstler, aber auch den Lebensstil der damaligen Zeit anhand von Einrichtungsgegenständen.

Besichtigen kann man am Markvej 2 - 4 im ehemaligen Saxilds Gaard das **Michael & Anna Anchers Hus [N57° 43' 34.07" E10° 35' 49.35"]**, das ehemalige Anwesen des namhaften Skagener Künstlerpaars *(geöffnet Apr. - Mai Di - So 10 - 16 Uhr; Juli - Aug. tgl. 10 - 17 Uhr; Sept. + Okt. Di - So 10 - 16 Uhr; www.anchershus.dk)*.

Ein Museum, das sich einem ganz anderen Thema als dem der Kunst widmet, liegt unweit östlich beim alten Wasserturm, auf der anderen Seite der Hauptstraße, im Oddevej 2 B – das **Bamsemuseum Skagen [N57° 43' 32.25" E10° 35' 52.06"]**, das erste **Teddybär-Museum** in Skandinavien. Etwa 1.000 junge, alte, historische und seltene Bären haben hier ein Zuhause gefunden *(geöffnet Mai - Sept. Di - So 10 - 17 Uhr; Okt. - Apr. Mi - So 11 - 15 Uhr; www.skagensbamsemuseum.dk).*

Nur einen Straßenzug weiter südlich, am Brøndumsvej 5, trifft man auf das **Skagens Museum [N57° 43' 29.6" E10° 35' 51.8]** *(geöffnet 11. Jan. - 31. Mai + Sept. - Okt. Di - So 10 - 16 Uhr; Juni - Aug. tgl. 10 - 17 Uhr; Mi bis 21 Uhr; https://skagenskunstmuseer.dk/museer/skagens-museum/).* Ausgestellt ist eine umfassende Gemäldesammlung Skagener Künstler, von P. S. Krøyer bis Anna und Michael Angers. Der Besucher kann anhand von etwa 1.800 Gemälden, Zeichnungen, Skulpturen und Objekten des Kunsthandwerks die Arbeiten der Künstler aus der Zeit von 1870 bis 1930 verfolgen.

Die **Kirche [N57° 43' 17.07"   E10° 35' 5.56"]** von Skagen stammt aus den Jahren 1839 bis 1841 und entstand nach Plänen des Architekten C. F. Hansen. Später wurde sie mehrfach umgebaut. Seit 1985 ertönt vom Kirchturm ein Glockenspiel mit kirchlichen Weisen, aber auch mit dänischen Volksmelodien. Die liturgischen Geräte wie Altarleuchter, Taufschale, Hostienteller, Kelch u. ä. stammen aus der Sct. Laurentii Kirche, der „versandeten Kirche".

Holger Drachmanns Hus [N57° 43' 7.95"   E10° 34' 40.16"], das Haus, das der Dichter 1902 erworben hatte und das er später „Villa Pax" nannte, liegt im Hans Baghsvej 21. 1911 wurde das Haus zum Gedenken an den Dichter für das Publikum geöffnet *(geöffnet 23. Juni - 31. Aug. tgl. 11 - 17 Uhr; Sept. - Okt. Di - So 11 - 16 Uhr; www.drachmannshus.dk).*

Einblick in die Lebensweise armer wie reicher Schichten der vielen Fischergenerationen von Skagen erhält man im **Skagen By- og Egnsmuseum [N57° 42' 58.0" E10° 34' 31.3"]**, einem lokalhistorischen Museum im P. K. Nielsensvej 8 - 10, weiter im Südwesten der Stadt *(geöffnet Jan. , Feb., Nov., Dez. Mo - Fr 11 - 15 Uhr; März - Mai Mo - Fr 10 - 16 Uhr; Juni - Aug. Mo - Fr 10 - 16 Uhr, Sa + So 11 - 16 Uhr; Sept., Okt. Mo - Fr 10 - 16 Uhr; https://www.kystmuseet.dk/skagen/).* Das Museum, teils mit Freilichtabteilungen zeigt u. a. Ausstellungen über die Seefahrt, die Fischerei und das Seenotrettungwesen der Region Skagen der letzten 200 Jahre, sowie den Museumskutter „Hansa" und eine Schiffsschmiede. Andere Abteilungen befassen sich mit der Stadtgeschichte von Skagen und geben einen kleinen Einblick in Lebensverhältnisse der armen Bevölkerungsschicht früherer Tage.

Sehr sehenswert ist das **Skagen Odde Naturcenter [Parkplatz, N57° 44' 18.13"   E10° 35' 44.30"]** im Bøjlevejen 66 *(geöffnet 1. Mai - 30. Juni Mo - Fr 10 - 16 Uhr; 1. Juli - 31. Juli Mo - Fr. 10 - 17 Uhr; 1. - 31. Aug. Mo - Fr 10 - 16 Uhr; 1. Sept. - 13. Okt. Di - Fr 10 - 16 Uhr; 14. - 18. Okt. Mo - Fr 10 - 16 Uhr; Sa + So ab 11 Uhr geöffnet; www.skagen-natur.dk)* im Norden außerhalb des Ortes. Es zeigt auf leicht verständliche Weise viele Naturphänomene Nordjütlands. Durch Sehen und Fühlen werden dem Besucher die Naturschönheiten der nördlichen Spitze Jütlands nahe gebracht.

Schon das Gebäude des Naturmuseums, das scherzhaft „Wüstenfort" genannt wird, mit seiner über 1.500 qm großen Ausstellungsfläche ist sehenswert. Es stammt vom dänischen Star-Architekten Jørn Utzon, dem Erbauer der Sydney-Oper.

Das **Naturhistorisk Museum – Skagen Naturcenter [N57° 43' 11.29" E10° 32' 15.42"]**, Flagbakkevej 30 *(geöffnet 11. - 26. Juni Di - Fr 12 - 16 Uhr; Juli - 4. Aug. tgl. 12 - 16 Uhr; 6. Aug. - 6. Sept. Di - Fr 12 - 16 Uhr; 14. - 18. Okt. Mo - Fr 11 - 15 Uhr; www.naturmuseum-skagen.dk)* befasst sich mit der Geologie, Tierwelt und der Natur in und um Skagen. Ein Museumsthema ist der Entstehung der Landzunge Skagens Odde gewidmet. Eingerichtet ist das Museum übrigens im ehemaligen Høje Bahnhof.

Grenen, der große Anziehungspunkt für jeden Besucher, liegt 5 km nördlich Skagen. Grenen ist das Ende der Landzunge, die an dem Punkt, wo die Wasser der Ost- und der Nordsee, wo Skagerrak und Kattegatt aufeinander treffen, weit ins Meer ragt. Die Form der Landzunge ändert sich je nach Strömung der Gewässer.

Der Sandstrand von Grenen bei Skagen

In Grenen gibt es außer langen, breiten Sandstränden und einem gebührenpflichtigen **Parkplatz [N57° 44' 19.9" E10° 38' 3.6"]**, das **Grenen Kunstmuseum/Galleri Rasmus**, Fyrvej 40, ein Museum für moderne Kunst *(geöffnet 1. Sept. - 13. Okt. Mo, Di, Sa, So 11 - 15 Uhr; 14. - 20. Okt tgl. 11 - 15 Uhr; grenenkunstmuseum.dk)*, die **Grabstätte** des Poeten und Malers **Holger Drachmann** und ein **Bunkermuseum** *(geöffnet Juni - Aug. tgl. 11 - 17 Uhr; Juli tgl. 10 - 17 Uhr; Apr., Mai, Sept., Okt. tgl. 11 - 15 Uhr; www. skagen-bunkermuseum.dk)*. Die Bunkeranlage vom Typ Regelbau 638 war Teil des Atlantikwalls und diente während des Zweiten Weltkrieges vornehmlich als Sanitätsbunker der Wehrmacht.

Seit jeher ist diese für die Schifffahrt nicht ungefährliche Landzunge durch **Leuchtfeuer** gesichert. Das älteste, aus einem schlichten Holzgerüst errichtete, ist **„Vippefyr" [N57° 43' 36.38" E10° 36 ,29.52"]**. Erstmals aufgestellt wurde es im Jahre 1627. Heute steht eine Rekonstruktion am Nordrand von Skagen. Der Betrieb des Leuchtfeuers war einfach. In einem Korb, den man wie bei einem Ziehbrunnen herablassen konnte, wurde ein Feuer entfacht.

1747 baute man den ersten steinernen Leuchtturm **„Det hvide Fyr" [N57° 43' 44.75" E10° 36' 24.43"]**, den ersten seiner Art in Dänemark. Anfangs brannte oben auf der Plattform des sechs-eckigen Turms ein Kohlefeuer, das später durch Lampen ersetzt wurde.

1858 schließlich machte der Leuchtturm **„Det Grå Fyr" [N57° 44' 7.68" E10° 37' 48.70"]**, der „Graue Leuchtturm", mit einer Höhe von stattlichen 46 m (der zweithöchste Leuchtturm Dänemarks, nach dem 47 m hohen Dueodde Fyr auf Bornholm,) die Seefahrt um die Landzunge Skagens Odde noch etwas sicherer.

Weitere Leuchtfeuer bei Skagen sind Højen Fyr (1892) und das vollautomatisch betriebene Leuchtfeuer „Skagen Vest Fyr" (1956).

Übrigens: Eine schöne Aussicht auf Stadt und Küste hat man vom **Skagen Vandtårn [N57° 43' 32.17" E10° 35' 50.36"]** aus, Ecke Markvej und Sct. Laurentii Vej. Der Turm wurde 1934 gebaut und diente bis 1983 als Wasserturm. Im Sommer als Aussichtsturm geöffnet.

Knapp 4 km südwestlich der Stadt Skagen liegt in den Dünen am Kattegatt die Sct. Laurentii Kirche, die alte Skagener Pfarrkirche, besser bekannt als **Den Tilsandede Kirke [Parkplatz, N57° 42' 49.1" E10° 32' 37.7"]**, die „versandete Kirche". Mit dem Bau der Kirche soll im 14. Jh. begonnen worden sein. Damals war sie die größte Kirche in ganz Vendsyssel, der nördlichsten Landschaftsregion in Jütland. Aus dem 16. Jh. stammen die ersten Berichte über große Sandverwehungen an der Kirche. Dennoch war sie bis 1795 in Gebrauch, obwohl schon vollkommen vom Sand umzingelt. Sonntag für Sonntag musste sich die Kirchengemeinde den Zugang zum Portal freischaufeln. Nach einem Sturm wurde die Kirche dann auf ein königliches Dekret hin endgültig aufgegeben, das Kirchenschiff abgerissen. Heute mahnt nur noch der Turm an die unbezähmbaren Urgewalten der Natur, der die Kirche zum Opfer fiel.

Hobbyornithologen kommen besonders in der ruhigen Zeit des Frühjahrs nach Skagen. In den Dünen und an den Stränden lassen sich dann die großen Vogelzüge beobachten. Unter den bis zu 250 Vogelarten, die im Laufe des Jahres hier vorbeikommen sind u. a. Kraniche, Wildgänse, Enten oder Raubvögel.

PRAKTISCHE HINWEISE — SKAGEN

 Skagen Turistbureau [N57° 43' 10.22" E10° 35' 12.97"], Vestre Strandvej 10, 9990 Skagen, Tel. +45 98 44 13 77, www.skagen-tourist.dk. *Geöffnet 12. Aug. - 22. Dez. Mo - Fr 9.30 - 16 Uhr; Sa 10 - 13 Uhr.*

 ### CAMPING

In der Hauptferienzeit können die Campingplätze bei Skagen durchaus wegen Überfüllung zeitweise geschlossen sein. Eine überlegenswerte Ausweichmöglichkeit ist dann u. a. der Platz in Frederikshavn, 40 km südlich, siehe dort. **Camping Poul Eeg [N57° 44' 4.32" E10° 36' 15.16"]**, Bøjlevejen 21, Tel. +45 98 44 14 70, www.pouleegcamping.dk; 17. Apr. – 8.Sept.; nördl. Skagen; Wiese mit Hecken; ca. 9 ha – 300 Stpl. + zahlr. Dau.; Standard-Sanitärausstattung; Laden, Waschmaschine, Trockner, Fahrradverleih, WLAN. Miethütten. Zum Meer ca. 1 km. V & E für Wohnmobile.

Camping CampOne Grenen Strand [N57° 43' 53.16" E10° 36' 51.85"], Fyrvej 16, Tel. +45 63 60 63 61, www.grenenstrand.dk/de/; 24. März - 21. Okt.; an der Straße nach Grenen; Platz am Kattegatt; ca. 5 ha – 250 Stpl.; Standard-Sanitärausstattung. Fahrradverleih, WLAN, Waschmaschine, Trockner. Miethütten. Zum Meer ca. 100 m. V & E für Wohnmobile.

Camping Skagen [N57° 43' 11.5" E10° 32' 23.3"], Flagbakkevej 53-55, Tel. +45 98 44 31 23; www.skagencamping.dk; 21. Apr. – 8. Sept.; an der Zufahrts-straße zur „Versandeten Kirche"; 3 ha – 200 Stpl. + Dau., einfache Standard-Sanitärausstattung. V & E für Wohnmobile. QuickStop.

Hulsig

Camping Råbjerg Mile [N57° 39' 19.4" E10° 27' 3.3"], Kandestedvej 55, Tel. +45 98 48 75 00, www.raabjergmilecamping.dk; 23. März – 30. Sept.; südlich von Skagen, bei **Hulsig**, Zufahrt von der Straße 40 beschildert. Ebenes, schattenloses, von Wald umgebenes Wiesengelände, kreisförmig um das zentrale Servicegebäude (Sanitäranlagen, komfortable Campingküche, Waschmaschinen) angelegt. Parzellierte, nummerierte, durch hohe Hecken begrenzte Stellplätze; ca. 19 ha – 300 Stpl. + Dau.; Standard-Sanitärausstat-tung. Laden, Imbiss, Waschmaschine, Trockner, beheizbares Schwimmbad, Hallenbad, Sauna, Fahrradverleih, großer Spielplatz. Miethütten. Zum Meer gut 1 km. V & E für Wohnmobile neben dem Sanitärgebäude.

Camping Bunken Strand [N57° 38' 39.14" E10° 27' 42.69"], Ålbækvej 288, Tel. +45 98 48 71 80, www.bunkenstrandcamping.dk; 12. Apr. – 22. Sept.; ca. 6 km nördl. Aalbæk; ein kleines „Campingdorf", riesiges Gelände hinter Dünen, teils von Wald umgeben, ansonsten von hohen Hecken in langgestreckte Stellplatzfelder unterteilt; ca. 20 ha – 500 Stpl. + Dau.; Standard-Sanitärausstattung. Laden, Imbiss, Waschmaschine, Trockner, Grillstelle, Fahr-radverleih, Beachvolleyballfeld, Minigolf, Miethütten. Zum Meer ca. 100 m. V & E für Wohnmobile.

ROUTE 6: SKAGEN – RANDERS

Länge der Tour: Rund 155 km, ohne Abstecher.

Die Route: Über die Straße 40 bis **Frederikshavn** – E45 und Landstraßen bis **Aalborg** – Straße 180 bis **Hobro** – Straße 555 bis **Mariager** – Landstraße oder E45 bis **Randers**.

Reisedauer: Mindestens ein Tag, ohne Ausflüge, z. B. zur Insel Læsø.

Höhepunkte: Das **Bangsbo Museum** * in Frederikshavn – ein sommerlicher **Schiffsausflug zur Insel Læsø** – **Stadtrundgang durch Aalborg** – das **Schloss Voergård** * (falls zugänglich) – das **Salzmuseum in Mariager** – der „Regenwald" * in Randers.

gen auf dem Weg, schließlich Aalborg und Randers, das Etappenziel. Je nach Neigung wird man mehr oder weniger Zeit für die Besichtigungen benötigen und evtl. unterwegs die Reise unterbrechen. An Hotels und Campingplätzen entlang der Strecke ist kein Mangel.

Ålbæk erhielt erst 1931 seinen Hafen, eine heute immer noch relativ kleine Anlage, dafür aber mit einer einladenden Atmosphäre und bei Sportseglern sehr beliebt. Das Problem des Hafens von Ålbæk ist, dass er stark der Versandung ausgesetzt ist und jedes Jahr aufs Neue ausgebaggert werden muss, um ihn für die Schifffahrt brauchbar zu halten.

Für Liebhaber hübscher Antiquitäten kann ein Besuch im Ålbæk Antik am Industrivej lohnen.

Frederikshavn hieß bis ins vorige Jahrhundert gar nicht Frederikshavn, sondern *Fladestrand*. Erst 1818 erhielt es zu Ehren König Frederiks IV. seinen heutigen Namen. Die Namensänderung hatte wohl auch handfeste wirtschaftliche Hintergründe. Denn mit der Namensänderung wurden Frederikshavn Stadt- und Handelsrechte verliehen. Seitdem entwickelte sich der Ort – sicher mit wohlwollender Unterstützung der Krone – zu einem der wichtigsten dänischen Handels- und Fischereihäfen.

Diese Etappe ist zwar relativ kurz an Kilometern, aber reich an interessanten Städten. Frederikshavn und Ålbæk liegen

CAMPING – ÅLBÆK

Camping Ålbæk Strand, FDM [N57° 35' 12.41" E10° 24' 48.38"], Jerupvej 19, Tel. +45 20 58 37, www.camping-aalbaek.dk; 23. März – 21. Okt.; südl. Ålbæk bei km 19 der Straße 40; Heidegelände hinter Dünen zwischen Straße und Meer; ca. 10 ha – 400 Stpl. + Dau.; Standard-Sanitärausstattung. Kiosk, Waschmaschine, Trockner, Sauna, Fahrradverleih, Beachvolleyballfeld, WLAN auf Teilen des Platzes. Miethütten. Zum Strand ca. 300 m. V & E für Wohnmobile.

Zudem wurde Frederikshavn eine Drehscheibe im Fährverkehr mit den skandinavischen Nachbarn.

Regelmäßige **Autofähren** verbinden Frederikshavn mit Larvik und Oslo in Norwegen und mit Göteborg in Schweden. Außerdem bestehen Verbindungen zur Insel Læsø.

Der älteste Teil der Stadt Frederikshavn liegt nur wenig nördlich des Fischereihafens. In dem alten Viertel, das die Frederikshavner „Fiskerklyngen" nennen, findet man noch niedere, getünchte Fachwerkhäuser mit roten Ziegeldächern an kopfsteingepflasterten Straßen und manchen romantischen Winkel. Die meisten Gebäude stammen aus der Zeit um 1800. Am Meer sind Reste der alten Schanzanlagen **Nordre Skanse [N57° 27' 1.07" E10° 32' 37.46"]** zu sehen, die im frühen 17. Jh. angelegt worden sind. Frederikshavn war ja lange eine be-

festigte Stadt, die den Schiffsverkehr im Kattegatt überwachte. Unweit des Klyngen-Viertels liegt in der Kirkegårds Alle 22 eine der ältesten Kirchen der Stadt, die **Fladestrand Kirche [N57° 27' 1.77" E10° 32' 7.73"]** aus dem Jahre 1690. Ein Teil des Friedhofs ist Kriegsgräberfriedhof mit englischen, russischen und deutschen Soldatengräbern aus dem 2. Weltkrieg.

Ein Relikt aus der Zeit der frühen Festungsanlage ist der mächtige, runde, weiße Pulverturm **Krudttårnet [N57° 26' 23.38" E10° 32' 26.52"]** am Platz vor dem Fährhafen und unweit südlich des Bahnhofs. Man kann es sich kaum vorstellen, aber der ganze 4.500 Tonnen schwere Turm wurde vor Jahren mit Hydraulik-Hebern und Gleitschienen an seinen jetzigen Platz versetzt, als sein alter Standort für Hafenerweiterungen benötigt wurde. Heute ist im Pulver-

Der alte Pulverturm Krudttårnet in Frederikshavn

turm ein **Museum** eingerichtet, das alte Waffen und Kriegsgerät ausstellt *(geöffnet im Sommer tgl. 12 – 15 Uhr)*.

Große **Parkplätze** findet man u. a. vor dem Bahnhof und am Hafen Ecke Kragholmen/Hornvæket **[N57° 26′ 24.63″ E10° 32′ 32.76″]**.

Gegenüber des Krudttårnet, zur Stadtseite hin, ragt die 1892 erbaute **Stadtkirche [N57° 26′ 26.53″ E10° 32′ 17.48″]** auf. Das Altarbild wurde von Michael Anker gemalt, der sich den Dichter Holger Drachmann als Modell für einen dargestellten Jünger nahm. Aus nicht mehr bekannten Gründen wurden aber vom Kirchenrat kritische Stimmen gegen das Modell laut und der Maler Anker sah sich gezwungen, die Gesichtszüge der Apostelfigur zu ändern. Anker änderte aber angeblich nicht den Schatten des Kopfes, so dass die Züge Drachmanns dennoch erkennbar blieben.

Unweit westlich der Kirche findet man im **Kulturzentrum** (u. a. städtische Bibliothek, Schwimmbad, Cafés) am Parallelvej 14, südlich der Hauptstraße Rådhusallé das **Kunstmuseum**. Spezialität: Kleingrafik. Wechselnde Ausstellungen, z.B. moderne Maler *(geöffnet Di - Sa 10 - 16 Uhr; www.frederikshavnkunstmuseum.dk)*.

Weitere Sehenswürdigkeiten liegen südlich, etwas außerhalb der Stadt: **Bangsbo Hovegård Museum [N57° 25′ 14.2″ E10° 30′ 03.4″]** *(geöffnet Juni - Aug. Mo - Fr 10 – 16 Uhr, Sa + So 11 - 16 Uhr; März - Mai, Sept., Okt. Mo - Fr 10 - 16 Uhr, übrige Zeit Mo - Fr 11 - 15 Uhr; https://www.kystmuseet.dk/bangsbo-frederikshavn/)*, Dronning Margrethes Vej 6, zählt zu Frederikshavns wichtigsten Museen. Es ist untergebracht in einem idyllisch in einem Park gelegenen alten Gutshof, dessen Anfänge bis ins 14. Jh. zurückreichen. Die heutigen Gebäude stammen aus dem frühen 18. Jh.

In alten Tagen gehörte das Anwesen zum Kloster Børglum, später war es im Besitz von Ingeborg Skeel (siehe auch unter Schloss Voergård).

Ausgestellt im Bangsbo Hovegård Museum sind steinzeitliche Sammlungen, eine umfangreiche Schifffahrtsabteilung mit großer Gallionsfigurensammlung, ein Schiff nach Wikingerbauart, Exponate aus dem landwirtschaftlichen Milieu, eine Wagensammlung mit Fahrzeugen aus der Mitte des 17. Jh. bis in unsere Zeit, sowie eine Freiheits- und Widerstandsausstellung aus der Zeit des 2. Weltkrieges.

Der **Tierpark** und der **Botanische Garten** (Botaniske Have) grenzen an das Gelände von Bangsbo Museum.

Etwas weiter westlich der Stadt liegt am Brønderslevvej der **Jernalderkældrene**, der sog. **„Eisenzeitkeller″ [N57° 25′ 36.96″ E10° 29′ 47.22″]**, Reste eines keltischen Bauwerks, und noch etwas weiter der **Cloostårnet [N57° 25′ 16.49″ E10° 27′ 60.00″]**, ein über 60 m hoher Aussichtsturm *(geöffnet Mai - Aug. tgl. 10 - 17 Uhr, im Juli Sa + So 10 - 18 Uhr)*.

Die **Flade Kirke [N57° 25′ 24.48″ E10° 28′ 1.85″]**, Flade Kirkevej, an der Straße 585 westlich der Stadt stammt aus dem 13. Jh. Obwohl später mehrfach umgebaut, die Kapelle z. B. wurde erst 1675 angefügt, ist die Flade Kirke Frederikshavns ältestes Gotteshaus. Die erhöhte Lage der Kirche, die nur von außen zu besichtigen ist, machte sie in früheren Tagen zu einem wichtigen Seezeichen für die Schifffahrt. Der Glockenturm übrigens steht auf dem Hügel eines frühgeschichtlichen Hünengrabes.

Schließlich kann man das südlich oberhalb der Stadt gelegene **Bunkermuseet [N57° 24′ 31.38″ E10° 30′ 58.98″]** am Understedvej 21 im Bangsbo Fort besichtigen *(geöffnet Juni - Aug. tgl. 11- 16 Uhr; Apr., Mai, Sept, Okt. Mo - Fr 10 - 16 Uhr; https://www.kystmuseet.dk/bangsbofort/)*. Das Bunkermuseum gibt Einblick in die „Verteidigungstechnik des Zweiten Weltkriegs", wie es heißt. Außerdem hat man von der erhöht gelegenen Anlage einen schönen Blick auf Frederikshavn.

Ausflüge zu vorgelagerten Inseln

Bei ausreichend zur Verfügung stehender Zeit und schönem Wetter lohnen sich **Bootsausflüge zu den Inseln Hirsholmene** und **Læsø**.

PRAKTISCHE HINWEISE — FREDERIKSHAVN

Frederikshavn Turistbureau [N57° 26' 11.02" E10° 32' 11.47"], Skandia-torv 1, 9900 Frederikshavn, Tel. +45 98 42 32 66, www.visitfrederikshavn.dk. *Ge-öffnet 29. Juni - 11. Aug. Mo - Sa 9.30 - 16 Uhr, So 10 - 14 Uhr; 12. Aug. - 22. Dez. Mo - Fr 9.30 - 16 Uhr; Sa 10 - 13.30 Uhr.*

CAMPING

Camping Nordstrand [N57° 27' 50.80" E10° 31' 38.13"], Apholmenvej 40, Tel. +45 98 42 93 50, www.nordstrand-camping.dk; 24. März – 23. Sept.; im nördl. Stadtbereich, beschildert; ausgedehnte, gepflegte Anlage, eben, durch Hecken unterteilt; ca. 10 ha – 300 Stpl. + Dau.; gute Standard-Sanitär-ausstattung; Kiosk, Waschmaschine, Trockner, Hallenbad, Sauna, Volleyball-feld, Minigolf, WLAN. Miethütten; Strand und Sporthafen ca. 200 m. V & E für Wohnmobile. QuickStop.

WOHNMOBIL-STELLPLÄTZE

Wohnmobil-Stellplatz Frederikshavn Marina [N57° 25' 26.89" E10° 31' 36.61"], Søsportsvej 14, Tel. +45 98 43 28 56. **Zufahrt:** Vom Stadtzentrum zum Sportbootshafen Nähe Fährterminal. Hier ebene, schattenlose Gras- und Schotterfläche für 20 Wohnmobile in schöner Lage am Wasser. **Ausstat-tung:** Frischwasser, Ausguss für Grauwasser und Chemikaltoiletten, Strom, WC, Dusche. **Gebühr:** Pauschale inkl. V & E und Strom. **Geöffnet:** Ganzjährig.

Frederikshavn-Kvissel
Wohnmobil-Stellplatz Bauernhof Hansen [N57° 28' 2.97" E10° 23' 43.27"], Mejlingvej 65, Tel. +45 22 44 43 19. **Zufahrt:** Von Frederikshavn auf der Straße 35 westwärts Richtung Hjørring und nach ca. 7 km nordwärts in den Mejlingvej und noch ca. 1,5 km bis zum Bauernhof. Wiesenplatz für 7 Wohnmobile in ländlicher Umgebung. **Ausstattung:** Frischwasserhahn, Ausguss für Grauwasser und Chemikaltoilette, Strom, Dusche. **Gebühr:** Pau-schale inkl. V & E undStrom, Dusche Extragebühr. **Geöffnet:** Ganzjährig.

Insel Hirsholmene, winziges Eiland mit gerade 10 Einwohnern. Kleine Kirche. Ein Kutter fährt montags, mittwochs und freitags um 13.30 Uhr ab Frederikshavn und um 16.30 Uhr wieder zurück. Fahrt-dauer 45 Minuten. Aktuelle Abfahrtszei-ten im Touristenbüro erfragen.

Insel Læsø, über 100 qkm große In-sel im Kattegatt. Im Norden hohe Dü-nen. Hauptort ist **Byrum.**

Es verkehren regelmäßig **Autofäh-ren** ab Frederikshavn nach **Vesterø Havn/Læsø**, von 1. Juli - 4. Aug. täglich bis zu sechs Abfahrten ab Frederikshavn und von 1. April bis 30. Juni und von 5. August bis 31. Okt. täglich bis zu 4 Ab-fahrten. Fahrzeit ca. 1 1/2 Stunden. Re-servierung fürs Auto ratsam! Inklusiv-Pakete für Überfahrt und Inselaufent-halt werden angeboten. Infos unter www.laesoe-line.dk, Tel. +45 98 49 90 22 oder im Touristen Informationsbüro.

Von den früheren Bewohnern der In-sel Læsø wird erzählt, sie hätten ihren Lebensunterhalt mehr oder minder un-verhohlen durch Strandraub bestritten. Die Fahrrinne zwischen Festland und Insel durch die „Læsø Rende" war um 1700 angeblich kaum 20 m breit und bei schlechtem Wetter für die Schifffahrt eine Gefahrenquelle erster Güte. Hun-derte von Seglern sollen hier auf Grund gelaufen sein. Und bei einem Bergungs-lohn von einem Drittel des Schiffswer-tes kann man vermuten, dass die Leute auf Læsø nicht schlecht vom Meer leb-ten.

Eines stürmischen Tages im 15. Jh. soll Königin Margrethe mit ihrem Schiff hier gestrandet sein. Zum Dank für die Rettungsarbeiten schenkte sie den Frauen von Læsø ihre kostbare Garde-robe. Das schönste der königlichen Ge-wänder soll den Læsøer Frauen als Vor-

PRAKTISCHE HINWEISE – INSEL LÆSØ

Læsø Turistbureau, Havnepladsen 17, 9940 Læsø, Tel. +45 98 49 92 42; www.visitlaesoe.dk.

CAMPING

Camping Læsø [N57° 17' 4" E10° 56' 11"], Agerstigen 18 A, Tel. +45 98 49 94 95, www.laesoecamping.dk; 1. Mai – 22. Okt.; ca. 1,5 km von der Fährstation Vesterø Havn; ebene Wiese mit Hecken und Bäumen; ca. 3 ha – 120 Stpl.; Standard-Sanitärausstattung. Laden, Waschmaschine, Trockner, Fahrradverleih. Miethütten. V & E für Wohnmobile.

Camping Østerby [N57° 19' 4.89" E11° 7' 50.87"], Campingpladsvej 8, Tel. +45 98 49 80 74, www.oesterbycamping.dk; 1. Mai– 21. Okt.; relativ kleiner, einfacher Platz am Ostende der Insel; ca. 2 – 70 Stpl.; einfache Standard-Sanitärausstattung. Waschmaschine, Trockner, Grillstelle, Fahrradverleih, WLAN auf Teilen des Platzes. Miethütten. V & E für Wohnmobile.

bild für ihre Landestracht gedient haben.

Sehenswert in **Byrum** ist der **Læsø Museumsgård** am Byrum Hovedgade 68, ein **Heimatmuseum** in einem für Læsø typischen, mit Seetang gedeckten Vierkanthof, dessen Fachwerk aus Treibholz gezimmert wurde. Ausgestellt sind schöne Trachten und silberner Trachtenschmuck (geöffnet Juni - Aug. tgl. 10 - 16 Uhr; Mai, Sept., Okt., Nov., Dez. Mi + Do 10 - 14; http://www.laesoe-museum.dk/).

Außerdem ist im Kokvadgårsvej die **Læsø Lerhytte** zu besichtigen, eine aus Lehmziegeln errichtete Werkstatt zur Herstellung von Lehmziegeln, wie sie früher für Schornsteine oder Backöfen Verwendung fanden.

Die Prozedur der Salzgewinnung, so wie sie auf Læsø über 500 Jahre lang üblich war, lässt sich in der historischen **Læsø Saltsyderi**, der Salzsiedehütte am Rønnetårn im Hornfiskrønvej 3 verfolgen (geöffnet 15. Apr. - 23. Juni + Sept. - Mitte Okt. Mo - Sa 10 - 16 Uhr, So 10 - 14 Uhr; 24. Juni - 31. Aug. tgl. 10 - 16 Uhr, sonst Mo - Sa 10 - 14 Uhr; https://www.laesoe-salt.com/).

Schließlich kann man dem **Søfarts- og Fiskerimuseet** in der Vesterø Havnegade 5 in Vesterø Havn einen Besuch abstatten (geöffnet Mitte Mai - Mitte Okt. tgl. 10 - 15 Uhr; www.laesoe-museum.dk). Das Museum ist in einem Haus aus dem Jahre 1872, dem ältesten Haus des Ortes, untergebracht. Beson-

ders stolz ist man im Museum auf den sog. „Bogøgård-Schatz". Er stammt aus dem Jahre 1670. Man nimmt an, dass er einstmals mit der Küstenschifffahrt verdient wurde und während Kriegswirren mit Schweden versteckt worden ist. Ansonsten zeigt das Museum mit seinen Ausstellungen vor allem die Abhängigkeit der Inselbewohner von der Seefahrt und der Fischerei. Der Weiterbestand des Musuems ist fraglich!

HAUPTROUTE

*ROUTE: Frederikshavn verlassen wir über die Straße 585 in südwestlicher Richtung, passieren den **Aussichtsturm Cloostårnet** und kommen nach rund 6 km nach **Gærum**.*

Kaum 2 km südwestlich von **Gærum** liegt nahe der Hauptstraße nach Østervrå eines der größten Hünengräber der jüngeren Steinzeit, bekannt unter dem Namen **Blakshøj [N57° 23' 39.8" E10° 24' 55.7"]**. Dieses prähistorische Ganggrab ist ein eindrucksvoller Zeuge dafür, dass die Region Vendsyssel im Norden Jütlands schon seit dem Ende der Eiszeit besiedelt gewesen sein muss. Wahrscheinlich mit bloßen Händen müssen die Steinzeitmenschen diese beeindruckenden Hünengräber für ihre Häuptlinge und Fürsten errichtet haben.

Der Hünengrabhügel liegt gleich neben den modernen Stallungen des Hofs Blakshøjgaard (privat!).

ROUTE: *Wir zweigen südwärts ab und fahren auf Landsträßchen über Understed nach Sæby.*

Rund 2 km vor **Sæby** liegt **Sæbygård [N57° 20' 05.8" E10° 28' 56.1"]**, Sæbygaardvej 49, ein herrschaftliches Gut aus dem 16. Jh. Der äußerlich eher schlicht wirkende Herrensitz, der aber ein bemerkenswertes Beispiel für dänische Renaissancearchitektur darstellt, war bis zur Reformation Sommersitz der Bischöfe von Børglum. Später residierten hier verschiedene Admiräle des Königreiches. Einer von ihnen war Niels Juel. Heute ist Sæbygård ein **Museum**, das Einrichtungsgegenstände, Porträts und andere Dinge der vornehmen Bewohner der letzten 300 Jahre zeigt.

Berüchtigt wurde Sæbygård aber durch *Pernille Oxe*, die Frau von Niels Juel. Sie galt als eine recht resolute, aber auch gütige und hilfsbereite Schlossherrin. Dennoch kommt, der Legende zufolge, Pernille Oxe auch nach ihrem Tode nicht zur Ruhe. Immer wieder steigt sie aus ihrem Grab, kommt nach Sæbygård und geistert nächtens durch die Räume und Gänge des Herrensitzes, begleitet vom silbernen Klang kleiner Glöckchen. Zum Schluss, heißt es, erscheint die ruhelose Pernille immer, angekündigt durch einen eisigen Lufthauch, im Rittersaal *(geöffnet 2. Juli - 2. Aug. Di - F r + So 12 - 16 Uhr; übrige Zeit nach Vereinbarung; http://www.sæbygaard.dk/).*

Wer sich für die überaus interessante und teilweise auch durchaus amüsante Kalkmalerei in den Kirchen Nordjütland interessiert, sollte keinesfalls darauf verzichten, einen Blick in die **Marienkirche von Sæby [N57° 19' 59.9" E10° 31' 39.5"]** in der Strandgade zu werfen. Die Künstler der damaligen Zeit, dem späten Mittelalter, als die Kirche von Sæby ausgemalt wurde, hatten nicht nur die Aufgabe, die Gotteshäuser zu dekorieren und zu verschönen, sondern sie sollten mit ihren Motiven dem einfachen Kirchenvolk auch die Biblische Geschichte näherbringen. Gleichzeitig sollten die Wandmalereien als begleitendes An-

schauungsmaterial zu den Themen der Predigten dienen, wenn die Blicke der Gläubigen während der Messe über die Deckengewölbe schweiften.

Offenbar waren die Pfarrer sehr darum bemüht, ihren Schäfchen den rechten Weg zu weisen und ihnen zu predigen, den irdischen Verlockungen zu widerstehen. Denn viele der Motive stellen in recht drastischer Art und Weise Teufelswerk und ewige Verdammnis dar.

Natürlich sind auch Szenen aus den Werken der Apostel, aus dem Leben Jesu oder aus Heiligenlegenden zu sehen. In Sæby z. B. befasst sich eine Bildsequenz mit der Legende um die Eltern der Jungfrau Maria, um Anna und Joachim. Sie waren bis dahin kinderlos geblieben und von den Hohepriestern verstoßen worden. In ihrer Verzweiflung hatten die Eheleute eine Vision, dass Anna eine Tochter gebären würde, Maria also, „die von Gott gesegnet sei".

Die Marienkirche von Sæby stammt aus dem frühen 14. Jh. und ist der Rest eines ehemals einflussreichen Karmeliterklosters mit Namen *Mariested*. In jener Zeit hieß auch der Ort Sæby noch Mariested. Der Karmeliterorden, traditionsgemäß sehr der Marienverehrung verbunden, veranlasste denn auch, dass sich die Motive der Malereien in der Klosterkirche mit der Marienlegende zu befassen hatten. Sehenswerter Marienaltar. Die Kirche ist gewöhnlich (außer sonntags) zwischen 10 und 16 Uhr zugänglich.

Darüber hinaus kann man das **Sæby Museum [N57°20'7.02" E10°31'16.87"]** im **Konsul Ørums Gård** in der Algade 1 besichtigen *(geöffnet Juni - Aug. Mo - Fr 10 - 16 Uhr, Sa + So 11 – 16 Uhr; März - Mai +Sept. - Okt. Mo - Fr 10 - 16 Uhr; sonst Mo -Fr 11 - 15 Uhr; https://www.kystmuseet.dk/saeby/).* Dieses Nostalgiemuseum erinnert an die „gute alte Zeit". Man sieht ein Museumskino, einen alten Kaufmannsladen, eine Spielzeugsammlung, ein Schulzimmer aus Opas Zeiten u. ä.

Eine recht fotogene Sehenswürdigkeit ist die Wassermühle **Sæby Vand-**

*Sæbys neues Wahrzeichen am Hafen,
die „Frau vom Meer"*

mølle am Sæby Å. Der idyllisch an einem Stauwehr gelegene Fachwerkbau stammt aus dem frühen 18. Jh. Nur von außen zu besichtigen!

Und schließlich kann man gleich neben dem Touristenbüro einen Blick in das **Ravsmuseum** samt Bernsteinschleiferei werfen.

Sæbys Wahrzeichen ist die „Fruen fra Havet", die „Frau vom Meer". Die monumentale, weiße, janusköpfige Frauenfigur dominiert den Hafen von Sæby. Die

beiden Gesichter des an eine Galionsfigur erinnernde Monuments sollen die zwei Seiten der Gesellschaft, einer Gemeinde darstellen – einmal die weltoffene, zum Meer gewandte Seite und die beschützende, ins Land gewandte Seite, deren weiter Mantel Stadt und Land symbolisch Zuflucht bietet. Die Künstlerin Marit Benthe Norheim hat 2001 ein Kunstwerk geschaffen, das einerseits an eine Madonna, andererseits an eine Meerjungfrau erinnert.

*ROUTE: Westlich von Sæby stoßen wir auf die E45, der wir zunächst 15 km in Richtung Aalborg folgen, zweigen dann aber an der Ausfahrt 14 ostwärts in Richtung **Præstbro** ab. Nach zwei weiteren Kilometern kommt man zum **Schloss Voergård**.*

Voergård [N57° 14' 31.1" E10° 20' 19.6"] wird zu den prächtigsten Renaissanceschlössern Jütlands gezählt (geöffnet Ende 15. Juni - 25. Aug. + 31. Aug. - 20. Okt. tgl. 11 - 16 Uhr; www.voergaardslot.dk). Erbaut wurde der herrschaftliche Sitz um 1510 vom Bischof von Børglund, bis zur Reformation 1536 einer der wohlhabendsten und einflussreichsten Männer und Großgrundbesitzer in Dänemark. Später – ein aufgebrachter Schiffseigner hatte Feuer gelegt – brannte das Schloss nieder und wurde 1590 von der berüchtigten *Ingeborg Skeel* wieder aufgebaut. Zumindest der

PRAKTISCHE HINWEISE — SÆBY

Sæby Turistbureau [N57°20'3.36" E10°31'22.94"], Algade 14, 9300 Sæby, Tel. +45 98 46 12 44; https://www.toppenafdanmark.de/spitze-von-daenemark/sehen-erleben/visitsaeby-gdk1076790. Geöffnet 2. Jan. - 22. Dez. Mo - Fr 9.30 - 16 Uhr; 12. Aug. - 22. Dez. Sa 10 - 14 Uhr.

CAMPING

Camping Hedebo Strand [N57° 21' 17.59" E10° 30' 41.36"], Frederikshavnsvej 108, Tel. +45 98 46 14 49, www.hedebocamping.dk; 23. März – 15. Sept.; nördlich Sæby, Zufahrt von der Straße 180; fast ebenes Wiesengelände, fast bis an den Strand reichend; ca. 16 ha – 300 Stpl. + zahlr. Dau., gute Standard-Sanitärausstattung; Laden, Restaurant. beheizbares Schwimmbad, Waschmaschine, Trockner, Tennis, Fahrradverleih, Minigolf, Grillstelle, WLAN. Miethütten. Sandstrand. V & E für Wohnmobile.

Camping Svalereden [N57° 21' 36.73" E10° 30' 34.07"], Frederikshavnsvej 112 B, Tel. +45 98 46 19 37, www.svaleredencamping.dk; 1. Jan. – 31. Dez.; ca. 3 km nördl. Sæby; ebenes Wiesengelände, von Waldstücken umgeben

und in Felder unterteilt, in Küstennähe; ca. 5 ha – 100 Stpl. + Dau; Standard-Sanitärausstattung; Laden, Waschmaschine, Trockner, Fahrradverleih, Beachvolleyballfeld, Minigolf, Grillstelle, WLAN. Zum Meer ca. 400 m. V & E für Wohnmobile. QuickStop.

WOHNMOBIL-STELLPÄTZE

Wohnmobil-Stellplatz Sæby Havn [N57° 19′ 56.70″ E10° 31′ 53.19″], Havnen 20. **Zufahrt:** Parkplatz am Hafen von Sæby, asphaltiert, schattenlos mit Platz für 20 Wohnmobile. **Ausstattung:** Strom, Frischwasser, Ausguss für Grauwasser und Chemikaltoiletten. **Gebühr:** Pauschale inkl. V & E und Strom, beim Hafenmeister zu bezahlen. **Geöffnet:** Ganzjährig. Max. Aufenthalt 3 Nächte.
Wohnmobil-Stellplatz Ase & Helmer [N57° 22′ 21.94″ E10° 27′ 53.23″], Understedvej 65, Tel. +45 20 61 27 80. **Zufahrt:** Von Saeby auf der Straße 180 nordwärts ca. 5 km, dann weiter westwärts auf dem Gadholtvej bis zur Kreuzung mit dem Understedvej, noch ca. 3 km bis zum Platz. Ebene Wiese entlang der Straße mit Platz für ca. 20 Wohnmobile. **Ausstattung:** Frischwasser, Ausguss für Grauwasser und Chemikaltoilette, Strom, Waschmaschine. WC, Dusche, Campingküche. **Gebühr:** Pauschale inkl. V & E, Dusche Extragebühr. **Geöffnet:** Ganzjährig.
Wohnmobil-Stellplatz Voerså Fiskerleje [N57° 12′ 13.10″ E10° 29′ 35.64″], Havstokken 11. **Zufahrt:** Von Sæby auf der Straße 541 südwärts nach Voerså. Hier meerwärts hinaus zum Sportboothafen. Schotterplatz mit Grasstücken für 15 Wohnmobile in schöner Lage am Bootshafen. **Ausstattung:** Frischwasser, Ausguss für Grauwasser und Chemikaltoiletten, Strom, Dusche. **Gebühr:** Pauschale inkl. V & E und Strom, Dusche Extragebühr. **Geöffnet:** Ganzjährig.

Ostflügel soll unter ihrer Regie wieder erstanden sein.

Allerdings führte die böse Ingeborg nichts Gutes im Schilde. Wie es heißt, stieß sie den Baumeister in den Schlossgraben – natürlich erst nach Beendigung der Bauarbeiten – um sich so der Begleichung der beachtlichen Rechnungen zu entledigen. 1604 starb Ingeborg Skeel und wurde auf dem Friedhof von Voer begraben.

Aber die ruchlose Tat lässt ihre Seele nicht zur Ruhe kommen. Selbst die Beschwörung eines Pastors, den Geist

Schloss Voergård

der Frau in einen Sumpf zu verbannen, blieben wirkungslos. Seitdem erscheint Ingeborg Skeel in jeder Neujahrsnacht und jedesmal ein Stück näher bei Schloss Voergård. Und es heißt, wenn sie eines Tages durch die Schlossfenster schauen kann, wird Voergård im Burggraben versinken.

Zur wertvollen Inneneinrichtung von Schloss Voergård gehört Inventar im Stile der Zeit Ludwigs XV. und Ludwigs XVI., dann ein Tafelservice Napoleons I., schließlich Teile des Services, das von Ludwig XVI. und Marie Antoinette vor deren Hinrichtung benutzt worden sein soll. Wertvolle Gemälde u. a. von Goya, el Greco, Rubens.

Mitte Juli werden auf Voergård Slot sog. „Mittelaltertage" abgehalten, mit Darbietungen, bei denen die Darsteller mittelalterliche Kostüme tragen.

Dronninglund liegt kaum 13 km weiter südlich. Am westlichen Stadtrand findet man in der Slotsgade 8 **Schloss Dronninglund [N57° 09' 20.1" E10° 15' 43.1"]** *(im Juli und August finden Führungen statt; www.dronninglund-slot.dk).* Das ehemalige Benediktinerinnenkloster aus dem 12. Jh. ist seit 1581 in adligem Besitz. Königin Charlotte Amalie, Gemahlin Königs Christian V., erwarb das Schloss 1690, das damals auch seinen Namen Dronninglund erhielt. Das heute als Tagungszentrum und Hotel genutzte Schloss erhielt sein jetziges Aussehen beim Umbau im Jahr 1786. Sehenswerte Fresken, Gestühl und Empore ca. 16. Jh. in der Schlosskirche.

ROUTE: *Man kann von Voergård den Weg über* **Dronninglund** *nehmen, oder zur E45 zurückkehren und so rasch das 31 km entfernte* **Aalborg** *erreichen. Dort verlassen wir die Stadtumgehungsautobahn nach dem Limfjordstunnel und fahren ins Stadtzentrum.*

Aalborg, ca. 115.000 Einwohner, ist eine über 1.000 Jahre alte Stadt und von jeher wichtiger Handels- und Wirtschaftsplatz. Die günstige Lage am Limfjord förderte die Entwicklung des Hafens, der Wohlstand in die Stadt brachte. Aber nicht nur wirtschaftlich, auch kulturell ist Aalborg noch heute das Zentrum Nordjütlands schlechthin.

Im Zentrum der Stadt sind viele alte Gebäude aus der Zeit der Großkaufleute des 16. und 17. Jh. erhalten. Ein Rundgang durch die Innenstadt mit ihren Fußgängerzonen lohnt.

Allerdings bringt das **Parken** in der Innenstadt so seine Probleme mit sich, vor allem für größere Fahrzeuge, die keine Tiefgaragen aufsuchen können. Ein relativ zentraler, allerdings auch stark frequentierter Parkplatz ist der **Parkplatz Sauers Plads [N57° 2' 37.56" E9° 55' 35.88"]** in der Toldstrupsgade.

Stadtspaziergang

Beginnen kann man einen Stadtspaziergang am **Touristeninformationsbüro Visit Aalborg (1) [N57°2'46.51" E9°55'53.13"]**, Kjellerups Torv 5, Kedelhallen.

Vom Touristenbüro geht man über die Straßen Østerbro und Nytorv ein gutes Stück westwärts, bis man auf die Østeragade trifft. Hier wenden wir uns links und kommen wenig später zum rechterhand gelegenen, ins Auge fallenden **Jens Bang's Stenhus (2) [N57° 2' 54.2" E9°55'16.48"]**, Østeragade 9. Das mächtige, fünfstöckige, mit reichem Giebelschmuck versehene Haus des Großkaufmanns Jens Bang stammt aus dem Jahre 1624 und gilt als eines der größten und schönsten Bürgerhäuser im Renaissancestil Nordeuropas.

Dass Jens Bang ein erfolgreicher Kaufherr und reichster Mann weit und breit war, glaubt man angesichts des Pracht-

Detail an Jens Bang's Stenhus

baus ohne weiteres. Sieht man sich aber die Köpfe, Masken und Fratzen an den Giebeln etwas genauer an, glaubt man auch, dass Jens Bang keineswegs ein allseits geliebter Bürger war. Seine Feinde und Gegner ließ er darum in wenig schmeichlerischer Weise in Stein porträtieren. Obwohl reich, wurde der einflussreiche Kaufmann doch nie in den Rat der Stadt berufen. Wie Jens Bang darüber dachte, geht wohl aus der Maske am Giebel zum Rathaus hin eindeutig hervor – er streckt den Ratsherren die Zunge heraus.

In dem Prachtbau ist seit 300 Jahren **„Svane Apothek"** eingerichtet, die älteste Apotheke in Aalborg. Außerdem findet man dort den „Duus vinkjelder", einen alten Weinkeller mit historischem Inventar.

Das Jens Bang's Stenhus in Aalborg gilt als eines der schönsten Bürgerhäuser im Renaissancestil Nordeuropas

Geradezu bescheiden sieht daneben das **Alte Rathaus (3) [N57°2'53.94" E9°55'15.19"]** aus. Allerdings ist dieses Rathaus nicht dasselbe wie das zu Zeiten von Jens Bang. Der schöne Spätbarockbau den wir heute sehen, entstand erst 1762. An der Hauptfassade zum Platz Gammel Torv hin sieht man das schöne, von den letzten Gaslaternen Aalborgs flankierte Portal, darüber das Reichswappen und das Bildnis König Frederiks V. mit dem königlichen Wahlspruch: „Solo Deo Gloria" (Gott allein die Ehre). Über dem Eingang noch eine Devise: „Prudentia et Constantia" (Klugheit und Festigkeit).

Gammel Torv (4), der Platz vor dem Alten Rathaus, ist der alte Marktplatz der Stadt. Gammel bedeutet im Dänischen ja soviel wie alt. Früher war hier die Thing- und Richtstätte und bis auf den heutigen Tag werden von hier aus die Straßenkilometer ab Aalborg gemessen. Ein Stein auf dem Platz markiert den Nullpunkt.

Die Südseite des Platzes wird begrenzt durch die **Budolfi Domkirche (5) [N57° 02' 51.8" E9° 55' 10.2"]**, Budolfi Plads. Wir gehen um die Ostseite der Kirche herum, um zum Eingang in der Algade zu kommen. Die ältesten Mauerreste sind fast 1.000 Jahre alt. Der größte Teil der Kirche, die kurioserweise dem englischen Heiligen der Seeleute „Butolph" geweiht ist, entstand im 13. und 14. Jh. und erfuhr mehrmalige Um- und Anbauten. Die schöne barocke Turmspitze kam erst 1779 dazu.

Im Inneren des Kirchenschiffs wertvolle Fresken, z.B. die vier Evangelisten in der Vierung, sowie Motive aus dem Alten und Neuen Testament. Bemerkenswert auch der Altar, die geschnitz-

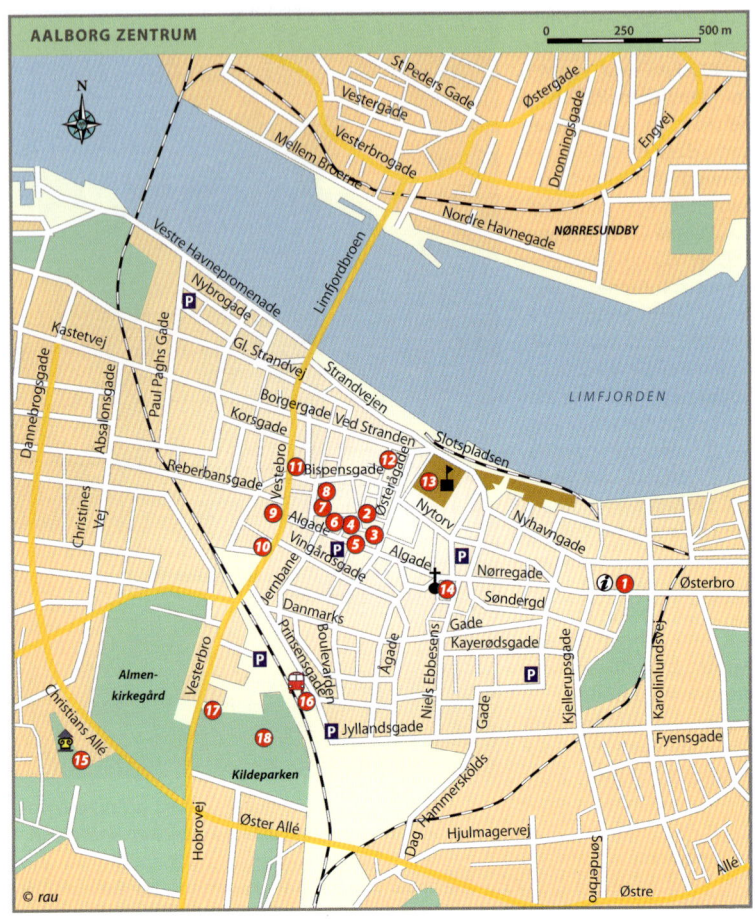

AALBORG – **1** Touristeninformation – **2** Jens Bang's Haus – **3** Altes Rathaus – **4** Gammel Torv – **5** Budolfi Kirche – **6** Hauptpost – **7** Historisches Museum – **8** Heiliggeist-Kloster – **9** Hotel Phönix – **10** Gänsemagd – **11** Kimbrerstier – **12** Jørgen Olufsens Gaard – **13** Schloss Aalborghus – **14** Liebfrauenkirche – **15** Kunstmuseum – **16** Tivoliland – **17** Bahnhof – **18** Kongress- und Kulturzentrum – **19** Kildeparken

te Kanzel, der barocke Marmortaufstein und die Empore mit Stilelementen der Renaissance und Motiven der Zehn Gebote.

Etwas westlich vom Domturm liegt das **Postamt (6)**, untergebracht in einem Gebäude, das einem alten Herrensitz nachempfunden ist.

Daneben findet man in der Algade Nr. 48 das **Aalborg Historiske Museum (7) [N57° 2′ 53.02″ E9° 55′ 4.39″]** (geöffnet 1. Apr. - 30. Nov. Di - Sa 10 - 17 Uhr; 2. Jan. - 23. März Di - Sa 10 - 16 Uhr; 1. - 23.

Dez. Mo - Fr 10 - 17.30 Uhr, Sa 10 - 17 Uhr; www.nordmus.dk/de/u/aalborg-historiske-museum-3/). Exponate aus der Steinzeit, Funde von Lindholm Høje aus der Wikingerzeit, Ausstellungen zur Stadtgeschichte, schöne Gläser- und Silbersammlung. Hervorzuheben ist das getäfelte Aalborg-Zimmer von 1602 mit prächtigem Renaissanceinterieur.

Weiter östlich kann man unter der Fußgängerpassage Algade 19 das **Gråbrødrekloster Museum, das Museum des Grauen Klosters** besuchen (ge-

Aalborgs alter Marktplatz Gammel Torv

öffnet Apr. - Okt. Di - Sa 10 - 17 Uhr; Nov. - März Di - Sa 10 - 16 Uhr, www.nordmus. dk/graabroedrekloster-museet-2/). Per Lift geht es in 3 m hinab. Dort sind Ausgrabungen eines Franziskanerklosters sowie Exponate über die Geschichte dieses Stadtzentrums zu sehen.

Nördlich der Budolfi Domkirche gehen wir die Adelgade entlang, bis gleich darauf linkerhand der **C. W. Obels Plads** auftaucht, benannt nach dem gleichnamigen Tabakfabrikanten, dessen Fabrik bis 1896 hier stand. Heute wird hier im Sommer Samstag vormittags ein Trödelmarkt abgehalten.

Zur Rechten sieht man ein rotes Fachwerkhaus, das aus dem Jahre 1580 erhalten blieb.

Linkerhand das **Heiliggeist-Kloster (8)**, auch Aalborg Kloster genannt, mit schönen Stufengiebeln, Klosterjordet 1. Das Haus ist eine Stiftung des „ehrbaren Weibes Maren Hemmings" aus dem Jahre 1431. Das Kloster widmet sich traditionell der Pflege Alter und Kranker. Im Hof schöner Springbrunnen mit gewundenen Drachenleibern. (*Führungen nach Vereinbarung; www.aalborgkloster.dk*).

Zurück in die Adelgade und an der Klostermauer entlang durch das schmale, romantische Treppengässchen Latinergyden [N57° 2′ 54.38″ E9° 55′ 6.36″]

in die Gravensgade. Hier verlief früher der Graben der Stadtbefestigung. Heute ist die Straße Fußgängerzone, Aalborgs erste übrigens.

Nun links bis zur Algade und rechts bis zur Hauptstraße Vesterbro. Auf der anderen Straßenseite sieht man das **Hotel Phönix (9)**, untergebracht in einem Adelspalais, das sich 1783 der durch obskure Indienfahrten reich gewordene William Halling errichten ließ.

Schaut man links die Hauptstraße Vesterbro hinab, erkennt man die **„Gänsemagd" (10)**, eine von der Tabakfabrik Obel gestiftete und 1937 von Gerhard Henning geschaffene Plastik.

Soviel Spenderlaune steckte offenbar an. Denn auf unserem Weg die Vesterbro rechts hinauf, kommen wir zum **„Kimbrer-Stier" (11) [N57° 2′ 58.84″ E9° 54′ 58.91″]**, einer von A. J. Bundgaard geschaffenen und von der Dänischen Spirituosenfabrik gestifteten Plastik.

Beim Kimbrer-Stier nun rechts ab in die Bispensgade bis zur Jomfru Ane Gade, die links abzweigt. Die Fußgängerzone **Jomfru Ane Gade [N57° 02′ 57.8″ E9° 55′ 06.6″]** ist Aalborgs bekannte Schlemmermeile. Viele sagen auch, es sei „die längste Theke des Landes". Jedenfalls findet man hier über 20

Kneipen, beliebte Speiserestaurants, aber auch Discos und Musikunterhaltung. Auf halber Höhe rechts der Silde-paladset (Heringspalast) von 1813, die ehemalige Domschule mit markanter Giebelfassade

Wir gehen die Jomfru Ane Gade weiter am Parkhaus vorbei bis zur Straße Ved Stranden. Hier wenden wir uns rechts und gehen vorbei am Haus Nr. 7. Das Gebäude war ehemals das Anwesen eines Weinhändlers, erkenntlich an dem Weinrebenfries und einer Bacchus-Darstellung.

Wenig später biegen wir in die Maren Turisgade ein. Durch Haus Nr. 6 gelangen wir in den **Jørgen Olufsens Gård (12)**, dem besterhaltenen Kaufmannshaus aus der Renaissance mit hohen Speichern und Luken zu den Kellern. Am Tor zur Østeragade 25 sieht man noch den Eisenhaken, an dem früher die große Waage hing. Die Fassade in der Østeragade hat einen schönen Giebel und ein Sandsteinportal.

Jørgen Olufsen, der Erbauer des Anwesens, war der Bruder von Jens Bang. Als dieser Olufsens Haus sah, soll er geäußert haben, er werde ihm nun einmal zeigen, was ein standesgemäßes Kaufherrenpalais sei und begann mit seinem schon erwähnten Prachtbau.

Nun überqueren wir die Østerågade – früher war dies übrigens ein Flusslauf und die Frachtkähne konnten direkt bis zu den Handelshäusern hier fahren – und gehen bis zum **Schloss Aalborghus (13) [N57° 02' 59.0" E9° 55' 29.7"]**, erkenntlich an seinem Stufengiebel. Vom Slotspladsen am Hafen kann man durch einen Torweg in den Innenhof gelangen. Zwischen 8 und 21 Uhr kann man täglich den Schlosspark besuchen. In den Sommermonaten sind auch die Kasematten und das sog. Kerkerloch Besuchern zugänglich; https://www.visitaalborg.de/aalborg/reiseplanung/aalborghus-schloss-gdk1035010.

Mitte des 16. Jh. legte König Christian III. das Schloss an, um es zu einem Verteidigungsposten bei evtl. Aufständen auszubauen. Vielleicht wollte man auch nur den zu selbstgefällig werden-den Kaufherren Macht demonstrieren. Jedenfalls wurde der Plan zum Ausbau des Schlosses fallen gelassen. Aalborghus wurde statt dessen Sitz des Königlichen Lehensmannes und ist heute Amtssitz des Landrats. Zu sehen sind ein Verlies und unterirdische Gänge und Fluchtwege, sowie Kasematten.

Wir gehen ein Stück zurück, um die Westseite des Schlosses herum und links durch die Lille Kongensgade zum Nytorv, einem ehemaligen Platz zur Musterung von Pferden (1604) die König Christian IV. erwerben ließ.

Weiter bis zur Slotsgade und über sie rechts (Fußgängerzone) bis zur Bredegade und zur **Vor Frue Kirke [N57° 2' 47.15" E9° 55' 24.84"]** (14, Liebfrauenkirche). In diesem Viertel findet man viele alte, gut erhaltene Häuserensembles, z. B. Ecke Fjordgade/Nørregade, dann südlich der Kirche in der Klokkestøbergade, von der man über die Sct. Peders Straede in die Peter Barkes Gade mit einer Reihe kleiner, einstöckiger Häuschen kommt.

Westlich der Kirche gehen wir durch die abgewinkelte Hjelmerstald, deren altes Straßenbild erhalten wird, zur Møllegade und über Algade und Østergade zurück zum Ausgangspunkt am Jens Bang's Hus.

Je nach persönlicher Neigung können auch folgende Sehenswürdigkeiten besuchenswert sein:

Nordjütlands Kunstmuseum Kunsten (15) [N57° 2' 34.39" E9° 54' 22.17"], Kong Christians Allee 50, untergebracht in einem modernen Bau der Architekten Aalto (Finnland) und Baruel (Dänemark). Dänische und internationale Kunst des 19. und 20. Jh. Einen Schwerpunkt bilden Werke von Künstlern der COBRA-Gruppe *(geöffnet Di 10 - 17 Uhr, Mi 10 - 21 Uhr, Do - So 10 - 17 Uhr; https://kunsten.dk).*

Im neu gestalteten **Springeren – Maritimes Erlebniscenter [Parkmöglichkeit, N57° 3' 33.60" E9° 53' 36.81"]**, Aalborgs Seefahrt- und Marinemuseum, Vestre Fjordvej 81, wird über die Entwicklung der dänischen Seefahrt der letzten 200 Jahre informiert. Die großen Attraktionen stellen die in Dänemark gebauten U-Boot 'Springeren' und das Torpedo-U-Boot 'Søbjørnen', das angeblich schnellste Torpedoboot der Welt, dar. Ein Simulator ermöglicht den Besuchern, Ihre seefahrerischen Fähigkeiten als Kapitän zu testen *(geöffnet Mai, Juni, Aug. tgl. 10 - 17 Uhr; Juli tgl. 10 - 20 Uhr; https:// en.springeren-maritimt.dk).* .

Aalborg Zoo [N57° 2' 34.39"   E9° 54' 22.17"], Mølleparkvej 63 *(geöffnet Mai tgl. 10 - 19 Uhr; Juni - Aug. Mo - Fr 10 - 15 Uhr, Sa + So 10 - 16 Uhr; März + Sept. tgl. 10 - 17 Uhr; Okt. tgl. 10 - 16 Uhr; Nov. - Feb. tgl. 10 - 15 Uhr; www.aalborgzoo.dk).*

Aalborg Turm *(geöffnet Juli - Mitte Aug. tgl. 10 - 17 Uhr; Mitte Apr. - Ende Juni tgl. 11 - 17 Uhr; Mitte Aug. - Ende Sept. tgl. 11 - 17 Uhr; www.aalborgtaarnet.dk/de/),* Aussichtsturm auf dem 105 m hohen Skovebakken oberhalb des Kunstmuseums. Per Lift geht es 55 m hinauf auf die Aussichtsplattform des 1933 erstellten Turms. Schönster Blick auf Stadt und Limfjord. Bistro.

Beliebt bei Jung und Alt ist im Sommer (Ende Juni bis Anfang September) eine Fahrt mit der **Oldtimerbahn Limfjordsbanen**, die vom Aalborger Bahnhof zum Grönlandhafen fährt. Die Fahrtdauer hin und zurück dauert 2 Stunden. Abfahrten im Juli sonntags 11 und 14 Uhr, sonst sonntags nur um 14 Uhr, www.limfjordsbanen.dk. Fahrplanänderungen möglich.

Lindholm Høje [Parkmöglichkeit, N57 °4' 43.12" E9° 54' 49.15"] gegenüber von Aalborg auf der nördlichen Fjordseite im Vendilavej 11, nordwestlich der Vorstadt Nørresundby *(geöffnet 2. Apr. - 31. Okt. Di - So 10 - 17 Uhr; 1. Nov. - 31. März Di - So 10 - 16 Uhr; www.nord-mus.dk/en/u/lindholm-hoeje-museet-2/).* Größter Begräbnisplatz in Jütland aus der Eisen- und Wikingerzeit.

In Lindholm Høje liegen ca. 700 Vikingergräber, davon 150 sog. Schiffssetzungen. Dazu wurden große Gesteinsquader in der ovalen Form eines Schiffes aufgestellt, wohl in der Hoffnung, dass der Verstorbene magische Kraft genug haben würde, mit diesem symbolischen Schiff ins Reich der Toten segeln zu können. Mächtigen Wikingern wurden dagegen echte Holzschiffe als Grabbeigabe mitgegeben. Im Museum wird die Zeit der Wikinger auf Lindholm und in einer neueren Abteilung die Entwicklung der Region des Limfjords behandelt.

ROUTE: Aalborg verlassen wir in südlicher Richtung, folgen entweder der

Lindholms Høje bei Aalborg, Gräberfeld aus der Wikingerzeit

*Straße 180 oder der Autobahn E45 bis Ausfahrt 31 (Støvring Sud) und fahren über **Støvring** durch die Landschaft „Himmerland" bis **Hobro**.*

Auf dem Weg nach Süden passieren wir zwischen Gravlev und Rold **Rold Skov,** das größte Waldgebiet Dänemarks, das auch weites hügeliges Heideland umfasst. In Rebild, gibt es – außer dem Wald- und Jagdmuseum gleich in der Nähe des Safari Campingplatzes – die dänisch-amerikanische Gedenkstätte **Lincoln Log Cabin Museum [N56° 49' 55.6" E9° 50' 34.4"].** Das Blockhaus ist ein originalgetreuer Nachbau des Geburtshauses Abraham Lincolns. Jährlich findet in den Hügeln von Rebild anlässlich des amerikanischen Unabhängigkeitstages am 4. Juli ein großes dänisch-amerikanisches Freundschaftsfest statt. Das Blockhausmuseum ist nur bei Gruppenbesuchen von mindestens 10 Prsonen oder nach vorheriger Vereinbarung geöffnet.

Bei **Oplev**, westlich von Rebild, liegt das **Rebildcentret Thingbæk Kalkminer**, die ehemaligen Kalkgruben von Thingbæk, die heute ein Bildhauermuseum beherbergen *(geöffnet Mai - Juni + Sept. Mo - Fr 10 - 16 Uhr, Sa + So 10 - 17 Uhr; juli + Aug. tgl. 10 - 17 Uhr; Okt. Sa + So 10 - 17 Uhr; 4. - 13. Apr. tgl. 10 - 17 Uhr; http://www.rebildcentret.com/).* Das Rebildcentret zeigt über 50 Gipsskulpturen der beiden dänischen Bildhauer Anders Bundgaard und Carl Johan Bonnesen, die später von den Künstlern in Bronzeskulpturen gegossen wurden. Besonders beeindruckend ist der kimbrische Stier, der in eineinhalbfacher Größe einen wilden, angriffslustigen Stier darstellt.

Zudem bewohnen unzählige Fledermäuse die Grube, die man im Frühling und Sommer beobachten kann, wenn sie den Stollen verlassen bzw. wieder zurückkehren.

Am Südrand des quellen- und seenreichen Waldgebietes Rold Skov liegt der tiefblaue Quelltopf **„Stor Blåkilde"** des Villestrup-Baches, mit einer täglichen Schüttung von ca. 35.000 Kubikmeter Wasser.

Auf dem Weg nach Hobro (Straße 180) passiert man in **Rold** das **Dänische Zirkusmuseum [N56" 46' 22.2" E9° 48' 59.6"]**, Østerled 1 *(geöffnet Mai - Sept. Di - So Di - So 11 - 16 Uhr; www.nordmus.dk/cirkusmuseet).* Es befindet sich im Winterquartier des Cirkus Miehe beim Gasthof „Rold Gamle Kro" und gilt als besterhaltenes Zirkusgebäude aus Holz im Lande. Themen der Ausstellungen sind der Zirkus als Arbeitsplatz seit über 200 Jahre, das Leben eines Zirkusdirektors, der Artisten und der Tiere etc.

Hobro, das 10.000-Seelen-Städtchen am Ende des Mariager Fjords, hat eine seltene Sehenswürdigkeit zu bieten. Ca. 3 km südwestlich von Hobro (Abzweig

PRAKTISCHE HINWEISE — SKØRPING

Rebild Turistbureau, Rebildvej 25A, 9520 Skørping, Tel. +45 99 88 90 00; www.rebildporten.dk. *Geöffnet Di - So 10 - 17 Uhr.*

CAMPING

Camping Rebild Safari [N56° 49' 58.2" E9° 50' 45.5"], Rebildvej 17 A, Tel. +45 29 13 11 72, www.safari.dk-camp.dk; 1. Jan. – 31. Dez.; ca. 3 km westl. Skørping; ebenes Wiesengelände; ca. 4 ha – 200 Stpl. + Dau.; Standardausstattung. Miethütten.

an der Q8-Tankstelle) liegt **Fyrkat [Parkplatz, N56° 37' 31.5" E9° 46' 21.5"]**, Reste einer rund 1.000 Jahre alten Wikingerburg in Form eines Ringforts *(geöffnet Mai + Okt. tgl. 10 - 16 Uhr; Juni - Aug. tgl. 10 - 17 Uhr; Sept. tgl. 10 - 15 Uhr; www.fyrkat.dk)*. Ein rund 10 m breiter Ringwall umgibt ein Areal von annähernd 140 m im Durchmesser. Jeweils nach einem Kreisviertel findet man Einschnitte im Wall, die ehemaligen Zugänge in das geschützte Innere.

Die Zugänge teilen das kreisrunde Gelände in vier gleich große Sektoren. In jedem befanden sich einstmals vier Langhäuser, jedes fast genau 30 m lang. In ihnen wohnten die Soldaten mit ihren Familien, waren Werkstätten, Lager und Waffenarsenale untergebracht. Eines jener Langhäuser wurde am Rande der Anlage von Archäologen rekonstruiert.

Wie die Forschungen und Ausgrabungen ergeben haben, sollen die Gemeinwesen gegen Ende der Wikingerzeit bereits Klassengesellschaften mit Großgrundbesitzern, Bauern, Knechten und Sklaven gewesen sein. Die in Fyrkat gemachten Grabungsfunde sind im **Museum in Hobro** zu sehen.

Auf dem Weg zum Ringfort Fyrkat (Vikingeborgen Fyrkat) passiert man das **Fyrkat Vikingerzentrum [N56° 37' 30.20" E9° 46' 53.32"]**, ein Nachbau eines großen Bauernhofes aus der Wikingerzeit. Sehenswert sind einige Langhäuser im Stil der Wikingerzeit. Zeitgenössisch gekleidete Mitarbeiter geben Erläuterungen zu handwerklichen- und bäuerlichen Sitten und Gebräuche.

Fyrkat, Rekonstruktion eines Langhauses der Wikingerzeit

Fyrkat Wikingerzentrum bei Hobro

Das **Lystfartøjsmuseet [N56° 38' 16.68" E9° 48' 3.65"]** in der Søndre Kajgade 14 befasst sich mit dem Segelsport *(geöffnet Mai - Sept. Di - So 12 - 16 Uhr; www.nordmus.dk/de/u/lystfartoejsmuseet-3/).* Es wurde in einem alten Getreidelagerhaus am Hafen von Hobro eingerichtet und zeigt Segelboote jeder Art, die Yacht „Silvana", die früher vom dänischen Zoll genutzt wurde, kann besichtigt werden. Das Thema der Kommunikation zu Lande und zu Wasser ist ein Teil der Ausstellung.

Dänemarks älteste **Holzschiff-Werft [Parkplatz, N56° 38' 17.85" E9° 48' 15.00"]** findet man in der Skibsgade 37. Hier werden seit 35 Jahren alte Holzschiffe repariert und wieder seetüchtig gemacht; www.hobrovaerft.dk.

Ca. 9 km westlich von Hobro liegt auf dem Gelände eines Bauernhofes nordöstlich **Snæbum** im Hvilsomvej 9 ein anderes Zeugnis aus der frühen Geschichte Dänemarks – die **Jættestuerne i snæbum [N56° 39' 14.15" E9° 39' 50.53"]**. Es ist ein **Ganggrab** aus der jüngeren Steinzeit, das zu den eindrucksvollsten und besterhaltenen des Landes zählt. Taschenlampe nicht vergessen! Man wird um einen Obulus von DKK 10,- gebeten.

PRAKTISCHE HINWEISE – HOBRO

 Hobro Turistbureau [N56° 38' 16.85" E9° 47' 59.35"], Søndre Kajgade 10, 9500 Hobro, Tel. +45 70 27 13 77. *Geöffnet im Sommer Mo - Fr 10 - 14 Uhr, Sa 10 - 13 Uhr.* Fahrradverleih.

 CAMPING

Camping Hobro City Gattenborg [N56° 38' 9.78" E9° 46' 52.47"], Gattenborg 2, Tel. +45 98 52 32 88, www.hobrocamping.dk; 1. Jan. – 31. Dez.; westlich der Stadt gelegen, vom Hobro Zentrum auf der Straße Skivevej bis zum beschilderter Abzweig, Terrassengelände mit Büschen und Bäumen, hinter einem Gewerbehof, Blick auf Hobro; ca. 3 ha – 60 Stpl.; Standard-Sanitärausstattung. Kiosk, Waschmaschine, Trockner, beheizbares Schwimmbad. V & E für Wohnmobile. QuickStop.

ROUTE: *Weiterreise von Hobro auf der Straße 555 12 km nach Osten bis* **Mariager.**

Mariager – der Ortsname bedeutet übrigens „Marias Acker" – eine fast am Ende des weit ins Land reichenden Mariager Fjord gelegene, ansprechende Kleinstadt, wird von Liebhabern gelegentlich auch „Stadt der Rosen" genannt. Im alten Ortskern sind noch einige hübsche alte Fachwerkhäuser erhalten, die in den gepflasterten Gassen eine recht einladende Kulisse bilden. Beachtung verdient das 1430 gegründete Kloster mit seiner freskengeschmückten **Kirche,** die einst der Mittelpunkt eines Hauses des Birgittenordens war.

Das **Museum** der Stadt ist in einem ehemaligen Kaufmannshof untergebracht, der aus dem 18. Jh. stammt *(geöffnet Mai - Sept. Di - So 12 - 16 Uhr; www. nordmus.dk/mariager).*

Zu den neueren Attraktionen Mariagers zählt das **Dänische Salz-Center** [N56° 39' 14.6" E9° 58' 47.06"] am Hafen *(geöffnet Mo - Fr 10 - 16 Uhr, Sa + So 10 - 17 Uhr; www.saltcenter.com).* Dieses Salzmuseum ist als sog. Erlebniscenter konzipiert, in dem sich alles um das „weiße Gold", den Rohstoff Salz dreht. U. a. sieht man einen Stollen eines Salzbergwerks, eine Salzsiedehütte, diverse Salzkristalle, ein Salzwasserschwimmbecken mit Wasserverhältnissen wie im Toten Meer, u. ä.

In der Gegend um Mariager wird schon seit dem Mittelalter Salz gewonnen. Bei Assens, unweit östlich von Mariager, produziert heute die Dansk Salt A/S, die einzige Saline Skandinaviens, jährlich 600.000 Tonnen Salz.

An Wochenenden wird auf der Bahnstrecke Mariager – Handest mit einer **Veteranenbahn** und historischen Waggons Reisenostalgie wachgerufen.

Und auf dem Mariager Fjord verkehrt im Sommer der **Raddampfer „Svanen".**

PRAKTISCHE HINWEISE — MARIAGER

Mariager Turistbureau [N56° 39' 02.5" E9° 58' 57.3"], im alten Rathaus, Torvet 1 B, 9550 Mariager, Tel. +45 98 54 13 77, www.visitmariagerfjord.dk. *Geöffnet Juni - Aug. Mo - Fr 10 - 18 Uhr, Sa 10 - 14 Uhr; Sept. - Mitte Okt. Mo - Fr 10 - 15 Uhr; Mitte Okt. - Mitte Dez. Mo - Fr 10 – 15 Uhr.*

CAMPING

Camping Mariager [N56° 39' 14.7" E9° 58' 32.1"], Ny Havnevej 5A, Tel. +45 98 54 13 42, www.mariagercamping.dk; 13. Apr. – 22. Sept.; beim Oldtimer Bahnhof und Salzmuseum; gepflegtes, ebenes, durch die Bahngleise der Nostalgiebahn zweigeteilte Wiesen in schöner Lage am Mariager-fjord; ca. 3 ha – 100 Stpl. + Dau.; gute Standard-Sanitärausstattung. Kiosk, Waschmaschine, Trockner, Fahrradverleih, Grillstelle, Miethütten. Badegelegenheit. V & E für Wohnmobile.

WOHNMOBIL-STELLPLATZ

Assens bei Mariager
Wohnmobil-Stellplatz Kongsdal Badelaug [N56° 41' 2.04" E10° 4' 10.59"], Kongsdal Havn 8, Tel. +45 40 58 37 27, www.kongsdal-baadelaug. dk. Auch als Kongsdal Teltplads bekannt. **Zufahrt:** Von Mariager auf der Straße 555 nordostwärts ca. 6,5 km nach Assens, hier zum Kongsdal Havn. Naturbelassenes, teils von Bäumen begrenztes und an Felder grenzendes Wiesengelände hinter den Wirtschaftsgebäuden am Bootshafen von Assens am Mariagerfjord mit Platz für ca. 30 Wohnmobilen. **Ausstattung:** Frischwasserhahn, Ausguss für Grauwasser und Chemikaltoiletten, Strom, WC, Dusche, WLAN, Grillstelle, videoüberwacht. **Gebühr:** Pauschale inkl. V & E, WLAN, Strom und Dusche Extragebühr. **Geöffnet:** Anfang März - Ende Oktober.

ROUTE: *Randers* *liegt 23 km süd-*
lich von Mariager, bzw. 27 km südöstlich
von Hobro.

Randers, mit annähernd 60.000
Einwohnern Dänemarks sechsgrößte
Stadt, liegt an einer Stelle an der Mündung des Gudenå-Flusses in den Randers Fjord, die schon in früher Zeit an einer seichten Furt die bequeme Querung
des Wasserlaufs erlaubte und somit den
Warenstrom ungehindert in Nord-Süd-
Richtung fließen ließ. Natürlich entwickelte sich hier rasch eine Siedlung,
eine Warenniederlassung, eine Stadt
des Handels. Erstmals wird Randers auf
Münzen aus dem Jahre 1086 erwähnt,
der Zeit König Erik Ejegods.

Auch in Randers sind es alte Fachwerkhäuser und Handelshöfe, die in einigen Straßenzügen noch etwas vom
Flair der alten Tage verbreiten und zu einem Stadtbummel einladen.

Relativ große, gebührenpflichtige
Parkplätze findet man z. B. vor den Anlagen von **Randers Regenwald [N56°
27′ 27.5″   E10° 01′ 57.2″]** und nordwestlich davon Richtung Bahnhof entlang der Jernbanegade **[N56° 27′
36.94″ E10° 1′ 42.68″]**. Die Parkplätze
empfehlen sich auch als Ausgangspunkt
für einen Stadtrundgang durch die Alt-
und Innenstadt von Randers, die von
dort aus zu Fuß gut zu erreichen ist.

Randers verfügt über eine besondere Attraktion, den **Randers Regnskov
(15) [Parkplatz, N56° 27′ 27.5″   E10°
01′ 57.2″]**, den **Regenwald von Randers**, *Tørvebryggen 11 (geöffnet Mo – Fr*
10 - 16 Uhr, Sa + So 10 - 17 Uhr; https://
www.regnskoven.dk/). Unter zwei riesigen, recht futuristisch wirkenden Glas-
kuppeln nahe der Durchgangsstraße
am Südrand der Innenstadt, findet man
einen üppigen tropischen Garten, mit
exotischen Pflanzen und Tieren, Fels-
gruppen und Wasserfällen. Es wird per-
manent ein tropisches Klima erzeugt,
mit 99% relativer Luftfeuchtigkeit und
einer Temperatur von 25 Grad.

Vom „Randers Regenwald" kann
man über die Odinsgade, Laksetorvet
und Apotekerstræde stadteinwärts ge-

hen, quert die Straße Vestergrave und
kommt, vorbei am rechterhand gelegenen Grand Teatret, zur Middelgade. Hier
wenden wir uns links und gehen kurz
darauf die Torvegade nordwärts bis hinauf zum **Touristenbüro (1) [N56° 27′
39.5″ E10° 2′ 11.00″]** am Rådhustorvet
4. Das Touristenbüro hält die Broschüre
„Stjerneruten – Die Sternentour" bereit,
die einen etwa 2,5 km lange Weg zu den
Sehenswürdigkeiten in der Innenstadt
beschreibt.

An der Südostseite des Rathaus-
und Marktplatzes, dem alten Zentrum
der Stadt vor dem Touristenbüro, steht
das **alte Rathaus (14) [N56° 27′ 39.17″
E10° 2′ 12.83″]** von 1778. Der ganze
wohlproportionierte Bau mit seinem
Uhrtürmchen wurde 1930 auf Schienen
3 Meter nach Norden versetzt, um Platz
für den Verkehr zu schaffen.

Das Denkmal vor dem alten Rathaus
stellt den sagenumwobenen Heißsporn
Niels Ebbesen dar. 1340 erschlug er den
holsteinischen Grafen Gert und erwarb
sich den Ruf, der erste Freiheitskämpfer
Dänemarks zu sein.

Zwischen Rathaus und Touristenbüro führt die Rosengade durch das ehemalige Judenviertel nach Osten. Kaum
100 m weiter zweigt von der Rosengade
die Nygade (Neue Straße) links ab. Haus
Nr. 4 dort ist das älteste Fachwerkhaus
von Randers. Sein Ursprung geht in die
erste Hälfte des 15. Jh. zurück.

Wir gehen vom Touristenbüro ein
kurzes Stück zurück bis zur Straße
Houmeden, in die wir rechts einbiegen. Wenig später kommen wir zur Gasse **Erik-Menveds Plads (2) [N56° 27′
38.14″ E10° 2′ 7.92″]**. Benannt ist der
Platz nach dem König , der 1302 als erster der Stadt Handelsrechte verlieh.

Bemerkenswert am Erik-Menved-
Platz ist das **Helligandshuset**. Dieser
alte Steinbau mit Stufengiebel und Stor-
chennestern auf dem Dach, wurde gegen 1500 von Mönchen des Heiliggeist-
ordens gebaut. Der Orden hatte 1484 in
Randers ein Kloster gegründet.

Das Heiliggeisthaus diente bis zur
Reformation als Alten- und Siechen-
heim. Im 18. und 19. Jh. war es Latein-

schule. Heute wird es von der Stadtverwaltung genutzt.

Durch die **Houmeden (3)**, eine der ersten Fußgängerzonen des Landes mit einem interessanten alten Fachwerkbau (1560) mit vorspringenden Etagen, gehen wir links (westwärts) bis zur Store Voldgade [Große Wallstraße - N56° 27' 38.29" E10° 2' 2.82"], dann rechts die Borgergade hinauf. Am Ende der Straße an der Kreuzung gegenüber, die Vognmandsgade [N56° 27' 41.99" E10° 1' 59.52"], die Fuhrmannstraße. Sie lag früher schon außerhalb der Stadt. Damals mussten sich hier alle Fuhrleute und Schmiede niederlassen. Aus Furcht vor Bränden durften sie nicht in der Stadt wohnen.

Wir machen eine scharfe Linkskehre in die Von Hatten Straede. In der gepflasterten Straße ist das **Von Hatten-Haus (4)** aus dem Jahre 1779 beachtenswert.

Das Südende der Von Hatten Straede mündet in die Vestergade [N56° 27' 37.06" E10° 1' 57.12"]. **Haus Vestergade Nr. 1 (5)** wird auch **Voldbrohus**, also Wallbrückenhaus genannt. Es erinnert daran, dass hier früher der Wallgraben begann. Ganz in der Nähe stand das westliche Stadttor. Schräg gegenüber steht **Randers Hospital (6)** oder Randers Kloster. Der älteste Gebäudeteil liegt in der Hospitalsgade. Es ist ein sehr schöner Fachwerkbau mit geschnitzten Holzbalken aus dem Jahre 1620.

Weiter die Kirkegade südostwärts hinunter. Die nächste Querstraße rechts ist die **Store Kirkestraede (7)**, eine Fußgängerzone mit Fachwerkhaus. Auf der anderen Seite der Kirkegade ragt die **St. Mortenskirche (8) [N56° 27' 35.82" E10° 2' 3.98"]** auf. Gegen 1500 erbaut, sollte sie den Heiliggeistmönchen als Klosterkirche dienen. Die geschnitzten Portale, die Kanzel und die Orgel wurden von wohlhabenden Kaufleuten der Stadt gespendet.

Wir gehen die Kirkegade weiter nach Südosten Richtung Gudenå-Fluss. Spä-

ter heißt die Straße Middelgade, dann Storegade. **Haus Storegade 13 (9) [N56°27'28.15" E10°2'18.50"]** ist ein dreigeschossiger Fachwerkbau aus dem Jahre 1643, der zu den schönsten seiner Art aus der Renaissance gezählt wird. Geschnitztes Fachwerk, Innenhof mit Laubengang.

Eine Geschichte wird erzählt, die besagt, dass im Haus der ruhelose Geist des Grafen Gert des Kahlen umgeht, den einstmals Niels Ebbesen meuchelte. Und damit der Geist des Kahlen Grafen auch immer freien Zu- und Ausgang

Niels Ebbesen Denkmal auf dem Rathausplatz von Randers

habe, müsse eine der Luken unter dem Dach immer geöffnet sein. Andernfalls würde das Haus ein Raub des „roten Hahns" werden. Heute ist hier das Restaurant „Niels Ebbesens Spisehus" eingerichtet.

Den gleichen Weg zurück bis zur Brødregade, die rechts stadteinwärts führt. Das Haus Eck Brødregade 25 [N56° 27' 31.37" E10° 2' 16.19"] ist ein ehemali-

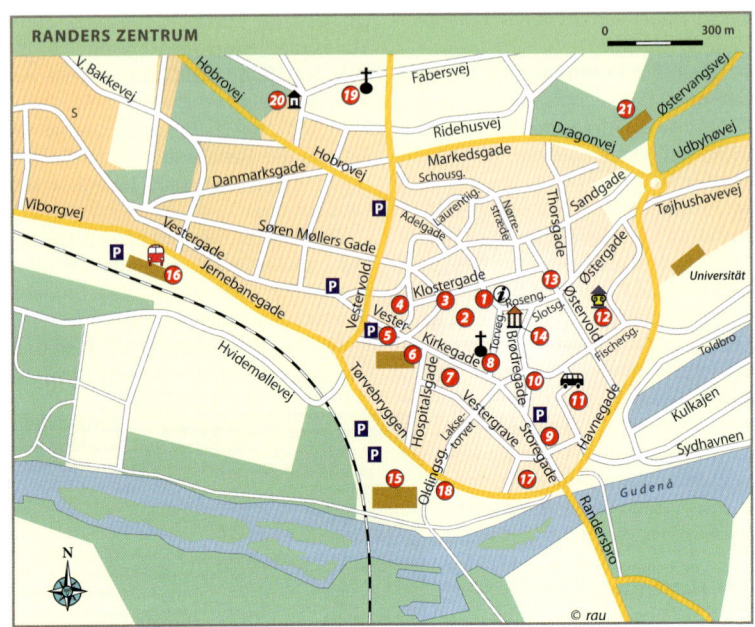

RANDERS Altstadt – **1** Touristeninformation, Rådhusplads – **2** Erik-Menveds-Plads –
3 Houmeden – **4** Von Hatten-Haus – **5** Vestergade Nr. 1 – **6** hist. Randers Hospital –
7 Store Kirkestraede – **8** St. Mortenskirche – **9** Storegade 13, Restaurant Niels Ebbesens
Spisehus – **10** Brødregade 25 – **11** Busbahnhof – **12** Kulturhaus, Museum Østjylland,
Kunstmuseum – **13** Der „Jütische Hengst" – **14** altes Rathaus – **15** Randers' Regenwald
– **16** Bahnhof – **17** Håndværksmuseet, Handwerksmuseum – **18** Museumszug im Juli –
19 Sct. Peders Kirke – **20** Jugendherberge – **21** Hotel Scandic Kongens Ege Randers

ger **Kaufmannshof (10)**, von dem allerdings nur noch die Fassade und das Eingangstor aus dem Jahre 1663 erhalten
ist. Solche Kaufmannshöfe hatten früher Stallungen für 100 Pferde.

Unser Stadtspaziergang folgt der
Brødregade nordwärts, vorbei an der
Geschäftsstraße Dytmærsken, die am
Busbahnhof (11) vorbei ostwärts zur
Østervold führt, wenige später vorbei
an der Burschesgade.

Beachtenswert ist das schöne Fachwerkhaus der Familie Brack aus dem
späten 16. Jh., Brødregade 24 - 26.
Brødregade oder Brüderstraße heißt
diese deshalb, weil hier früher zur Slotsgade hin ein Mönchskloster (Brüder-
kloster) des Franziskanerordens stand.

Auf der Brødregade gehen wir weiter bis schließlich die Slotsgade erreicht
wird, der wir rechts bis zum nahen
Boulevard Østervold (Ostwall) folgen.

Gleich links sieht man auf dem breiten
Boulevard die unübersehbare Statue
eines schweren, muskulösen Hengs-
tes. Der **„Jütische Hengst" (13) [N56°
27' 40.03" E10° 2' 20.14"]**, geschaffen
von Helen Schou, erinnert an die lange
Tradition des Pferdehandels in Randers.
Noch heute ist jedes Jahr im Mai Pferdemarkt.

Weiter südostwärts quert die Straße
Østervold die Fischergade. Dort sieht
man linkerhand das **Kulturhaus (12)
[N56° 27' 37.8" E10° 02' 27.1"]**, Eingang Stemannsgade 2. Neben der Städtischen Bibliothek im Erdgeschoss finden Sie dort im 1. Stock das **Museum
Østjylland** (kulturhistorische Ausstellungen über Ostjütland, multimedia-
le und interaktive Exponate, Künstler-
wohnung „De Buhlske Stuer", zahlreiche Rembrandt Radierungen u. v. m.
(geöffnet 2. Jan. - 31. Dez. Di - So 10 - 16

Uhr, Eintritt frei; www.museumoj.dk) und im 2. Stock das **Kunstmuseum** mit Werken dänischer Maler von 1780 bis in unsere Zeit.

Elvis Fans aufgepasst! Das **Memphis Mansion [Parkplatz, N56° 25' 58.78" E10° 3' 22.31"**] ist ein sehr sehenswertes Museum rund um die Legende Elvis Presley (geöffnet tgl. 10 - 21 Uhr; www.memphismansion.com). Der Besucher fühlt sich im Memphis Mansion wie in Memphis, Tennessee, denn das Museum ist in einem dem Vorbild von Graceland in Memphis nachempfundenen Gebäude eingerichtet.

Das Museum liegt im Graceland Randersvej 3 (in Navi-Geräten evtl. noch als Juventusvej zu finden) ein gutes Stück südöstlich der Innenstadt von Randers. Es soll das einzige Elvis Presley-Museum außerhalb der USA sein.

Die umfangreiche Ausstellung zeigt neben einer Gitarre des King of Rock'n Roll, einige Bühnenkostüme, Gürtel, Schuhe, originale Goldene Schallplatten, Konzerttickets und andere Elvis-Devotionalien.

Neben dem Museum findet man auch ein Kino, einen Ballsaal, einen Kon-

Der „Jütische Hengst" in Randers

zertsaal und das „Highway 51 Diner"-Restaurant. Natürlich darf ein bestens bestückter Shop (geöffnet tgl. 10 - 18 Uhr) mit Elvisartikeln wie Schallplatten, DVDs, CDs, Bücher etc. etc. nicht fehlen.

PRAKTISCHE HINWEISE — RANDERS

Randers Turistbureau Visit Randers [N56° 27' 39.5" E10° 2' 11.00"], Rådhustorvet 4, 8900 Randers, Tel. +45 86 42 44 77, www.visitranders.com. Geöffnet Apr. - Okt. Mo - Fr 10 - 16 Uhr; Juli + Aug. auch Sa 10 - 16 Uhr.

CAMPING

Camping Randers City Camp [N56° 27' 2.79" E9° 57' 12.24"], Hedevej 9, Tel. +45 29 47 36 55, www.randerscitycamp.dk; Jan. – Dez.; ca. 5 km südwestlich von Randers gelegen, zunächst Straße 16 bis Neder Hornbæk am westlichen Stadtrand von Randers, dann Straße 525 ca. 3 km südwestwärts Richtung Langå; weitläufiges, ruhig gelegenes Gelände, in waldreichem Gebiet; ca. 6 ha – 100 Stpl. + Dau; Standard-Sanitärausstattung. Kiosk, beheizbares Schwimmbad, Waschmaschine, Trockner, Grillstelle, Minigolf, WLAN. Miethütten. V & E für Wohnmobile. QuickStop.

Udbyhøj bei Randers
Camping Randers Fjord [N56° 36' 38.59" E10° 17' 34.29"], Midtvasen 21, Tel. +45 86 47 21 22, www.randersfjord.dk; 1. Jan. – 31. Dez.; am Nordufer des Randers Fjord kurz vor der Mündung in die Aalborg Bugt gelegen, von Randers ca. 21 km auf der Straße über Øster Tørslev nordostwärts nach Udbyhøj, dann beschildert; ebene Wiesen, durch Hecken unterteilt; 2 ha – 70 Stpl.; Standard-Sanitärausstattung. Imbiss, Waschmaschine, Trockner, Boots- und Fahrradverleih, WLAN, Miethütten. QuickStop.

ROUTE 7: RANDERS – AARHUS

Länge der Tour: Rund 135 km, ohne Umweg über Grenå.

Die Route: Über Landstraßen und über **Clausholm** bis **Auning/Djursland** – Landstraßen und Straße 21 bis **Ebeltoft** – Straßen 21/15 über **Hornslet** bis **Aarhus**.

Reisedauer: Mindestens ein Tag.

Höhepunkte: Das **Schloss Clausholm** – das **Schloss Gammel Estrup** und seine Museen – das **Kattegattcenter in Grenå** – die **Fregatte „Jylland" **** in Ebeltoft – **Schloss Rosenholm *** bei Hornslet – das **Freilichtmuseum „Den Gamle By" ***** in Aarhus.

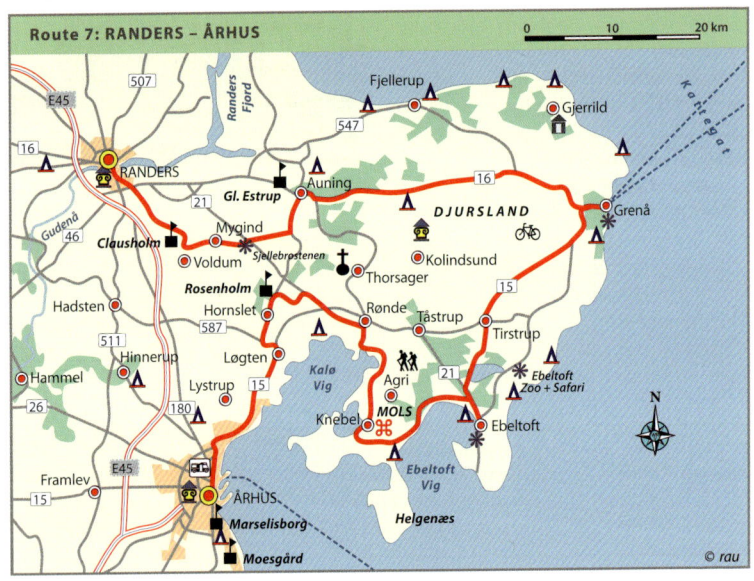

Lohnender Umweg über Djursland

Östlich von Randers erstreckt sich zwischen Aalborg Bucht und Aarhus Bucht eine breite Landzunge in die Ostsee. **Djursland** nennen die Dänen diese Region mit abwechslungsreicher Landschaft und einer ganzen Reihe sehenswerter Kirchen und Schlösser.

Sogar ein Schlosshotel ist darunter. Es liegt im Nordosten bei **Gjerrild** und ist eingerichtet im ehemaligen **Schloss Sostrup**. Die Geschichte des dreiflügeligen roten Backsteinkomplexes geht zu-

rück bis ins 14. Jh. 1960 wurde das Hotel eingerichtet, das von Ordensschwestern geleitet wird.

Grenå und **Ebeltoft** sind in Djursland wichtige Fährhäfen mit Verbindungen nach Anholt, Seeland und nach Schweden.

Schöne **Strände** findet man vor allem in Norddjurs zwischen Lystrup Strand und Fjellerup Strand und an der Ebeltoft Bucht.

ROUTE: Zunächst verlassen wir Randers auf der Straße 16/21 in östlicher Richtung und zweigen an der ersten

Möglichkeit südostwärts nach **Voldum** ab. Bald darauf passiert man **Schloss Clausholm**.

Schloss Clausholm [N56° 22' 55.4" E10° 10' 11.0"], so wie es sich heute präsentiert, entstand um die Wende vom 17. zum 18. Jh. *(geöffnet Schloss 1. Juli - 9. Aug. Di, Mi, Do, So 11 - 16 Uhr; Schlosspark 1. Mai - 30. Sept. tgl. 11 - 17 Uhr; www.clausholm.dk).* Es wartet mit interessanten Ausstattungsdetails auf. Darunter sind unverändert erhaltene Stuckdecken im Salon, Rokokomöbel und die älteste Orgel Dänemarks in der Kapelle. Im Park Wasserspiele.

Zur Schlossgeschichte gehört auch die „Affäre" der *Anna Sophie Reventlow*, der Tochter des königlichen Kanzlers, später zweite Frau König Frederik IV. und Königin. König Frederik entführte 1712 die Kanzlerstochter, heiratete sie ungehörig kurze Zeit nach dem Tode seiner ersten Frau, um Anna Sophie schließlich selbst zur Königin zu krönen. Als Witwe lebte Anna Sophie später – vom Hofe verbannt – bis zu ihrem Tode 1743 wieder auf Schloss Clausholm.

Seit der Zeit Anna Sophies unverändert geblieben ist die Schlosskapelle mit ihrer alten Orgel. Auch die Inneneinrichtung und die Anlage des wunderschönen Barockgartens wurde seit dem 18. Jh. kaum verändert.

Etwa 5 km südlich von Schloss Clausholm, in **Voldum**, lohnt ein kurzer Besuch in der **Kirche von Voldum [N56° 21' 52.6" E10° 10' 16.1"]**. Bemerkenswert sind die prächtigen Sarkophage unter der Orgelempore mit den sterblichen Überresten der Herren von Schloss Clausholm. Wunderschön geschnitzter Altar und Kanzel *(geöffnet im Sommer tgl. 8 - 19 Uhr; im Winter tgl. 8 - 16 Uhr).*

ROUTE: *Weiterreise von Clausholm auf Landstraßen ostwärts über **Mygind** und **Ring** nach **Auning** und dort auf der Straße 16 nach **Grenå**.*

Auf der Weiterfahrt von Clausholm ostwärts stößt man nach rund 8 km auf die Hauptstraße 21. Dort wo die Straße 21 (Randers – Ebeltoft) den Fluss Alling Å kreuzt steht auf einer Wiese am Fluss ein merkwürdiger **Stein aus der Wikingerzeit [N56° 24' 13.5" E10° 14' 34.2"]**.

Dieser „**Sjellebrostenen**" markiert eine Passage über den Alling Å, die seit Jahrtausenden bekannt ist. Der Stein, der vermutlich farbig bemalt war und wahrscheinlich um 1000 n. Chr. aufgestellt wurde, soll magische Kräfte besitzen, böse Mächte vertreiben und Reisende auf ihrem weiteren Wege beschützen. Andere Quellen berichten, dass die Wikinger in dem Stein ein Zeichen sahen, das vor dem Wassermann warnte, der jedes Jahr unter den Reisenden, die den Alling Å überquerten, ein Todesopfer verlangte.

Westlich von **Auning** liegt an der Straße 16 das **Schloss Gammel Estrup [N56° 26' 17.66" E10° 20' 30.57"]**. Dieses Renaissanceschloss wurde um 1500 angelegt, um 1600 aber erheblich erweitert. Heute beherbergt es das **Dänische Landwirtschafts-Museum** sowie **Jütlands Herrensitz-Museum,** das Einblick in die große Zeit des Adels in Djursland von 1300 bis 1926 gibt. Auf einem Besichtigungsrundgang sieht man – neben den Sammlungen des Landwirtschaftsmuseum im Wirtschaftshof – Wachstuben, die Kapelle, den Renaissance- und Rittersaal und eine sog. Alchimistenküche.

Weiter östlich von Auning liegt auf dem Wege nach Grenå, unweit südlich

CAMPING

Auning
Camping Auning [N56° 26' 6.17" E10° 23' 2.13"], Reimersvej 13, Tel. +45 86 48 33 97, www.auningcamping.dk; 1. Mai – 8. Sept.; von Randers auf der Straße 16 Richtung Grenå, im Ort nordwärts abzweigen und noch ca. 800 m zum Platz am nordöstlichen Ortsrand; Wiesen am Wald; ca. 3,5 ha – 100 Stpl.; Standard-Sanitärausstattung. QuickStop.

Nimtofte
Camping & Hytteby Djurs [N56° 24' 55.57" E10° 33' 51.04"], Stationsvej 64, Tel. +45 86 39 85 00, www.djurshytteby.dk; 12. Apr. – 13. Sept.; Zufahrt von der Straße 16 (Randers – Grenå) bis Nimtofte, hier ca. 900 m nordwärts zum Platz; Wiesen in Waldgelände; 2 ha – 80 Stpl.; einfache Standard-Sanitärausstattung. Miethütten. V & E für Wohnmobile.

Grenå
Camping Grenå Strand [N56° 23' 22.87" E10° 54' 43.18"], Fuglsangvej 58, Tel. +45 86 32 17 18, www.grenaastrandcamping.dk; 27. März – 6. Sept.; in Grenå ca. 2 km südwärts, beschildert; Wiesengelände, durch Hecken und Bäumen aufgeteilt; gute Standard-Sanitärausstattung. Laden, Imbiss, Waschmaschine, Trockner, beheizbares Schwimmbad, Fahrradverleih, Beachvolleyballfeld, WLAN, Miethütten. V & E für Wohnmobile.

der Straße 16, der **Freizeitpark Djurs Sommerland [Parkplatz, N56° 25' 38.14" E10° 33' 26.75"]** mit allerlei Aktivitäten für Groß und Klein (geöffnet 2. Mai - 30. Juni, Aug. tgl.10 - 18 Uhr; Juli + Aug. 10 - 20 Uhr; www.djurssommerland.dk).

Noch ein paar Kilometer weiter südlich, bei Ryomgaard, kann das Eisenbahnmuseum **Djursland Jernebanemuseum [N56° 22' 49.08" E10° 29' 42.17"]** besichtigt werden (geöffnet 1. Juni - 31. Aug. Mi + Sa 11 - 17 Uhr, So 11 - 17 Uhr; www.djbm.dk).

In Grenå ist das **Kattegatcentret [Parkplatz, N56° 24' 23.65" E10° 55' 31.22"]** eine interessante Sehenswürdigkeit. Dieses moderne Meereszentrum am Færgevej 4, mit Aquarien, Oceanarium, eigener Lagune und vielen anderen Attraktionen, gibt Einblick in die Unterwasserwelt vor der hiesigen Küste (geöffnet 1. Juli – 31. Aug. tgl. 10 – 17 Uhr; übrige Zeit tgl. 10 – 16 Uhr; www.kattegatcentret.dk).

*ROUTE: Über **Tirstrup** fahren wir quer durch Djursland südwärts nach Ebeltoft.*

Ebeltoft ist ein kleines Städtchen an der gleichnamigen Bucht und kann auf eine 700 Jahre alte Geschichte zurückblicken. Es soll eine der typischsten dänischen Städte sein. Tatsächlich überrascht den Besucher ein hübsches Stadtzentrum mit alten Fachwerkhäusern. Im **Gamle Rådhus**, dem Alten Rathaus von 1576, dem angeblich kleinsten Rathaus

Europas am Torvet, ist heute das **Museum Østjylland Ebeltoft [N56° 11' 51.8" E10° 40' 35.5"]** untergebracht, Juulsbakke 1. Es zeigt eine volkskundliche Sammlung alter Einrichtungsgegenstände, ein kleines Gefängnis sowie die Siamesische Sammlung mit Exponaten aus dem alten Thailand (geöffnet 1. Juni - 31. Aug. Di - So 10 - 16 Uhr; 1. Sept. - 31. Mai Do - So 12 - 15 Uhr; https://www.ebeltoft.dk/sevaerdigheder/museum-oestjylland/).

Im Hafen, Strandvejen 4, liegt die alte **Fregatte „Jylland" [N56° 11' 55.28" E10° 40' 28.82"]**, eine wieder aufgetakelte und wunderschön restaurierte Dreimast-Fregatte. Die „Jylland" lief 1860 vom Stapel und gilt mit 61 Metern als das längste Holzschiff der Welt. Auf der mit 44 Kanonen bestückten „Jylland" taten einst 430 Seeleute Dienst.

Zu ihrer großen Zeit wurde die Fregatte auch bei königlichen Seereisen genutzt. Der Königssalon und der Kommandantensalon zeugen von diesen Zeiten. Die Mannschaftsquartiere im Mitteldeck veranschaulichen mit 23 Figuren das damalige Leben der Seeleute an Bord.

Im Eingangsgebäude ist eine sehenswerte Bildergalerie eingerichtet, die ausschließlich der Schifffahrt gewidmet wurde (geöffnet 9. Feb. - 21. Juni 10 - 16 Uhr; 22. Juni - 1. Sept. 10 - 18 Uhr; 2. Sept. - 12. Okt. 10 - 16 Uhr; www.fregatten-jylland.dk).

In der Nachbarschaft der Fregatte findet man das **Glasmuseum [N56° 11' 49.4" E10° 40' 26.8"]**, Strandvejen 8.

Es zeigt die lange Tradition der Glasherstellung in Ebeltoft. Eine Dauerausstellung mit 1.200 Werken von 600 Künstlern aus 40 Ländern dokumentiert die internationale Glaskunst. In der Zeit von April bis Oktober zeigen Glasbläser die Kunst ihrer Arbeit *(geöffnet Apr. - Okt. tgl. 10 - 17 Uhr; Juli - Aug. tgl. 10 - 18 Uhr; Nov. - März Mi - So 10 - 16 Uhr; www.glasmuseet.dk).*

Den gamle Farvergård [N56° 11' 57.21" E10° 40' 42.60"], der ältesten Färberwerkstatt Nordeuropas in der Adelgade 15, sollte man ebenfalls Aufmerksamkeit schenken. Die bis ins Jahr 1920 genutzten Arbeitsräume wurden originalgetreu restauriert und können besichtigt werden *(geöffnet 1. Juni - 31. Aug. Di - So 10 - 16 Uhr; https:// museumoj.randers.dk/ud-stillingssteder/farvergaar-den-i-ebeltoft/).*

Originalgetreu restauriert, die Fregatte „Jylland"

Ebeltoft-Mols Turistbureau [56° 11' 58.64" E10° 40' 33.30"], S. A. Jensen Vej 4, 8400 Ebeltoft, Tel. +45 87 52 18 00, https://www.ebeltoft.dk/. Geöffnet 12. Apr. - 21. Okt. Mo - Fr 9 - 16 Uhr, im Juli bis 17 Uhr; 22. Okt. - 11. Apr. Mo - Fr 9 - 15 Uhr, Sa 9 - 17 Uhr. In der Nähe der Fregatte „Jylland". Großer Parkplatz nebenan.

CAMPING

Camping Ebeltoft Strand [N56° 12' 35.35" E10° 40' 42.66"], Nordre Strandvej 23, Tel. +45 86 34 12 14, www.ebeltoftstrandcamping.dk; 1. Jan. – 31. Dez.; nördlich der Stadt, Zufahrt von der Straße 21; Wiesengelände zwischen Straße und Strand; ca. 7 ha – 250 Stpl. + zahlr. Dau.; gute Standard-Sanitärausstattung. Kiosk, Imbiss, beheizbares Schwimmbad, Sauna, Waschmaschine, Trockner, Fahrradverleih, Boots- und Fahrradverleih, Minigolf, WLAN, Miethütten. V & E für Wohnmobile.

Camping DCU Mols [N56° 12' 52.10" E10° 41' 17.50"], Dråbyvej 13, Tel. +45 86 34 16 25, www.camping-mols.dk; 1. Jan. – 31. Dez.; nördl. Ebeltoft; von der Straße 21 beschilderte Zufahrt; ansteigende Wiesen, teils in Terrassen, durch Hecken unterteilt, in ansprechender, relativ ruhiger Lage; ca. 9 ha – 300 Stpl. + Dau.; Standard-Sanitärausstattung. Laden, Waschmaschine, Trockner, beheizbares Schwimmbad, Beachvolleyballfeld, Minigolf, WLAN. V & E für Wohnmobile.

Camping Dråby Strand [N56° 13' 17.97" E10° 44' 18.02"], Dråby Strandvej 13, Tel. +45 86 34 16 19, www.draaby.dk; 24. März – 16. Sept.; von Ebeltoft ostwärts Richtung Dråby Strand; bis zum Strand reichendes, fast ebenes Gelände ohne viel Bewuchs; ca. 4 ha – 120 Stpl. + Dau.; Standard-Sanitärausstattung. Kiosk, Waschmaschine, Trockner, Minigolf. Miethütten. V & E für Wohnmobile. QuickStop.

Elsegårde
Camping Blushøj [N56° 10' 4.21" E10° 43' 48.56"], Elsegårdevej 53, Tel. +45 86 34 12 38, www.blushoj-camping.dk; 29. März – 15. Sept.; östlich von Ebeltoft bei Elsegårde; größtenteils naturbelassenes, teils sandiges, unebenes Gelände, durch kleine Waldstücke in mehrere Platzteile gegliedert, an der sandigen Steilküste, relativ ruhig gelegen; ca. 7 ha – 240 Stpl. + Dau.; Standard-Sanitärausstattung. Laden, Waschmaschine, Trockner, beheizbares Schwimmbad, Fahrrad- und eBike-Verleih, Minigolf, Grillstelle, Miethütten. V & E für Wohnmobile. QuickStop.

Camping Elsegårde [N56° 10' 5.98" E10° 43' 23.07"], Kristoffervejen 1, Tel. +45 86 34 12 83, www.egcamp.dk; 1. Jan. – 31. Dez.; ca. 4,5 km südöstlich von Ebeltoft; gestuftes Wiesengelände; 1,9 ha – 90 Stpl.; Standard-Sanitärausstattung. Laden, Waschmaschine, Trockner, Schwimmbad, Minigolf, Fahrradverleih. Miethütten. V & E für Wohnmobile. QuickStop.

Femmøller
Camping Krakær [N56 15' 8.38" E10° 36' 10.94"], Gl. Kærvej 18, Tel. +45 86 36 21 18, www.krakaer.dk; 1. Apr. – 20. Okt.; von der Straße 21 (Feldballe – Ebeltoft) Richtung Krakær abzweigen und noch ca. 1,5 km zum Platz; parzellierte Wiesen von Heide und Wald umgeben; zum Meer ca. 3 km. 7 ha — 200 Stpl.; gute Standard-Sanitärausstattung; Laden, Restaurant, Waschmaschine, Trockner, Schwimmbad. V & E für Wohnmobile.

Weitere Campingplätze findet man bei Holme, Rugård und Fuglsø.

ROUTE: *Der weitere Weg unserer Route führt um die Ebeltoft Bucht und über* **Lyngsbæk Strand** *zunächst Richtung* **Borup.** *Aber noch vor* **Fuglsø** *auf der Halbinsel Mols zweigen wir westwärts auf kleine Landstraßen Richtung* **Vrinners** *ab und kommen so durch die* **Mols Bjerge.**

Die **Mols Bjerge** sind eine anziehende, einladende, hügelige Heidelandschaft um **Agri [N56° 13' 54.16" E10° 31' 24.40"].** Die höchsten Erhebungen bei Agri, die Anhöhen **Agri Bavnehøj [N56° 13' 46.77" E10° 32' 10.44"]** (137 m) und **Stabelhøje** (134), sind für jütländische Verhältnisse ja schon richtige Aussichtsberge.

Macht man den kleinen, aber lohnenden Umweg über **Knebel,** kommt man am Rundsteingrab „Poskær Stenhus" [Parkplatz, N56° 13' 4.54" E10° 30' 5.87"] vorbei, das auf einem kleinen Hügel mitten in einer recht idyllischen Agrarlandschaft liegt.

ROUTE: *Weiterfahrt über* **Egens** *bis* **Rønde** *und auf der Straße 21 bis etwa 2 km hinter* **Mørke.** *Dort zweigen wir südwärts ab auf die Straße 563, der wir über* **Hornslet** *bis* **Løgten** *folgen (Margueritruten). Ab Løgten dann über die Straße 15 nach* **Aarhus.**

Wer sich sehr für Kirchenbaukunst interessiert, zweigt rund 4 km westlich von Rønde ab auf die Straße 523, die nordostwärts ins nahe **Thorsager** führt. Die dortige Kirche ist nämlich die einzige **Rundkirche [Parkplatz, N56° 20' 30.01" E10° 27' 37.40"]** Jütlands. Turmbesteigung möglich (*geöffnet tgl. 8 - 16 Uhr, www.thorsager-bregnet-feldballe.dk*).

In **Hornslet** lohnt **Schloss Rosenholm [N56° 19' 57.9" E10° 19' 58.4"]** eine Besichtigung, das unweit nördlich der Stadt liegt. Das von breiten Wassergräben umgebene Anwesen ist seit mehr als vierhundert Jahren Stammsitz

„Poskær Stenhus", Dolmen bei Knebel, Halbinsel Mols/Djursland

des Rosenkrantz-Adelsgeschlechts. Es gilt als älteste Familienresidenz in Dänemark.

Schloss Rosenholm ist eine überaus eindrucksvolle, in rotem Backstein aufgeführte, vierflügelige Renaissanceanlage, die mitten in einem schönen Barockpark liegt. In den zu besichtigenden Räumlichkeiten sind kostbares Mobiliar, sowie eine Gemälde- und Gobelinsammlung zu sehen *(geöffnet 15. Juni - 15. Aug. tgl. 11 - 16 Uhr, Führungen zu jeder vollen Stunde; übrige Zeit nach Vereinbarung; www.rosenholm.dk).*

Aarhus (Århus), eine Wikingergründung, Bischofssitz seit 928 und Stadt mit Handelsrechten seit 1441, entwickelte sich mit heute annähernd 228.000 Einwohnern zu Dänemarks zweitgrößter Stadt und zur wichtigen Hafenstadt.

Der Stadtname Aarhus leitet sich übrigens ab von „ar-os", was soviel wie „Mündung der Au" bedeuten soll.

Entwickelt hat sich die Stadt aus einer günstigen Landungsstelle, einer Art natürlichem Hafen mit Namen „Mindet" unweit der Mündung der Au ins Meer. Schon im 11. Jh. erwähnt ein Adam von Bremen die Stelle an der Aarhus Bucht. Nach der Reformation stagnierte die Stadtentwicklung, die erst zu Beginn des 18. Jh. wieder einsetzte. Heute ist Aarhus eine der wichtigsten Kultur-, Industrie- und Universitätsstädte Dänemarks.

Die Sehenswürdigkeiten der Stadt liegen etwas zu weit auseinander, als dass man sie alle auf einem Rundgang besichtigen könnte. Man wird also sein Auto oder öffentliche Verkehrsmittel benützen müssen.

Das **Touristeninformationsbüro VisitAarhus (1) [N56° 9' 12.12" E10° 12' 50.10"]** liegt am Hafen am Hack Kampmanns Plads 2. Südlich der Touristeninformation im Kulturzentrum Dokk1 findet man einen **Parkplatz [N56° 9' 1.64" E10° 12' 53.90"]** in der Sydhavnsgade.

Mit der im Touristenbüro erhältlichen **AarhusCARD** (https://www.visitaarhus.dk/aarhuscard), die für die Dauer von 24, 48, 72 oder 120 Stunden erworben werden kann, können Sie z. B. auf dem Parkplätzen am Tietgens Plads gratis parken (Parkschein ausfüllen, den Sie mit dem Kauf der AarhusCard erhalten sollten und sichtbar ins Auto legen) oder die Aarhuser Stadtbusse und Regionalbussekostenlos benutzen. Darüber hinaus gibt es verbilligte Eintrittskarten, z. B. in das Freilichtmuseum Den Gamle By oder in das Aarhus Kunstmuseum. Erkundigen Sie sich bitte beim Kauf der Karte nach den neuesten Konditionen.

AARHUS – **1** Touristeninformation –**2** Dom St. Clemens – **3** Wikingermuseum – **4** Kvindemuseet – **5** Besættelsesmuseet I Aarhus 1940 – 45 – **6** Theater – **7** Vår Frue Kirke – **8** Freilichtmuseum „Den Gamle By" – **9** Aros Aarhus Kunstmuseum – **10** Konzerthaus – **11** Rathaus, Rådhuspladsen – **12** Bahnhof – **13** Busbahnhof – **14** Steno Museum – **15** zum Naturhistorischen Museum und zum Antikmuseum – **16** Kunsthalle Aarhus – **17** zu Schloss Marselisborg, Mindeparken, Tivoli Friheden, Moesgård

Stadtspaziergang

Vom Touristenbüro kann man die Havngade ein kurzes Stück nach Norden gehen, quert die Hauptstraße an der Skolegade und geht über die Bispetorvet nach Westen stadteinwärts.

Etwas weiter sieht man in der Bispegade rechts den Turm mit der spitzen Haube des **St. Clemens Doms (2) [N56° 9' 25.35" E10° 12' 36.06"].** Der ursprünglich romanische Bau aus dem 13. Jh. erfuhr durch Umbauten soviel Veränderungen, dass der Besucher heute eigentlich einen Dom im spätgotischen Stil vorfindet. Im Inneren des mit 93 m überaus langen Kirchenschiffs (angeblich das längste in Dänemark) viele Fresken, eine bemerkenswerte Kanzel (16. Jh.), ein altes Taufbecken (15. Jh.) und eine große Orgel aus dem 18. Jh. Beachtung verdient vor allem der dreiflügelige Altaraufsatz, geschaffen von einem Lübecker Künstler im 15. Jh. und das alte Chorgestühl (geöffnet Mai - Sept. Mo - Sa 9.30 - 16 Uhr; Okt. - Apr. Mo - Sa 10 - 15 Uhr; www.aarhusdomkirke.dk).

Einen Straßenblock weiter südwestlich liegt in der Straße Skt. Clemens Torv 6 das **Wikingermuseum (3)**. Hier wurden Reste einer Wehranlage und Hausfragmente aus der Wikingerzeit unter dem Gebäude der Nordea Bank ausgegraben, die besichtigt werden können (geöffnet Mo - Fr 10.15 - 187 Uhr, Sa + So 10.15 - 17 Uhr; www.vikingemuseet.dk). Die Ausstellungen werden durch Hörbilder und durch elektronische Animationen noch interessanter. U. a. sieht man z. B. ein Modell der Wikingersiedlung Aros zu Zeiten von König Harald Blåtand (Harald Blauzahn) um 980, aus der schließlich Aarhus hervorging.

Nördlich der Domkirche St. Clemens findet man in der Straße Domkirkepladsen Nr. 5 das **Kvindemuseet (4) [N56° 9' 26.02" E10° 12' 41.22"]** (geöffnet Di -

Sa 10 - 17 Uhr, So 10 - 16 Uhr; www.kvindemuseet.dk). Das Museum, eines der wenigen Frauenmuseen der Welt, ist im ehemaligen Aarhuser Rathaus aus dem Jahr 1857 eingerichtet. Themen des Museums sind u. a. Frauen als Mutter und als Arbeiterin, deren Klugheit, sowie Aufruhr und Aufstände der Frauen in den letzten 200 Jahren.

Nördlich des Frauenmuseums ist in der Mathilde Fibigers Have 2 das **Besættelsesmuseet i Århus 1940 – 45 (5)**, das Museum der deutschen Besatzung, eingerichtet.

Westlich des Doms in der Vestergade 21 liegt die **Vår Frue Kirke (7)**. Die Kirche Unserer Lieben Frau ist die alte Stadtkirche von Aarhus und wurde im 11. oder frühen 12. Jh. über einem noch älteren, dreischiffigen Kirchengewölbe angelegt. Reste der ersten Kirche wurden 1956 gefunden. Im 13. Jh. entstand daneben ein Dominikanerkloster.

Im Stadtzentrum nördlich des Bahnhofs und unweit westlich das Rådhuspladsen erhebt sich der markante Bau das **ARoS Aarhus Kunstmuseum (9) [N56° 9' 14.85" E10° 11' 58.27"]**, Aros Allé 2, *(geöffnet Di - Do 10 - 21 Uhr, Sa + So 10 - 17 Uhr; www.aros.dk).* Ausgestellt sind in erster Linie Werke dänischer Künstler vom 18. Jh. bis heute. Großen Raum nehmen Gemäldesammlungen aus dem sog. „Goldenen Zeitalter" ein, einer glanzvollen Periode dänischer Malerei in der ersten Hälfte des 19. Jh. Die dänischen Künstler jener Zeit setzten Maßstäbe im europäischen Neoklassizismus und in der Romantik. Zudem zählt das Museum zu seinen Exponaten Werke dänischer Pioniere des Modernismus wie Giersing, Weie oder Lundstrøm. Eine weitere Ausstellung befasst sich mit Arbeiten von Per Kirkeby, einem der namhaftesten Vertreter der sog. „jungen Wilden" der 80er Jahre

Kunstliebhaber werden sicher auf einem Besuch in der **Kunsthal Aarhus (16) [N56° 9' 18.88" E10° 12' 7.82"]** in der J. M. Mørks Gade 13 nicht verzichten wollen. Mit seinen großen, hellen Ausstellungsräumen zählt die Kunsthalle von Aarhus zu den größten und schöns-

ten Ausstellungshallen für Gegenwartskunst *(geöffnet Di, Do, Fr 10 - 17 Uhr, Mi 10 - 21 Uhr, Sa + So 12 - 17 Uhr; www.kunsthalaarhus.dk).*

Mit zu den größten Sehenswürdigkeiten der Stadt zählt zweifellos das sehr sehenswerte Freilichtmuseum **„Den Gamle By" (8) [N56° 09' 31.5" E10° 11' 23.7"]**, die „Alte Stadt", am Viborgvej 2 *(geöffnet 28. März - 26. Juni tgl. 10 - 17 Uhr; 27. Juli - 6. Sept. tgl. 10 - 18 Uhr; 7. Sept. - 20. Nov. tgl. 10 - 17 Uhr; 21. Nov. - 31. Dez. tgl. 10 - 17 Uhr; 1. Jan. - 7. FEb. tgl. 10 - 16 Uhr; 8. Feb. - 27. März Mo - Fr 10 - 16 Uhr, Sa + So 10 - 17 Uhr, Eintritt frei für Kinder unter 18 Jahren; www.dengamleby.com),* an der Straße 26 im Westen von Aarhus. Es wird auch als das größte Freilichtmuseum für Stadtkultur bezeichnet. Das Freilichtmuseum erreicht man am einfachsten über den Stadtautobahnring O1. Es stehen nur Straßenparkplätze an der Straße am Museum zur Verfügung.

1914 begann man im westlich vom Stadtzentrum gelegenen Botanischen Garten damit, alte historische Häuser aus allen Teilen Dänemarks hier naturgetreu wieder aufzubauen. So entstand in wenigen Jahren eine der interessantesten Sammlungen erhaltenswerter Baudenkmäler vom frühen 17. Jh. bis ins späte 19. Jh. Darunter sind Werkstätten, Kaufmannshöfe, Bürgerhäuser, ja sogar Apotheken und Theater.

Ein Bummel durch die alten kopfsteingepflasterten, engen Gassen, vorbei an den hübschen Fachwerkfassaden mit nostalgischen Handwerksschildern und romantischen Fensternischen und ein Blick in Läden, Werkstätten und Stuben aus Urgroßmutters Tagen, ist ein Spaziergang durch eine andere Zeit. Ein Besuch, für den man viel Zeit mitbringen sollte, lohnt sehr!

Das Freilichtmuseum, Dänemarks ältestes, wurde erweitert. Es entstand ein neuer „Stadtteil", ein Mini-Dänemark des Jahres 1974. Sehenswerter Mittelpunkt des neuen Teils des Freilichtmuseums ist das sehenswerte Eckhaus Tårnborg. Wie in den anderen Stadthäusern im Freilichtmuseum sind Wohnungen

Spaziergang durch die Vergangenheit im Freilichtmuseum „Den Gamle By" in Aarhus

und Wohnungseinrichtungen wie sie in den 1970er Jahren von vielen Wohngemeinschaften oder von Kleinfamilien in Dänemark genutzt wurden, zu bestaunen. Nostalgische Erinnerungen ruft bestimmt bei vielen Besuchern ein hübscher Tante-Emma-Laden hervor. Einladend ist das im Stil der 70er eingerichtete Konditoreicafé Bonnich. Nicht einfach vorbeigehen kann man auch an der Ladenfassade eines Radiogeschäfts, dessen Schaufenster voll ist mit Radio- und Fernsehgeräten, Tonbandgeräten und Plattenspielern, wie sie in den 1960/70er Jahren in fast jeder Wohnung standen.

Weiter nordöstlich des Freilichtmuseums sind auf dem Parkgelände der Universität von Aarhus drei interessante Museen zu finden.

Das **Steno Museum (14) [N56° 9' 55.76" E10° 12' 10.28"]**, C. F. Møllers Allé 1100 *(geöffnet 2. Jan. - 30. Dez. Di, Mi, Do, Fr 9 - 16 Uhr, Sa + So 11 - 16 Uhr; https://sciencemuseerne.dk/en/steno-museum/)* befasst sich übrigens nicht etwa mit der Geschichte der Stenographie, sondern widmet sich dem Lebenswerk des Naturwissenschaftlers und Arztes *Niels Stensen*. Entsprechend sind Ausstellungen von der Astronomie bis zur Zahnmedizin zu sehen. Außerdem gibt

das Museum Einblick in die Entwicklung der Landvermessung, der Optik, der Rechentechnik sowie der Kernphysik. In der medizinisch-historischen Abteilung sieht man eine komplette alte Apotheke mit Labor, einen historischen Operationssaal und die Dorfpraxis eines Zahnarztes, der in seiner Wohnstube behandelte. Zum Museum gehört auch ein Kräutergarten.

Ebenfalls im Universitätspark liegt in der Wilhelm Meyers Allé 210 das **Naturgeschichtliche Museum (15) [N56° 10' 3.27" E10° 12' 10.90"]** *(geöffnet tgl. 10 - 16 Uhr, Eintritt frei für Kinder unter 18 Jahren; www.naturhistoriskmuseum.dk)*. Ausstellungsgegenstände zu Themen der Geologie und Zoologie. U. a. sind Tiere aus der ganzen Welt ausgestellt, andere Abteilungen befassen sich mit der Natur Dänemarks oder vermitteln Einblicke in den vom Menschen beeinflussten Wandel des Landes seit der letzten Eiszeit.

Wer sich sehr für antike Skulpturen interessiert, findet am Nordrand des Universitätsgeländes im Victor Albecks Vej 2 das **Antikmuseum [N56° 10' 12.92" E10° 12' 0.12"]**. Ausgestellt sind Gipsabgüsse berühmter griechischer Statuen, Trinkschalen, Münzen, eine ägyptische Mumie u. a. *(geöffnet 2.*

Jan. - 31. Dez. Mo, Di, Mi, Do, So 12 - 16Uhr, Eintritt frei; www.antikmuseet.au.dk).

Im Süden der Stadt liegt die königliche Sommerresidenz **Marselisborg [N56° 7' 47.17" E10° 12' 8.39"]**, Kongenvejen 100. Das Schloss liegt am Rande des 25 ha großen **Mindeparken**, der zum Gedenken an die 4.144 gefallenen Dänen des 1. Weltkriegs angelegt wurde. Der Park ist der Öffentlichkeit allerdings nur zugänglich, wenn das Schloss gerade unbewohnt ist. Wenn die Königin anwesend ist, findet täglich pünktlich um 12 Uhr vor dem Schloss eine Wachablösung der Königlichen Garde statt.

In der Nähe am Strand von Marselisborg ist 2015 die sog. **„Den Uendelige Bro"** (Die Unendliche Brücke) entstanden **[Parkplatz, N56° 7' 29.69" E10° 12' 55.78"]**. Der multifunktionale 188 m lange Holzkreis mit 60 m Durchmesser ist ein Kunstobjekt der Architekten Gjødes und Povlsgaard. Es soll Badesteg, Promenade, Sitzgelegenheit und Aussichtspunkt auf die Stadt Aarhus und die Ostseebucht sein. Sie ist Tag und Nacht zugänglich. Von Ende Oktober bis Anfang Mai wird sie allerdings zur Konservierung abgebaut und eingelagert. Der Öffentlichkeit immer zugänglich ist dagegen der in der Nähe liegende Vergnügungspark **Tivoli-Friheden [N56° 8' 17.21" E10° 12' 0.55"]**, Skovbrynet 1 *(geöffnet im Sommer 11 - 21 Uhr; übrige Zeit 11.30 - 20 Uhr bzw. 19 Uhr geöffnet; www.friheden.dk)*. Ein schöner Blumenpark ist angeschlossen.

Noch weiter südlich, in **Højbjerg**, liegt in der Moesgård Allé 20 der ehemalige Gutshof **Moesgård**. Hier ist das **MOMU Moesgård Museum [Parkplatz, N56° 05' 09.8" E10° 13' 21.7"]** für Ur- und Frühgeschichte Dänemarks untergebracht *(geöffnet Di, Do, Fr, Sa, So 10 - 17 Uhr, Mi 10 - 21 Uhr; www.moesgaard-museum.dk/de/)*. Das neu errichtete, moderne Museumsgebäude beherbergt in mehreren Etagen, teils unterirdisch, teils oberirdisch, Ausstellungen, die die Epoche Dänemarks von der Steinzeit bis zur Wikingerzeit behandeln. Zu den Exponaten zählen Runensteine, Gegenstände aus der Eisenzeit, Sammlungen zur Eskimokultur und der annähernd 2.000 Jahre alte „Grauballemann", eine mumifizierte Moorleiche. Freilandabteilung mit prähistorischen Hünengräbern und Dolmen sowie eine Wikingersiedlung.

Richtig lebendig wird es in und um Moesgård jedes Jahr am letzten Wochenende im Juli zum **Wikingertreffen**.

Im Freilichtmuseum „Den Gamle By" in Aarhus

Dann treffen sich hier Hunderte von Wikingerfans und Anhänger der Kultur der alten Nordmänner. Dann gibt es Reiterspiele, martialisch in Eisenhelm und Kettenhemd gekleidete „Krieger" fechten klirrend Schwertwettkämpfe aus, vor der Küste kreuzen „echte" Wikingerschiffe und am Strand entwickelt sich ein richtiges Wikingerlager.

Im Stadtteil Højbjerg findet man auch das **Ole-Rømer-Observatorium**, wo von Oktober bis April montags bis freitags kostenlose Vorführungen am Abend angeboten werden. Buchung unter sm@au.dk oder Tel. +45 87 15 54 15; www.sciencemuseerne.dk/en/ole-romer-observatory/.

PRAKTISCHE HINWEISE – AARHUS

 Aarhus Turistbureau Dokk1 [N56° 9' 12.12" E10° 12' 50.10"], Hack Kampmanns Plads 2, 8000 Aarhus C, Tel. +45 89 40 92 00, www.visitaarhus.com. *Geöffnet Mo - Fr 8 - 22 Uhr, Sa + So 10 - 16 Uhr.*

CAMPING

 Camping Aarhus [N56° 13' 35.75" E10° 9' 47.78"], Randersvej 400, Tel. +45 86 23 11 33, https://www.aarhuscamping.dk/de/; 1. Jan. – 31. Dez.; ca. 8 km nördl. der Stadt von der Straße 180 (Aarhus – Randers) in **Lisbjerg**; ausgedehntes, unebenes, fast hügelige Wiesen, mit teils dichtem, hohem Baumbestand; ca. 7 ha – 180 Stpl.; + Dau.; Standard-Sanitärausstattung. Laden, Imbiss, Waschmaschine, Trockner, beheizbares Schwimmbad, WLAN, Miethütten. V & E für Wohnmobile. QuickStop.

 Camping DCU Blommehaven [N56° 6' 37.80" E10° 13' 54.24"], Ørneredevej 35 in **Højbjerg**, Tel. +45 86 27 02 07, https://www.dcu.dk/de/camping-plads/dcu-camping-blommehaven; 22. März – 20. Okt.; städtische Anlage rund 4 km südl. der Stadt an der Aarhus Bucht; von der Bucht leicht ansteigendes Wiesengelände, teils am Wald; ca.7 ha – 300 Stpl.; Standard-Sanitärausstattung. Laden, Waschmaschine, Trockner, Fahrradverleih, Minigolf, WLAN. V & E für Wohnmobile. Zum Meer ca. 100 m.

Malling bei Århus

 Camping Ajstrup Strand [N56° 2' 28.48" E10° 15' 51.51"], Beder Mailing, Ajstrup Strandvej 81, Tel. +45 86 93 35 35, www.ajstrupstrandcamping.dk; Mitte Apr. – Ende Okt.; von der Straße 451 (Aarhus – Odder) ca. 10 km bis Malling, hier ostwärts abzweigen und noch ca. 5 km zum Platz; ebenes, durch Hecken unterteiltes Gelände; 9 ha – 300 Stpl. + Dau..Standard-Sanitärausstattung. Laden, Imbiss, Waschmaschine, Trockner, WLAN, Minigolf. Miethütten. V & E für Wohnmobile.

WOHNMOBIL-STELLPLATZ

Egå bei Aarhus

 Wohnmobil-Stellplatz Egå Marina [N56° 12' 34.22" E10° 17' 9.92"], Egå Havvej 35 - 37, Tel. +45 86 22 55 51, www.egaa-marina.dk. **Zufahrt**: Von Aarhus auf der Straße 15 nordostwärts ca. 5,5 km dann Richtung Egå Strand abzweigen zum Sportboothafen. 15 Plätze auf den Hafenparkplätzen 1, 2 und 3 auf Asphalt. **Ausstattung**: Frischwasserhahn, Ausguss für Grauwasser und Chemikaltoiletten, Strom, WC, Dusche. **Gebühr**: Pauschale inkl. V & E und Strom, Dusche Extragebühr. **Geöffnet**: Ganzjährig. Cafeteria in den Hafengebäuden.

ROUTE 8: AARHUS – HORSENS

Länge der Tour: Rund 110 km, ohne Abstecher.

Die Route: Über die Straße 170 bis **Skanderborg** – Straße 445 über **Ry** bis **Silkeborg** – Straßen 52 und 445 bis **Gammel Rye** – Straßen 461 und 52 über **Brædstrup** bis **Horsens**.

Reisedauer: Mindestens ein Tag. Mit Ausflügen um Silkeborg besser zwei Tage.

Höhepunkte: Die **Museen in Silkeborg** * – **Radwandern im Seengebiet** – **Kanuwandern auf der Gudenå** * – Ausflug zum **Himmelbjerget** * – das **Jütländische Oldtimermuseum** in Gjern – das **Mühlen- und Holzschuhmuseum** in Gammel Rye.

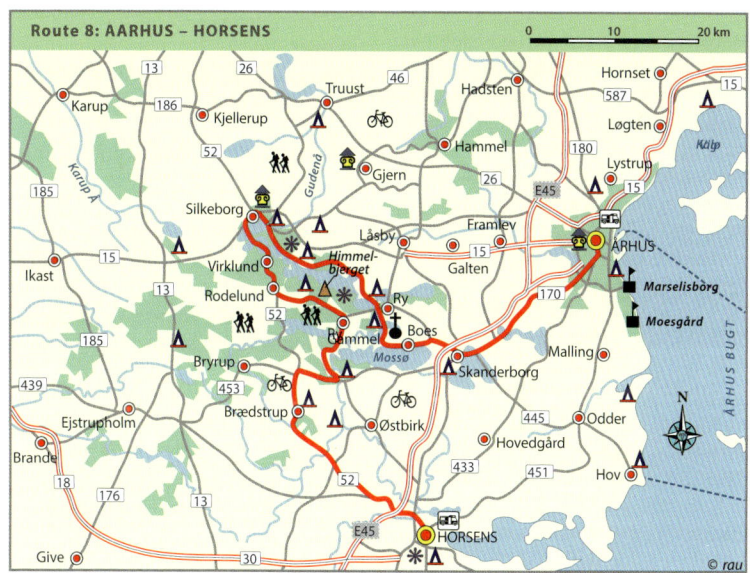

Der weitere Verlauf unseres Reiseweges durch Dänemark führt von Aarhus nach Westen, hinein in ein herrliches, seendurchsetztes Gebiet, das mit Fug und Recht zu den schönsten Landschaften Dänemarks gezählt wird.

Die ganze Region zwischen Skanderborg und Silkeborg ist ein wahres Eldorado zum Kanuwandern. Aber ebenso gut kann man per Fahrrad oder zu Fuß ausgedehnte Touren unternehmen. Wer sich entschließt einige Tage in der Gegend zu bleiben, findet zahlreiche Hotels, Gasthöfe und Campingplätze. Einige Campings sind entlang der beschriebenen Strecke aufgeführt.

ROUTE: *Wir verlassen Aarhus auf der Straße 170 (oder auf der Autobahn E45 bis Ausfahrt 52) in südwestlicher Richtung und erreichen schon nach ca. 23 km Skanderborg.*

Skanderborg liegt landschaftlich sehr reizvoll zwischen Wäldern und den Gewässern des Sees von Skanderborg.

CAMPING – SKANDERBORG

Camping Skanderborg Sø [N56° 1' 16.11" E9° 53' 26.30"], Horsensvej 21, Tel. +45 86 51 13 11, www.campingskanderborg.dk; 26. April – 15. Sept.; südöstl. der Stadt zwischen Straße 170, Bahnlinie und See. Ansprechendes und gepflegtes, weitläufiges, naturbelassenes Wiesengelände mit einzelnen Obstbäumen, von Wald umgeben; durch hohe Hecken und Baumreihen in große Stellplatzfelder aufgeteilt. Ca. 8 ha – 200 Stpl.; Standard-Sanitärausstattung. Kiosk, Waschmaschine, Trockner, Bootsverleih, Grillstelle, Minigolf, Internetecke, Miethütten. V & E für Wohnmobile. QuickStop. Über einen Waldweg und Wiesen hinab zum See, gut 300 m. Bushaltestelle vor dem Platz.

Viel ist von der ehemaligen Königsresidenz nicht geblieben. Nur die Schlosskirche mit ihrem festungsartigen Turm erinnert noch daran, dass Skanderborg bis ins 18. Jh. hinein wichtige Residenzstadt war. Die Kirche entstand auf den Mauerresten des von König Waldemar I. im 12. Jh. erbauten Schlosses.

Das **Skanderborg Museum [N56° 01' 45.4" E9° 56' 05.6"]** in der Adelgade 5 war in einem ehemaligen Richterhof untergebracht. Neben heimatkundlichen Gegenständen wurden auch Ausstellungsstücke zur Stadt- und Schlossgeschichte gezeigt (www.museumskanderborg.dk). Das Museum ist seit Anfang 2019 bis auf weiteres geschlossen! Wiedereröffnung derzeit unklar.

Ausflug zur Ejer Bavnehøj

Ausflug zur 10 km südwestlich von Skanderborg gelegenen **Ejer Bavnehøj [N55° 58' 38.58" E9° 49' 50.53"]**, mit 171 m die höchste Erhebung Dänemarks. Bis 1849 war man der Meinung, der Himmelbjerget am Julsø sei der höchste Berg Dänemarks.

Auf der Höhe Bavnehøj – von der man bis zum Samsø sieht und bei klarem Wetter die beiden Brücken über den Kleinen Belt bei Kolding erkennt – wurde 1920 ein 13 m hoher, triumphbogenartiger Turm errichtet. Der Turm wurde zum Gedenken an Christian X. und die Wiedervereinigung mit Südjütland erbaut.

HAUPTROUTE

*ROUTE: Der weitere Verlauf unserer Route führt ab Skanderborg westwärts, am Nordufer des **Mossø** entlang, und über **Alken**, **Boes** und **Emborg** nach **Ry** und weiter über **Laven**, **Svejbæk** und **Sejs** nach **Silkeborg** (Margueritruten).*

*Achtung! Auf dem Weg von Laven nach Silkeborg passiert die Landstraße kurz vor Svejbæk eine nur 3 m hohe **Bahnunterführung**. Höhere Fahrzeuge machen den Umweg über **Låsby** und nehmen dort die Straße 15 nach Silkeborg.*

Boes ist ein hübsches Dorf mit strohgedeckten Häusern am Nordufer des Mossø.

Und in **Emborg** gibt es die historischen Ruinenfragmente des **Øm Zisterzienserklosters [N 56° 03' 10.2" E 9° 45' 00.3"]** aus dem 13. Jh., mit Arzneikräutergarten und Mönchsgräbern zu besichtigen (Mai - Okt. Di - So 10 - 16 Uhr; www.museumskanderborg.dk). Durch Glasscheiben kann man in den Grabschächten der Mönchsgräber Skelette erkennen.

Ry liegt am Ostausläufer des Julsø, der hier vom Flüsschen Gudenå gespeist wird.

In Ry bietet es sich an, eine Schiffspartie [N56° 5' 36.39" E9° 45' 11.26"] über die Gudenå und die von bewaldeten Hügeln eingerahmten Seen zum Aussichtsturm auf dem **Himmelbjerget** zu unternehmen. Im Sommer gibt es zwischen 10 und 14 Uhr drei bis vier Abfahrten. Fahrtdauer ca. 40 Minuten.

Eine schöne Wandertour führt um den Knudsø herum, oder zum Himmelbjerget. In Ry gibt es Fahrrad- und Kanuverleihs.

Silkeborg am Silkeborg Langsø, eine relativ junge Stadt, entwickelte sich Mitte des 19. Jahrhunderts um eine Papierfabrik. Heute ist die Stadt mitten in den

Destination Skanderborg Ry Turistbureau [N56° 05′ 25.7″   E9° 45′ 32.4″], Klostervej 3, 8680 Ry, Tel. +45 86 69 66 00; www.rycity.dk.

CAMPING

Ry

Camping Holmens [N56° 04′ 34.74″   E9° 45′ 57.65″], Klostervej 148, Tel. +45 86 89 17 62, www.holmenscamping.dk; 5. Apr. – 22. Sept.; südl. Ry Richtung Øm Kloster; Wiese am Gudensø; ca. 6 ha – 220 Stpl.; + Dau.; gute Standard-Sanitärausstattung. Kiosk, Waschmaschine, Trockner, Hallenbad, Sauna, Bootsverleih, Volleyballfeld, Minigolf. Miethütten. V & E für Wohnmobile. QuickStop.

Camping Birkhede [N56° 6′ 13.32″ E9° 44′ 35.75″], Lyngvej 14, Tel. +45 86 89 13 55, www.birkhede.dk; 29. März – 22. Sept.; zwischen der Straße nach Silkeborg und dem Westufer des Knudsø; bewaldeter Hang am See; ca. 10 ha – 200 Stpl. + Dau.; gute Standard-Sanitärausstattung. Kiosk, Waschmaschine, Trockner, beheizbares Schwimmbad, Boots- und Fahrradverleih, Grillstelle, Volleyballfeld, Miethütten. V & E für Wohnmobile.

Laven bei Silkeborg

Camping Terrassen [N56° 7′ 27.31″   E9° 42′ 38.72″], Himmelbjergvej 9, Tel. +45 86 84 13 01, www.terrassen.dk; 12. Apr. – 22. Sept.; in Ry ca. 5 km Richtung Laven, beschildert; Wiesenterrassen oberhalb des Julsø; 5 ha – 200 Stpl. + Dau; gute Standard-Sanitärausstattung; Laden, Imbiss, Waschmaschine, Trockner, beheizbares Schwimmbad, Fahrradverleih, Beachvolleyballfeld, Sauna, WLAN, Internetecke, Miethütten. V & E für Wohnmobile.

Camping Askehøj [N56° 8′ 11.01″   E9° 41′ 25.41″], Aksehøjvej 18, Tel.+45 86 84 12 82, www.askehoj.dk; 29. März – 15. Sept.; von Ry Richtung Laven und noch 2 km weiter Richtung Silkeborg; gestuftes Wiesengelände am Rande des Vesterskov Waldgebiet; 4,5 ha – 150 Stpl. + Dau., Standard-Sanitärausstattung. Laden, Imbiss, Waschmaschine, Trockner, beheizbares Schwimmbad, Minigolf, WLAN. V & E für Wohnmobile.

Himmelbergseen zwar ein Ort mit Industrie, dennoch auch Kurbad, auf alle Fälle aber ein günstiger Ausgangspunkt für Touren in die reizvolle Hügel- und Seenlandschaft.

Silkeborgs große Attraktion findet man im **Kulturhistorischen Museum [N56° 10′ 08.8″ E9° 33′ 11.4″]**, Hovedgårdsvej 7, das im Hovegarden, dem ältesten Haus der Stadt, untergebracht ist, *(geöffnet Mai, Juni, Sept., Okt. Dez. Di - Fr 11 - 16 Uhr; Juli + Aug. tgl. 10 - 17 Uhr; Jan. - Apr. Di - So 12 - 16 Uhr; www.museum-silkeborg.dk)*. Meistbestauntes Exponat ist der sog. *„Tollundmann"*, eine durch das Moor mumifizierte, etwa 2.200 Jahre alte Leiche. Der Tollundmann, der bis zur Entdeckung von „Ötzi" weltweit als der besterhaltene Urmensch galt, wurde 1950 im Tollund-Moor ausgegraben.

Kaum 100 m daneben entdeckte man damals die Moorleiche des *„Ellinge-Mädchens"*, ebenfalls im Museum zu sehen. Außerdem zeigt das Museum eine schöne Glassammlung und Exponate zur Stadtgeschichte.

Das **Jorn Kunstmuseum [N56° 9′ 38.00″   E9° 33′ 30.350″]**, Gudenåvej 7 – 9 *(geöffnet 27. Mai - 8. Dez. Di, Mi, Fr 10 - 17 Uhr, Do 10 - 21 Uhr, Sa + So 10 - 17 Uhr; www.museumjorn.dk)*, stellt Grafiken und Gemälde moderner Künstler aus, besonders auch von Asger Jorn. Das Großgemälde „Stalingrad" bildet das zentrale Werk im Museum und im Werk Jorns.

Asger Jorn gilt als einer der engagiertesten Künstler in der 1949 gegründeten niederländisch-skandinavischen Arbeitsgemeinschaft „COBRA" (Abk. für Copenhagen, Brüssel, Amsterdam), von der wichtige Impulse für den abstrakten Expressionismus in Dänemark ausgingen. Das Museum zeigt auch Werke anderer Künstler der COBRA Gruppe wie Appel oder Alechinsky.

Radeln, Wandern und Paddeln im Seenhochland

Das abwechslungsreiche, landschaftlich überaus reizvolle **Søhøjland**, das mitteljütländische Seenhochland, mit den Zentren Skanderborg, Ry und Silkeborg, ist geradezu ein Eldorado für Wanderer, Radler und vor allem für Wassersportler.

Entlang der Gudenå, mit 160 km das längste Flüsschen in Dänemark, erstreckt sich eine Landschaft, die den Reiz einer Kanuwanderung noch erhöht.

Zwischen Torring im Süden und Randers zieht sich der Fluss durch Heidelandschaft und Wälder, bildet Seen und durchfließt Städte und Gemeinden, die touristische Einrichtungen, Einkaufsmöglichkeiten und Übernachtungsplätze bieten.

Man muss nicht unbedingt das eigene Kanu mitbringen, um an den Wasserfreuden teilhaben zu können. Vielerorts werden Boote vermietet, so z. B. in Torring, Skanderborg, Ry und Silkeborg, ob nur für ein paar Stunden zum Ausprobieren oder für Tage oder gar Wochen.

Sogar „package trips" werden angeboten, sorgfältig vorausarrangierte Touren inklusive Routenplan, Ausrüstung und Übernachtungen. Überall entlang der Wasserwanderwege gibt es Campingplätze. Wer auf eigene Faust lospaddelt, findet also ohne weiteres auch einen Lagerplatz.

Für eine **Kanutour** von Silkeborg nach Randers muss man mit 6 Tagen rechnen.

Foto: VisitDenmark, John Sommer

7 Tage muss man paddeln (täglich im Durchschnitt nur drei bis vier Stunden), um von Torring nach Silkeborg zu kommen. Genaue Karten, Details, Preise und Adressen gibt's bei den Touristenbüros.

Wer das mitteljütländische Seenhochland auf Schusters Rappen durchstreifen will, dem stehen kilometerlange **Wanderwege** durch Wälder und entlang idyllischer See- und Flussufer oder zu höher gelegenen Aussichtspunkten zur Verfügung.

Der alte **Prampfad** ist einer dieser Wanderwege. Noch bevor die Stadt Silkeborg entstanden war, wurde Holz aus den Wäldern der Umgebung auf Leichtern die Gudenå hinunter transportiert. Pferde und Knechte zogen die Kähne und so entstand zwischen Silkeborg und Kongsbro der Treidelpfad „Pramdragerstien", der sich heute als ausgezeichneter Wanderweg anbietet. Die Strecke ist 23 km lang und an einem Tag zu bewältigen. In Kongsbro bei Truust (Camping) sorgt ein Gasthof für Unterkunft und Speis und Trank, so dass man am nächsten Tag ausgeruht und gestärkt den Rückweg antreten kann.

60 km lang ist ein Naturpfad durch den südlichen Teil der Region. Über Virklund, Them und Vrads erreicht man Bryrup (Hotels, Camping) und wandert am nächsten Tag an Vinding, Sønder-Vissing und Tønning vorbei nach Yding oder gar weiter bis Horsens.

Fast ideale Bedingungen finden **Radler** vor. Auf den geteerten und wenig befahrenen Nebenstraßen ohne nennenswerte Steigungen lässt es sich ganz ausgezeichnet Radwandern.

Auch wer kein eigenes Rad dabei hat, kann in jedem größeren Ort, auf jeden Fall in Skanderborg, Ry und Silkeborg, Räder ausleihen.

Das Dänische Fremdenverkehrsamt in Hamburg und die Fremdenverkehrsämter der Orte im Seengebiet haben einen Prospekt herausgebracht, der viele schöne Radwanderwege beschreibt. Es werden auch fertig geplante Pauschalarrangements angeboten, inklusive Fahrrad, Packtaschen, detaillierter Routenbeschreibung, Kartenmaterial und Übernachtungen in Hotels oder Jugendherbergen.

Mein Tipp! Vorschlag zu einer 3 bzw. 6 Tage dauernden **Radtour** ab und bis Silkeborg:

1. Tag: – Silkeborg – Kongensbro – Rødkærsbro, 38 km. An der Gudenå entlang auf dem Pramsti bis zum Gasthaus Kongensbro Kro, hier Mittagspause. Übernachtung im Rødkærsbro Kro.

2. Tag: – Rødkærsbro – Bjerringsbro – Ulstrup – Laurbjerg – Hammel – Fårvang, 57 km. Übernachtung im Fårvang Kro oder Truust Camping.

3. Tag: – Fårvang – Gjern (Automuseum, Gjern-Hügel) – Sminge – Resenbro (Mittagspause u. evtl. zurück nach Silkeborg) – Sejs – Svejbæk – Laven, 43 km. Übernachtung im Gl. Rye Kro oder Camping.

4. Tag: – Ry – Emborg (Øm Kloster) – Boes – Alken – Skanderborg (Mittagspause) – am Mossø entlang – Voervadsbro, 42 km. Übernachtung im Voervadsbro Kro oder Camping in Hem.

5. Tag: – Voervadsbro – Østbirk – Brædstrup (Mittagspause) – Davding – Løve – Vrads, 41 km. Übernachtung im Motel Lystruphave oder Camping in Bryrup.

6. Tag: – Vrads – Tømmerby – Salten – Gamle Rye (Mittagspause) – Himmelbjerget – Virklund – Silkeborg, 42 km.

Darüber hinaus gehören zu den Attraktionen von Silkeborg der Freizeitpark **AQUA Akvarium & Dyrepark [N56° 09' 14.0" E9° 33' 30.4"]**, Vejlsøvej 55, eines der größten Süßwasseraquarien in Nordeuropa mit angeschlossenem Tierpark (geöffnet 1. Juli - 11. Aug. 10 - 18 Uhr; Mai, Juli, 12. Aug. - Sept. tgl. 10 - 18 Uhr, übrige Zeit tgl. 10 - 16/17 Uhr; www.visitaqua.dk), dann das **Glockenspiel** in der 1876 im romanischen Stil erbauten Kirche – es erklingt täglich um 8, 12, 14, 16 und 18 Uhr – und schließlich die große **Fontäne** im Silkeborg Langsø, die abends beleuchtet ist.

Falls Sie auf die nachstehend geschilderten Ausflüge ab Silkeborg verzichten, bitte weiter mit **„Hauptroute"** weiter hinten:

Ausflüge ab Silkeborg

Bootsausflug (bis zu 8 Abfahrten täglich) mit dem über 120 Jahre alten Raddampfer „Hjejlen" (und mit neuzeitlichen Schiffen) zum **Aussichtsberg Himmelbjerget**.

Die 147 m hohe Erhebung am Südostufer des Julsees wurde lange Zeit als die höchste Erhebung Dänemarks angesehen, bis mit moderneren Messmethoden festgestellt wurde, dass die Ejer Bavnehøj, südlich von Skanderborg, 24 m höher ist.

Nach 75-minütiger Bootsfahrt legt man am Fuße des Berges an und spaziert über den sog. „Schlangenweg" hinauf zum Gipfel. Die Höhe wird von einem 25 m hohen **Aussichtsturm** gekrönt. Er wurde 1875 zum Gedenken an Frederik VII. errichtet. Vom Turm ge-

---

PRAKTISCHE HINWEISE — SILKEBORG

Silkeborg Turistbureau [N56° 10' 13.73" E9° 33' 8.79"], Østergade 13, 8600 Silkeborg, Tel. +45 86 82 19 11, www.silkeborg.com. Geöffnet Juli – Aug. Mo – Fr 10 – 17.30, Sa 10 – 14 Uhr, Apr. – Juni + Sept. Mo – Mi 10 – 16 Uhr, So 10 – 17.30 Uhr, Fr 10 – 16 Uhr, Sa 10 – 13 Uhr, übrige Zeit Mo, Mi, Fr 10 – 15 Uhr, Do 10 – 17.30 Uhr.

CAMPING

Camping Silkeborg Sø [N56° 10' 12.19" E9° 34' 36.00"], Aarhusvej 51, Tel. +45 86 82 28 24, www.seacamp.dk; Anf. Apr. – Mitte Okt.; am östl. Stadtrand am Langsø; Wiesen am Wald, städtischer Platz; 3 ha – 140 Stpl. + Dau.; Standard-Sanitärausstattung. Kiosk, Waschmaschine, Trockner, Bootsverleih, WLAN. Miethütten. V & E für Wohnmobile. QuickStop.

Camping Gudenåens Silkeborg [N56° 9' 24.75" E9° 33' 46.56"], Vejlsøvej 7, Tel. +45 86 82 22 01, www.gudenaaenscamping.dk; 12. Apr. – 20. Okt; nahe der Straße 52 nach Virklund; Platz im Waldgebiet am Fluss Gudenå; ca. 3 ha – 130 Stpl.; Standard-Sanitärausstattung. Kiosk, Waschmaschine, Trockner, Bootsverleih, Sauna, WLAN, Internetecke. Miethütten. V & E für Wohnmobile. QuickStop.

Resenbro

Camping FDM Jyllands-Ringen [N56° 10' 41.28" E9° 39' 19.11"], Skellerupvej 38, Tel. +45 86 85 31 76, 1. Apr. – Mitte Okt.; bei Resenbro, ca. 8 km östlich von Silkeborg auf der Straße 15 bis Resenbro, hier zum östlichen Ortsrand zum Platz; Wiesengelände in schöner Lage, nahe dem Rennkurs; ca. 10 ha – 100 Stpl. + Dau.; einfache Standard-Sanitärausstattung; Kiosk, Minigolf, WLAN an einigen Plätzen, Miethütten. V & E für Wohnmobile.

Sejs bei Silkeborg

Camping Sejs Bakker [N56° 8' 24.65" E9° 37' 12.43"], Borgdalsvej 15 - 17, Tel. +45 86 84 63 83, https://sejs-bakker-camping.dk/; 6. Apr. – 8. Sept.; von Silkeborg südostwärts Richtung Sejs, hier beschilderte Zufahrt; ebene Wiesenfelder von Bäumen und Hecken eingeteilt; ca. 4 ha – 100 Stpl. + Dau; Standard-Sanitärausstattung. Laden, Waschmaschine, Trockner, Fahrradverleih, WLAN, Internetecke. V & E für Wohnmobile. QuickStop.

nießt man eine herrliche Aussicht über die Seen und bewaldeten Hänge.

Seit 1839 ist die Anhöhe Himmelbjerget ein traditioneller Versammlungs-, später aber mehr Ausflugsort in Jütland. Der Heimatdichter und Pfarrer *Steen Steensen Blicher* hatte hier im Sinne der „Neugeburt des geliebten Vaterlandes" zu einer ersten Volksversammlung eingeladen, die von einer erstaunlich großen Zahl von Bürgern besucht wurde.

Bis 1844 hielt sich diese Tradition der Volksversammlungen auf dem Himmelbjerget. Der geschäftstüchtige Besitzer des Geländes hatte schnell die Idee, angeregt durch den immensen Zulauf von Besuchern, hier ein Gasthaus einzurichten und Eintritt auf dem Himmelbjerget zu verlangen. Auf königliche Anweisung wurde allerdings verfügt, dass „zu allen Zeiten jedermann freien Zutritt zum Himmelbjerget haben soll".

1854 wurde hier auf Initiative des Silkeborger Papierfabrikanten Michael Drewsen eine große Verfassungsfeier veranstaltet, die in der Bevölkerung großen Anklang fand und die Tradition von Verfassungsfeiern und Volksfesten auf dem Himmelbjerget begründete. Drewsen ist es auch zu verdanken, dass der Aussichtsturm „zu Ehren von König Frederik VII. – Freund des dänischen Volkes - Geber der Verfassung" errichtet werden konnte.

Der **Himmelbjerget [Parkplatz, N56° 06' 11.6" E9° 41' 12.2"]** lässt sich auch bequem mit dem Auto erreichen. Vom Parkplatz ist der Aussichtsturm nur etwa 200 m entfernt. Restaurant, Cafeteria und Picknickplatz sind auch vorhanden.

Ausflug nach Gjern, ca. 20 km nordöstlich von Silkeborg. Wer sich in ruhiger, ländlicher Umgebung wohlfühlt, gerne durch herrliche Natur streift, wird sich auf diesem Ausflug wohl fühlen.

Sehenswert ist nicht nur für Technikfreunde das **Jütländische Oldtimermuseum „Jysk Veteranbilmuseet" [Parkplatz, N56° 13' 36.37" E9° 44' 34.43"]** in Gjern, Skovvejen 13 (*geöffnet 1. Apr. - 15. Mai Sa + So 10 - 16 Uhr; 16. Mai*

- 31. Aug. tgl. 10 - 17 Uhr; 1. Sept. - 31. Okt. Sa + So 10 - 16 Uhr; www.jyskautomobilmuseum.dk). Es ist das größte Automobilmuseum in ganz Jütland und stellt über 140 Fahrzeuge aus, deren Baujahre zwischen 1900 und 1980 liegen. Motorradfans werden sich über die 14 glänzend instandgehaltenen Motorräder freuen, darunter u. a. Harley Davidson, Indian und eine französische Motobecane aus dem Jahre 1922 mit Riemenantrieb und viele andere.

Zwischen Gjern und Svostrup liegen die unter Naturschutz stehenden 104 m hohen Hügel **Gjern Bakker [N56° 13' 40.85" E9° 41' 58.53"]**. Von der Troldhøj aus bieten sich schöne Ausblicke auf das Gudenåtal.

Und wer auch im Sommer auf eine zünftige Skiabfahrt nicht verzichten will, ist im **Søhøjlandets Ferien- und Aktivitätscenter** und dem dortigen alpinen Skicenter genau richtig. Auf einer 7.500 qm großen Piste aus einer Vielzahl von PVC-Borsten, die mit Hilfe eines ausgeklügelten Bewässerungssystems feucht und rutschig gehalten werden und ein reelles Schneegefühl vermitteln sollen, können Sie Ihren Slalomträumen nachhängen. Ausrüstung kann geliehen werden.

HAUPTROUTE

ROUTE: Der weitere Weg unserer Dänemark-Rundreise führt von Silkeborg auf der Straße 52 südwärts über **Virklund** *bis* **Rodelund** *und dort über die Straße 445 nach Südosten und vorbei am Aussichtsberg Himmelbjerget nach* **Gammel Rye.**

In der St. Sørens Kirche in **Gammel Rye** wählten Adel und Klerus 1543 Christian III. zum König. In der Nähe findet man die schon seit dem Mittelalter bekannte St. Sørens-Quelle.

Sehenswert ist das **Gammel Rye Møllemuseum og Træskomuseum [N56° 4' 33.56" E9° 42' 6.96"],** das **Mühlen - und Holzschuhmuseum** in der Møllestien 5 (*geöffnet 4. Mai - 29. Sept. Di - Fr 10 - 16 Uhr, Sa + So 13 - 16 Uhr; www.museumskanderborg.dk/).*

CAMPING – TRUUST

Camping Trust [N56° 16' 53.27" E9° 40' 7.80"], Sørkelvej 12, Tel. +45 86 87 11 41, www.trustcampingsilkeborg.dk; Ostern – Mitte Okt.; von der Straße 26 (Aarhus – Viborg) in Truust westwärts abzweigen und noch ca. 1 km zum Platz; ebene Wiesen, von Gehölz durchsetzt, nahe dem Gudenå-Fluss; ca. 4 ha – 150 Stpl. + Dau.; Komfort-Sanitärausstattung. Laden, beheizbares Schwimmbad, Kanuverleih, Fitnesseinrichtungen, Minigolf, Beachvolleyballfeld, WLAN, Miethütten.

Die sog. Holländermühle, eine Windmühle, liegt weithin sichtbar auf einem Hügel, stammt aus dem Jahre 1872 und versah bis 1980 ihren Dienst. Alles ist noch so wie zu diesem Zeitpunkt.

Im dazugehörenden **Holzschuhmuseum** wird der Zeit gedacht, in der in Ry in der Mitte des 19. Jh. über 186.000 Paar Holzschuhe hergestellt und exportiert wurden, was über die Hälfte der Männer Lohn und Brot verschaffte. Man kann die Holzschuhfertigung besichtigen.

Ca. 2 km abseits der Straße 445 liegt der Ort **Them**.

Rund 4 km südwestlich von Them findet man die **Rovfugleshow Silkeborg** im Ansøvej 14 [N56° 4' 21.88" E9° 30' 42.65"]. Der Falkner Flemming Sanggaard führt Raubvögel wie Adler, Bussarde, Eulen, Habichte und Falken in einer unterhaltsamen Vogelshow vor. Wer will kann sich einen Raubvogel oder eine Eule auf die Hand nehmen *(Shows ab Ende Apr. – Juni Sa + So um 15 Uhr; 1. - 7. Juli tgl. 11 Uhr; 8. Juli - 4. Aug. um 11 + 15 Uhr; 5. - 11. Aug. tgl. um 11 Uhr; 12. Aug. - 15. Sept. Sa + So um 11 Uhr; www.silkeborg-rovfugleshow.dk)*.

Bei **Rodelund**, ca. 2 km nordöstlich von Them, findet man das **Labyrithia [N56° 6' 24.63" E9° 34' 34.30"]**, einem etwas anderen Freizeitpark, wo Jung und Alt durch verschieden angelegte Irrgärten wandern können *(geöffnet Mitte Apr. – Ende Sept. 11 – 16 Uhr; Juli – Mitte Aug. 10 – 18 Uhr; ermäßigtes Kombiticket mit Rovfugleshow; www.labyrinthia.dk/de/)*.

Brædstrup liegt an der Straße 52, ca. 16 km südlich von Gammel Rye. Der Ort ist bekannt bei Anglern, da er umgeben ist von vielen fischreichen Seen und Wasserläufen.

Ab **Bryrup, Vrads Station [N56° 1' 26.80" E9° 30' 39.08"]**, ca. 12 km nordwestlich von Bræd-

Das Mühlenmuseum in Gammel Rye

CAMPING

Virklund

Camping Skyttehuset [N56° 7' 26.37" E9° 38' 24.30"], Svejbækvej 3, Tel. +45 86 84 51 11, www.skyttehusetscamping.dk; 12. Apr. – 15. Sept.; von Silkeborg südwärts auf der Straße 52 bis Virklund, hier ca. 5 km ostwärts weiter Richtung Svejbækfähre zum Platz; am Südufer des Julsø (Gudenå); terrassiertes, kleines, romantisch im Wald gelegenes Gelände abseits und ruhig; 2 ha – 90 Stpl.; Standard-Sanitärausstattung. Laden, Restaurant, Waschmaschine, Trockner, Bootssteg, Badestrand, Miethütten. V & E für Wohnmobile.

Bryrup

Camping Bryrup Aqua [N56° 1' 21.62" E9° 30' 31.59"], Hovedgaden 58, Tel. +45 75 75 67 80, www.bryrupcamping.dk; Ostern – Mitte Okt.; von der Straße 453 (Bryrup – Nørre Snede) in Bryrup zum Platz, beschildert; ebene, teils gestufte Wiesen in seen- und waldreicher Landschaft; ca. 5 ha – 200 Stpl. + Dau.; Standard-Sanitärausstattung; Waschmaschine, Trockner, beheizbares Schwimmbad, Grillstelle, Boots- und Fahrradvrleih, WLAN. Miethütten. V & E für Wohnmobile. QuickStop.

Camping Velling Koller [N56° 2' 17.43" E9° 30' 47.73"], Velling Koller Vej 4 - 8, Tel. +45 75 75 62 04, www.velling-koller.dk; 1. Jan. – 31. Dez.; von der Straße 453 (Bryrup – Nørre Snede) in Bryrup ca. 1,5 km nordwärts zum Platz; Wiesenplatz von Feldern und Wald umgeben, ruhig gelegen; 3 ha – ca. 90 Stpl.; Standard-Sanitärausstattung. Imbiss, Restaurant, Waschmaschine, Reitschule, Minigolf. QuickStop.

Vestbirk

Camping Elite Camp Vestbirk [N55° 57' 47.57" E9° 41' 59.62"], Møllehøjvej 4, Tel. +45 75 78 12 92, www.elitecamp.dk/de/campingplatze/elite-camp-vestbirk/; Ende März – Ende Sept.; ca. 3 km östl. Brædstrup; relativ ruhig nahe einem See und der Gudenå gelegen; ca. 4 ha – 150 Stpl. + Dau.; Standard-Sanitärausstattung; Laden, Imbiss, beheizbares Schwimmbad, WLAN. Miethütten. Kanustation. V & E für Wohnmobile.

Nim

Camping Gudenå Brædstrup [N55° 56' 6.3" E9° 39' 10.2"], Bolundvej 4 A, Tel. +45 75 76 30 70, www.gudenaacamping.dk; 29. März – 29. Sept.; ca. 5 km südöstlich Brædstrup Zufahrt an der Straße 52 nach Horsens; kleinerer Platz direkt an der Gudenå; ca. 1,4 ha – 70 Stpl.; Standard-Sanitärausstattung. Laden, Schwimmbad, Waschmaschine, Trockner, Miethütten; Kanustation. V & E für Wohnmobile. QuickStop.

strup, verkehrt an Wochenenden im Sommer auf einem 5 km langen Teilstück der ehemaligen Bahnstrecke Horsens – Silkeborg (offizieller Betrieb seit 1968 eingestellt) eine Veteranenbahn (Dampfzug oder nostalgischer dieselbetriebener Schienenbus) bis nach Vrads. Die Strecke wurde schon als die schönste Bahnstrecke in Dänemark bezeichnet (www.veteranbanen.dk).

*ROUTE: Von Brædstrup geht es auf der Straße 52 über **Nim** südostwärts. Nach 20 km erreichen wir **Horsens**.*

Horsens präsentiert sich als Hafen-, Handels- und Industriestadt an der Bucht Horsens Fjord. Im Zentrum der Stadt sind noch einige schöne Häuser aus dem 18. Jh. erhalten, aus der Zeit, als Horsens eine prosperierende Kaufmannsstadt war.

Ein namhafter Sohn der Stadt ist *Vitus Bering*. Er erkundete 1728 die nach ihm benannte in den Pazifik führende Beringstraße. Vitus Bering wurde 1680 in Horsens geboren. Eine Gedenktafel im **Vitus Berings Park [N55° 51' 43.1" E9° 50' 29.0"]** erinnert an den Entdecker. Die beiden Kanonenrohre, die die

Tafel flankieren, stammen vom Schiff „St. Peter", mit dem Bering auf seiner letzten Expedition 1741 Alaska und die Aleuten erforschte.

Am Ostrand des Vitus Berings Park findet man einen günstig gelegenen **Parkplatz**.

Vom Vitus Bering Park, der ganz in der Nähe des Bahnhofs liegt, kann man die Hauptstraßen Jenssensgade und Søndergade ostwärts weiter stadteinwärts gehen.

Bemerkenswerte alte Gebäude sind **Helms Apotheke**, erbaut 1736 aus den Steinen eines alten Herrensitzes, sowie das gegenüber in der Søndergade 17 gelegene **„Lichtenberg Palais" [N55° 51' 42.98" E9° 50' 50.84"]**, heute Jørgensens Hotel. Dieses 1744 vollendete Domizil eines reichen Kaufmanns imponiert durch die reich gegliederte Fassade. Auch das Nebenhaus Nr. 15 ist ein schöner Bau aus dem 18. Jh. Und in der Søndergade Nr. 32 schließlich findet man den Monbergsgård mit einem geschnitzten Portal.

Schließlich endet die Søndergade am Stadtplatz Torvet. Dort fällt die **Vor Frelsers Kirke** auf. Sie entstand um 1200 zur Zeit Waldemars II. und weist ein prächtiges Portal auf.

Einen Straßenzug weiter südlich liegt am Rådhustorvet das **Renaissance-Rathaus** von 1854.

Von der Vor Frelsers Kirche kann weiter der Borgergade nach Osten folgen, bis kurz darauf rechterhand die von einem kleinen Park umgebene **Horsens Klosterkirche [N55° 51' 39.94" E9° 51' 17.22"]** auftaucht. Die Kirche ist der verbliebene Rest eines ehemaligen Franziskanerklosters. Im Inneren schöne Schnitzereien.

Unweit östlich der Kirche führt die Stjernholmsgade nach Osten stadteinwärts.

Die Straße endet nach gut 300 m an der Querstraße Gassvej.

Ziemlich genau gegenüber liegt das **Danmarks Industriemuseum [N55° 51' 38.3" 9° 51' 37.6"]**, Gasvej 17 - 19. Es ist untergebracht im Bau des alten Kraftwerks von 1906. Das Thema Indus-trialisierung wird mittels Schauwerkstätten, Maschinen und rekonstruierten Arbeiterwohnungen aus 1850 dokumentiert. Eine Brauerei, Buchdruckerei- und binderei, Schmiede- und Holzschuhwerkstätte sowie eine Tabakfabrik runden das umfangreiche Museum ab *(geöffnet tgl. 11 - 16 Uhr; Juli + Aug. tgl. 10 - 16 Uhr; www.industrimuseet.dk)*.

Hinter dem Museum trifft man um die Ny Havnegade auf eine der ersten Arbeitersiedlungen in Dänemark, die um das Jahre 1890 nach englischem Vorbild entstand.

Einen Straßenzug weiter nördlich erstreckt sich an der Straße Sundvej der Stadtpark **Caroline Amalie Lund**. Im Park liegen zwei Museen.

Gleich am Sundvej 1A findet man das **Horsens Museum [N55° 51' 46.6" E9° 51' 46.3"]**, ein kulturhistorisches Museum, mit Sammlungen aus der Region, Kunstgewerbe u. ä. *(geöffnet Juli + Aug. tgl. 10 - 16 Uhr; übrige Zeit Di - So 11 - 16 Uhr; www.horsensmuseum.dk)*.

Das **Horsens Kunstmuseum [N55° 51' 51.2" E9° 51' 33.7"]** liegt im Carolinelundsvej 2 an der Westseite des Parks *(geöffnet 1. Juli - 31. Aug. tgl. 10 - 16 Uhr; 1. Sep. - 30. Juni Di - So 11 - 16 Uhr; www.horsenskunstmuseum.dk)*. Es präsentiert Dänemarks bedeutendste Sammlung von Werken der Maler Mogens Ziegler und Michael Kvium.

Im Sundvej Nr. 9 sieht man ein schönes Fachwerkhaus aus dem Jahre 1718. Erbaut wurde es einst von Claus Cordsens in der Søndergade. 1912 wurde das Haus hierher verlegt.

Vom Sundvej und dem Südwestrand des Parks Caroline Amalie Lund kann man nun über die Amaliegade und die Straße Kattesund westwärts zur Norregade weitergehen. Die Norregade war ehemals eine der „besseren" Straßen in Horsens. Bemerkenswert sind die Häuser Nr. 2 – 6 aus dem 17. und 18. Jh.

Smedegade und Smedetorvet [Parkplatz - N55° 51' 57.25" E9° 50' 42.79"] lagen früher am nördlichen Stadttor. Hier am Nordrand der Altstadt wurde der wöchentliche Pferdemarkt abgehalten. Zahlreiche alte Häuser sind hier noch erhalten.

Hervorzuheben sind die Gebäude Nr. 34 mit schönem schmiedeeisernen Geländer, Nr. 71, das größte und besterhaltene und Nr. 91, der Generalsgården aus dem Jahre 1816. Letzterer war das erste Fabrikgebäude (Tabakfabrik) der Stadt und erhielt seinen Namen nach dem holsteinischen Kyrassier-General Kommandeur Flindt, der hier einige Jahre lebte. Heute findet man hier u. a. einen großen Supermarkt.

Ausflug

Das **Glud Dorfmuseum [N55° 48' 22.19" E9° 59' 42.30"]**, ein Freilichtmuseum, mit alten Bauernhäusern, Schmieden, alten landwirtschaftlichen Gerät-

schaften u. ä. liegt ca. 13 km östlich von Horsens (geöffnet 1. Apr. - 29. Juni Di - So 10 - 17 Uhr; 30. Juni - 8. Aug. tgl. 10 - 17 Uhr; 9. Aug. - 1. Okt. Di - So 10 - 17 Uhr; www.gludmuseum.dk).

Ca. 2 km südlich von **Glud** beim Weiler **Stourup** liegt das sehenswerte **Ferguson Traktorenmuseum [N55° 47' 32.21" E9° 58' 32.67"]**, Købmagervej 1. Es ist das größte Museum dieser Art in ganz Nordeuropa.

Es erzählt die Geschichte des Nordiren Harry Ferguson, der Pionierarbeit in Sachen Motorisierung der Landwirtschaft leistete und sich ab 1910 mit der Entwicklung eines Traktors befasste.

Die Sammlung umfasst Traktoren der Baujahre 1942 bis 1964 (geöffnet 1. Apr. - 19. Nov. tgl. 9 - 18 Uhr; Juni, Juli, Aug. tgl. 9 - 21 Uhr; www.fergusonmuseum.dk).

PRAKTISCHE HINWEISE — HORSENS

 Horsens Turistbureau [N55° 52' 26.66" E9° 50' 10.47"], Fussingsvej 8, beim Slottet Horsens im nördlichen Stadtgebiet, 8700 Horsens, Tel. +45 75 60 21 20; www.visithorsens.dk. Geöffnet Mai - Okt. Di - So 10 - 17 Uhr; Juli + Aug. Di - So 10 - 17 Uhr; Nov. - Apr. Di - So 10 - 16 Uhr.

 ### CAMPING

Camping Horsens City Camping [N55° 51' 32.71" E9° 55' 3.10"], Husoddevej 85, Tel. +45 75 65 70 60, www.husodde-camping.dk; 1. Jan. – 31. Dez.; am Ostrand der Stadt ca. 6 km vom Zentrum entfernt, Zufahrt über die Straße 451 Richtung Odder, bei KM 3,9 Richtung Husodde abzweigen; ebene Wiesen am Fjord, recht ansprechend und relativ ruhig gelegen; ca. 10 ha – 150 Stpl. + Dau.; Standard-Sanitärausstattung. Laden, Waschmaschine, Trockner, Fahrradverleih, Grillstelle, Segelschule, Minigolf, WLAN. Miethütten. Badegelegenheit im Horsens Fjord. V & E für Wohnmobile. QuickStop. **Camping Bygholm Sø [N55° 52' 18.2" E9° 49' 26.4"]**, Lovbyvej 35, Tel. +45 21 44 52 77, www.camplakeside.dk; Apr. – 30. Sept.; vom Ortszentrum Horsens auf der Straße 170 Richtung Bygholm Sø, beschildert; kleines Wiesengelände zwischen Lovbyvej und dem See Bygholm Sø; 1 ha – 28 Stpl.; einfache Standard-Sanitärausstattung. Fahrradverleih. QuickStop.

 ### WOHNMOBIL-STELLPLATZ

Wohnmobil-Stellplatz Horsens Lystbådehavn [N 55° 51' 27.5" E 9° 52' 26.1"], Jens Hjernøes Vej, Lystbådenhavn, Tel. +45 20 80 13 38, www.horsenslystbaadehavn.dk. **Zufahrt**: Von der Straße 451 (Strandpromenaden) Richtung Odder. **Ausstattung**: Geschottertes Gelände am Motorbåds-Klub mit einem Gebäude mit Toiletten, Duschen, Küche, Waschmaschine, Frischwasser, Ausguss für Grauwasser- und Chemikaltoiletten, Strom. Platz für 10 Reisemobile. **Gebühr:** Pauschale inkl. V & E, Strom. **Geöffnet:** Ganzjährig.

INSEL FÜNEN

Freizeitvergnügen - Fünen per Fahrrad

ROUTE 9: HORSENS / JÜTLAND – SVENDBORG / FÜNEN

Länge der Tour: Rund 230 km.

Die Route: Über die Straße 170 bis **Vejle** – Straße 442 bis **Jelling** und zurück bis **Vejle** – Straße E45/E20 bis **Middelfart** – Landstraßen bis **Aarup** – Straße 307 bis **Assens** – Straße 168 bis **Gummerup** – Straße 329 nach **Faaborg** – Straße 44 bis **Svendborg.**

Reisedauer: Mindestens ein Tag, bei intensiven Besichtigungen besser zwei Tage und Stopp evtl. in Assens.

Höhepunkte: Die **Runensteine** *** von Jelling – die Landschaft **„Fünens Alpen"** – mit dem **Fahrrad durch Fünen** * – das **Faaborg-Kunstmuseum** ** – **Svenborgs Museen** – eine sommerliche Rundfahrt mit dem **Veteranendampfer M/S Helge** *.

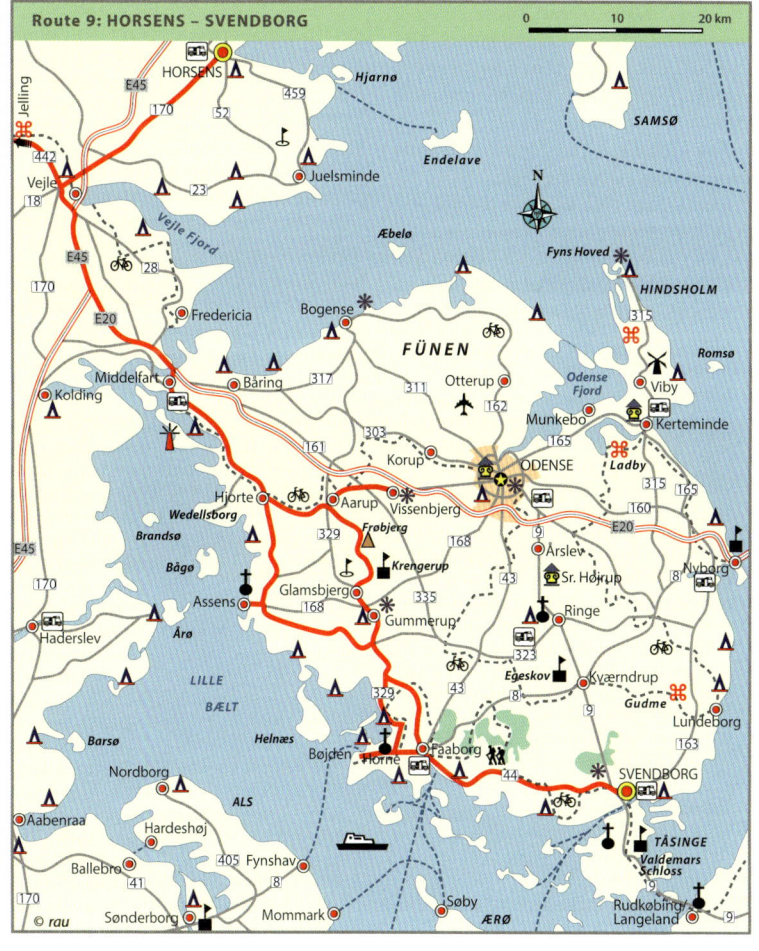

ROUTE: *Ab Horsens auf der Straße 170 (oder auf der Autobahn E45 bis Ausfahrt 60 Vejle Nord) rund 26 km südwärts bis* **Vejle** *(Camping Vejle City, N55° 42' 54.2" E9° 33' 45.7"). Von Vejle über die Straße 442 nordwestwärts bis* **Jelling** *(11 km).*

Jelling besitzt kostbare Denkmäler aus der Wikingerzeit. Die beiden **Runensteine** mit ihren Inschriften und Ornamenten – zwischenzeitlich durch Glasgehäuse vor den Unbilden des Wetters und vor zerstörerischen Umwelteinflüssen geschützt – vor der **Jellinger Kirche** im Thyrasvej 1 [**Parkplatz, N55° 45' 20.9" E9° 25' 03.1"**], sind ein unvergleichliches Zeugnis der Vorgänge vor gut 1.000 Jahren. Diese Zeit war eine wichtige Epoche in Dänemarks Geschichte, als sich langsam der Übergang vom Heidentum zum Christentum vollzog.

Der kleinere, ältere Stein ist **„Gorms Runenstein".** Gorm der Alte war im 10. Jh. König der Wikinger. Er wollte mit dem Stein seiner Gattin Thyre, sie starb 935, ein unvergängliches Denkmal setzen. Die Runeninschrift besagt: „Gorm König / tat Denkmäler diese / nach Thyre Frau / seine – Dänemarks Flickung". Hier wird zum allerersten Mal das Wort „tanmarkar" : ᛏᛅᚾᛘᛅᚱᚴᛅᚱ : , also Dänemark, erwähnt.

Der größere, dreieckige Stein ist **„Harald Blauzahns Runenstein".** Harald war der Sohn von Gorm und Thyre. Harald Blauzahns Stein ist nicht nur mit Schriftzeichen, sondern mit schönen, verschlungenen Tierornamenten und – bemerkenswert – mit der ersten Darstellung eines Christussymbols, das im Norden bekannt ist, versehen.

Die Inschrift lautet: „Harald König gebot machen / Denkmäler diese nach Gorm Vater sein / und nach Thyre Mutter sein, der / Harald, der gewann sich Dänemark / all und Norwegen / und Dänen machte Christen" (Etwa: „Für Gorm seinen Vater und Thyre seine Mutter, derjenige Harald, der ganz Dänemark und Norwegen gewann und die Dänen zu Christen machte").

1994 wurden die ehrwürdigen Denkmäler, die beiden Runensteine, die Grabhügel und die Kirche, in die UNESCO-Liste schützenswerter Kulturgüter der Welt aufgenommen.

Im Chor der **Jellinger Kirche** *(geöffnet Mai - Aug. tgl. 8 - 20 Uhr; Sept., Okt., März, Apr. 8 - 18 Uhr; Nov. - Feb. 8 - 17 Uhr; www.jellingkirke.dk)* kamen bei Umbauarbeiten im Jahre 1874 Freskenmalereien zu Tage, die wohl die ältesten des

Markierung von Gorms Grab in der Kirche von Jelling

Die beiden Runensteine (seit einiger Zeit unter Glas) in Jelling gehören zu den kostbarsten historischen Denkmälern Dänemarks

Landes sind. Man schätzt, dass sie zwischen 1100 und 1125 entstanden. Leider verstand man im 19. Jh. unter Gemälderestaurierung noch Übermalung der Bildnisse. 1920 schließlich konnten die Wandmalereien restauriert bzw. rekonstruiert werden. Im Altarraum z. B. sieht man heute links von dem Fenster über dem Altar die Taufe Christi und rechts vom Fenster Jesus vor Pilatus.

Die Kirche von Jelling wird von zwei Hügeln flankiert, die angeblichen **Grabhügel** von König Gorm und Königin Thyre, „Dänemarks Schmuck". Lange Zeit glaubte man, sie würden die letzte Ruhestätte des Wikingerkönigs beherbergen. Als dann 1820 im Nordhügel, der als Königin Thyres Grabhügel angesehen wird, durch Zufall eine 2,6 m breite, 6,75 m lange und 1,4 m hohe Holzkammer und einige Gegenstände, darunter ein kleiner Silberbecher mit Orna-

mentschmuck, Metallbeschläge und ein Kreuz gefunden wurden, glaubte man schon, das Grab der Königin entdeckt zu haben. Der letzte Beweis aber fehlte, nämlich menschliche Skelettteile.

Im Sommer 1861 begann man auf Geheiß von König Frederik VII. mit Grabungen in Gorms Hügel, dem südlichen Hügel. Erfolg hatte man nicht. Wo also waren die Gräber des Königspaares?

Schließlich kam man in den 1950er Jahren auf den Gedanken, dass Harald Blauzahn seine Eltern in die von ihm gegründete Kirche und späteren Dom von Roskilde überführt haben könnte.

Erst 1977 machte der Archäologe Knut Krogh bei umfassenden Restaurierungsarbeiten an der Jellinger Kirche, die auch Arbeiten am Fundament einschlossen, eine sensationelle Entdeckung. Er stieß unter dem Kirchenschiff auf die Spuren eines Kammergrabes.

PRAKTISCHE HINWEISE — JELLING

 Jelling Turistinformation [N55° 45' 23.55" E9° 25' 5.86"], Gormsgade 23, 7300 Jelling, Tel. +45 41 20 63 31; www.visitvejle.dk.

CAMPING

Camping Jelling [N55° 45' 13.39" E9° 24' 12.70"], Mølvangvej 55, Tel. +45 51 68 93 03; http://jellingcamping.dk/; 1. Apr. - 2. Sept.; am westl. Ortsrand an der Bahnlinie beim Freibad; ebene Wiesen von hohen Hecken eingerahmt und unterteilt; ca. 5 ha – 170Stpl. + Dau.; Standard-Sanitärausstattung; Laden, Imbiss, Waschmaschine mit Trockner, Schwimmbad, Fahrradverleih, Miethütten. V & E für Wohnmobile.

Camping Faarup Sø [N55° 44' 8.98" E9° 25' 3.05"], Fårupvej 58, Tel. +45 75 87 13 44, http://www.fscamp.dk/; 23. März – 16.Sept.; ca. 2 km südl. Jelling; relativ einfacher Platz am Faarup See; 8 ha – 180 Stpl. + Dau.; Standard-Sanitärausstattung. Laden, Waschmaschine, Trockner, beheizbares Schwimmbad, WLAN. Miethütten. V & E für Wohnmobile.

Billund

Camping Legoland Holiday Village [N55° 43' 53.54" E9° 8' 9.65"], Ellehammer Allé 2, Tel. +45 75 33 27 77, https://www.legoland.dk/de/ubernachtung/legoland-holiday-village/hutten-motel-und-camping/camping/; 18. März – 30. Okt.; östl. von Billund, in der Nähe des Flughafens und nahe des Erlebniscenters „Lalandia", Legoland liegt ca. 400 m entfernt; in einem weiten Halbkreis angelegter Wiesenplatz, mit kleinen Waldstücken, durch Hecken unterteilt, im Eingangsbereich das Platzzentrum mit Versorgungsgebäuden; ca. 13 ha – 800 Stpl. und erfreulich wenig Dauercamper; Komfortausstattung; Laden, Imbiss, Restaurant, Waschmaschine, Trockner, Fahrradverleih, Minigolf, WLAN, zahlreiche Miethütten. V & E für Wohnmobile. Badelandschaft 300 m entfernt.

Bei den Ausgrabungsarbeiten kamen Skelettteile, Schmuckstücke, Golddrähte etc. zum Vorschein. Die Skelettteile von einem Mann und einer Frau deuteten nach wissenschaftlichen Untersuchungen zwingend darauf hin, dass man Gorms und Thyres Grab entdeckt hatte.

Im August des Jahres 2000 wurden die Gebeine in einem versiegelten Metallschrein in einer gegossenen Betonkammer im Kirchenboden vor dem Chor neuerlich beigesetzt.

Rechtzeitig zur Jahrtausendfeier wurde das Innere der Kirche von Jelling im Sommer 2000 komplett renoviert und vom Künstler Jørn Larsen künstlerisch gestaltet. Neben neuen Glasfenstern wurde der Kirchenboden mit rötlichem, schwedischem Tranås-Gestein belegt. Im Mittelgang ist ein dunkles Wellenmotiv eingelassen. Ein Stück des Wellenmotivs aus Sterlingsilber vor dem Chor markiert das Grab von König Gorm und seiner Frau Thyre „Dänemarks Schmuck".

Unweit südlich von Jelling erstreckt sich der kleine **Faarup See** (Camping s. o.). An der Nordseite des Sees findet man Parkplätze, von denen beschilderte Spazierwege ausgehen.

Ca. 7 km nördlich von Jelling an der Straße 442 bietet sich Gelegenheit in **Givskud** dem Löwenzoo **Givskud Løveparken Zoo [N55° 48' 44.72" E9° 21' 3.59"],** einen Besuch abzustatten. Zu sehen gibt es ein Wildgehege mit Löwen, Kamelen, Lamas, Elefanten, Nashörnern, Zebras und einem Kinderbauernhof mit Streichelzoo *(geöffnet Ende April - Ende Oktober tgl. 10 - 18 Uhr, Sommer bis 20 Uhr; www.givskudzoo.dk)*.

Oder man kann einen Abstecher auf der Straße 28 nach Westen nach **Billund** und ins **Legoland [N55° 43' 15.76" E9° 8' 1.45"],** einen der größten und bekanntesten Freizeitparks in Dänemark unternehmen. U. a. sieht man das berühmte Miniaturland, eine Westernstadt, eine Puppensammlung, kann mit der Monorail fahren und vieles mehr *(geöffnet Ende März - Ende Okt. tgl. 10 - 18 Uhr, Sommer 20 bzw. 21 Uhr; www.legoland.dk/de/)*. Zum dazugehörenden **Legoland Holiday Village** gehört auch der Campingplatz Legoland Holiday Village s. o.

Angrenzend liegt der Erlebnispark **„Lalandia"**, eine Art Klein-Disneyland mit Aquadome-Badelandschaft, Eislaufbahn, Rodelbahn, Sportaktivitäten, Fitnesscenter, Musicaltheater, Shops, Restaurants, u.v.a.m. *(geöffnet in den Sommermonaten 10 - 20 Uhr, die Monate zuvor und danach bis 19 Uhr; www.lalandia.dk).*

*ROUTE: Weiterreise von Jelling auf der Straße 442 zurück nach **Vejle**. Südöstlich der Stadt bedient man sich am einfachsten der Autobahn E45, später der E20 nach **Middelfart** auf der **Insel Fünen**.*

INSEL FÜNEN

Zwei moderne Brücken über den Kleinen Belt verbinden seit mehr als 50 Jahren Jütland mit der **Insel Fünen**, dänisch Fyn. Fünen ist nach Seeland mit 2.980 qkm Dänemarks zweitgrößte Insel. Die Küste Fünens ist sage und schreibe 1.130 km lang und bietet viele **Strände und Bademöglichkeiten**, besonders im Norden und Osten der Insel.

Fünen, der „Garten Dänemarks", wie die Dänen die Insel selbst gerne nennen, bietet dem Besucher vielfach noch eine Landschaft, die so romantisch ist und soviel Ruhe und Beschaulichkeit ausstrahlt, dass man geneigt ist zu glauben, so manches Motiv eines „naiven" Malers wäre hier lebendig geworden. Fachwerkhäuser und Bauernhöfe ducken sich hinter Bäumen, eingebettet in weite, gelbe Rapsfelder. Herrensitze, Windmühlen, Dorfkirchen, Wälder und anheimelnde Dorfstraßen begegnen dem Besucher auf dem Weg durch Fünen immer wieder.

Middelfart liegt am Nordwestzipfel von Fünen.

Parkplätze findet man u. a. am **Hafen [N55° 30' 19.61" E9° 44' 6.50"].**

Das über 500 Jahre alte Städtchen – 1996 feierte man 500jähriges Stadtjubiläum – wirkt wie ein etwas aus den Nähten geplatztes Fischerstädtchen. Schließlich waren ja lange die Fischerei und die Jagd auf Tümmler die wichtigsten Wirtschaftszweige. Bis weit in die dreißiger Jahre hatte Middelfart auch Bedeutung als wichtiger Fährhafen, die es nach dem Bau der ersten Brücke (1.178 m lang und 33 m hoch) aber einbüßte.

Das **Middelfart Museum [N55° 30' 23.5" E9° 43' 37.3"]** in der Brogade 8, ist im Henner Friisers Hus, einem spitz-

Die königliche Yacht „Danebrog" hat anlässlich eines Besuchs von Königin Margrethe II. in Middelfahrt festgemacht

145

giebligen Fachwerkbau aus dem Jahre 1580, eingerichtet. Ausgestellt sind vor allem Exponate zur Lokalgeschichte und aus dem Bereich des Fischfangs und der langen Tradition der Fährschiffe. Endlich bietet ein Museum auch den Damen etwas Schönes. Sie werden sich von der Sammlung alter Hüte kaum losreißen können *(geöffnet 28. Mai - 19. Okt. Di - Sa 12 - 16 Uhr; www.middelfart-museum.dk).*

Bei einem Bummel durch das Städtchen sollte man die Straßenzüge **Algade** und **Brogade** mit ihren hübschen alten Häusern mit einbeziehen.

Das **Middelfart Kermamikmuseum Grimmerhus [N55° 30′ 28.21″ E9° 43′ 12.64″]**, Kongebrovej 42, zeigt Kunstgegenstände aus Keramik *(geöffnet Di - So 10 - 17 Uhr; https://claymuseum.dk/).*

In **Strib**, ca. 4 km nordöstlich von Middelfart, findet man das **Strib Automobilmuseum [N55° 31′ 51.9″ E9° 46′ 42.7″**, Sofiendalvej 24 *(geöffnet 4. Apr. - 31. Okt. Do 13 - 17 Uhr; https://www.visitlillebaelt.de/kleiner-belt/events/strib-automobilmuseum-gdk614359).* Man sieht hier eine Sammlung von ca. 50 Oldtimer, u. a. einen Cadillac aus 1908.

PRAKTISCHE HINWEISE – MIDDELFART

Middelfart Turistbureau [N 55° 30′ 18.9″ E 9° 44′ 07.6″], Havnegade 8a, 5500 Middelfart, Tel. +45 88 32 59 59; https://www.visitlillebaelt.de/. *Geöffnet 1. Juni - 31. Aug. Mo - Fr 10 - 17 Uhr, Sa 10 - 14 Uhr; 1. Sept. - 31. Mai Mo - Fr 10 - 14 Uhr.*

CAMPING

Camping Galsklint [N55° 31′ 0.3″ E9° 40′ 55.2″], Gals Klintvej 11, Tel. +45 64 41 20 59, www.galsklint.dk; 3. Apr. – 20. Sept; ca. 4 km westlich des Stadtzentrums von Middelfart; schöne Lage in waldreicher Umgebung am Kleinen Belt; ca. 3 ha – 120 Stpl. + Dau; Standard-Sanitärausstattung. Laden, Imbiss, Waschmaschine, Trockner, Boots- und Fahrradverleih, Bootsslipanlage, Miethütten. V & E für Wohnmobile.

Camping Hindsgavl [N55° 30′ 44.69″ E9° 41′ 57.43″], Søbadvej 10, Tel. +45 64 41 55 42, www.hindsgavl-camping.dk; 1. Jan. – 31. Dez; ca. 2 km westlich des Stadtzentrums von Middelfart; ebene Wiesen nahe der Sundbrücke beim Schloss Hindsgavl; ca. 2,5 ha – 100 Stpl. + Dau; einfache Standard-Sanitärausstattung. Laden, Miethütten.

Vejlby Fed bei Middelfart
Camping Vejlby Fed [N55° 31′ 10.78″ E9° 51′ 1.79″], Rigelvej 1, Tel. +45 64 40 24 20, www.vejlbyfed.dk; 5. Apr. – 7. Sept.; von Middelfart auf dem Jyllandsvej ostwärts und noch 6 km bis Vejlby Fed; ebenes Wiesengelände; Standard-Sanitärausstattung. Laden, Imbiss, Waschmaschine, Trockner, beheizbares Schwimmbad, Sauna, Tennis, Reitstall, Minigolf, Grillstelle, WLAN, Miethütten. V & E für Wohnmobile. QuickStop.

Nørre Åby
Camping Ronæs Strand [N55° 26′ 23.85″ E9° 49′ 28.44″], Ronæsvej 10, Tel. +45 64 42 17 63, www.camping-ferie.dk/de; 1. Apr. – 28. Sept.; über die Straße 313 Richtung Udby zu erreichen; Wiesen mit Baum- und Heckenreihen unterteilt, bis an den Gamborg Fjord reichend, zum Kies- und Sandstrand über Holztreppe; 4 ha — 120 Stpl. + Dau; Standard-Sanitärausstattung. Laden, Imbiss, Waschmaschine, Trockner, Bootsslipanlage, Boots- und Fahrradverleih, WLAN. Miethütten. V & E für Wohnmobile.

Middelfart-Strib
Camping Røjle Klint [N55° 33′ 0.09″ E9° 48′ 45.92″], Røjleklintvej 29, Tel. +45 64 40 13 81, www.campingrojleklint.dk; 1. Jan. – 31. Dez; von Middelfart ca. 5 km Richtung Strib und ca. 2 km weiter Richtung Røjle Klint; Wiesengelände nahe des Strands; 3 ha – 60 Stpl.; einfache Standard-Sanitärausstattung. Laden, Waschmaschine, Trockner, Fahrradverleih. V & E für Wohnmobile.

Fünen per Fahrrad

Fünen eignet sich ideal für **Fahrradtouren**. Vor allem auf den wenig von Autos befahrenen Nebenstraßen macht es Spaß, Fünen per Fahrrad zu entdecken.

Die ganze Insel ist durch ein markiertes Radroutennetz von sage und schreibe annähernd 1.200 km Länge erschlossen. In vielen Orten können Sie Fahrräder, auch E-Bikes, leihen und viele regionalen Touristenbüros geben Informationen heraus, die Routen vorschlagen, Regionalkarten einschließen, sowie Fahrradverleihs und Unterkünfte wie Hotels, Jugendherbergen oder Campingplätze erwähnen.

Rund 220 km der insgesamt über 900 km langen **Ostseeradroute** führen z. B. durch Fünen. Die Tour führt größtenteils entland der abwechslungsreichen Küste Fünens und wird als „leicht bis mittelschwer" eingesuft.

Ausgangspunkt der Radtour rund um Fünen, die sich sowohl für sportlich engagierte Radler, wie auch für eine Familientour mit Kindern eignet, können verschiedene Orte wie Middelfart, Faaborg, Svendborg, Nyborg oder Odense sein. Und die Tour kann auf die Inseln Ærø und Langeland ausgedent werden.

Sehr informativ bezüglich **Radtouren auf Fünen** ist die Webseite https://www.visitfyn.de/ und dort das Thema „Fahrrad Urlaub" https://www.visitfyn.de/fyn/fahrrad-urlaub. Auf der Webseite „Fahrrad Uralub" ist auch eine Tourenkarte zu finden, die aufs Handy geladen werden kann.

Und auf der Seite werden eine ganze Reihe von Fahrad-Verleihstationen in Fünen aufgelistet. Oder Sie können auf der Seite unter der Rubrik „Fahrrad mieten" von zu Hause aus schon ein Fahrrad für Ihren Fünenurlaub mieten; https://www.visitfyn.de/fyn/fahrrad-urlaub/fahrrad-mieten.

Und auf folgender Webseite https://www.visitfyn.de/fyn/fahrrad-urlaub/fahrradrouten-auf-fyn können Sie sich schon mal aussuchen, welche Radtour Sie am meisten reizen könnte.

 Asperup bei Middelfart
Camping Skovlund [N55° 30′ 25.30″ E9° 53′ 58.97″], Kystveien 1, Tel. +45 40 17 35 23, www.skovlund-camping.dk; 12. Apr. – 22. Sept.; von Middelfart auf der Straße 161 bis Nørre Åby, dann nordwärts Richtung Båring Strand, beschildert. Gestuftes Wiesengelände, parzelliert, mit Blick zur Kattegat- Bucht; ca. 7,5 ha –250 Stpl. + Dau.; Standard-Sanitärausstattung. Laden, Imbiss, Grillstelle, Waschmaschine, Trockner, beheizbares Schwimmbad, Sauna, Fahrradverleih, WLAN. V & E für Wohnmobile. QuickStop.

WOHNMOBIL-STELLPLÄTZE

Wohnmobil-Stellplatz Lystbådehavn Middelfart [N55° 29' 30.38" E9° 43' 53.88"], Østre Hougvej 124, Tel. +45 88 88 49 10; **Zufahrt:** Von Middelfahrt Zentrum (Straße 161) auf die Straße Østre Hougvej südwärts abzweigen und noch ca. 1 km bis zum Sportboothaven „Lystbådehavn", hier Platzteil für 13 Wohnmobile auf Wiesen- und Schotterstreifen am Parkplatz des Hafens. **Ausstattung:** Frischwasserhahn, Ausguss für Grauwasser und Chemikaltoiletten, Strom, Dusche, WC. **Gebühr:** Pauschal inkl. Entsorgung, WLAN. Strom, Frischwasser und Dusche Extragebühren, beim Hafenmeister zu zahlen. **Geöffnet:** Ganzjährig.

Wohnmobil-Stellplatz Autocamperplads NyHavn 2 Middelfart [N55° 30' 17.55" E9° 44' 16.29"], Havnegade 4, Tel. +45 21 22 71 14. **Zufahrt:** Vom Stadtzentrum ca. 800 m nordwärts zum Freizeithafen. Hier ebener Schotterplatz für ca. 30 Wohnmobile. **Ausstattung:** Frischwasser, Ausguss für Grauwasser und chemikaltoiletten, Strom, Dusche, WC, WLAN. **Gebühr:** Pauschale inkl. V & E. **Geöffnet:** Ganzjährig. Max. Aufenhalt 48 Stunden. Touristeninformaton nebenan.

ROUTE: *Der Verlauf unserer Route führt ab Middelfart auf küstennahen Landstraßen über* **Gamborg**, *später auf der Straße 313 weiter in südöstlicher Richtung bis* **Hjorte** *(Margueritruten). Dort ostwärts über* **Kerte** *und* **Aarup** *bis* **Vissenbjerg**.

Wer sich für Lurche, Warane u. ä. interessiert, ist im rund 8 km östlich von Aarup gelegenen **Vissenbjerg** und dort im **Terrariet Vissenbjerg [Parkplatz, N55° 23' 02.03" E10° 7' 49.88"]** richtig, Kirkehelle 5 *(geöffnet 10. Juni - 18. Aug. tgl. 10 - 17 Uhr; 19. Aug.- 9. Juni tgl. 10 - 16 Uhr; www.terrariet.dk)*. In dem Terrarium, das für sich in Anspruch nimmt, das größte seiner Art in ganz Skandinavien zu sein, zählen Lurche, Schlangen, Leguane, Warane, Kröten, Iltisse, Nasenbären, Seidenäffchen u. a. zu den Attraktionen.

ROUTE: *Weiterreise von Aarup auf der Straße 329 südwärts bis* **Glamsbjerg**. *Nimmt man die schmäleren Landstraßen östlich der Hauptstraße 329 über* **Frøbjerg**, *fährt man mitten durch das anmutige Hügelland Mittelfünens.*

Falls Sie gerne mal ein Stück wandern wollen, lohnt der Abstecher in **Frøbjerg** zum 131 m hohen Aussichtsberg **Frøbjerg Bavnehøj [N55° 20' 20.86" E10° 7' 4.11"]**, der in einer schönen Hügellandschaft liegt und zu dem man hinaufspazieren kann. Nach getaner Arbeit können Sie sich rühmen, Fünens höchsten „Berg" erklommen zu haben.

Von der Straße 329 kann man in **Vedtofte** ostwärts abzweigen und kommt dann nach ca. 4 km zum **Schloss Krengerup**. Das Anwesen gehörte im 18. Jh. dem Grafen Rantzau, Vizekönig in Norwegen, später seinem Sohn, der das Schloss in seiner heutigen Form erbauen ließ.

Auf einem öffentlichen Weg kann man bis zum Vorhof des Schlosses gelangen, das nur von außen betrachtet werden kann.

Interessant sind die beiden Museen auf dem Schlossgelände.

Das eine ist das **Škoda-Museum [N55° 18' 36.6" E10° 06' 58.5"]** *(geöffnet Juni - Aug. Di - So 13 - 17 Uhr; Mai + Sept. Sa + So 13 - 17 Uhr; www.skodamuseum.dk)*. Ausgestellt sind etwa 30 Škoda-Automobile vom ersten Serienfahrzeug Škoda 418 Popular bis zu neueren Modellen.

Das andere Museum ist das **Hørvævsmuseet**, das **Flachswebereimuseum** *(geöffnet Juni - Aug. Di - So 13 - 17 Uhr; Mai + Sept. Sa + So 13 - 17 Uhr; https://hoervaevsmuseet.dk)*, das die Entwicklung dieses Gewerbes von den ersten primitiven Maschinen bis zu den großen Webmaschinen dokumentiert.

Bauernhof-Museum in Gummerup

Auf den Führungen wird die Arbeitsweise verschiedener Maschinen demonstriert.

In **Gummerup,** etwa 2 km südlich von Glamsbjerg gelegen, kann man den **Vestfyns Hjemstavnsgård [N55° 15′ 27.2″ E10° 07′ 56.8″]**, Klaregade 23, ein in einem schönen Vierkanthof mit Fachwerkgebäuden eingerichtetes Bauernhofmuseum besichtigen *(geöffnet Mi 10 - 13 Uhr; www.vestfynskhjemstavn.dk)*. Die Zeit scheint hier stehen geblieben zu sein – die Brille liegt noch auf dem Buch, die Tabakspfeife hängt an ihrem Platz, es tickt die Standuhr, im Ofen liegt Brennbares, das Harmonium ist zum Spielen bereit und in den Stallungen fehlen nur noch die Pferde, Schweine und Hühner und das bäuerliche Leben könnte wie vor 150 Jahren weitergehen.

Ganz in der Nähe des Museums liegt der kleine, aber ordentlich ausgestattete Campingplatz **Hjemstavnsgårdens Camping [N55° 15′ 31.43″ E10° 7′ 59.42″]**, Klaregade 15, Gummerup, Tel. +45 64 72 33 63; www.hjemstavnscamp. dk; 18. Apr. - 15. Sept.; ebenes, langgestrecktes, von hohen dichten Laubbaumreihen umgebenes Wiesengelände; ca. 35 Stpl.; gute Standard-Sanitärausstattung, Waschmaschine, Trockner, WIFI, Miethütten.

ROUTE: Von Glamsbjerg auf der Straße 168 rund 15 km nach Westen bis Assens.

Assens ist eine Industrie- und Hafenstadt mit Fährverbindungen zur Insel Bågø im Kleinen Belt. Die Stadt hat eine sehr moderne Marina und eine hübsche Hauptstraße, die 1995 vom Straßenbauamt sogar mit dem Prädikat „Schönste Straße Dänemarks" ausgezeichnet wurde.

Zu besichtigen gibt es das **Plums Hus** und das **Stadtmuseum Willemoesgården & Vestfyns Kunstmuseum [N55° 16′ 11.8″ E9° 53′ 47.1″]** in der Østergade 36 - 38 *(geöffnet 4. Apr - Sept. Di - So 10 - 16 Uhr; www.museumvestfyn.dk)*, eine kulturhistorische Sammlung aus dem 18. Jh.

Im erwähnten Willemoes Hof war 1783 *Peter Willemoes* geboren worden. Er hatte sich in der Schlacht um Kopenhagen am 2. April 1801 so große Verdienste erworben, dass er seitdem nur noch mit dem Attribut „Seeheld" in den Stadtbeschreibungen auftaucht. Ein **Denkmal für Peter Willemoes [N55° 16' 11.1" E9° 53' 23.0"]** steht auf der alten Hafenmole ganz in der Nähe des alten Siedhauses von 1824.

Beachtung verdienen auch das alte Postamt und schließlich die **Vor Frue Kirke [N55° 16' 9.35" E9° 53' 36.52"]**, die Liebfrauenkirche. Sie gilt mit ihren spätgotischen Stilelementen und einem großen Mittelschiff, als zweitgrößte Kirche ihrer Art auf Fünen, die seit 1488 fast unverändert geblieben ist.

Die **Ernst's Sammling,** Østergade 57 *(nur mit Führung zu besichtigen; www.museumvestfyn.dk)*, die zu den größten privaten Kunstsammlungen in Dänemark

PRAKTISCHE HINWEISE – ASSENS

Assens Turistbureau [N55° 16' 13.98" E9° 53' 51.19"], Tobaksgaarden 7, 5610 Assens, Tel. +45 63 75 94 20, www.visitassens.dk. *Geöffnet 11. Juni - 16. Aug. Mo - Fr 10 - 16 Uhr, Sa 10 - 14 Uhr; 1. März - 7. Juni + 19. Aug. - 15. Nov. Mo, Di, Fr 11 - 14 Uhr.*

CAMPING

Camping CampOne Assens Strand [N55° 15' 56.7" E9° 53' 03.0"], Næsvej 15, Tel. +45 63 60 63 62, www.assensstrand.dk; 13. Apr. – 20. Okt.; westl. Assens neben dem Jachthafen, am Kleinen Belt; ebenes Wiesengelände, zur Straße hin, die den Platz zweiteilt, hohe Baumreihen, bis an den Strnad reichend; ca. 3 ha – 110 Stpl. + Dau.; Standard-Sanitärausstattung. Kiosk, Waschmaschine, Trockner, Minigolf, WLAN, Miethütten. V & E für Wohnmobile.

Sandager
Camping Sandager Næs [N55° 20' 2.22" E9° 53' 24.33"], Strandgårdsvej 12, Tel. +45 64 79 11 56, www.sandagernaes.dk; 12. Apr. – 15. Sept.; ca. 6 km nördlich von Assens von der Straße 313 nach Sandager abzweigen; grasiges, durch hohe Hecken aufgeteiltes, leicht geneigtes Gelände, bis an eine schöne Meeresbucht reichend, dort Bootsanleger; ca. 4 ha – 150 Stpl. + Dau; Komfort-Sanitärausstattung. Laden, Restaurant, Waschmaschine, Trockner, beheizbares Schwimmbad, Sauna, Grillstelle, Bootsverleih, Bootsslipanlage, Bootssteg, Beachvolleyballfeld, Fahrrad- und eBike-Verleih, WLAN auf Teilen des Platzes, Miethütten. V & E für Wohnmobile.

Ebberup
Camping Aa Strand [N55° 13' 1.30" E9° 58' 28.02"], Aa Strandvej 61, Tel. +45 64 74 10 03, www.aa-strand.dk; 13. Apr. – 15. Sept.; ca. 2 km südl. Ebberup; Wiesen mit Wald und durch hohe Baumgruppen mehrfach unterteilt, unweit des Kleinen Belts; ca. 4 ha –120 Stpl. + Dau.; Standard-Sanitärausstattung. Laden, Waschmaschine, Trockner, WLAN. Miethütten. V & E für Wohnmobile.

Camping Helnæs [N55° 7' 57.34" E10° 2' 10.30"], Strandbakken 21, Tel. +45 64 77 13 39, www.helnaes-camping.dk; 31. März – 30. Sep.t; auf der **Insel Helnæs**, in ruhiger Lage nahe am Meer; ca. 4 ha – 200 Stpl. + Dau.; Standard-Sanitärausstattung. Laden, Imbiss, Waschmaschine, Trockner, Imbiss, Minigolf. WLAN. V & E für Wohnmobile.

Hårby
Camping Løgismosestrand [N55° 10' 46.16" E10° 4' 25.86"], Løgismoseskov 7, Tel. +45 64 77 12 50, www.logismose.dk; Ende März – Ende Okt.; ca. 6 km südl. Hårby; Wiesen am Kleinen Belt; ca. 5 ha – 130 Stpl. + Dau.; Standard-Sanitärausstattung. Laden, Waschmaschine, Trockner, beheizbares Schwimmbad, Grillstelle, Bootssteg, Bootsslipanlage, Boots- und Fahrradverleih, Beachvolleyballfeld, WLAN. Miethütten. V & E für Wohnmobile.

gezählt wird, zeigt eine bemerkenswerte Sammlung von Gemälden, Silber, Porzellan u. ä. Insgesamt soll die Sammlung mehr als 4.000 Objekte umfassen.

Der etwas umständliche Weg zum Ideengarten **„De 7 Haver"** **[N55° 15' 33.2" E9° 53' 56.5"]** lohnt nur für wirklich interessierte Blumenliebhaber. Dieser botanische Garten liegt etwas südöstlich von Assens bei **Ebberup** am Aa Strandvej 60 - 62. Man sieht sieben Gärten mit Teichen, Mäuerchen und Treppen, die nach typischen Merkmalen angelegt sind, wie sie in sieben europäischen Ländern spezifisch sind – von Finnland bis Italien.

ROUTE: Fährt man von Glamsbjerg nicht über Assens, sondern direkt südwärts nach Faaborg, sollte man ab **Faldsled** *einen kurzen Abstecher ostwärts nach* **Håstrup** *(Margueritruten) machen. Man kommt dann durch die schöne abwechslungsreiche Landschaft der* **Fynske Alper** *mit Höhen über 120 m.*

Faldsled ist weithin bekannt für sein Gourmet-Hotel-Restaurant **„Faldsled**

Kro" **[N55° 09' 10.6" E10° 08' 54.4"]**, Assensvej 513, Tel. +45 62 68 11 11 (www.falsledkro.dk).

Darüber hinaus verfügt Faldsled über den **Campingplatz Faldsled Strand [N55° 8' 50.14" E10° 9' 14.42"]**.

Auf der Weiterfahrt von Faldsled südwärts erreicht man ca. 4 km westlich von Faaborg **Horne**. Hier steht die sehenswerte **Horne Kirke [Parkplatz, N55° 06' 24.9" E10° 10' 26.9"]**, die einzige **Rundkirche** auf Fünen, Søren Lundvej 42. Der runde Mittelteil der Kirche ist der Rest der einstigen Rundkirche, die in das Kirchenschiff integriert wurde *(geöffnet Mai - Sept. tgl. 8 - 18 Uhr, Okt. - Apr. tgl. 8 - 16 Uhr, www.hornepraesten.dk).*

Ab **Bøjden [N55° 6' 15.75" E10° 5' 1.44"]**, 6 km westlich von Horne, verkehren **Autofähren nach Fynshav** auf Als.

Faaborg, am Fuße der Hügel Svanninge Bakker gelegen, ist ein hübsches, kleines Städtchen – eines der wenigen übrigens auf Fünen, das noch ein Stadttor bewahrt hat – das vor allem in den Straßen Vestergade und Østergade durch alte Häuser ein sehenswertes Stadtbild präsentiert.

Die Kirche von Horne, eine ehemalige Rundkirche, ist die einzige ihrer Art auf Fünen

Und wenn Sie an einem Sommerabend nichts besseres zu tun haben, schließen Sie sich einfach dem **Nachtwächter** auf seiner Runde durch die alten Gassen durch Faaborg an. Auch wenn Sie wahrscheinlich nicht alles verstehen, was der Herr mit seinem Morgenstern und der Laterne da so alles singt und erzählt, ein lustiges Erlebnis ist es allemal. Der Nachwächter startet seinen Rundgang im Juli und August jeden Abend um 20.00 Uhr am Klokketårnet.

Fährverbindungen bestehen ab Faaborg zu den Inseln Bjørnø, Lyø, Avernakø und Ærø (Autofähren, https://www.visit-faaborg.de/danemark/inselfyn/faaborg/das-suedfuenische-inselmeer/inselhuepfen). Größere **Parkplätze** findet man am Hafen von Faaborg, dann südlich des Torvet am **Christian D. Ixs Vej [N55° 5′ 38.59″ E10° 14′ 35.35″]** oder nördlich des Torvet an der **Mellemgade [N55° 5′ 48.52″ E10° 14′ 29.94″]**.

Zentrum des Städtchens ist der **Torvet**. An der Westseite des Platzes, Torvet 19, ist das **Faaborg Turistbureau [N55° 05′ 42.4″ E10° 14′ 31.2″]** und gleich dahinter das **Ret og Stramuseum** eingerichtet. In dem Gerichts- und Strafmuseum können Sie die Welt hinter Schloss und Riegel erleben (geöffnet 2. Jan. - 30. Juni + 1. Sept. - 23. Dez. Mo - Fr 10 - 16 Uhr; Juli + Aug. Mo - Fr 10 - 17 Uhr; Juni Sa 10 - 13 Uhr; 1. Sept. - 20. Dez. Mo - Fr 10 - 16 Uhr; Juli Sa + So 10 - 15 Uhr; Aug. Sa 10 - 15 Uhr; www.visitfaaborg.dk).

Das **Faaborg-Museum [N55° 5′ 40.49″ E10° 14′ 48.86″]**, Grønnegade 75 (geöffnet Juli - Aug. tgl. 10 - 17 Uhr; Sept. - Juni tgl. 11 - 16 Uhr; www.faaborgmuseum.dk), das weiter im Osten der Stadt liegt, hat durch seine große Sammlung von Werken fünischer Maler um 1900 überregionale Bedeutung. Zur in Kunstkreisen bekannten Gruppe der „Fynboerne", der „Fünischen Maler", zählten Künstler wie Peter Hansen, Kai Nielsen oder Fritz Syberg.

Im **Øhavsmuseet Den Gamle Gård [N55° 5′ 43.45″ E10° 14′ 27.09″]**, Holkegade 1, ist die Geschichte des fünischen Bürgertums dokumentiert. Das kulturhistorische Museum ist in einem schönen Kaufmannshof aus dem 18. Jh. eingerichtet. Neben kostbarem Mobiliar, sieht man z. B. Porträtgemälde, Gold- und Silberschmiedearbeiten, fei-

PRAKTISCHE HINWEISE — FAABORG

 Faaborg Turistbureau [N55° 05′ 42.4″ E10° 14′ 31.2″], Torvet 19, 5600 Faaborg, Tel. +45 63 75 94 44; www.visitfaaborgmidtfyn.dk. Geöffnet 2. Jan. - 30. Juni Mo - Fr 10 - 16 Uhr; Juli + Aug. Mo - Fr 10 - 17 Uhr; Juni Sa 10 - 13 Uhr; 1. Sept. - 20. Dez. Mo - Fr 10 - 16 Uhr; Juli Sa + So 10 - 15 Uhr; Aug. Sa 10 - 15 Uhr; 1. Sept. - 23. Dez. Mo - Fr 10 - 16 Uhr.

 CAMPING

Camping Faaborg [N55° 6′ 58.13″ E10° 14′ 40.46″], Odensevej 140, Tel. +45 62 61 77 94, www.faaborgcamping.dk; 29. März - 20. Okt.; nördlich von Faaborg an der Straße 43 gelegen; terrassiertes Wiesengelände von Laubbäumen umgeben; 2 ha – 80 Stpl. + Dau; einfache Standard-Sanitärausstattung. Kiosk, Imbiss, Waschmaschine, Trockner, Fahrradverleih, Minigolf. Miethütten. V & E für Wohnmobile. QuickStop.

Åstrup bei Faaborg
Camping Nab [N55° 3′ 51.31″ E10° 18′ 51.68″], Kildegårdsvej 8, Tel. +45 22 12 31 32, www.nabstrandcamping.dk; 3. Mai – 25. Aug.; südöstl. Faaborg, recht ruhig und abgeschieden gelegener Wiesenplatz, an einer Bucht des Faaborg Fjords mit abfallendem Ufer; ca. 2 ha – 70 Stpl. + Dau.; Standard-Sanitärausstattung. Kiosk, Waschmaschine, Trockner, Fahrradverleih, WLAN. V & E für Wohnmobile. QuickStop.

Faldsled
Camping Faldsled Strand [N55° 8′ 49.02″ E10° 9′ 11.84″], Assensvej 461, Tel. +45 62 68 10 95, www.falsledstrandcamping.dk; Anf. Apr. – Ende Sept.; am süd-

lichen Ortsrand; Wiesengelände von Mischwald umgeben, bis zum Sandstrand am Kleinen Belt reichend; 3 ha – 100 Stpl. + Dau; Standard-Sanitärausstattung; Waschmaschine, Trockner, beheizbares Schwimmbad, Boots- und Fahrradverleih, Bootssteg, WLAN, Miethütten. V & E für Wohnmobile.

Bøjden

Camping CampOne Bøjden Strand [N55° 6' 18.76" E10° 6' 28.42"], Bøjden Landevej 12, Tel. +45 62 60 63 60, www.bojdenstrand.dk; 23. März – 21. Okt.; ca. 9 km westl. Faaborg, am Kleinen Belt, nahe der Station der Fähren nach Fynshav (Als); Terrassengelände mit Wiesen, etwas erhöht, mit Aussicht; ca. 6 ha – 250 Stpl. + Dau.; Komfort-Sanitärausstattung. Laden, Imbiss,

Restaurant, Waschmaschine, Trockner, beheizbares Schwimmbad und Hallenbad, Grillstelle, Sauna, Boots- und Fahrradverleih, Bootsslipanlage, Bootssteg, Minigolf, WLAN. Miethütten. V & E für Wohnmobile.

Sinebjerg

Camping Sinebjerg [N55° 4' 50.39" E10° 11' 2.26"], Sinebjergvej 57b, Tel. +45 62 60 14 40, www.sinebjerg.dk-camp.dk; 12. Apr. – 15. Sept.; ca. 5 km südwestl. von Faaborg; ebene Wiesen, von Feldern umgeben, nach Westen hin ein Wäldchen vorgelagert, an der Küste gegenüber der Insel Lyø; ca. 4 ha

– 100 Stpl. + zahlr. Dau.; Standard-Sanitärausstattung. Laden, Waschmaschine, Trockner, Fahrradverleih, WLAN auf Teilen des Platzes, Internetecke. V & E für Wohnmobile. QuickStop.

WOHNMOBIL-STELLPLATZ

Faaborg

Wohnmobil-Stellplatz Lystbådehavn [N55° 5' 46.02" E10° 14' 3.85"], Værftsvej 7, Tel. +45 72 53 02 60. **Zufahrt**: Asphaltierter Platz am Hafen von Faaborg. **Ausstattung**: Frischwasser, Strom, Ausguss für Grauwasser und Chemikaltoiletten, Dusche. Restaurant. **Gebühr:** Pauschale inkl. V & E und Strom. **Geöffnet:** Anfang Mai bis Ende Oktober.

---

nes Porzellan und Glas u. a. Seefahrt-abteilung *(geöffnet 1. Juli - 11. Aug. tgl. 11 - 15 Uhr; 12. Aug. - 11. Okt. Sa + So 11 - 15 Uhr; 12. Okt. - 20. Okt. tgl. 11 - 15 Uhr; www.ohavsmuseet.dk).*

Ca. 2 km östlich von Faaborg liegt die fast 400 Jahre alte **Kaleko Mühle [N55° 05' 57.0" E10° 15' 56.8"]**, Priceshavevej 38. In der restaurierten Wassermühle ist ein Museum eingerichtet, das sich mit Aspekten des Alltags der ländlichen Bevölkerung befasst *(geöffnet 1. Juli - 31. Aug. tgl. 11 - 15 Uhr).*

Und an der Straße Richtung Djernæs, an der auch die Kaleko Mühle liegt, findet man östlich von Faaborg die kleine **Miniaturstadt „Faaborg Miniby"**, Djernæsvej 2 *(geöffnet 23. Mai - 23. Juni Do - So 10 - 16 Uhr; 24. Juni - 1. Sept. tgl. 10 - 16 Uhr; www.faaborgminiby.dk/en/).*

Im Sommer verkehrt die **Fåborgbanen**, eine Oldtimer-Dampfbahn zwischen Faaborg, Korinth und Ringe.

ROUTE: *Die Fahrt durch die mit Seen durchsetzte Landschaft Fünens ist überaus reizvoll. Nicht umsonst nennen die Leute auf Fünen ihre Insel stolz den „Garten Dänemarks". Nach 26 km auf der Straße 44 erreichen wir* **Svendborg.**

Wollten Sie schon immer mal wie Tarzan von Baum zu Baum schwingen? Dann sind Sie im **Gorilla Park Svendborg [N55° 6' 7.41" E10° 28' 26.56"]** genau richtig *(geöffnet Ostern - Mitte Okt.Ende März – Ende Okt. Sa + So 9 - 18 Uhr; www.gorillapark.dk).* In Dänemarks größtem Kletterwald können Sie auf einem fast 3 km langen Parcours Ihre Fähigkeit an über 100 Kletterelementen, Tarzan Schaukeln u. ä. bis in 18 Meter Höhe testen. Der Kletterwald liegt am Rødmevej 45 in Stenstrup, rund 9 km nordwestlich von Svendborg.

Svendborg liegt am gleichnamigen Sund, der Fünen von der im Süden vorgelagerten Insel Tåsinge trennt.

Im 13 Jh. – König Valdemar Sejr hatte den südlichen Teil von Fünen seiner Schwiegertochter Eleonora geschenkt – taucht Svendborg in der Schenkungsurkunde als „Swineburgh" auf. Und wie man liest, bezog sich der damalige Stadtname auf die Tatsache, dass sich im Sund ungewöhnlich viele Schweinswale tummelten.

Lange Zeit kam Svendborg eine ganz bedeutende Rolle als zentrale Hafenstadt im Ostseeraum zu. Als allerdings der Bischof von Odense, dem auch die damals hier existierende Burg Ørkild gehörte, im 16. Jh. das der Stadt zustehende Marktrecht brach und die Geldmittel in sein Säckel umleitete, brannten die aufgebrachten Bürger Burg Ørkild 1534 nieder. Die Burg wurde nie wieder aufgebaut. Die Leute aus Svendborg verwendeten die Ruine als willkommenen Steinbruch und errichteten mit den Steinen das damalige Rathaus der Stadt sowie die Kirche auf der Insel Thursø. Heute zeugen nur noch die Wallgräben von der einstmaligen Burg.

Handel und vor allem die Seefahrt prägten die Stadt über Jahrhunderte. Auch in Svendborg sind in der Stadtmitte noch einige schöne Fachwerkhäuser aus der „guten alten Zeit" erhalten.

Zentrumsnaher **Parkplatz: Voldgade Parkering [N55° 3' 31.01" E10° 36' 14.25"]**. Zufahrt von der Voldgade.

Gegenüber der Vor Fuer Kirche (täglich Glockenspiel immer zur vollen Stunde) liegt der vom Svendborg Museum betreute **Anne Hvides Gård [N55° 3' 36.72" E10° 36' 32.69"]**. Der historische Fachwerkhof in der Fruestræde 3 stammt aus dem 16. Jh. *(geöffnet 12. Feb. - 20. Dez. Di - So 10 - 16 Uhr; https://www. svendborgmuseum.dk/svendborg-museum/anne-hvides-gard)*. Ausgestellt sind dort u. a. Funde aus der Frühgeschichte und aus der Wikingerzeit.

Weiter südlich sieht man die romanische **Nikolai Kirche** mit ihrem wuchtigen Turm, der im 13. Jh. erbaut und im 19. Jahrhundert umfassend restauriert wurde. Die Kirche ist, wie so viele Kirchen in Hafenstädten, dem Heiligen Nikolaus geweiht, dem Schutzpatron der Seeleute. Als die Kirche im 13. Jh. vollendet wurde, stand sie einsam auf einer leichten Anhöhe, was heute, da die Kirche von Gebäuden umringt ist, nicht mehr zu erkennen ist.

Weiter im Nordwesten der Stadt findet man im Grubbenmøllevej 13 das **Svendborg Museum [N55° 03' 44.2" E10° 36' 13.8"]**, das Heimat- und Regionalmuseum des Landkreises Svendborg *(geöffnet 12. Feb. - 20. Dez. Di - So 10 - 16; www.svendborgmuseum.dk)*. Es ist eingerichtet in den historischen Gebäuden des **Forsorgshjemmet Viebæltegård**, die einstmals als Arbeitsanstalt und Armenhaus der Stadt dienten. Neben Ausstellungsstücken aus Svendborg und Umgebung von der Vorgeschichte bis ins Mittelalter sieht man auch eine Wohnung aus den 50er Jahren. Und man kann sehen, was Armut ausgangs des 19. Jh. bedeuten konnte.

Das **Naturama [Parkplatz, N55° 03' 47.7" E10° 36' 25.0"]**, das ehem. Zoologische Museum in der Dronningemaen 30, zeigt eine komplette Sammlung der in Dänemark beheimateten Vögel, Säugetiere u. a. *(geöffnet tgl. a. Mo 10 - 16 Uhr; Juli - Aug. tgl. 10 - 17 Uhr; www.naturama.dk)*.

Und wer sich dafür interessiert, wie früher Öfen gegossen wurden, erfährt im **Lange & Co's Ovnmuseum [N55° 3' 37.36" E10° 36' 4.66"]** in der Vestergade 45 vieles über dieses alte Handwerk *(geöffnet Sommer tgl. 10 - 17 Uhr)*.

Ab Svendborg verkehren **Fähren** ins südfünische Inselmeer zu den Inseln Skarø, Drejø und Ærø.

Neben einem Abstecher auf die Insel Langeland (siehe nächste Etappe, Route 10, Svendborg – Nyborg) ist – besonders an einem schönen Sommertag – die Rundfahrt mit dem **Veteranendampfer M/S Helge** durch den Sund vor Faaborg ein erholsames Erlebnis (https://www.svendborg-havn.dk/færger/ms-helge). Das Schiff verkehrt von 11. Mai bis 15. September dreimal am Tag

(10 Uhr, 12.30 Uhr, 14.40 Uhr, im Juli zusätzlich 16.40 Uhr) zwischen Svendborg und Valdemars Slot über vier Zwischenstationen. Die Rundfahrt dauert zwei Stunden. Man kann aber an jeder Station aussteigen und mit einem späteren Schiff weiterfahren (https://www.svendborg-havn.dk/færger-fra-svendborg).

Svendborg ist Ausgangspunkt von **Fahrradtouren**. Und falls Sie Ihr eigenes Rad nicht dabeihaben, finden Sie unter folgender Adresse sicher das passende Leih-Fahrrad: Svendborg Cykeludlejning, Jessens Mole 9 B, 5700 Svendborg, Tel. +45 30 17 69 27; postmaster@svendborgcykeludlejning.dk.

Außer Fahrräder können Sie hier auch Gepäck- oder Kinderanhänger, Kindersitze, Helme und andere Ausrüstung gegen Kaution leihen.

Siehe auch unter „**Fünen per Fahrrad**" weiter oben, oder unter https://www.visitfyn.de/fyn/fahrrad-urlaub.

PRAKTISCHE HINWEISE — SVENDBORG

 Svendborg Sydfyns Turistbureau [N55° 03' 36.8" E10° 36' 26.7"], Centrumspladsen 4, 5700 Svendborg, Tel. +45 63 75 94 80; www.visitsvendborg.dk. *Geöffnet Mo – Fr 9.30 – 17 Uhr, Sa 9.30 – 12.30 Uhr.*

 CAMPING BEI SVENDBORG

Thurø
Camping Thurø [N55° 2' 35.82" E10° 42' 36.26"], Smørmosevej 7, Tel. +45 62 20 52 54, https://www.thuroecamping.dk/; 23. Apr. – 23. Sept.; bei Thurø, östlich von Svendborg; ebene Wiesen in Waldnähe, durch Hecken in Stellplatzreihen unterteilt; ansprechend und relativ ruhig im Osten der Insel Thurø gelegen; ca. 5 ha – 250 Stpl. + Dau.; Standard-Sanitärausstattung. Laden, Waschmaschine, Trockner, WLAN, Miethütten, schmaler Strand. V & E für Wohnmobile.

Vindeby, Insel Tåsinge
Camping Svendborg Sund (ehem. Vindebyøre Camping) **[N55° 3' 9.36" E10° 37' 57.51"]**, Vindebyørevej 52, Tel. +45 21 72 09 13, www.svendborgs-und-camping.dk; 23. März – 30. Sept.; auf der Insel Tåsinge, östl. von Vindeby. Parkähnliches Gelände am Svendborgsund, mit Waldstücken. Die Anlage ist Teil eines öffentlichen Strandparks mit entsprechenden Auswirkungen an schönen Sommerwochenenden; ca. 5 ha – 150 Stpl.; Standard-Sanitärausstattung. Laden, Waschmaschine, Trockner, Grillstelle, Bootsverleih, Fahrrad- und eBike-Verleih, WLAN, Miethütten. V & E für Wohnmobile. QuickStop.
Camping Carlsberg [N55° 01' 56.46" E10° 37' 03.6"], Tåsinge, Sundbrovej 19, Tel. +45 62 22 53 84, www.carlsbergcamping.dk; Jan. – Dez.; auf der Insel Tåsinge, ca. 1,5 km südl. der Brücke und östl. der Straße 9; ebene Wiesen, teils von Feldern, teils von Wald umgeben, erhöht gelegen mit Ausblicken; ca. 6 ha – 250 Stpl. + Dau.; Standard-Sanitärausstattung. Laden, Imbiss, Waschmaschine, Trockner, Schwimmbad, Fahrrad-und eBike-Verleih, WLAN, Miethütten. V & E für Wohnmobile. QuickStop.

 WOHNMOBIL-STELLPLATZ

Wohnmobil-Stellplatz Svendborg Havn [N55° 3' 44.91" E10° 36' 54.49"], Nordre Kajgade 9. **Zufahrt:** Von Zentrum zum Svendborg Hafen. Asphaltierter Parkplatz am Hafen mit Platz für 5 Wohnmobile. **Ausstattung:** Versorgungssäule mit Frischwasser und Ausguss für Grauwasser und Chemikaltoiletten, Strom, Dusche, WC, Waschmaschine, Trockner, WLAN, Grillstelle. **Gebühr:** Pauschale inkl. V & E, Strom, WLAN. Automat der Hafenmeisterei in der Jessens Mole 6. **Geöffnet:** Ganzjährig.

ROUTE 10: SVENDBORG – ODENSE – NYBORG

Länge der Tour: Rund 180 km, ohne Abstecher.

Die Route: Über die Straße 9 bis **Rudkøbing/Langeland** und zurück über **Svendborg, Kværndrup** und **Ringe** bis **Odense** – Straße 165 bis **Kerteminde** – Straße 315 bis **Fyns Hoved** und zurück bis **Kerteminde** – Straße 165 bis **Nyborg**.

Reisedauer: Mindestens ein Tag, besser zwei Tage und Stopp in Odense.

Höhepunkte: Das **Valdemars Schloss **** bei Troense – der neu entdeckte **Königshof von Gudme** – **Schloss Egeskov **** und Park – das **H. C. Andersen Museum **** und das **Eisenbahnmuseum **** in Odense – das Freilichtmuseum „**Das Fünische Dorf" ***** bei Odense – das **Wikinger-Schiffs-Grab *** bei Ladby – das **Schloss Nyborg *.**.

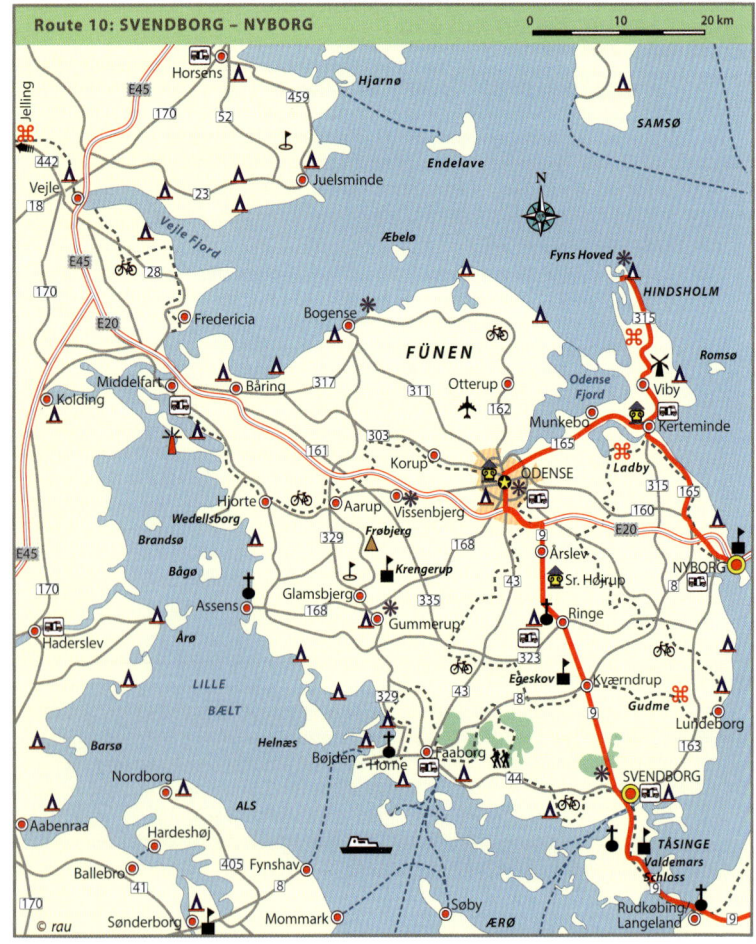

Route 10: SVENDBORG – NYBORG

*ROUTE: Von Svendborg südwärts und über die Sundbrücke (Straße 9) auf die **Insel Tåsinge** und weiter nach **Rudkøbing** auf Langeland.*

Schon nach wenigen Kilometern sind wir in **Bregninge/Insel Tåsinge** mit seiner schön erhöht gelegenen Kirche. Wenn möglich, sollte man den Kirchturm besteigen. Der Blick auf die Inselwelt zwischen Langeland und Ærø lohnt die kleine Mühe.

Und wer sich sehr für die Regionalgeschichte der Insel Tåsinge interessiert, erhält im **Tåsinge Museum [N55° 1' 24.93" E10° 36' 34.78"]** in der Kirkebakken 1 *(geöffnet Juni - Aug. Di - So 11 - 16 Uhr; 1. - 15. Sept. Do - So 11 – 16 Uhr; www.taasinge-museum.dk),* bestimmt viele Antworten auf seine Fragen. Eine der Museumsabteilungen befasst sich z. B. mit Textilien, eine andere zeigt eine von Bent Nielsen zusammengetragene, sehenswerte Sammlung von Musikinstrumenten.

Romantische Gemüter wird aber viel mehr das Schicksal von Elvira und Sixten und deren Liebesgeschichte interessieren, die auf der Insel Tåsinge ein tragisches Ende nahm und über die im Museum ausführlich berichtet wird (bislang allerdings nur in dänischer Sprache).

Die Romanze dreht sich um *Elvira Madigan*, die mit bürgerlichem Namen Hedvig Antoinette Isabella Eleonore Jensen hieß, und um den Dragoneroffizier *Sixten Sparre*. Elvira, Tochter aus einer Zirkusfamilie, die von einem aus Indiana in den USA stammenden Reitkünstler Reiten lernte und später in ganz Europa als berühmte Seiltänzerin und Kunstreiterin stürmisch gefeiert wurde, lernte bei einer Zirkusvorstellung 1888 im schwedischen Kristianstad den schneidigen Sixten kennen. Da Sixten aber bereits sehr standesgemäß mit Komtess Luitgard Engel Agda Dorotea Adlercreutz liiert war, stand die Romanze von Anbeginn an unter keinem guten Stern.

Nachdem Elvira und Sixten schließlich ihr Heil in der Flucht aus den gesellschaftlichen Zwängen damaliger Zeiten suchten, sich eine Zeit lang als Geschwisterpaar ausgaben und schließlich im Sommerpensionat in Troense eine letzte Zuflucht fanden, nahmen sich beide am 18. Juni 1889 im Nørreskoven (Gedenkstein) bei Tåsinge das Leben. Elvira war 21 Jahre, Sixten 35 Jahre alt. Die beiden wurden auf dem Friedhof der Kirche von Landet [N54° 59' 51.00" E10° 35' 57.81"] im Elvira Madigans Vej nebeneinander begraben.

In Bregninge zweigen wir ostwärts ab nach **Troense**, einem alten Hafenstädtchen mit langer Seefahrttradition.

Besondere Erwähnung verdient **Valdemars Schloss [Parkplatz, N55° 01' 25.6" E10° 39' 14.3"]**, Slotsalléen 100, das etwa 1 km südlich von Troense liegt *(geöffnet Juni - Aug. tgl. 10 - 17 Uhr; Sept. Di - So 10 - 17 Uhr, Okt. Sa + So 10 – 17 Uhr; www.valdemarsslot.dk).*

Die Ursprünge der Schlossanlage reichen zurück bis in die Mitte des 17. Jh., als König Christian IV. für seinen Sohn Graf Valdemar Christian eine standesgemäße Residenz im Renaissancestil errichten ließ.

1678 kam der noble Bau in den Besitz des Seehelden Niels Juel. Niels Juel war dank seiner Verdienste in der siegreichen Seeschlacht in der Bucht vor Køge ein vermögender Mann geworden, dem es möglich war, nicht nur das zwischenzeitlich im Krieg mit den Schweden Mitte des 17. Jh. stark ramponierte Schloss aufwendig zu restaurieren, sondern auch fast die ganze Insel Tåsinge in seinen Besitz zu bringen.

Später im 18. Jh. erhielt Valdemars Schloss auf Initiative eines Enkels des Seehelden Niels Juel und nach Plänen des holsteinischen Baumeisters Tschierscke im Wesentlichen sein heutiges Aussehen, mit See, Torhäusern, Stallungen und Remisen.

Valdemars Slot ist noch heute in Privatbesitz und wird von Nachkommen des berühmten dänischen Seehelden bewohnt. 1985 wurde das Schloss als Museum der Öffentlichkeit zugänglich gemacht.

Valdemars Schloss bei Troense, Insel Tåsinge

Valdemars Schloss spiegelt in seinen Gebäuden und teils prachtvoll ausgestatteten Salons und Gemächern über 300 Jahre wechselvolle Geschichte eines dänischen Herrenhofes wieder. Neben 21 Schlossräumen kann der Besucher das Schloss vom Keller bis zum Dach erkunden. Zudem sieht man die Küchen, repräsentative Säle, die Schlosskirche sowie eine Sammlung von exotischen Jagdtrophäen. Schöner Schlosspark, Café Æblehaven, Restaurant.

In einem Seitengebäude des Anwesens, das sich entlang eines Teiches bis zum hübschen Teehaus am Strand ausdehnt, ist Dänemarks Museum über den Segelsport mit interessanten Holzbooten eingerichtet *(Öffnungszeiten wie Schloss)* .

Falls Sie dem anschließend geschilderten Abstecher auf die Insel Langeland nicht folgen wollen, bitte weiter mit „**Hauptroute**" weiter hinten!

Abstecher auf die Insel Langeland

Es bietet sich an, von Tåsinge den kurzen Sprung auf die Insel **Langeland** zu machen. Die 285 qkm große Insel ist nur 5 km entfernt. Man erreicht Langeland über einen Damm, das Inselchen Siø und die Langelandsbrücke, die in Rudkøbing die Insel erreicht.

Rudkøbing, Langelands größte Stadt, verbreitet in ihrem Zentrum durch einige alte Häuser noch ein wenig das Flair gutbürgerlichen Kaufmannszeit.

Die **Alte Apotheke [N54° 56′ 13.1″ E10° 42′ 29.0″]** *(Mitte Juli – Ende Sept. Mo – Mi + Fr 10 - 16 Uhr)* in der Brogade Nr. 15 mit ihrem schönen Fachwerk zum Beispiel gehört zu diesen Häusern. Aber auch am Gänsemarkt, in der Smedegade oder auf dem Kirchplatz findet man noch schöne alte Gebäude.

Das **Øhavsmuseet Langeland [N54° 56′ 03.9″ E10° 43′ 05.8″]** liegt im Jens Winthersvej 12 *(geöffnet Mitte Juni - Mitte Sept. Di - So 11 - 15 Uhr; www.ohavsmuseet.dk/)*. Langelands kulturhistorisches Museum zeigt eine archäologische Sammlung und gibt Einblick in die Lebensgewohnheiten des Bürgertums der vergangenen Jahrhunderte.

Autofähren verkehren von Rudkøbing zur Insel **Strynø**, sowie von der **Fährstation Spodsbjerg**, an der Ostküste von Langeland, nach **Tårs/Insel Lolland**.

Ausflüge ab Rudkøbing/Langeland

Ausflüge bieten sich an nach **Lohals** im Norden der Insel. Auf dem Weg nach Norden passiert man **Tranekær**. Der Ort liegt nordöstlich von Rudkøbing, etwa auf halbem Wege nach Lohals. Im Norden der Stadt sieht man auf einer leichten Anhöhe **Tranekær Slot [N55° 0' 4.83" E10° 51' 16.83"]**. Das Landschlösschen stammt aus dem 12. Jh. und ist noch von einem Wassergraben umgeben. Der **Schlosspark** mit seinen herrlichen alten Bäumen ist zu besichtigen. Das Schloss selbst ist nicht zugänglich (www.tranekaergods.dk).

In der Südhälfte der Insel Langeland, die durch ihre Ausdehnung ihrem Namen alle Ehre macht, kann man das **Kong Humbles's Grab [N54° 50' 2.00" E10° 42' 44.62"]** bei **Humble**, einen länglichen Dolmen mit Ganggrab besichtigen.

Ganz im Süden der langgestreckten Insel liegt in **Bagenkop** am Vognsbjerg-

vej 4 das **Koldkrigsmuseum [N54° 45' 11.46" E10° 42' 56.87"]**. Die Ausstellungen zeigen die Geschichte des **Langelandforts** während des Kalten Krieges bis 1963. Auf einem kleinen Spaziergang über das Gelände sind Kanonen, unterirdische Bunker, Flugzeuge, Bomben, ein U-Boot, Torpedos etc. zu sehen. *(geöffnet Mai - Sept. tgl. 10 - 17 Uhr; Apr. + Okt. tgl. 10 -16 Uhr; www.langelandsfortet.dk).*

Schöne **Badestrände** findet man im Norden bei **Hov**, sowie bei **Ristinge** und bei **Bagenkop** im Süden.

HAUPTROUTE

ROUTE: Wir kehren von Langeland über Rudkøbing und Tåsinge zurück auf die Insel Fünen und fahren ab **Svend-**

land; ebene Wiesen, durch Wohnhäuser vom Bootshafen getrennt; ca. 2,5 ha – 140 Stpl. + Dau.; Standard-Sanitärausstattung. Laden, Restaurant, Waschmaschine, Trockner, beheizbares Schwimmbad, Sauna, Grillstelle, Fahrradverleih, Minigolf, WLAN im Receptionsbereich, Miethütten. V & E für Wohnmobile.

Ristinge

Camping & Feriepark Ristinge Camping [N54° 49' 11.15" E10° 38' 24.47"], Ristingevej 104, Tel. +45 62 57 13 29, www.ristinge.dk; 18. Mai – 2. Sept.; im Südteil an der Westküste der Insel; etwas erhöht gelegenes Wiesengelände mit teils dichten Buschgruppen; ca. 6 ha – 200 Stpl. + Dau.; Standard-Sanitärausstattung. Laden, Imbiss, Waschmaschine, Trockner, beheizbares Schwimmbad, Fahrradverleih, Tennis, Minigolf, partielles WLAN, Grillstelle, Miethütten. Ca. 200 m zum Strand mit Dünen. V & E für Wohnmobile.

Bagenkop

Camping Strandgården [N54°45'10.40" E10°40'52.09"], Vestervej 17, Tel. +45 62 56 12 95; 1. Apr. – 1. Okt.; im Südteil an der Westküste von Langeland und nördlich vom Fährhafen Bagenkop; ebene Wiesen, teils baumlos, teils durch hohe Hecken in rechteckige Felder unterteilt; ca. 7 ha – 100 Stpl. + Dau.; einfache Standard-Sanitärausstattung. Waschmaschine, Trockner, Miethütten; zum Meer ca. 200 m. V & E für Wohnmobile.

*borg auf der Autobahn 9 über **Kværndrup** und **Ringe** nach **Odense**. Wer sich allerdings sehr für dänische Frühgeschichte interessiert, sollte einen **Umweg** ostwärts über die Straße 163 und über **Gudme** nach **Kværndrup** machen.*

Dass diese Region Südfünens schon sehr früh besiedelt war, wurde durch neue Ausgrabungen und Funde nordöstlich von Svendborg bei Gudme und Lundeborg bewiesen.

Bei **Gudme**, das seitdem von einigen Tourismusmanagern auch als „Die Wiege Dänemarks" bezeichnet wird, wurden Spuren eines über 2.000 Jahre alten Handelsplatzes und des **„Gudme Kongsgård" [N55° 8' 53.5" E10° 42' 30.41"]**, auch **Gudme Kongens Hall**, eines Königshofes, entdeckt.

Diese „Halle des Gudme-Königs" und das, was die Wissenschaftler geborgen haben, darunter ein 140 g schwerer Halsring aus Gold, war in Fachkreisen eine mittlere Sensation und lässt, wie man liest, darauf schließen, dass hier nicht nur der größte vorgeschichtliche Begräbnisplatz Dänemarks liegt, sondern dass die Gudme Kongesgård Zentrum einer der größten Siedlungen der damaligen Zeit in ganz Skandinavien war.

Angeblich residierten hier zwischen 200 und 500 n. Chr. bereits Könige, die über eine der ältesten bis heute bekannten Gesellschaften in Dänemark herrschten.

Die Umrisse des Fundaments der Königshalle sind durch Eichenpfähle, die in die ausgegrabenen originalen Pfostenlöcher gesenkt wurden, markiert.

Für Besucher wurde eigens ein Aussichtsturm mit Informationstafeln über die archäologische Stätte errichtet. Allerdings: So historisch die Stätte auch sein mag, für den Besucher, der nicht wirklich sehr an Dänemarks früher Geschichte interessiert ist, werden die wenigen Spuren des „Königshofs" nicht als große Sehenswürdigkeit in Erinnerung bleiben.

Für Interessierte lohnt von Gudme aus ein kurzer Abstecher zum größten Findling Dänemarks, dem **Dammestenen [N55° 10' 54.53" E10° 45' 38.52"]** bei **Hesselager**. Der Felsbrocken soll mit Eiszeitgletschern aus Norwegen hierher gelangt sein. Sein Gewicht beträgt 1.000 Tonnen und sein Umfang misst 46 Meter.

Sehr lohnend ist ab **Kværndrup** ein Abstecher auf der Straße 8 nach Westen zum **Schloss Egeskov [Parkplatz, N55° 10' 23.17" E10° 29' 23.89"]**.

CAMPING

Hesselager

Camping Lundeborg Strand [N55° 8' 46.5" E10° 46' 52.9"], Gl. Lunde-borgvej 46, Tel. +45 62 25 14 50, www.lundeborg.dk; 23. März – 14. Sept.; beschilderte Zufahrt in Hesselager; zweigeteiltes Wiesengelände in ruhiger, ländlicher Lage; Standard-Sanitärausstattung. Kiosk, Imbiss, Waschmaschine, Trockner, Minigolf, WLAN. V & E für Wohnmobile. QuickStop.

Bøsøre bei Hesselager

Camping Bøsøre Strand Feriepark [N55° 11' 34.18" E10° 48' 20.32"], Bøsørevej 16, Tel. +45 62 25 11 45, www.bosore.dk; 23. März – 21. Okt.; Zu-fahrt ca. 2 km nördlich von Hesselager beschilderter Abzweig; Wiesen mit Hecken, Laub- und Nadelwald in ruhiger Umgebung; Supercamping mit allen erdenklichen Einrichtungen für den anspruchsvollen Urlauber; ca. 15 ha – 300 Stpl. + Dau; Komfortausstattung. Laden, Imbiss, Restaurant, Waschmaschine, Trockner, Spass-Hallenbad, Sauna, Fahrradverleih, Beachvolleyballfeld, Minigolf, Grillstelle, WLAN, Miethütten, Naturstrand. V & E für Wohnmobile. QuickStop.

Egeskov gilt als das besterhaltene Wasserschloss in Europa.

Der recht elegante und romantisch gelegene, im Renaissancestil errichtete Backsteinbau entstand im 16. Jh. und ruht angeblich auf zwölftausend Eichenpfählen. Eindrucksvoll auch die Fassade mit ihren gestuften Giebeln, Fenstern und Türmchen.

Zum Schloss gehört ein 14 Hektar großer Park, mit Kräutergarten, Blumengarten, Heckenlabyrinth. Angeschlossen sind ein **Oldtimer Museum** mit Autos, Flugzeugen, Kutschen und Fahrzeugmodellen, ein **Motorradmuseum**, das **Feuerwehr-Falckmuseum,** ein **Puppenhaus**, eine **alte Schmiede**, Cafeteria und Kinderpark. Jeweils separater Eintritt für Schloss, Park und Museen *(geöffnet 27. Apr. - 28. Juni tgl. 10 - 17 Uhr; 29. Juni - 11. Aug. tgl. 10 - 19 Uhr; 12. Aug. - 1. Sept. tgl. 10 - 18 Uhr; 2. Sept. - 20. Okt. tgl. 10 - 17 Uhr; www.egeskov.dk).*

Wer sich für Kirchenbaukunst in Dänemark interessiert, sollte sich in **Ringe** die **Kirche [Parkplatz, N55° 14' 16.20"**

Schloss Egeskov. Foto: VisitDenmark

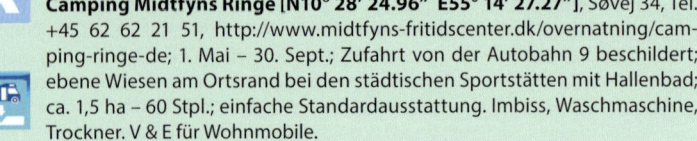

CAMPING – RINGE

Camping Midtfyns Ringe [N10° 28' 24.96" E55° 14' 27.27"], Søvej 34, Tel. +45 62 62 21 51, http://www.midtfyns-fritidscenter.dk/overnatning/camping-ringe-de; 1. Mai – 30. Sept.; Zufahrt von der Autobahn 9 beschildert; ebene Wiesen am Ortsrand bei den städtischen Sportstätten mit Hallenbad; ca. 1,5 ha – 60 Stpl.; einfache Standardausstattung. Imbiss, Waschmaschine, Trockner. V & E für Wohnmobile.

E10° 28' 41.40"] ansehen (geöffnet Mo - Fr 8 - 14.30 Uhr; www.ringekirke.dk). Der Bau wurde ursprünglich im romanischen Stil errichtet, wurde aber später im Renaissancestil verändert. Bemerkenswert ist die Kapelle an der Südseite. Sie beherbergt das Grab von General Eickstedt, der 1801 starb und der für seine konspirativen Machenschaften bekannt war.

Gleich südlich der Kirche findet man einen großen Parkplatz.

Im **Ringe Museum** am Kirkepladsen 6, nur ein paar Schritte neben der Kirche, werden die Heimatgeschichte und das ländliche Leben früherer Tage in Midtfyn illustriert (geöffnet Juli Mo - Fr 10.30 - 16.30; Aug. Mo - Fr 10.30 - 15.30 Uhr; www.ringemuseum.dk).

In **Nørre Lyndelse**, an der Straße 43 westlich von Årslev, liegt das **Carl Nielsens Barndomshjem [N55° 17' 34.02" E10° 23' 19.72"]**. In diesem Haus am Odensevej 2A, dem sog. Kindheitshaus, lebte der fünische Komponist Carl Nielsen bis zu seiner Konfirmation im Jahre 1879 (geöffnet Mai - Sept. Di - So 11 - 15 Uhr, www.museum.odense.dk/carlnielsenmuseet/).

Odense, das kulturelle und wirtschaftliche Zentrum Fünens, zählt zu den ältesten Städten Dänemarks. Zur Wikingerzeit lautete der Stadtname *Odinstad oder Odins-vi*. Das alte Wikingerwort *vi* soll auf ein Heiligtum hinweisen, was nahe legt, dass Odense einst ein Heiligtum des Wikingergottes Odin besaß.

Erstmals erwähnt wird Odense 988 auf einem Schutzbrief Kaiser Ottos.

Die Kurie erhob Odense 1020 zum Bischofsitz und legte damit den Grundstein zum kirchlichen Zentrum, das Odense bis in unser Jahrhundert geblieben ist.

Der Mord an König Knud in der St. Albani Kirche im Jahre 1086 und die spätere Heiligsprechung von Knud löste im 12. Jh. einen wahren Pilgerstrom nach Odense aus. Zahlreiche Kirchen und Klöster entstanden.

Die zentrale Lage der Stadt, nicht nur auf Fünen, sondern im dänischen Königreich, führte dazu, dass sich Odense zu einer wichtigen Handelsstadt entwickelte, was bemerkenswert ist, denn Odense liegt ja nicht direkt am Meer. Das 21 km entfernte Kertemine war bis zu Beginn des 19. Jh. der Hafen von Odense. Erst 1796 entschloss man sich, einen Kanal vom Odense Fjord bis in die Stadt zu graben.

Heute ist Odense mit seinen knapp 180.000 Einwohnern die drittgrößte Stadt Dänemarks und ein anerkanntes Bildungszentrum mit eigener Universität.

Viele bedeutende Künstler kamen aus Fünen, Maler und Komponisten wie Carl Nielsen zum Beispiel, und Dichter wie Hans Christian Andersen. Der als Märchendichter bekannt gewordene *H. C. Andersen (1805 - 1875)* ist bis heute wohl der populärste Sohn der Stadt.

Stadtspaziergang

Einige Sehenswürdigkeiten im Stadtzentrum kann man auf einem Rundgang erreichen. Um zu den anderen zu gelangen, wird man die Stadtbusse oder das Auto benützen müssen.

Einen recht zentralen **Parkplatz [N55° 23' 59.5" E10° 23' 34.4"]**, der sich als Ausgangspunkt für eine Stadtbesichtigung eignet, findet man im nördlichen Innenstadtbereich an der Hans Mules Gade vor dem **Odense Koncerthus**.

Zu einem der großen Touristenanziehungspunkte in Odense ist der Mär-

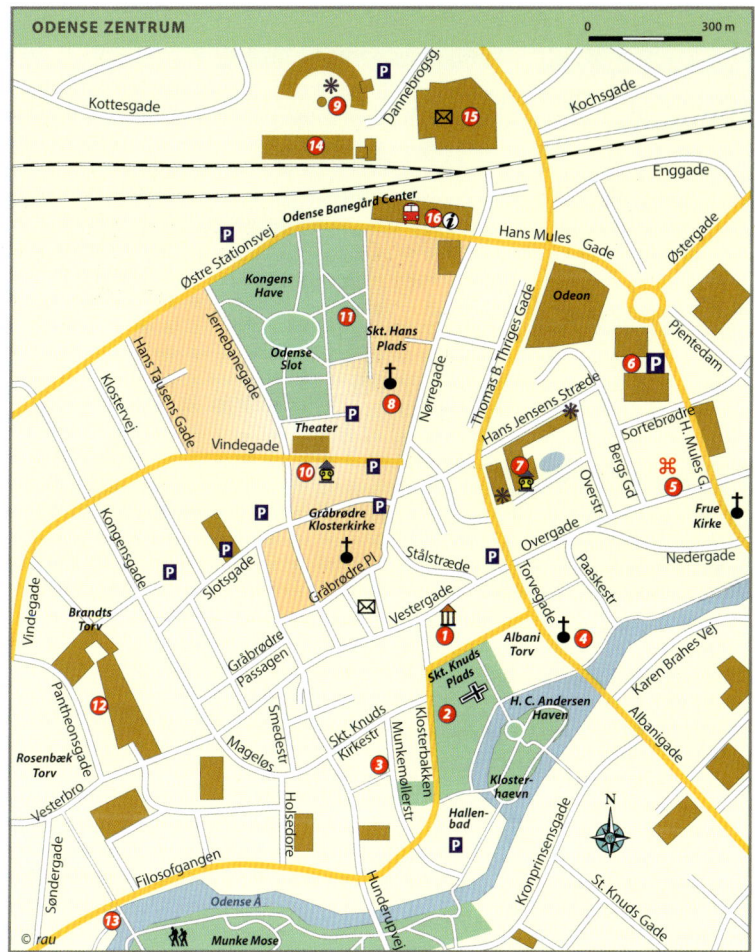

ODENSE – **1** Rathaus – **2** St. Knuds Kirche – **3** H. C. Andersens Kindheitsheim – **4** Sct. Albani Kirche – **5** Stadtmuseum, Münzhof – **6** Konzerthalle, H. C. Andersen Museum, Radisson Blu H. C. Andersen Hotel – **7** H. C. Andersen Haus und Ausstellung „Det Ny H. C. Andersens Hus" – **8** Sct. Hans Kirche – **9** Eisenbahnmuseum – **10** Kunstmuseum – **11** Schlosspark – **12** ehem. Brandts Klædefabrik, jetzt Museen – **13** Odense Aafart, Ausflugsboote – **14** Bahnhof – **15** Hauptpostamt – **16** Busbahnhof, Information im Borgernes Hus

chendichter H. C. Andersen gemacht worden. Ein deutlich mit großen Fußabdrücken markierter Rundweg durch die Innenstadt führt zu allen Punkten, die mit dem berühmten Schriftsteller in Verbindung gebracht werden.

Und wer alle diese Punkte, Museen und Ausstellungen besichtigen möchte, für den hat die Stadt eine **Pauschaleintrittskarte** geschaffen, die für fünf Einrichtungen gültig ist - für das H. C. Andersen Museum, für das H. C. Andersen Geburtshaus, für das H. C. Andersen Kindheitsheim, für den Møntegården und für „The Tinderbox", ein Zentrum für Kinder.

An der Westseite des Odense Koncerthus findet an der Claus Bergs Gade

Das H. C. Andersen Haus (links)

11 den Zugang zum interessanten **H. C. Andersen Museum [N55° 23' 58.33" E10°23'30.58"]**. In dem modernen Museum (https://hcandersensodense.dk/h-c-andersen-museum/) werden Leben und Werk des Märchenschriftstellers H. C. Andersens durch Dokumente, Briefe, Bilder, persönliche Gegenstände, eine sehenswerte Sammlung von Illustrationen zu seinen Märchen und Erzählungen und Ausgaben seiner Werke gewürdigt und dokumentiert. Von H. C. Andersen stammen die Märchen „Die Prinzessin auf der Erbse", „Das hässliche Entlein", „Die kleine Meerjungfrau", „Des Kaisers neue Kleider" u. v. a. *Das Museum ist Di - So 10 - 16 Uhr geöffnet.*

Der Rundgang durch die verschiedenen Ausstellungsräume, die sich u. a. mit der Zeit, in der Andersen lebte und mit dem Menschen Andersen, einem für die damalige Zeit ungewöhnlich großen, hageren Mann mit auffallend großer Nase, beschäftigt, führt über die Große Gedenkhalle bis zum Geburtshaus. Eine Treppe dort führt hinab in einen Kellerraum, in dem ein sog. Raritätenkabinett eingerichtet ist. Eines der kuriosen Ausstellungsstücke dort ist ein Seil, das An-

dersen angeblich auf allen seinen Reisen immer in seinem Gepäck mitführte. Im Falle eines Brandes wollte er sich damit aus dem Hotelfenster abseilen und in Sicherheit bringen können.

Am Konzerthaus geht man rechts vorbei, die Claus Bergs Gade südwärts, bis kurz darauf die Straße Ramsherred nach rechts abzweigt, in die wir einbiegen. Am Ende des Sträßchens, Ecke Bangs Boder, sieht man ein niederes gelbes Eckhaus, das **H. C. Andersen Haus (7) [N55° 23' 55.4" E10° 23' 27.2"]**, eine der wahrscheinlich am meisten besuchte Sehenswürdigkeit in Odense.

Das eher unscheinbare Gebäude in der Hans Jensens Stræde 45 gilt als Geburtshaus H. C. Andersens. So ganz sicher scheint es aber nicht zu sein, dass Andersen am 2. April 1805 tatsächlich genau in diesem Haus das Licht der Welt erblickte. Aber, um Zweiflern gleich den Wind aus den Segeln zu nehmen, heißt es, der prominente Märchendichter selbst soll das Haus als sein Geburtshaus bezeichnet haben.

Zu Andersens Zeiten lag das Haus im Armenviertel von Odense. Bis zu fünf Fa-

**Armenschule, Hoftheater, Märchendichter
Stationen eines Poeten**

Hans Christian Andersen, Poet und Märchendichter, wurde am 2. April 1805 in Odense/Insel Fünen geboren. Als Sohn eines Schumachers und einer Wäscherin, die bald alkoholkrank starb, wächst der Junge in bescheidenen bürgerlichen Verhältnissen und die meiste Zeit bei seinen Großeltern auf, besucht die Armenschule, obwohl er viel lieber auf die bessere Lateinschule gegangen wäre und fängt schon in jungen Jahren an, in seinem selbst gefertigten Puppentheater Stücke aufzuführen.

Andersen arbeitet als Laufbursche und bemüht sich, am Theater in Odense angestellt zu werden. Aber über kleine Pagenrollen kommt Andersen nicht hinaus. Mit vierzehn Jahren endlich gelingt es ihm nach Kopenhagen zu reisen und sich dort am Königlichen Hoftheater zu bewerben, allerdings ohne Erfolg. Mit siebzehn besucht Andersen die Lateinschule in Slagelse/Seeland und schreibt in dieser Zeit sein „Poesiebuch". Er liest Goethe, Schiller, E.T.A. Hoffmann, Voltaire, Jean Paul, Rousseau und Sir Walter Scott, den er sehr bewundert.

Endlich findet sich ein großzügiger Drucker bereit, Andersens erstes Buch „Jugendversuche von William Christian Walter", das Pseudonym Andersens, zu veröffentlichen. Es folgen Erzählungen und Gedichte.

Im Sommer 1831 reist Andersen nach Lübeck, Hamburg, Dresden und Berlin, wo er Adalbert von Chamisso trifft, mit dem er sich gut versteht. Literarische Erfolge aber stellen sich nicht ein. 1833 reist der arme Poet mit Mitteln aus der kö-

H. C. Andersen. Foto: VisitDenmark

niglichen Schatulle nach Paris und begegnet u. a. Victor Hugo und Heinrich Heine. Später reist Andersen weiter in die Schweiz. Dort schreibt er sein Märchen „Eisjungfrau". Im Oktober 1833 kommt Andersen in Rom an und besucht dort den namhaften dänischen Bildhauer Bertel Thorvaldsen.

Mit dem Stück „Improvisator" stellt sich endlich Erfolg ein. Im Frühjahr 1835 erscheint seine „Märchensammlung". Sie macht ihn über das Land hinaus bekannt. Später lebt Andersen in München. In Starnberg kann er König Max II. sein Märchen vom „Hässlichen Entlein" vortragen.

Bekannt werden vor allem seine Märchen „Des Kaisers neue Kleider" oder „Die Prinzessin auf der Erbse". So beliebt Andersen mit seinen Märchen auch wird, seine Romane und Bühnenstücke schaffen nie einen Durchbruch.

Im Alter von 70 Jahren stirbt Hans Christian Andersen, anerkannt und gewürdigt, am 4. August 1875. Er ist auf dem alten Kopenhagener Friedhof „Assistens Kirkegård" begraben.

milien sollen damals in dem Häuschen gewohnt haben. Hans Christian Andersen stammte also aus recht einfachen Verhältnissen. Die meiste Zeit seiner Kindheit verbrachte er bei seiner Großmutter und konnte nur eine Armenschule besuchen. Und wie man liest, soll seine Großmutter aber kein Kind von Traurigkeit gewesen sein. Sie hatte drei Kinder, aber auch drei Väter dazu. Damals wurden solche Familienverhältnisse noch mit acht Tagen Arrest bei Wasser und Brot im Gefängniskeller des Rathauses geahndet.

Gegenüber dem H. C. Andersen-Haus liegt in der Hans Jensens Stræde das traditionsreiche Restaurant „Under Lindestræt", das mit seinem urig-rustikalen Ambiente einen einladenden Eindruck macht.

Vom H. C. Andersen Haus gehen wir südwärts, über die Torvegade stadteinwärts zum zentralen Skt. Knuds Plads. Rechts sieht man das **Rådhuset**, das **Rathaus (1).** Der recht neuzeitlich wirkende Bau des Rathauses ist an der Innenseite der Westwand der Rathaushalle mit der Skulptur „Fünischer Frühling" geschmückt.

Auf der Südseite des Rathauses erhebt sich die **Skt. Knuds Kirche (2) [N55° 23' 43.29" E10° 23' 17.66"]**, der Dom von Odense. Der wuchtig wirkende Bau mit einem viereckigen Turm wurde Mitte des 13. Jh. errichtet und gilt, durch seinen schlichten gotischen Stil, als einer der beachtenswertesten Kirchenbauten Dänemarks. In der Krypta sind die Könige Knud der Heilige, Hans und Christian II. beigesetzt. Besondere Aufmerksamkeit verdient im Inneren des Doms der prächtig geschnitzte Flügelaltar, ein Werk des Lübeckers Claus Berg aus dem 16. Jh.

Unweit südwestlich der Kirche finden wir in der Munkemøllestræde 3 – 5 das **H. C. Andersens Barndomshjem (3) [N55° 23' 40.36" E10° 23' 14.01"]**, das Hans Christian Andersens Kindheitsheim. In dem kleinen, bescheidenen Fachwerkhaus lebte H. C. Andersen zwischen 1807 und 1819, von sei-

nem 2. bis zu seinem 14. Lebensjahr, zusammen mit seinen Eltern. Viele Motive seiner Märchen entnahm der Dichter dieser Umgebung und viele Eindrücke, die er später verwendete, gewann er hier in seinem Elternhaus. Bescheidene Ausstellung über die Kindheitsjahre des Dichters *(geöffnet Di - So 11 - 16 Uhr; https://hcandersensodense.dk/h-c-andersens-barndomshjem/).*

Andersen selbst schrieb über sein Kindheitsheim: „Das Heim, in dem ich meine Kindheit verbrachte, war nicht mehr als ein einziger kleiner Raum, der fast vollständig von der Schumacherwerkstatt, dem Bett und der Banktruhe, auf der ich schlief, eingenommen wurde. An den Wände jedoch hingen Bilder, auf den Schränkchen standen einige hübsche Tassen und Gläser und über der Bank meines Vaters hing ein Brett mit Büchern und Liederbüchern."

Wir gehen zurück bis zur Skt. Knuds Kirche am Skt. Knuds Plads, lassen die **Sct. Albani Kirche (4),** in der Knud der Heilige 1086 von aufständischen Bauern ermordet wurde, rechts liegen, wenden uns wenige Schritte weiter rechts in die Overgade. Vorbei am urigen Restaurant „Den Gamle Kro" kommt man schließlich zum **Møntergården (5) [N55° 23' 52.52" E10° 23' 38.79"]**, Ecke Overgade Nr. 48 und Møntestræde 1 *(geöffnet 2. Jan. - 14. Juni Di - So 10 - 16 Uhr; 15. Juni - 15. September tgl. 10 - 17 Uhr; 16. Sept. - 30. Sept. Di - So 10 - 16 Uhr; https://museum.odense.dk/moentergaarden/).*

Der alte Münzhof, ein schöner, stattlicher Fachwerk-Ziegelbau, stammt aus dem Jahre 1646 und beherbergt heute das kulturhistorische **Stadtmuseum**, zu dem ein Ensemble von mehreren Gebäuden, darunter sog. Kleinstadthöfe (Stadthäuser), gehört. U. a. sieht man Sammlungen aus der Wikingerzeit, aus dem Mittelalter, Inventar aus verschiedenen Jahrhunderten, vor allem aus dem 17. und 18. Jh., Foto- und Filmdokumente, sowie Trachten- und Silbersammlungen. Eine neue Museumserweiterung zeigt die Ausstellung „Fynmidt i werden", „Fünen im Zentrum der Welt"

Vom Møntegården kann man über die Claus Bergs Gade zurück zum Konzerthaus gehen.

Unser nächstes Ziel, das **Eisenbahnmuseum** hinter dem **Bahnhof (14)** von Odense, liegt ein gutes Stück weiter nördlich.

Geht man zu Fuß zum Bahnhof, nimmt man die Nørregade und kommt auf diesem Wege vorbei am Schlosspark **Kongens Have (11)**. Unterwegs sieht man in der Nørregade die **Sct. Hans Kirche (8) [N55° 23' 56.67" E10° 23' 16.50"]**. Die Johanneskirche entstand im 13. Jh. und war damals die Kirche eines Johanniterklosters.

Kurioserweise hat die Kirche eine nach außen gerichtete Kanzel, die aber vom Kircheninneren zugänglich war. Hans Christian Andersen wurde hier 10 Tage nach seiner Taufe, die er auf Grund seiner schwächlichen Konstitution zu Hause erhalten hatte, der Kirchengemeinde vorgestellt.

In der Umgebung des Bahnhofs findet man das **Postamt (15)** und den **Busbahnhof (16)**.

Hinter dem **Bahnhof (14)** liegt in der Dannebrogsgade 24 das sehenswerte **Eisenbahnmuseum (9) [Parkplatz,** **N55° 24' 13.9" E10° 23' 10.9"]** *(geöffnet tgl. 10 - 16 Uhr; www.jernbanemuseet.dk/de/).* Schöne Sammlung von alten Lokomotiven, Wagen und anderem „rollenden Material" aus der Zeit von 1850 bis heute.

Zu den Prachtstücken des sehr sehenswerten Museums zählt z. B. der wunderschön restaurierte Salonwagen König Christians X. und der prächtige Reisewaggon König Frederiks VII. Der Wagen war zeitweise als Gartenhäuschen zweckentfremdet worden.

Natürlich gibt es auch Modelleisenbahnen zu bewundern und für Kinder eine Fahrt mit einem Minizug.

Eine eigene Abteilung befasst sich mit der Geschichte der von den Dänischen Staatsbahnen (DSB) betriebenen Fähren (30 große Modellschiffe). Zudem wechselnde Ausstellungen. Einladender Café-Balkon mit Blick auf die Ausstellungsstücke.

Zurück zum Bahnhof und auf der Straße Østre Stationsvej ein kurzes Stück nach Westen bis zur Jernebanegade, die links stadteinwärts abzweigt. In der Straße stehen noch einige alte Stadthäuser.

Ein gutes Stück weiter, schon am Westrand der Innenstadt, findet man die große, ausgediente Textilfabrik **Brandts**

In der Overgade in Odense mit dem Restaurant „Den Gamle Kro"

**Klædefabrik (12) [N55° 23' 45.42"
E10° 22' 50.54"].** Dort, wo früher in den
großen Produktionssälen Spinn- und
Webmaschinen ratterten, kann man
heute in aller Ruhe und in Muse Kunst
genießen. Brandts Klædefabrik ist heute **Odenses Kunsthalle** und Forum für
diverse Veranstaltungen *(geöffnet Di 10 -
17 Uhr, Mi - Fr 10 - 21 Uhr, Sa + So 10 - 17
Uhr, Do ab 17 - 21 Uhr freier Eintritt; www.
brandts.dk)*. Im Sommer finden z. B. Jazz-
oder Blueskonzerte, Theater, Puppentheater u. ä. statt.

Im Gebäude befindet sich das **Me-
dienmuseum**, Brandts Torv 1, mit Gra-
fik- und Pressemuseum *(geöffnet Di - So
10 - 17 Uhr, Do 12 - 21 Uhr; www.museum.
odense.dk/en/museums/media-muse-
um)*. Die Entwicklung der Druckkunst im
graphischen Gewerbe (Druckmuseum),
im Pressewesen (Zeitungsmuseum), in
der Papierherstellung, der Buchbinderei,
des Buchdrucks u. a. sind die Themen
dieses interessanten Museums.

Andere Bereiche sind den Tätigkei-
ten des Journalisten oder des Redak-
teurs gewidmet. Aber auch die Interessen der Leserschaft schließen die Ausstellungen nicht aus. Außerdem wird die
Arbeitsweise alter Druckmaschinen demonstriert.

Das angeschlossene **Museum für
Fotokunst**, das einzige seiner Art in Dänemark, zeigt eine Ausstellung der foto-
grafischen Kunst dänischer und internationaler Fotokünstler.

In der Brandt Passage 29/Farvergår-
den 7 ist die bemerkenswerte **Tidens
Sammlung [N55° 23' 42.06" E10° 22'
49.93"]** eingerichtet *(geöffnet Mitte Feb.
- Mitte Dez. Mo - Sa 10 - 16 Uhr; www.ti-
denssamling.dk)*. Sie zeigt Objekte aus
unserem Jahrhundert bis in die Zeit der
70er Jahre. Man kann verfolgen, wie sich
die Zeit z. B. im Bereich des Wohnens
oder in der Mode gewandelt hat.

Ein lohnender Ausflug bei schönem
Wetter ist eine **Bootsfahrt** auf dem
Odense Å, dem Odense-Fluss, zum Ver-
gnügungspark **Fyns Tivoli**, zum be-
nachbarten **Odense Zoo** oder zum Park
Fruens Bøge. Die Boote verkehren ab
Munke Mose (13) [N55° 23' 32.58"

E10° 22' 51.51"], Filosofgangen, von
26. Anfang Mai bis Mitte August täglich
zwischen 10 und 17 Uhr im Juli + August
zwischen 10 und 18 Uhr. Übrige Zeit nur
auf Bestellung; www.aafart.de.

Vom Park Fruens Bøge führt ein
15-minütiger Fußweg zum Freilichtmuseum „Den Fynske Landsby".

Museen außerhalb des Stadtzentrums

Sehenswert ist das **Freilichtmuseum „Den Fynske Landsby" [Parkplatz,
N55° 21' 58.73" E10° 23' 08.58"]**. Das
Museum am Sejerskovvej 20 *(geöffnet 2.
Apr. - 31. Mai + 1. Sept. - 20. Okt. Di - Fr 10
- 16 Uhr, Sa + So 10 - 17 Uhr; Juni Di - So
10 - 17 Uhr; 1. - 16. Juli tgl. 10 - 17 Uhr; 17.
Juli - 10. Aug. tgl. 10 - 18 Uhr; 11. - 31. Aug.
tgl. 10 - 17 Uhr; www.denfynskelandsby.
dk)*, ein gutes Stück südlich der Innenstadt und in der Nähe des Campingplatzes gelegen, ist auch mit den Bussen der
Linien 21 und 22 zu erreichen.

„Das Fünische Dorf", so die Übersetzung des Museumsnamens, ist eines der
größten Freilichtmuseen des Landes. Es
besteht aus einem guten Dutzend alter Bauernhöfe und Häuser von Fünen.
Die meisten der Gehöfte und Gebäude
stammen aus dem 18. und 19. Jh. Darunter sind Wind- und Wassermühlen, ein
Pfarrhof, eine Ziegelei, eine Schule, eine
Schmiede und andere Werkstätten.

Von Mitte Juli bis Anfang August finden auf der Freilichtbühne im „Fünischen Dorf" die **Hans-Christian-Ander-
sen-Spiele** statt. Die aufgeführten Märchen sind natürlich ein Erlebnis für Kinder und für jung Gebliebene.

Einen Besuch wert ist der **Odense
Zoo [Parkplatz, N55° 22' 40.15" E10°
22' 13.43"]** im Sdr. Boulevard 306 *(geöffnet Mai + Juni Mo -Fr 10 – 18 Uhr, Sa + So
10 - 19 Uhr, Juli + Aug. tgl. 10 - 19 Uhr, übrige Zeit 9 - 17 Uhr; www.odensezoo.dk)*.
Tiere aus allen Erdteilen wie Löwen, Zebras, Schimpansen sowie viele Arten von
Meerestieren sind hier zu bestaunen.

Das **Europæisk Automobilmuseum [Parkplatz, N55° 22' 26.02" E10°
30' 14.62"]**, Fraugde Kærbyvej 203, liegt
an der Straße 160 rund 7 km östlich von

Im Freilichtmuseum „Den Fynske Landsby", Odense

PRAKTISCHE INFORMATIONEN – ODENSE

 Odense Information - Borgernes Hus, Østre Stationsvej 15, 5000 Odense C, Tel. +45 63 75 75 20; www.visitodense.com. Ob diese Informationsstelle eine Dauereinrichtung sein wird, war nicht in Erfahrung zu bringen!

CAMPING

 Camping DCU Odense [N55° 22′ 11.10″ E10° 23′ 32.94″], Odensevej 102, Tel. +45 66 11 47 02, www.camping-odense.dk; 1. Jan. – 31. Dez.; im Süden der Stadt, ca. 3 km vom Zentrum, nahe der Straße 9, Ausfahrt Nr. 50 von der E20, Einfahrt hinter der Tankstelle; ebenes Wiesengelände, von hohen Bäumen umgeben und durch Baumgruppen und Hecken vielfach unterteilt; ca. 4 ha – 200 Stpl.; Standard-Sanitärausstattung. Waschmaschine, Trockner, Schwimmbad, Minigolf, WLAN, Miethütten. V & E für Wohnmobile. Bushaltestelle am Platzeingang.

 Camping Blommenslyst [N55° 23′ 21.50″ E10° 14′ 50.84″], Middelfartvej 494, Tel. +45 65 96 76 41, www.blommenslyst-camping.dk; 11. Apr. – 20. Okt.; kleiner, einfacher Übernachtungsplatz an einem Teich, ca. 9 km westl. Odense an der Straße 161 Richtung Middelfart; 2 ha – 60 Stpl.; einfache Standard-Sanitärausstattung. Waschmaschine, Trockner, Miethütten. V & E für Wohnmobile.

WOHNMOBIL-STELLPLATZ

 Wohnmobil-Stellplatz Tarup Campingcenter [N55° 21′ 54.56″ E10° 27′ 56.95″], Agerhatten 31, Tel. +45 66 16 18 18, www.tarup.dk. **Zufahrt:** Von Odense auf der Straße 9 südostwärts ca. 5 km Richtung Neder Holluf und noch ca. 1 km weiter zum Industriegebiet zum Campingcenter Tarup (Wohnwagenhändler) mit Platz für 10 Wohnmobile auf Rasengitter. **Ausstattung:** Keine Einrichtungen. **Gebühr:** Kostenlos. **Geöffnet:** Ganzjährig.

Odense Zentrum. Dieses sehenswerte Automobilmuseum zeigt etwa 100 Fahrzeuge vornehmlich aus den 50er Jahren. Zudem gibt es Ausstellungen mit alten Werkzeugen, Autoprospekten und Dokumentationen über die Entwicklung des Automobils *(Weiterbestand fraglich!)*.

Rund 15 km südlich von Odense findet man am Südrand der Gemeinde **Nørre Lyndelse** am Odensevej 2A das Carl Nielsen Kindheitsheim mit dem **Carl Nielsen Museum [Parkplatz, N55° 17' 33.70" E10° 23' 19.48"].** Die Ausstellungen dort geben Einblick in Leben und Werk des fünischen Komponisten Carl Nielsen. Der Besucher wird auf seinem Museumsrundgang von Kompositionen Nielsens akustisch begleitet *(geöffnet 1. Mai - 30. Sept. Di - So 11 - 15 Uhr; https://museum.odense.dk/en/museums/carl-nielsen-museum/).*

Das **Jernalderlandsbyen (Odins Odense) [Parkplatz, N55° 25' 38.40" E10° 19' 49.94"]**, Store Klaus 40, ist nördlich der Innenstadt gelegen *(geöffnet 4. Apr. - 26. Juni + 31. Aug. - 18 Okt. Mo - Do 10 - 16 Uhr; 27. Juni - 30. Aug. tgl. 10 - 16 Uhr; www.jernalderlandsbyenodinsodense.dk/).*

Etwa 10 km nordwestlich von Odense liegt beim Dorf **Glavendrup** die ar-chäologische Stätte **Glavendrup-stenen**, die größte der bewahrten dänischen **Schiffssetzungen [Parkplatz, N55° 30' 32.03" E10° 17' 50.05"]** und die längste Runeninschrift Dänemarks, die auf einem großen Runenstein zu sehen ist. Die Inschrift besagt, dass der Stein zum Andenken an Alle, den Heerführer, gesetzt wurde. Da es keine Spuren eines Herrschergrabes gibt, vermutet man, dass der Heerführer während eines Eroberungszuges außer Landes starb und nicht hier beigesetzt wurde.

*ROUTE: Der weitere Verlauf unseres Reiseweges führt von Odense auf der Straße 165 nordostwärts über **Munkebro** auf die **Halbinsel Hindsholm** und auf der Straße 315 bis zum Nordende der Halbinsel am **Fyns Hoved**.*

In der Nordosthälfte der **Halbinsel Hindsholm** liegt nordöstlich von **Martofte** mitten in den Feldern die **Mårhøj Jættestue [Parkplatz, N55° 33' 24.8" E10° 39' 45.6"]**, das größte prähistorische Einkammerkuppelgrab Dänemarks. Ein schmaler Pfad führt über Felder vom Parkplatz zum Grabhügel. Sehr niederer Eingang und Gang nach innen. Taschenlampe nicht vergessen!

Etwa 500 m südlich von Martofte findet man an der Straße 315 das Heimat-

CAMPING

Fyns Hoved
Camping Fyns Hoved [N55° 36' 24.95" E10° 37' 23.36"], Fynshovedvej 748, Tel. +45 65 34 10 14, www.fynshovdcamping.dk; 1. Jan. – 31. Dez.; an der Nordspitze der Halbinsel; ausgedehntes, so gut wie ebenes Wiesengelände, ohne wesentlichen Baumbestand, aber von Wald umgeben und durch einen Waldgürtel geteilt, in ruhiger Lage, ein Platzteil reicht fast bis ans Meer, nicht allzu hohes Steilufer; ca. 9 ha – 150 Stpl. + zahlr. Dau.; Standard-Sanitärausstattung; Waschmaschine, Trockner, Laden, Imbiss, Miethütten.

Bøgebjerg Strand bei Dalby
Camping Hverringe [N55° 30' 31.45" E10° 42' 39.30"], Blæsenborgvej 200, Tel. +45 65 34 10 52, www.camphverringe.dk; 3. Apr. – 18. Okt.; von der Straße 315 über Viby ostwärts zur Küste, nördlich von Måle; komfortabel ausgestatteter Platz in schöner, ruhiger Lage am Großen Belt, in Sichtweite der Insel Romsø, ausgedehntes Wiesengelände, durch Hecken unterteilt, bis an den Strand reichend; ca. 9 ha – 300 Stpl. + zahlr. Dau.; Komfort-Sanitärausstattung; Laden, Imbiss, Waschmaschine, Trockner, Schwimmbad, Boots- und Fahrradverleih, Tauchschule, Beachvolleyballfeld, WLAN auf Teilen des Platzes, Internetecke, Miethütte. V & E für Wohnmobile. QuickStop. Langer Sand- und Kiesstrand.

Das Kuppelgrab Mårhøj Jættestue.
Kleines Bild: Ein niederer Gang führt in den Grabhügel.

museum **Hindsholm Egnsmuseum**. Ausgestellt ist eine Sammlung historischer und prähistorischer Gegenstände, die die Geschichte der Region erzählt *(geöffnet 15. Juni - 31. Aug. tgl. 12 - 16 Uhr; www.hindsholm.com/Hindsholm_egnsmuseum.htm).*

Schöne Strände gibt es an der Nordostküste. Interessant durch seine eigenartige Formung mit Landzunge, Steilküsten und Buchten ist auch die Landschaft am Nordende der Halbinsel mit dem 25 m hohen Aussichtspunkt **Fyns Hoved.**

*ROUTE: Auf dem Rückweg von Fyns Hoved sollte man über **Viby** und **Måle** nach **Kerteminde** fahren.*

Viby ist ein hübsches kleines, unter Denkmalschutz stehendes Dorf mit strohgedeckten Bauernhöfen, einer **Windmühle [N55° 29' 46.90" E10° 40' 52.30"]** und einer Kirche mit Fachwerkturm, inmitten einer ländlich friedlichen Idylle.

Bei **Måle** findet man an der Ostküste Fünens ausgedehnte **Strände**.

Kerteminde, Fischereistadt und früherer Hafen von Odense, ist der Geburtsort des Malers *Johannes Larsen*. Ihm ist das **Johannes Larsen Museum [N55°**

27' 20.8" E10° 39' 40.0"] gewidmet *(geöffnet Juni - Aug. tgl. 10 - 17 Uhr; Sept. Mai Di - So 10 - 16 Uhr; www.johanneslarsenmuseet.dk).* Das Museum ist im ehemaligen Haus des Künstlers, das hübsch auf dem Møllebakken 14 liegt, eingerichtet. Hier lassen sich sehr schön Eindrücke aus Kunst und Architektur miteinander verknüpfen.

Johannes Larsen hat sein Heimatstädtchen offenbar sehr gemocht. Warum sonst hätte er geschrieben: „Kerteminde war in den 70er Jahren des 19. Jh. sicher das schönste Städtchen der Welt, wie es sich tief in der Bucht an die Fjordmündung schmiegt." Zum Anwesen gehören ein ansprechender Park, ein Ausstellungsgelände sowie die **Windmühle Svanemølle** aus dem Jahre 1853.

Hat man ein bisschen Zeit übrig, lohnt ein Bummel durch das hübsche Zentrum von Kerteminde mit seinen alten Häusern allemal. Interessant sind z.B. die **Laurentius-Kirche** aus dem Jahre 1476 mit Barockinterieur, der Museumsladen **Høkeren** in der Trollegade *(geöffnet Juni - Aug. Mo - Fr 11 - 17.30 Uhr, Sa 11 - 16 Uhr; Juli + Aug. So 11 - 16 Uhr; 19. Nov. - 23. Dez. Di - Fr 11 - 17 Uhr; Sa + So 11 - 16 Uhr; www.ostfynsmuseer.dk/museer/hoe-*

PRAKTISCHE HINWEISE – KERTEMINDE

Kerteminde Turistbureau [N55° 27' 2.62" E10° 39' 33.03"], Strandvejen 6, 5300 Kerteminde, Tel. +45 65 32 11 21, www.visitkerteminde.dk. *Geöffnet Juni - Aug. Mo - Fr 10 - 16 Uhr, Sa 10 - 15 Uhr; Sept. - Mai Mo - Fr 10 - 16 Uhr.*

CAMPING

Camping Kerteminde [N55° 27' 50.36" E10° 40' 11.21"], Hindsholmvej 80, Tel. +45 65 32 19 71, www.kertemindecamping.dk; 5. Apr. – 29. Sept.; Platz der Gemeinde am Nordrand der Stadt, ebenes Gelände, durch Hecken unterteilt, an einer Seite von einem Wäldchen begrenzt, über die Straße zum Strand; ca. 5 ha – 220 Stpl. + Dau.; einfache Standardausstattung; Laden, Waschmaschine, Trockner, Miethütten. V & E für Wohnmobile. QuickStop.

WOHNMOBIL-STELLPLATZ

Wohnmobil-Stellplatz Kerteminde Havn & Marina [N55° 27' 9.65" E10° 39' 52.77"], Marinavejen. **Lage/Zufahrt:** Am Jachthafen von Kerteminde. **Geöffnet:** Ganzjährig, immer zugänglich. **Gebühr:** Gebührenpflichtig, am Automat. **Ausstattung:** Ebenes, gekiestes, schattenloses Parkplatzgelände am Hafen mit 15 markierten Stellplätzen. Befahrbare V & E Station. Sanitäranlagen, mit Zugangscode auf Anmeldequittung. Restaurant des Segelclubs nebenan.

---

keren/), oder das **Kerteminde Stadtmuseum Farvergården (Fäberhof) [N55° 26' 59.02" E10° 39' 27.99"]** in der Langegade 8 *(geöffnet März – Okt. Di – So 10 – 16 Uhr, Mitte Nov. – Ende Dez. Di – Do 10 – 17.30, Fr bis 18 Uhr, Sa bis 13 Uhr; http://www.ostfynsmuseer.dk/museer/ farvergaarden/).* Das Museum ist im Farvergården, dem ehemaligen Haus des Ratsherrn Karsten Iversen aus dem 17. Jh., eingerichtet. Themen des Museums sind die Kulturgeschichte der Stadt und ihre Umgebung, die Fischerei, Handwerk, u. ä.

Zu den neueren Sehenswürdigkeiten in Kerteminde zählt das **Fjord- & Bæltcentret [Parkplatz, N55° 27' 1.21" E10° 39' 41.97"]** am Margrethes Plads 1. Dort können sie, während Sie durch einen rund 50 m langen Tunnel, der ins Meer hinaus gebaut ist, auf dem „Meeresboden" spazieren, durch Panoramafenster die Meeresfauna und -flora bestaunen *(geöffnet Feb. - Dez. tgl. 10 - 16 Uhr, Juli + Aug. tgl. 10 - 17 Uhr; www.fjordbaelt.dk).* Zum Fjord- & Bæltcentret gehören ein Walhaus und ein Aussichtscafé. Moderner Jachthafen. Langer Sandstrand.

Im Sommer bieten sich ab dem Hafen von **Munkebo,** unweit westlich von Kerteminde, Ausflüge mit dem Fjordboot „Svanen" an, das Fahrten zur Landspitze Enebær Odde, zur Lotsenstation und bis nach Odense unternimmt.

Ca. 5 km südlich von Kerteminde, am Südrand von Langeskov, liegt das archäologische Ausgrabungsfeld **Bytoften [N55° 20' 52.41" E10° 34' 45.44]** n altes Siedlungsgebiet aus der Eisenzeit. Erst kürzlich wurde aus Resten eines Hauses eine Rekonstruktion erstellt. Das Gebiet ist jederzeit zugänglich.

Abstecher

Nicht versäumen sollte man einen Abstecher nach **Ladby**. Der Ort liegt ca. 4 km südwestlich von Kerteminde. Dort findet man nördlich von Ladby das **Vikingemuseet Ladby [N55° 26' 35.1" E10° 37' 00.6"]** *(geöffnet Juni - Aug. tgl. 10 - 17 Uhr; Sept. - Mai Di - So 10 - 16 Uhr; www.vikingemuseetladby.dk).* Hier liegen die Reste eines hier ausgegrabenen Wikingerschiffes.

Das berühmte **„Ladbyschiff"** war mit vielen Grabbeigaben, zu denen 11 Pferde, Hunde und kostbare Bronzegegenstände gehörten, ausgestattet. Das sog. Ladbyschiff liegt in einem rekonstruierten Grabhügel, wo man es 1935 fand. Archäologen stellten fest, dass das

Schiff ums Jahr 925 aufs Trockene gezogen wurde und der Schiffsführer mit seinen Pferden, Hunden und Schätzen begraben wurde. Heute wird versucht, das Schiff mit Werkzeugen wie sie zu Wikingerzeiten benutzt wurden nachzubauen.

HAUPTROUTE

ROUTE: *Weiterfahrt von Kerteminde auf der Straße 165 und über* **Bovense** *südwärts und über die Straße 160 bis* **Nyborg**.

In **Nyborg,** einer ca. 17.000 Einwohner zählenden Stadt am Großen Belt, macht seit jeher der Hafen die Bedeutung der Gemeinde aus.

Die zentrale Lage im Königreich – bequem über die Große-Belt-Brücke zu erreichen – ließ Nyborg schon im Mittelalter zu einem gern genutzten Versammlungsort des Adels und des Klerus werden. 1282 unterschrieb König Erik Glipping auf Schloss Nyborg die erste Verfassung seines Reiches. Die exponierte Lage machte Nyborg aber auch zum Ziel vieler bewaffneter Angriffe. Nicht verwunderlich, dass aus Nyborg im Laufe der Jahrhunderte eine wichtige Garnisons- und starke Festungsstadt wurde. Noch heute prägen Wälle und Bastionen die Innenstadt.

Gerne pflegt man in Nyborg noch eine alte soldatische Tradition. Jeden Dienstag um 21 Uhr zieht im Juli und August der **„Zapfenstreich"** mit Pfeifen und Trommeln durch die alten Festungsstraßen, um wie in alten Zeiten die Soldaten an ihre Sperrstunde zu erinnern. Manche Kneipen machen das Spiel mit und schlagen zum Zapfenstreich nach alter Väter Sitte den Spundzapfen ins Bierfass. Wirklich beendet ist der Ausschank dann aber nur für evtl. anwesende Soldaten.

Die bedeutendste Sehenswürdigkeit ist **Schloss Nyborg [Parkplatz, N55° 18' 41.4" E10° 47' 12.7"]** in der Slotsgade 34 *(geöffnet März - Mai + Sept. - Okt. Di - So 10 - 16 Uhr; Juni - Aug. tgl. 10 - 16 Uhr; 29. Nov. - 22. Dez. Di - So 10 - 16 Uhr; www.nyborgslot.dk).* Das Schloss, der legendäre „Danehof", entstand im 12. Jh. und war das „Tagungszentrum" im Dänemark des Mittelalters schlechthin. Hier wurde 1282 unter König Glipping auch über die oben schon erwähnte erste Verfassung abgestimmt, die Historiker auch als „Dänemarks erstes Grundgesetz" zu bezeichnen pflegen.

Schloss Nyborg war aber nicht nur Festung, sondern auch königliche Residenz. Hinter den dicken roten Backsteinmauern wohnten die königlichen Familien von 1200 bis weit in die Mitte des 16. Jh. Und in der Zeit von 1282 bis 1413 war Schloss Nyborg auch Sitz des traditionsreichen „Danehof", eine Art Vorläufer des dänischen Parlaments, in dem König und Adel die Gesetze des Landes beschlossen.

Nach Angriffen und Zerstörungen durch schwedische Truppen im 17. Jh. wurden von der einst ausgedehnten Schlossanlage große Teile abgetragen. Vom ursprünglichen Schloss ist nur der Westflügel so gut wie unverändert erhalten geblieben. Der Schlossrundgang schließt die Besichtigung zweier Rittersäle und den **Reichsratssaal** mit seiner verblüffenden Würfeldekoration ein.

Zu den schönsten alten Stadthäusern in Nyborg, die trotz des großen Feuers von 1797 erhalten geblieben sind,

---

PRAKTISCHE HINWEISE — NYBORG

Nyborg Turistbureau [N55° 18' 45.99" E10° 47' 21.03"], Torvet 2B, 5800 Nyborg, Tel. +45 63 33 80 90; www.visitnyborg.dk. *Geöffnet Juni Mo - Fr 10 - 16 Uhr, Sa 10 - 14 Uhr; Juli + Aug. Mo - Fr 10 - 17 Uhr, Sa 10 - 14 Uhr; 2. Jan. - 31. Mai + 1. Sept. - 23. Dez. Mo, Di, Do, Fr 11 - 16 Uhr, Fr 11 - 13 Uhr.*

Feste, Folklore
„Zapfenstreich", nach alter Tradition zieht im Juli und August jeden Dienstag um 19 Uhr der „Zapfenstreich" mit Pfeifen und Trommeln durch die alten Festungsstraßen.

zählt der **Mads Lerches Gård [N55° 18' 41.96" E10° 47' 18.27"]** in der Slotsgade 11. Der eindrucksvolle Fachwerkbau stammt aus den ersten Jahren des 17. Jh.

Ganz in der Nähe findet man den **Dronningegården** aus der Mitte des 18. Jh.

Seit Juni 1998 steht dem Auto- und Zugverkehr zwischen Knudshoved (Fünen) und Halskov (Seeland) die neue **Storebæltbrücke** zur Verfügung; www.storebaelt.dk. Der Fährverkehr über den Storebælt ist seitdem eingestellt.

CAMPING

Camping Nyborg Strand [N55° 18' 16.24" E10° 49' 30.42"] Hjejlevej 99, Tel. +45 65 31 02 56, www.strandcamping.dk; 4. Apr. – 20. Sept.; an der Straße zum Fährhafen und zur Sundbrücke; Wiesen mit teils dichtem Baumbestand am Nyborg Strand; ca. 3 ha – 180 Stpl. + Dau; Standard-Sanitärausstattung. Laden, Waschmaschine, Trockner, WLAN, Miethütten. V & E für Wohnmobile. QuickStop.

Camping Grønnehave Strand [N55° 21' 30.70" E10° 47' 11.64"], Rejstrupvej 83, Tel. +45 65 36 15 50, www.gronnehave.dk; 13. Apr. – 22. Sept.; E20 Ausfahrt 46, beschildert, im Norden der Stadt in unmittelbarer Küstennähe; nicht überall ebene Wiesen in ländlicher Umgebung; ca. 7 ha – 200 Stpl. + Dau.; Standard-Sanitärausstattung; Laden, Waschmaschine, Trockner, WLAN, Miethütten. V & E für Wohnmobile. QuickStop.

WOHNMOBIL-STELLPLATZ

Wohnmobil-Stellplatz Sulkendrup Vandmølle [N55° 17' 36.27" E10° 42' 48.04"], Sulkendrupvej 1, Tel. +45 29 92 73 42, www.sulkendrupmoelle.dk; **Zufahrt:** Von Nyborg auf der Straße 8 Richtung Ørbæk südwestwärts bis Abzweig in den Sulkendrubvej, nach 200 m Einfahrt zum Anwesen der ehemaligen Wassermühle Sulkendrup Vandmølle, von Wald umgeben, mit Platz für 3 Wohnmobile, auf Grasgitter am Waldrand. **Ausstattung:** Frischwasserhahn und Ausguss für Grauwasser und Chemikaltoiletten. Toiletten und Dusche. **Gebühr:** Pauschale für Übernachtung inkl. 2 Personen, Extragebühr für Strom, Wasser und Dusche. **Geöffnet:** Jan. – Dez.

Schloss Nyborg

INSEL SEELAND

Schloss Frederiksborg in Hillerød

ROUTE 11: NYBORG / FÜNEN – GILLELEJE / SEELAND

Länge der Tour: Rund 190 km, plus 1 Fähre

Die Route: Über die **Storebæltbrücke** nach **Halsskov-Korsør/See-land** – E20 über **Slagelse** bis **Sorø** – Straße 219 und Straße 22 über **Sæby** bis **Kalundborg** – Straße 23, Landstraßen und Straße 225 bis **Rørvig** – **Autofähre nach Hundested** – Straße 16 bis **Frederiksværk** – Straßen 205 und 237 bis **Gilleleje**.

Reisedauer: Mindestens ein Tag.

Höhepunkte: Die **Storebæltbrücke **** – die **Wikingerfestung Trelleborg** – die **Frauenkirche *** in Kalundborg – das **Knud Rasmussen Hus** in Hundested – die **kilometerlangen Strände **** an der Nordwestküste Seelands (Hesselø Bugt).

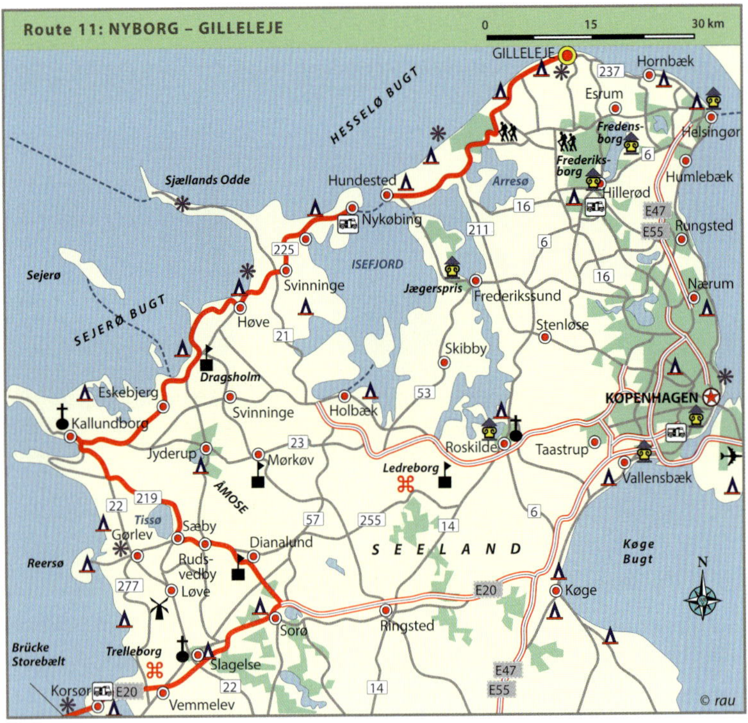

Route 11: NYBORG – GILLELEJE

0   15   30 km

ROUTE: Zunächst über die Storebæltbrücke von Nysted/Knudshoved nach **Halsskov/Korsør** auf Seeland.

In **Halsskov/Korsør** an der Westküste der Insel Seeland liegt unmittelbar am Beginn

der E20 südlich der Schnellstraße (Ausfahrt 43 Halskof) das Storebælt-Informationszentrum **Storebæltsbroen [N55° 20' 55.30" E11° 6' 31.17"]**, Storebæltsvej 88. Hier kann man alles über die Konstruktion und den Bauverlauf

Die Storebæltbrücke
Straßenverbindung über den Großen Belt

Seit Juni 1999 steht dem Auto- und Zugverkehr zwischen Knudshoved (Fünen) und Halsskov (Seeland) die **Storebæltbrücke** (https://www.storebaelt. dk/deutsch/maut), eine imposante Brücken-Tunnel-Verbindung (zwei Brücken und ein Tunnel für den Bahnverkehr) über den Großen Belt zur Verfügung. Die Fahrzeit zwischen Fünen und Seeland wird dadurch erheblich verkürzt, von ehemals rund 75 Minuten mit der Fähre auf jetzt rund 10 Minuten mit dem Auto.

Das in fast zehnjähriger Bauzeit entstandene, insgesamt 18 km lange Straßenprojekt – das größte Bauprojekt in der Geschichte Dänemarks bislang – kann mit eindrucksvollen Daten aufwarten.

Die Westbrücke ist 6,6 km lang, die längste kombinierte Straßen- und Eisenbahnbrücke Europas. Die beiden Pylone der 6,8 km langen Ostbrücke (Hängebrücke) ragen über 254 m über den Wasserspiegel auf und sind somit 26 m höher als die Golden-Gate-Brücke in San Francisco. Bei klarem Wetter soll man die Pylone 70 km weit sehen können. Die freie Spannweite beläuft sich auf stattliche 1.624 Meter!

Die Fahrbahn der Hängebrücke wird von zwei drei Kilometer langen Drahtseilen getragen. Die Drahtseile haben einen Durchmesser von 85 cm und bestehen jeweils aus 18.684 Einzeldrähten.

Und der 8 km lange Osttunnel für den Bahnverkehr, der an seiner tiefsten Stelle 75 m unter dem Meeresspiegel verläuft, ist nach dem Eurotunnel zwischen Großbritannien und Frankreich der zweit längste Unterseetunnel in Europa.

Die Brücke ist das ganze Jahr über befahrbar und nur in wenigen Ausnahmefällen gesperrt. Und auf der Webseite der Storebæltbrücke ist folgender Hinweise für Wohnmobilfahrer zu lesen: „Bitte beobachten: Für Wohnmobile ist eine Wohnmobilzulassung erforderlich. Fahrzeugschein bitte immer mitbringen. Wenn Sie im Wohnmobil fahren, bitte immer die 'Manuel' Fahrspur benutzen, damit Sie den richtigen Preis zahlen."

Die Benutzungsgebühren für die Storebæltbrücke sind an den Mautstellen zu entrichten. Wohnmobilfahrer benutzen die gelb markierten „Manuel"-Fahrspuren. Bezahlt werden kann mit mit Bargeld (auch in Euro) oder mit Kreditkarten.

Ein Reisemobil unter 6 Meter Länge und bis 3,5 Tonnen wird mit DKK 245,-/ ca. EUR 35,- (über 3,5 t, bis 10 m Länge DKK 610,-/ ca. EUR 85,-) und ein Caravangespann wird mit DKK 370,-/ca. EUR 52,- zur Kasse gebeten, einfache Fahrt wohlgemerkt!

CAMPING – HALSSKOV

Camping & Feriecenter Storebælt [N55° 20′ 50.45″ E11° 06′ 25.45″], Storebæltvej 85, Tel. +45 58 38 38 05, www.storebaeltferiecenter.dk; 1. März – 31. Okt.; von der E20 Ausfahrt Nr. 43/Halsskov, am Kreisverkehr beschilderte Zufahrt, ganz in der Nähe des ehemaligen Fährhafens von Halsskov; ebenes, stark mit Dauercampern belegtes Wiesengelände ohne Baum und Strauch, dem Wind ausgesetzt, dafür freie Sicht auf die imposante Storebæltbrücke; ca. 3 ha – 250 Stpl. (überwiegend Dau); Standardausstattung. Laden, Imbiss, Schwimmbad, Waschmaschine, Trockner, Miethütten.

der Storebæltbrücke, die zwischenzeitlich schon mit den Beinamen „Brücke der Rekorde" belegt wird, und des Eisenbahntunnels erfahren. Z. B. sieht man Bauteile der Brücke, das Modell einer 200 m langen Bohrmaschine, Tunnelsegmente, Brückenmodelle u. ä. Gegenüber großer Parkplatz und Einfahrt zum Camping & Feriecenter Storebælt.

Keine 500 Meter entfernt steht direkt am Ufer des Großen Belts das Gebäude des **Eisbootmuseum Isbådsmuseet [N55° 20′ 55.02″ E11° 5′ 43.59″]**. Die Dependance des Korsør By- og Overfartsmuseums zeigt Boote, Bootszubehör und Fotos aus der Zeit, als man den zugefrorenen Großen Belt zum Transport von Waren und anderen Dingen genutzt hat *(geöffnet Mai - Mitte Sept. tgl. 11 - 16 Uhr; www.byogoverfartsmuseet.dk)*.

Korsør, heute eine Hafenstadt mit annähernd 20.000 Einwohnern, erhielt im August 1797 durch eine königliche Resolution seinen offiziellen Status als Handels- und Verkehrshafen, was der Entwicklung der Stadt enormen Auftrieb gab.

Erstmals erwähnt wird Korsør in den dänischen Geschichtsbüchern im Jahre 1241. Schon damals wollten die dänischen Könige die wichtige Überfahrtsstelle nach Nyborg, der bedeutenden Königsresidenz Dänemarks im Mittelalter, sichern. Im Laufe des 13. Jh. entstand die **Festungsanlage** mit dem markanten, 23 m hohen Turm, mit Magazinen und Kommandantenwohnung auf einer Halbinsel neben dem Fischereihafen unweit nördlich des Stadtzentrums.

Große **Parkplätze [N55° 19′ 48.58″ E11° 8′ 20.19″]** findet man im Zentrum an der Havnegade am Solens Plads.

Bis heute ist der Hafen von Korsør für ganz Seeland von Bedeutung. Am Nordrand der Stadt, in Hafennähe auf dem Gebiet der alten Hafenfestung an der Søbatteriet, findet man das **Korsør Stadt- und Überfahrtsmuseum [N55° 20′ 02.6″ E11° 08′ 12.4″]** *(geöffnet Mai - Mitte Sept. Di - So 11 - 16 Uhr; www. byogoverfartsmuseet.dk)*.

Ein Teil des Museums befasst sich mit der Stadtgeschichte Korsørs, mit Ausstellungen zu Mode, Kleidern und Spielzeug früherer Tage, aber auch zu technischen Dingen des täglichen Gebrauchs. Die andere große Ausstellung ist dem Großen Belt und dem Fährbetrieb über die Wasserstraße gewidmet. Zu sehen sind u. a. Schiffsmodelle, der Speisesaal einer alten Fähre, die Entwicklung der Schiffe, Ausrüstungsgegenstände, Uniformen etc.

Die eher bescheidenen Sehenswürdigkeiten in Korsør selbst beschränken sich auf einige Bauten an der **Algade**, die zusammen mit der **Nygade** das Geschäftszentrum der Stadt bildet.

Bemerkenswert z. B. ist der **Kongegården [N55° 19′ 41.9″ E11° 08′ 21.4″]**, Algade 25, der in alten Stadtbeschreibungen als „Store Værtshusgård" (Großer Gasthof) auftaucht.

Der Kongegården ist 1761 errichtet worden und galt damals als das vornehmste Bürgerhaus in der Stadt. Korsør hatte zu jener Zeit gerade mal 150 Einwohner. Die vier Sandsteinfiguren am Eingang symbolisieren die vier Jahreszeiten. Heute dient das Haus als Konzert- und Ausstellungsgebäude.

Außerdem beherbergt der Kongegården seit 1987 die **„Isenstein-Sammlung"**, eine Kunstsammlung von Zeichnungen, Skulpturen, Büsten, Reli-

---

CAMPING – KORSØR

Camping Lystskov [N55° 19′ 24.3″ E11° 11′ 11.3″], Korsør Lystskov 2, Tel. +45 53 57 10 20, www.lystskovcamping.dk; 1. Apr. – 29. Sept.; südöstlich von Korsør an der Straße 265 Richtung Skælskør; ebenes Wiesengelände zwischen Straße und einem Wald, durch Hecken begrenzt und unterteilt; ca. 3 ha – 80 Stpl. + Dau.; Standard-Sanitärausstattung. Laden, Imbiss, Waschmaschine, Trockner, Miethütten. V & E für Wohnmobile. QuickStop.

WOHNMOBIL-STELLPLATZ – KORSØR

Wohnmobil-Stellplatz Korsør Lystbadehavn [N55° 19′ 34.52″ E11° 7′ 52.69″], Sylowsvej 10; www.korsoersejlklub.dk/autocampere. **Zufahrt:** Vom Zentrum südwärts zum Sportboothafen. Hier großer, ebener Schotterplatz für 20 Wohnmobile in schöner Lage am Meer. **Ausstattung:** Frischwasser, Ausguss für Grauwasser und Chemikaltoiletten, Strom, Dusche, WLAN. **Gebühr:** Pauschale inkl. V & E und Strom. **Geöffnet:** Mitte April – Ende Oktober.

---

efs u. ä, die allerdings nur an zwei Monaten im Jahr der Allgemeinheit zugänglich ist.

Übrigens: Haus Nr. 13 werden Sie in der Algade vergeblich suchen. Die Hausnummer wurde aus Aberglauben ausgelassen.

Das letzte erhaltene Fachwerkhaus von Korsør, den **„Stabels Gård" [N55° 19′ 42.57″ E11° 8′ 19.36″]**, finden Sie in der Algade 31. Er stammt aus dem Jahre 1667.

Am Westende der Algade liegt der Marktplatz (im Sommer Markt an jedem Samstagvormittag) und die **St. Povis Kirche [N55° 19′ 49.18″ E11° 8′ 8.77″]** aus dem Jahre 1871.

Wer nicht auf die Uhr schauen muss, kann noch durch die **Brogade** und durch die **Slottensgade** spazieren, die beide vom Kirchplatz abgehen, und sieht dort noch einige interessante Häuser, wie z. B. den alten ehem. Gasthof „Zum Weißen Schwanen", Slottensgade 5.

Das Schloss, nach dem die Straße ihren Namen trägt, ist längst abgerissen. Mit den Steinen wurden im 18. Jh. verschiedene der Häuser in der Straße errichtet. Allzu königstreu können die Bürger von Korsør damals wohl nicht gewesen sein.

Und auch die berühmten Söhne der Stadt wurden zu ihren Lebzeiten in Korsør offenbar nicht über die Maßen hofiert. Die Statue von Jens Baggesen jedenfalls, Korsørs Dichter, der

mit einem Denkmal am Hafenplatz geehrt wird, hält in der Hand ein Stiefmütterchen, angeblich als Symbol für seine „stiefmütterliche" Behandlung in seiner Heimatstadt.

*ROUTE: Schon 11 km nordöstlich von Halsskov verlassen wir bei **Vemmelev** die Autobahn E20 oder nehmen die Straße 150 (Lystskov Landvej) Richtung **Slagelse** bis zum Abzweig nach **Trelleborg**.*

Die **Ringburg Trelleborg [Parkplatz, N55° 23′ 39.17″ E11° 16′ 22.24″]**, Trelleborg Allé 4, eine über 1.000 Jahre alte Wohn- und Wehranlage aus der Wikingerzeit, wurde von den Wissenschaftlern zwischen 1934 und 1942 ausgegraben. In der kreisrunden, durch Wälle geschützten Befestigung konnten über 1.000 Leute Platz finden.

Archäologen gehen davon aus, dass Trelleborg um 980 von König Harald Blauzahn angelegt wurde, die zum einen als Verteidigungsanlage, zum anderen aber auch als Handels- und Verwaltungszentrum gedacht war. Die Trelleborg lag zwar nicht direkt am Meer, aber über das Flüsschen Tudeå hatte man Zugang zum Storebælt und über das Kattegat war der Weg frei in die Nordsee.

Die Ringburg war durch Wälle, der innerste Teil durch einen knapp 200 m weiten, kreisrunden Ringwall befestigt. Vor den Wällen befanden sich tiefe

Gräben, die aber nicht immer mit Wasser gefüllt waren. Die Wälle hatten einen Kern aus Feldsteinen, über die Erde und Grassoden geschichtet wurden. Das Ganze war durch starke Holzpalisaden in mehreren Etagen zusätzlich befestigt.

Durch den inneren Wall führten vier Tore, die als überdachte Holztunnel ausgeführt waren, hinein in den großen Festungshof. Dieser wiederum war durch von den Toren ausgehende Holzbohlenwege, die sich im Zentrum rechtwinklig kreuzten, in vier Sektoren aufgeteilt. In jedem Sektor war Platz für vier im Quadrat aufgestellte, ganz aus Holz gebaute Langhäuser. Die Grundrisse der Häuser sind markiert.

Außerhalb des inneren Walls gab es eine Vorburg. Dort waren Vorratshäuser und Werkstätten untergebracht.

Der archäologischen Stätte ist ein **Museum** mit interessantem Anschauungsmaterial und Modellen der einstigen Anlage angeschlossen. Filme, Multimediapräsentationen, Café *(geöffnet 28. März - 29. Mai Di - So 10 - 16 Uhr; 30. Juni - 2. Sept. Di - So 10 - 17 Uhr; 4. Sept. - 31. Okt. Di - So 10 - 16 Uhr; www.vikingeborgen-trelleborg.dk).*

Slagelse war schon im Mittelalter durch seine Münzrechte für Westseeland von Bedeutung. Der Legende nach soll der heilige Andreas der Stadt riesige Ländereien verschafft haben. Nach einem königlichen Dekret fiel angeblich alles Land der Stadt zu, das der Heilige auf einem jungen Fohlen während des Bades des Königs umrunden konnte. Heute zählt Slagelse mit seinen großen Einkaufszentren zu den betriebsamsten Handelsstädten in Westseeland.

Einen großen zentralen **Parkplatz [N55° 24' 11.43" E11° 21' 3.85"]**, findet man in der Straße den H. P. Hansens Plads, unweit südwestlich des **Touristenbüros [N55° 24' 14.1" E11° 21' 08.1"]**.

In der **St. Pederskirche [N55° 24' 6.67" E11° 20' 58.97"]** aus dem 12. Jh. – der heilige Andreas amtierte hier um 1150 als erster Priester – ist das originale Chorgestühl aus der Antvorskov Klosterkirche zu sehen. Vom Kloster Antvorskov selbst, einer der ersten Johanniterabteien aus dem 12. Jh. in Dänemark, sind heute nur noch Ruinen übrig. Valdemar der Große hatte die Abtei 1165 gestiftet. Nach der Reformation wurde sie von Frederik II. als Krongut eingezogen.

Etwas weiter östlich erhebt sind in der Bredegade 7 neben dem alten Kloster die **Heiliggeistkirche [N55° 24' 5.88" E11° 21' 7.08"]**. Im Inneren sind Fresken von Niels Larsen mit Motiven aus der Biblischen Geschichte zu sehen.

Schließlich zählt noch das **Slagelse Museum [N55° 24' 05.9" E11° 21' 03.1"]** zu den bescheidenen Sehenswürdigkeiten der Stadt. Das Museum in der Bredegade 11 befasst sich mit Themen wie Handel, Handwerk und Industrie. Man sieht u. a. eine rekonstruierte Schmiede, einen Kaufladen, eine Buchbinderei und eine hübsche Sammlung von Puppenstuben *(geöffnet 5. Feb. - 22. Dez. Di - So 11 - 16 Uhr, Sa + So 11 - 14 Uhr; www.vestmuseum.dk/english/slagelse-museum-english).*

Im Juli verkehrt eine historische, dampfbetriebene **Veteranenbahn** auf der Strecke Slagelse – Gørlev. Die genauen Zeiten erfährt man im Touristenbüro oder unter www.vsvt.dk.

PRAKTISCHE HINWEISE — SLAGELSE

Visitvestsjælland Slagelse Turistbureau [N55° 24' 14.1" E11° 21' 08.1"], Løvegade 7, 4200 Slagelse, Tel. +45 70 25 22 06; https://www.slagelse.dk/kommunen/samarbejde/visit-vestsjaelland. *Geöffnet Mo - Fr 10 - 17 Uhr, 15. Juni -31. Aug. Sa 10 -15 Uhr, Sept. - Dez. Sa 10 - 13 Uhr.*

CAMPING

Camping Slagelse [N55° 23' 40.62" E11° 20' 43.27"], Jyllandsvej 32, Tel. +45 25 81 81 50; 1. Apr. – 15. Sept.; im Stadtbereich an der Straße 150 Richtung Korsør; Campingmöglichkeit beim Hotel Lillevang; ca. 0,5 ha – 20 Stpl., Miethütten.

PRAKTISCHE HINWEISE – SORØ

Sorø Turistkontor, Sorø Bibliotek & Bykontor, [N55° 25′ 57.15″ E11° 33′ 21.32″], Storegade 7, 4180 Sorø, Tel +45 57 87 70 00; https://www.soroebib.dk/tags/turistkontor. *Geöffnet für Selbstbedienung tgl. 7 - 22 Uhr; mit Bedienung Mo, Di, Do 10 - 17 Uhr, Fr 10 - 15 Uhr, Sa 10 - 13 Uhr.*

CAMPING

Camping Sorø Sø [N55° 26′ 47.84″ E11° 32′ 45.47], Udbyhøjvej 10, Tel. +45 57 83 02 02, www.soroecamping.dk; Jan. – Dez.; von der Straße 150 am westlichen Stadtrand zu erreichen; gestufte Wiesen am Sorø See; ca. 5 ha –180 Stpl. + Dau.; Standardausstattung. Laden, Café, Waschmaschine, Trockner, WLAN, Internetecke, Miethütten. V & E für Wohnmobile. QuickStop.

ROUTE: *Nach 15 km Fahrt auf der E20 nach Osten sind wir in **Sorø**.*

Sorø, eine knapp 9.000 Seelen zählende Stadt in einem waldreichen Seengebiet, entwickelte sich um das **Zisterzienserkloster [N55° 25′ 48.52″ E11° 33′ 26.03″]** am Sorø See. Gegründet wurde das Kloster im 12. Jh. von Bischof *Absalon*, dem Gründer Kopenhagens und Pflegebruder und Vertrauten König Valdemars. Das Grabmahl Bischof Absalon's findet man hinter dem Altar, neben dem noch andere gekrönte Häupter ruhen.

In der Querkapelle ist Dänemarks größter Dramatiker *Ludvig Holberg* bestattet. Er lebte nur wenige Kilometer entfernt im Gutshof Tersløsegård, Holbergvej 101. Siehe weiter unten.

Nach der Reformation wurde das Kloster aufgegeben und König Frederik II. richtete in den Gebäuden ein königliches Internat ein. 1623 gründete König Christian IV. eine Akademie für adelige Jungen. Die schöne Parkanlage der Akademie reicht bis an den See. 1638 erhielt Sorø Stadtrechte.

Die Kirche des ehemaligen Zisterzienserklosters ist heute Gemeindekirche und beherbergt Königsgräber und Gräber des königstreuen Hvidegeschlechts, www.soroeklosterkirke.dk.

ROUTE: *Von Sorø über die Straße 219 nach Nordwesten. Über **Tersløse** und **Ruds Vedby** erreicht man **Sæby**.*

In den Wäldern am Nordrand von **Ruds Vedby** findet man den alten Herrensitz **Vedbygård**, der heute als Rekonvaleszenzzentrum dient, dessen Park aber zugänglich ist.

Ein gutes Stück weiter südöstlich von Ruds Vedby liegt südlich von Dianalund **Tersløsegård [N55° 30′ 39.60″ E11° 29′ 26.07″],** der zeitweilige Wohnsitz von *Ludvig Holberg* (1648 – 1754), dem großen dänisch-norwegischen Dramatiker. Holberg, der über 20 Komödien schrieb, gilt als der große Aufklärer in Dänemark und in Norwegen. Heute ist das Haus Gedenkstätte mit Porträts und Büchersammlung.

Die **Kirche von Sæby [N55° 33′ 20.27″ E11° 18′ 31.66″]** am Südostufer des Sees Tissø ist wegen ihrer Fresken sehenswert, die aus dem 12. Jh. stammen sollen und somit zu den ältesten ihrer Art in ganz Dänemark zählen *(geöffnet Mo - Fr 10 - 13 Uhr, Mo 15.30 - 17 Uhr; www.saebykirke.dk).*

Abstecher auf die Halbinsel Reersø

Bei ausreichend zur Verfügung stehender Zeit lohnt ab Sæby ein Abstecher über Gørlev westwärts auf die **Halbinsel Reersø** mit dem hübschen Fischerdorf **Reersø** (www.reersoe.dk). Einladender **Reersø Kro** (Restaurant, Fischspezialitäten, 4 Gästezimmer), alte strohgedeckte Fachwerkhäuser und Heimatmuseum. Und – Reersø ist bekannt für seine schwanzlos geborenen Katzen.

HAUPTROUTE

ROUTE: *Weiterreise von Sæby am Ostufer des Sees **Tissø** entlang. Nach 36 km erreicht man **Ugerlose** an der Stra-*

Die Fresken in der Kirche von Sæby zählen zu den ältesten ihrer Art in Dänemark

CAMPING– REERSØ

Camping Reersø [N55° 31′ 28.9″ E 11° 06′ 34.6″], Skansevej 2, Tel. +45 58 85 90 30, www.reesoe-camping.dk; 23. März – 31. Okt.; am nordwestl. Ortsrand; einfache, langgestreckte, so gut wie ebene Campingwiese hinter einem ehem. Gehöft und neben dem Reersø-Kro, von hohen Hecken und Bäumen umgeben und etwas unterteilt; ca. 3 ha – 60 Stpl. + Dau.; Standard-Sanitärausstattung. Kiosk, Imbiss, Waschmaschine, Trockner, WLAN. Miethütten. V & E für Wohnmobile.

ße 22, der wir rund 10 km bis **Kallundborg** folgen.

Östlich vom See Tissø, dem viert größten See Dänemarks, erstreckt sich das über 20 km lange und bis zu 4 km breite **Åmose Moorgebiet**. Wer gerne in abgeschiedener Natur selten gewordene Vögel beobachtet, kann hier in den unter Naturschutz stehenden Auen am Flüsschen Åmose Å auf seine Kosten kommen.

In **Kalundborg** sind es die fünf trutzigen Türme der **Vor Frue Kirke [N55° 40′ 49.4″ E11° 04′ 53.3″]** aus dem 12. Jh., die das Bild im Zentrum der **Oberstadt Højbyen** prägen.

Die Frauenkirche ist ein Werk Esbern Snares, dem Stadtgründer und Bruder Absaloms, dem legendären Bischof und Stadtgründer Kopenhagens im 12. Jh. Snare wollte eine Wehrkirche errich-

ten, was ihm sichtlich gelungen ist. Der Grundriss der Kirche soll einem griechischen Kreuz gleichen. Bis ins 17. Jh. war die Kirche Teil des im Jahre 1658 zerstörten Stadtschlosses von Kalundborg, in dem Christian II. die letzten Jahre seines Lebens in Gefangenschaft verbringen musste. Im Kircheninneren schönes Altarbild *(geöffnet tgl. 9 - 17 Uhr; www.vorfruesogn.dk).*

In der Præstegade und der Adelgade um die Kirche sind einige bemerkenswerte alte Häuser erhalten geblieben.

Neben der Kirche ist im historischen **Bispegården,** Adelgade 6, ein gemütliches Restaurant (hübscher Innenhof) und der Stadtratssaal eingerichtet. Früher war der über 600 Jahre alte Bischofshof die Residenz des Bischofs von Kalundborg und diente später als Rathaus.

Am angrenzenden alten Markt (Torvet) findet man - neben **Parkmöglich-**

keiten [N55° 40' 49.38" E11° 5' 1.55"] - auch einige repräsentative Stadthäuser, darunter das Empirehaus „Gyths Gård", das Elternhaus der norwegischen Dichterin und Nobelpreisträgerin *Sigrid Undset* (1882 – 1949).

Im **Lindegården**, einem ehemaligen Adelspalais (Adelgade 23) hinter der markanten Frauenkirche, ist das Stadtmuseum **Kalundborg Museum [Parkplatz, N55° 40' 51.3" E11° 04' 49.1"]** untergebracht. Der sechsflügelige Fachwerkhof beherbergt frühgeschichtliche Funde, mittelalterliche Sammlungen, Rokokosaal, sowie eine weit über die Stadt hinaus bekannte Brauchtums- und Trachtensammlung *(geöffnet Di - So 10.30 - 16 Uhr; www.vestmuseum.dk).*

Nördlich von Kalundborg dehnt sich die **Halbinsel Røsnæs** mit ihren langen **Sandstränden** und mit Seelands westlichstem Punkt am **Røsnæs Fyr [Parkplatz, N55° 44' 31.31" E10° 52' 37.90"]**, einem über 25 m hohen **Leuchtturm** aus dem Jahre 1845. Das Leuchtfeuer des Turms ist bei klarem Wetter rund 40 km weit zu sehen. Das über 320 ha große, naturschöne Gras- und Weideland von Røsnæs, mit seinen einzeln stehenden, von den vielen Herbststürmen gebeugten Wacholderbüschen und einer interessanten Vogelwelt, steht seit 1945 unter Naturschutz *(geöffnet 3. Apr. - 19. Okt. tgl. 11 - 15 Uhr; www.roesnaes-udvikling.dk/fyret/).*

Die Vor Frue Kirke in Kalundborg

Die **Windmühle von Ulstrup [N55° 44' 0.25" E10° 57' 19.71"]** im Røsnæsvej 365 westlich vom Dorf Røsnæs, ist eine holländische Galeriemühle, die bis in die 50er Jahre in Betrieb war *(geöffnet 7. Mai - 13. Aug. So 11 - 15 Uhr, Di 11 - 12 Uhr; www.roesnaes-advikling.dk/mollen-3/).*

*ROUTE: Weiterreise von Kalundborg auf Straße 23 ostwärts bis **Birkendegård**, ca. 9 km. Dort folgen wir der Landstraße nordostwärts über **Kaldred** und **Eske-bjerg** bis zur Küste bei*

CAMPING

Camping Kalundborg [N55° 43' 43.79" E11° 6' 43.95"], Saltbækvej 88, Tel. +45 93 88 79 00, www.kalundborg-camping.dk; 1. Jan. – 31. Dez.; ca. 8 km nördlich von Kalundborg; ebenes Wiesenviereck, durch Buschreihen aufgeteilt, ca. 2,5 ha - 100 Stpl. + Dau. Standard-Sanitärausstattung. Kiosk, Minigolf, WLAN, Miethütten.

Havnsø und später der Straße 225 über Høve, Vig, Svinninge, Højby und Nykøbing Sj zum Fährhafen Rørvig. Auf dem Weg hierher durchquert man die Landschaft Odsherred.

Sehenswert ist das **Landbomuseet på Birkendegård [N55° 40' 23.01" E11° 12' 30.45"]**, Eskebjergvej 103, ca. 6 km östlich von Kalundborg an der Straße 23 Richtung Roskilde gelegen. Das auf private Initiative hin entstandene Projekt umfasst zunächst zwei Gebäude auf dem Gut Birkendegård, darunter die alte Molkerei. Die Sammlungen, die ständig wachsen, umfassen alte landwirtschaftliche Geräte und Maschinen und vieles mehr *(geöffnet Mitte Mai - Ende Sept. Mi - So 11 - 16 Uhr; www.landbrugsmus.dk).*

Rund 6 km nordöstlich von **Havnsø** (Fähren zu den Inseln Nekselø und Sejerø) liegt **Schloss Dragsholm [N55° 46' 21.8" E11° 23' 24.5"]**, Dragsholm Allé 1. Der Bischof von Roskilde ließ es sich im 13. Jh. errichten. Bis zur Reformation diente das Anwesen als befestigte bischöfliche Residenz, später als Lehnsbaronie.

Dann in den Schwedenkriegen Mitte des 17. Jh. wurde Dragsholm zum Königsschloss und war zwischen 1694 bis 1932 im Besitz der Familie Adeler. Während der Zeit als Königsschloss wurde es als Staatsgefängnis genutzt, wo der Gemahl von Maria Stuart, Graf von Bothwell, 5 Jahre im Kerker saß und schließlich 1578 starb. Sein Grabmal ist in der Kirche von Fårevejle Kirkeby, ca. 5 km nordöstlich des Schlosses, zu finden.

Heute beherbergt der dreiflüglige Barockbau im Schloss Dragsholm ein elegantes luxuriöses Schlosshotel mit Gourmetrestaurant (www.dragsholmslot.dk).

Die **Landschaftsregion Odsherred**, benannt nach der schmalen Halbinsel „Sjælands Odde", die nach Westen weit in den Kattegat vorspringt, ist eine uralte Kulturlandschaft. Seit fast 10.000 Jahren leben hier Menschen. Etwa 300 Hügelgräber, wie z. B. die „Troldstuerne" bei Stenstrup, beweisen dies.

Im Moor von Trundholm, unweit westlich von **Svinninge**, wurde 1902 nahe der heutigen Straße 21 der **„Sonnenwagen"**, ein Meisterwerk handwerklicher Kunst aus der Frühzeit, gefunden. Ein Gedenkstein an der Stelle soll daran erinnern. Das Original ist im Nationalmuseum in Kopenhagen zu bewundern, eine Kopie ist im Museum von Høve zu sehen.

Ganz in der Nähe an der Straße 225 liegt der Vergnügungspark **Sommerland Sjælland [N55° 53' 42.29" E11° 36' 44.53"]**, Gl. Nykøbingvej 169; www.sommerlandsj.dk. Hier findet man Seelands größte Wasserlandschaft mit einer Rutschbahn mit Loop, einer „Amazonasfahrt" und anderen Attraktionen.

Besondere Erwähnung verdient die **Dorfkirche von Højby [N55° 54' 44.8" E11° 35' 53.1"]**, wegen ihrer schönen Stufengiebel, wegen des mittelalterlichen Altaraufsatzes und vor allem wegen der Fresken aus dem 14. Jh. *(geöffnet tgl. 8 - 17 Uhr; www.hoejby-sj-kirke.dk).*

Kilometerlange **Sandstrände** und haushohe Dünen findet man besonders schön weiter nördlich zwischen Klint und Rørvig an der Nyrup Bucht.

Auf dem Wege nach Nykøbing S lohnt ein Abstecher zum **Hempel Glasmuseum**, das im einstigen Gutshof Annebjerg **[N55° 54' 08.9" E11° 40' 01.4"]**, Annebjerg Stræde 2, gehört. Das Museumsgebäude steht in schöner Lage auf einem Hügel mit Blick zur Nykøbing Bucht.

Die Annebjerg Sammlung zeigt eine der besten Glasaustelllungen Europas u. a. mit antiken Gläsern, wobei die ältesten aus dem Jahre 600 v. Chr. stammen. Die Porzellan- und Fayencen-Sammlungen aus dem 17. und 18. Jh. wurden 1990 durch eine großzügige Stiftung des Industriellen Lemvig Müller erweitert.

Im Park sind einige Skulpturen des Bildhauers Viggo Jarl (1879 – 1965) zu sehen *(geöffnet 27. Apr. - 20. Okt. Di - So 10 - 17 Uhr; www.hempelglasmuseum.dk).*

Unterhalb des Glasmuseums findet man im Gut Annebjerg am Ise-fjord, Annebjerg Stræde 1 das **Odsherreds Mu-**

seum, das kulturhistorische Museum von Odsherred. Die Ausstellung „Kulturerbe" gleicht einem Gang durch die Kulturgeschichte der vergangenen Jahrtausende mit Exponaten und Kunstsammlungen mit regionalem Bezug *(geöffnet 1. Apr. - 27. Okt. Di - Fr 10 - 16 Uhr, Sa + So 11 - 16 Uhr; 10. Feb. - 31. März + 28. Okt. - 15 Dez. So 11 - 15 Uhr; https://www.visitodsherred. de/).*

ROUTE: Ab **Rørvig** *[Fähranleger, N55° 56' 44.0" E11° 46' 0.0"] nimmt man die laufend verkehrende* **Autofähre** *nach* **Hundested***. Die Fahrt über die Öffnung des Isefjords dauert nur 25 Minuten; www.hundested-roervig.dk.*

In **Hundested** zählt das **Knud Rasmussen Hus [Parkplatz, N55° 58' 24.20" E11° 51' 13.82" – Haus, N55° 58' 29.39" E11°51'14.83"]** zu den Sehenswürdigkeiten *(geöffnet Ostern - Mitte Okt. tgl. 11 - 16 Uhr; www.knudrasmus. dk).* Das Haus des großen dänischen Polarforschers im Knud Rasmussensvej 9 dient heute als Museum.

Knud Rasmussen wurde im Juni 1879 als Pfarrersohn in Jakobshavn auf Grönland geboren. Schon als Kind liebte es Rasmussen sich in grönländischen Familien aufzuhalten. So erlernte er schon früh die Sprache der einheimischen Bevölkerung und sein Interesse an der Kultur, den Sagen und Mythen der Grönländer wurde geweckt. Vor allem aber erfuhr er damals viel von einem Volk weit im Norden, das sich in Felle kleidete und rohes Fleisch aß. Und diese Erzählungen sollten ihn Zeit seines Lebens nicht mehr loslassen.

Die Schulzeit bis zum Abitur verbrachte Knud Rasmussen zwar in Dänemark, aber an einer weiteren akademischen Ausbildung war ihm nicht gelegen. Schon bei erster Gelegenheit gab er seinem Fernweh nach und reiste nach Island.

Der kostbare Altaraufsatz in der Kirche von Højby

1902 schließlich schloss er sich der Dänischen Literarischen Grönlandexpedition an, die von dem Journalisten Ludvig Mylius-Erichsen, den er auf seiner Islandreise kennen gelernt hatte, geleitet wurde. Die Expedition hatte sich zum Ziel gesetzt, Grönland mit Hundeschlitten über die Melville Bucht bis hinauf nach Kap York zu durchqueren.

Nun endlich hatte Rasmussen die Gelegenheit, den Polareskimos zu begegnen, von denen er in seiner Jugend so viel gehört hatte. Auf dieser bis 1904 dauernden Expedition begann Rasmussen damit, Sagen und Mythen der Eskimos zu sammeln. Diese Arbeit sollte die Aufgabe seines Lebens werden.

Zwischen 1909 und 1933 leitete Rasmussen nicht weniger als sieben Polarexpeditionen. Von seiner letzten Reise, der 7. Thule-Expedition, kehrte er aber todkrank zurück und starb am 21. Dezember 1933 in einem Krankenhaus bei Kopenhagen im Alter von nur 54 Jahren.

Übrigens stammt der Ortsname Hundested von König Christian VII., der hier gerne Seehunde jagte.

CAMPING – ZWISCHEN KALUNDBORG UND RØRVIG

Jyderup

Camping Skarresø [N55° 39' 9.38" E11° 23' 45.52"], Slagelsevej 40, Tel. +45 23 97 71 86, www.skarresoe-camping.simplesite.com; 15. März – 31. Okt.; am südl. Stadtrand an der Straße 225 (Jyderup – Slagelse); Wiesen nahe des Skarresø in waldreicher Umgebung; 5 ha – 80 Stpl. + Dau.; einfache Standard-Sanitärausstattung. Kiosk, Waschmaschine, Trockner, WLAN. V & E für Wohnmobile.

Follenslev/Havnsø

Camping Vesterlyng [N55° 44' 34.44" E11° 18' 31.50"], Ravnholtvej 1, Tel. +45 59 20 00 66, www.vesterlyng-camping.dk; 31. März – 22. Okt.; an der Sejerø Bucht ca. 4 km westlich von Follenslev; ebene Wiesen, vielfach durch Hecken unterteilt, in ländlicher Umgebung ruhig gelegen; ca. 6 ha – 190 Stpl. + Dau.; Standard-Sanitärausstattung. Kiosk, Restaurant, Laden, Waschmaschine, Trockner, beheizbares Schwimmbad, Fahrradverleih, Minigolf, Beachvolleyballfeld, WLAN. V & E für Wohnmobile.

Insel Sejerø

Camping Sejerø [N55° 53' 6.74" E11° 9' 3.39"], Sejerøvej 3, Tel. +45 59 59 01 38, www.sejeroe.dk; 1. Jan. – 31. Dez.; Zufahrt zur Insel vom Fährhafen Havnsø; einfacher, aber hübsch und ruhig gelegener Platz in ländlicher Umgebung; ca. 3 ha – 100 Stpl. + Dau.; einfache Standard-Sanitärausstattung. Laden, Restaurant, Miethütten; über eine flache, bewachsene Düne zum Strand, ca. 300 m.

Hørve

Camping Teglværksgården [N55° 45' 29.7" E11° 21' 57.3"], Teglværksvej 9a, Tel. +45 25 36 90 18; www.t-camp.dk; 1. Jan. – 31. Dez.;bei Starreklinte gelegen, ebene Wiesen mit Laubbäumen, zum Meer 700 Meter; ca. 2 ha – ca. 60 Stpl.; einfache Standard-Sanitärausstattung. QuickStop.

Camping Sanddobberne [N55° 46' 30.11" E11° 22' 50.71"], Kalundborg-vej 28, Tel. +45 61 19 09 10, www.camping-sanddobberne.dk/de/; 1. Apr. – 27. Okt.; zwischen Straße 225 und Meer bei KM 46,7; Buschwald- und Dünengelände an verschilfter Nehrung; ca. 6 ha – 200 Stpl. + Dau.; Standard-Sanitärausstattung. Kiosk, Waschmaschine, Trockner, Grillstelle, Fahrradverleih, WLAN, Miethütten. V & E für Wohnmobile. QuickStop. Nähe Schloss Dragsholm.

Vig

Camping Vig [N55° 51' 13.31" E11° 33' 53.03"], Ravnsbjergvej 29, Tel. +45 24 75 28 10, www.vigcamping.dk; 1. Jan. – 31. Dez.; am Westrand von Vig neben dem Hallenbad; leicht schräge Wiesen, durch Baumreihen in lange Stellplatzfelder unterteilt; ca. 4 ha – 100 Stpl. + zahlr. Dau.; Standard-Sanitärausstattung. Restaurant, Waschmaschine, Trockner, Miethütten. V & E für Wohnmobile.

Nykøbing Sjælland

Camping Nykøbing Nordstrand [N55° 56' 19.52" E11° 39' 47.73"], Nordstrandvej 107, Tel. +45 59 91 16 42, https://www.nordstrand-camping.dk/de/; im Norden der Stadt von der Straße 225 erreichbar; unebenes, leicht geneigtes Wiesengelände mit hohen Bäumen; ca. 4 ha — 200 Stpl. + Dau.; Standard-Sanitärausstattung. Laden, Waschmaschine, Trockner, Fahrradverleih, WLAN. Miethütten. V & E für Wohnmobile.

Camping Rørvig Strand [N55° 56' 29.13" E11° 41' 0.38"], Skærbyvej 2, Tel. +45 53 41 08 50, www.camping-roervig.dk; Mitte März – Ende Sept.; an der Straße 225 Richtung Rørvig zwischen Straße und Strand; langgestrecktes Wiesengelände, ganz von Wald umgeben und im aufgeforsteten Dünengebiet; ca. 6 ha – 200 Stpl. + Dau.; Standardausstattung. Laden, Waschmaschine, Trockner, Fahrradverleih, zum Strand ca. 400 m.

WOHNMOBIL-STELLPLATZ

Wohnmobil-Stellplatz Nyköbing Lystbadehavn [N55° 54' 55.43" E11° 40' 24.58"], Snekkevej 9A. **Zufahrt:** vom Ortszentrum auf dem Havnevej südwärts zum Sportbootshafen. Hier Gras- und Schotterfläche für 10 Wohnmobile. **Ausstattung:** Frischwasser, Ausguss für Grauwasser- und Chemikaltoiletten, Strom, WC, Dusche, Waschmaschine, Trockner. **Gebühr:** Pauschale inkl. V & E, Strom, Dusche, WC. **Geöffnet:** Ganzjährig.

Die ganze Küste Nordseelands, von Hundested bis Helsingør, ist ein einziger **kilometerlanger Sandstrand** mit Dünen und teils mit ausgedehnten Strandwäldern, wie bei Tisvildeleje zum Beispiel.

Beliebte Badeorte mit Hotels, Campingplätzen und Ferienhaussiedlungen sind Liseleje, Tisvildeleje, Rågeleje, Gilleleje und Hornbæk.

Südlich von **Tisvilde** erstreckt sich der **Tisvilde Hegn**, ein ausgedehntes Forstgebiet, das einst zur Zähmung der Wanderdünen und des Flugsandes angelegt wurde. Heute ist es zudem ein schöner Naturpark mit markierten Wanderwegen. Ausgangspunkt für Wanderungen ist der Parkplatz bei der Asserbo Schlossruine, etwa auf halbem Wege zwischen Asserbo und Ramløse.

Gilleleje ist wohl das größte Seebad an der Nordküste Seelands, aber dennoch auch ein lebhafter Fischerei- und Handelshafen. Im Sommer jeden Donnerstag und Samstag lebhafter Markt.

Einen zentralen **Parkplatz [N56° 07' 37.1" E12° 18' 22.3"]** findet man am Hafen von Gilleleje.

Als Stadtmuseum dient **Skibshallerne** oder **Det Gamle Fiskerhus [N56° 07' 25.7" E12° 18' 41.8"]**, Østergade 20. In dem ehemaligen Fischerhaus aus der Zeit um 1820 sind Ausstellungen eingerichtet, die über das Leben im 19. Jahrhundert auf Seeland berichten. In der sog. Schiffshalle wird die Fischereigeschichte der Nordseeregion vom Mittelalter bis in die heutige Zeit beleuchtet (geöffnet Apr. - Ende Juni + Mitte Sept. - Ende Okt. Do - So 11 - 16 Uhr; Ende Juni - Mitte Sept. Di - So 11 - 16 Uhr; https://museumns.dk/en/exhibitions/gilleleje-shiphalls-museum/).

Ca. 4 km östlich von Gilleleje liegt an der Küste 54 m hoch das **Fyrhistorisk Museum på Nakkehoved [N56° 7' 8.7" E12° 20' 34.5"]**, Fyrvejen 25A (geöffnet 18. Juni - 15. Sept. Di - So 11 - 16 Uhr; 18. Apr. - 16. Juni + 19. Sept. - 27. Okt. Do - So 11 - 16 Uhr; 2. Nov. - 1. Dez. Sa + So 11 - 16 Uhr; 2. März - 14. Apr. Sa + So 11 - 16 Uhr). Das Leuchtturmmuseum ermöglicht Einblicke in die Entwicklung der Leuchtturmtechnik vom 16. Jh. bis heute. Vom Turm schöner Blick über den Øresund bis Schweden.

PRAKTISCHE HINWEISE

Gilleleje Turistforening [Parkplatz, N56° 7' 28.39" E12° 18' 19.65"], Peter Fjelstrupsvej 12, 3250 Gilleleje, Tel. +45 49 21 13 33, www.visitnordsjaelland.com. Geöffnet 1. Juni - 31. Aug. Mo - Fr 10 - 16 Uhr; 1. Juli - 31. Juli Sa 10 - 14 Uhr.

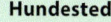

CAMPING

Hundested

Camping Rosenholm [N55° 57' 56.49" E11° 54' 23.47"], Torpmaglevejen 58, Tel. +45 31 22 98 90; www.rosenholm-camping.dk; 1. Jan. – 31. Dez.; ca. 3 km östl. Hundested; ca. 1,5 ha – 60 Stpl., davon zahlr. Dauercamper; einfache Standard-Sanitärausstattung. Laden, Waschmaschine, Trockner, Fahrradverleih. Miethütten. V & E für Wohnmobile. QuickStop.

Camping Sølager Strand [N55° 56' 48.45" E11° 53' 59.48"], Kulhusvej 2, Tel. +45 47 93 93 62, www.solager.dk-camp.dk; 1. Apr. – 30. Sept.; von Hundested auf der Straße 16 Richtung Frederiksværk, nach 2,5 km südwärts abzweigen und noch 2 km; ebene Wiesen nahe des Strands; 4 ha – 130 Stpl. +

Dau.; Standard-Sanitärausstattung. Kiosk, Waschmaschine, Trockner, WLAN auf Teilen des Platzes, Boots- und Fahrradverleih, Bootsslipanlage, Volleyballfeld. Miethütten. V & E für Wohnmobile. QuickStop.

Frederiksværk

Camping Frederiksværk City [N55° 58′ 18.67″ E12° 0′ 51.48″], Strandgade 30, Tel. +45 47 77 07 25, www.fredfyldt.dk/; 1. Jan. – 31. Dez.; nahe des Ortszentrums im westl. Stadtbereich, beschildert; Wiese von Wald umgeben; ca. 3,5 ha – 60 Stpl. + Dau.; Standard-Sanitärausstattung; Laden, Imbiss, Waschmaschine, Trockner, Boots- und Fahrradverleih, Miethütten. V & E für Wohnmobile.

Melby

Camping Bokildegård [N55° 59′ 55.4″ E11° 58′ 06.4″], Lindebjergvej 13, Tel. +45 60 80 39 29; http://bokildegaardscamping.com/; 1. Apr. – 1. Okt.; am nördlichen Ortsrand von Melby; ebene Wiese von Hecken und Feldern umgeben; ca. 3 ha – 120 Stpl. + Dau.; einfache Standard-Sanitärausstattung; zum Meer ca. 1 km.

Vejby

Camping Vejby Strand [N56° 04′ 25.85″ E12° 08′ 24.40″], Rågelejevej 37, Tel. +45 40 35 30 37; 1. Apr. – 1. Okt.; von der Straße 205 (Frederiksværk – Helsingør) nordwestwärts Richtung Vejby abzweigen und noch ca. 8 km zum Platz nördlich von Vejby; ausgedehntes, ansteigendes Wiesengelände mit hohen Hecken; ca. 9 ha – 320 Stpl. + zahlr. Dau.; gute Standard-Sanitär-

ausstattung; Kiosk, Imbiss, Restaurant, Waschmaschine, Trockner, beheizbares Schwimmbad, Tennis, Minigolf, Beachvolleyballfeld, WLAN, Miethütten. V & E für Wohnmobile. Zum Meer ca. 2 km.

Camping DCU Rågeleje Strand [N56° 5′ 25.24″ E12° 8′ 58.99″], Hostrupsvej 2, Tel. +45 48 71 56 40, www.camping-raageleje.dk; Jan. – Dez.; von der Straße 205 (Frederiksværk – Helsingør) nordwestwärts Richtung Vejby abzweigen und noch ca. 3 km weiter nach Rågeleje zum Platz am südlichen Ortsrand; an

der Straße 237, nahe eines Waldes, Strand und Dünen; ca. 5 ha – 120 Stpl. + zahlr. Dau.; Standard-Sanitärausstattung. Laden, Waschmaschine, Trockner, Minigolf, WLAN, Miethütten. V & E für Wohnmobile. Zum Meer ca. 300 m.

Smidtrup

Camping Kongernes Feriepark (ehemals Smidstrup Camping) [N56° 05′ 54.67″ E12° 13′ 18.00″], Helsingevej 44, Tel. +45 48 31 84 48, www.kongernesferiepark.dk; Jan. – Dez.; südlich des Ortes an der Straße Richtung Blistrup gelegen; unebene Wiesen mit Hecken und Bäume aufgeteilt, mit modernem Versorgungsgebäude; ca. 6 ha – 100 Stpl. + Dau.; Komfort-Sanitärausstat-

tung. Laden, Restaurant, beheizbares Schwimmbad, Waschmaschine, Trockner, Whirlpool, Minigolf, WLAN, Miethütten. V & E für Wohnmobile. QuickStop.

Dronningmølle

Camping Dronningmølle Strand [N56° 05′ 54.52″ E12° 23′ 47.48″], Strandkrogen 2 B, Tel. +45 49 71 92 90; 23. März – 30. Sept.; an der Straße 237 am östlichen Ortsrand; ausgedehntes Gelände, durch die Küstenstraße 237 vom Sandstrand getrennt, teils von jungen Bäumen begrenzt; ca. 6 ha – 220 Stpl. + Dau; Standard-Sanitärausstattung. Imbiss, Kiosk, Waschmaschi-

ne, Trockner, Fahrradverleih, Minigolf, WLAN, Miethütten. V & E für Wohnmobile. QuickStop.

Hornbæk

Camping DCU Hornbæk [N56° 05′ 01.16″ E12° 28′ 19.22″], Planetvej 4, Tel. +45 49 70 02 23, www.camping-hornbaek.dk; 1. Jan. – 31. Dez.; westl. der Stadt; im Hornbæker Wald, ausgedehntes, überwiegend ebenes Grasgelände, gepflegt, ca. 6 ha – 250 Stpl. + Dau.; Standard-Sanitärausstattung.

Laden, Waschmaschine, Trockner, WLAN, Miethütten. V & E für Wohnmobile. Zum Meer ca. 1 km

Ålsgårde
Camping & Feriepark Nordsjælland [N56° 4' 51.64"   E12° 30' 48.38"],
Stormlugen 20, Tel. +45 70 20 79 99, www.nord-camp.dk; ehemals Skibstrup
Camping; 1. Jan. – 31. Dez.; von der Straße 237 (Hornbæk – Helsingør) in Åls-
gåde westwärts in die Straße 213 abzweigen und weiter auf der Ellekildeha-
vevej bis zum Skilstrup Bahnhof, hier noch ca. 300 m zur Platzeinfahrt; baum-

bestandenes Wiesengelände, ein Teil mit Dauercamper belegt, der andere
aufgelockert in Stellplatzfelder aufgeteilt, fast ganz von Wald umgeben, ca.
7 ha – 280 Stpl. + zahl. Dau; Standardausstattung; Laden, Imbiss, Schwimmbad, Waschmaschine, Trockner, Miethütten, V & E für Wohnmobile.

Und andere Campingplätze, von denen aber viele noch stärker mit Dauercampern belegt sind.

WOHNMOBIL-STELLPLÄTZE

Hundested
**Wohnmobil-Stellplatz Hundested Havn [N55° 57' 55.25"   E11° 50'
53.39"]**, Havnegade 8, Tel. +45 21 23 72 34, www.hundestedhavn.dk. **Zufahrt**: Im Ort am Bootshafen. Parkplatz für 5 Wohnmobile neben kleinem
Hüttendorf. **Ausstattung:** Frischwasserhahn und Ausguss für Grauwasser
und Chemikaltoiletten, Strom, WC, Dusche, Waschmaschine. **Gebühr:** Pauschale inkl. V & E, Dusche, WC, Gebührenautomat am Hafenbüro. **Geöffnet:**
Ganzjährig. Restaurant nahebei.

Lynæs
**Wohnmobil-Stellplatz Hundested-Lynæs [N55° 56' 37.95"   E11° 51'
50.05"]**, Lynæs Havnevej 15 B, Tel. +45 47 93 91 19, www.lynaes-havn.dk.
Zufahrt: Von Hundested ca. 2 km südwärts nach zum Jachthafen am Isefjord. Hier Parkplatz für 10 Wohnmobile. Supermarkt und Gaststätten nahebei. **Ausstattung**: Frischwasser, Ausguss für Grauwasser und Chemikaltoiletten, Strom, Dusche, WC, WLAN. **Gebühr:** Pauschale inkl. allen Einrichtungen. **Geöffnet:** Ganzjährig.

Der Strand bei Gilleleje

ROUTE 12: GILLELEJE – ROSKILDE	
Länge der Tour:	Rund 130 km, ohne Abstecher.
Die Route:	Über die Küstenstraße 237 und über **Hornbæk** nach **Helsingør** – Straße 6 über **Hillerød** bis **Slangerup** – Straße 53 über **Frederikssund** südwärts und Straße 155 bis **Roskilde**.
Reisedauer:	Mindestens ein Tag.
Höhepunkte:	Das **Schloss Kronborg** ** in Helsingør – das **Schloss Fredensborg** * – das **Schloss Frederiksborg** *** – das **Schloss Jægerspris** * – der **Dom zu Roskilde** *** – die **Wikingerschiffmuseum** * in Roskilde.

Schlössertour durch Seeland

Diese Etappe durch Nordseeland könnte man durchaus auch als „Schlössertour" bezeichnen. Nicht weniger als drei der bedeutendsten Königsschlösser Dänemarks liegen auf dem Wege.

*ROUTE: Der weitere Verlauf des Reiseweges führt von Gilleleje auf der Straße 237 über die Küsten- und Badeorte **Dronningmølle**, **Hornbæk** und*

Åsgårde nach Helsingør, rund 25 km.

In **Dronningmølle** bietet sich Gelegenheit südwärts zur Villingerød Kirche und zum **Rudolph Tegner Museum & Statuepark [Parkplatz, N56° 5' 8.18" E12° 24' 3.43"]**, Museumsvej 9, abzuzweigen *(geöffnet 15. Apr. - 31. Mai Di - So 12 - 17 Uhr; Juni, Juli, Aug. Di - So 11 – 18 Uhr; 1. Sept. - 23. Okt. Di - So 12 - 17 Uhr; www.rudolphtegner. dk).* Das Museum zeigt Arbeiten des Künstlers Rudolph Tegner, darunter 14 seiner berühmten Skulpturen.

Helsingør existiert seit 1281 und wurde schon in Dokumenten zur Zeit König Valdemars des Großen erwähnt. Seit alters her ist Helsingør wichtiger Fährhafen an der schmalsten Stelle des Øresunds.

Autofähren verkehren über den Sund nach Helsingborg in Schweden heute laufend rund um die Uhr. Fahrzeit ca. 20 Minuten.

1426 erhielt der Hafen Stadtrechte und schon drei Jahre später fiel dem damals regierenden König Erik von Pommern ein probates Mittel ein, der Stadt und dem Staatssäckel eine feine Einnahmequelle zu sichern – er führte den Sundzoll ein, den jedes Schiff zu entrichten hatte, das den Øresund passieren wollte. Erst 1857 schaffte man das einträgliche Wegegeld wieder ab.

SCHLOSS KRONBORG – **1** *Eingang* – **2** *Königinturm* – **3** *Fahnenbastion* – **4** *Nordflügel* – **5** *Ostflügel* – **6** *Kakelburg* – **7** *Kirchenflügel* – **8** *Petersturm* – **9** *Westflügel* – **10** *Nordbastion* – **11** *Königin Louise Bastion* – **12** *Prinz Ferdinand v. Württemberg Schanze* – **13** *Kronværk Tor* – **14** *Prinz Christian Bastion* – **15** *Cafeteria* – **16** *Fährhafen*

Schloss Kronborg [Parkplatz, N56° 2′ 23.55″ E12° 36′ 50.98″], das markante „Hamlet-Schloss" an der Hafenausfahrt von Helsingør, wird zu den schönsten Renaissanceschlössern in Nordeuropa gezählt *(geöffnet Apr. - Sept. tgl. 10 - 17 Uhr; Jan. - März + Okt. - Dez. Di - So 11 - 16 Uhr; letzter Einlass 30 Min. vor Schließung; Eintritt mit CopenhagenCard kostenlos; www.kronborg.dk).*

In einem alten dänischen Seemannslied wird mit den Zeilen „Mit Kronborg an Steuerbord …." die Einfahrt in den Øresund und das glückliche Ende einer oft monatelangen Seefahrt besungen.

Nach der Einführung des Sundzolls, der der Krone Unsummen einbrachte, wurde die alte Hafenfestung „Krogen" aus dem 15. Jh., damals von Erik von Pommern erbaut, um 1575 unter Frederik II. zu einem Prunkschloss im Renaissancestil ausgebaut. Geld war durch die reichlich fließende Seemaut ja vorhanden. Schließlich musste jedes Schiff, das das Nadelöhr des Øresunds passierte, bezahlen.

Selbst die Spuren der Brandkatastrophe von 1629, die große Teile des Schlosses in Schutt und Asche legte, konnten dank des Wasserzolls während der Regentschaft des baufreudigen Dänenkönigs Christian IV. rasch wieder beseitigt werden.

Ab dem Ende des 18. Jh. dann wurde die ehemals königliche Residenz Kronborg als Kaserne genutzt, was seine Spuren hinterließ.

Nach umfassenden Restaurierungsarbeiten schon zu Beginn des vergangenen Jahrhunderts präsentiert sich der vierflügelige, von Schanzanlagen und Basteien umgebene Komplex heute wieder komplett und unversehrt. Seit dem Jahr 2000 steht Schloss Kronborg auf der UNESCO-Liste für Weltkulturerbe.

Die alljährliche Besucherschar aus aller Welt – es sollen jedes Jahr über eine viertel Million sein – wäre bestimmt um ein Wesentliches kleiner, wäre im 16. Jh. der große Dramatiker vom Avon, William Shakespeare, nicht auf die Idee gekommen, die Handlung seiner berühmten Tragödie **„Hamlet, Prinz von Dänemark"** in Helsingør und auf Kronborg spielen zu lassen. Seitdem lebt Helsingør mit dem Ruf – sicher recht

Schloss Kronborg, Helsingør

gern – die Stadt des tragischen dänischen Sagenprinzen Hamlet zu sein, der im Bestreben, seinen gemeuchelten Vater zu rächen, selbst dramatisch zu Tode kam. Ob Hamlet nun lebte oder nicht, er ist und bleibt der „berühmteste" Däne in der Weltliteratur. In Shakespeares Tragödie ist Hamlet ein den Realitäten des Alltags entrückter Feingeist, der mit dem wirklichen Leben so seine Schwierigkeiten hat.

Noch ein anderer Geist einer dänischen Sagengestalt, **„Holger Danske"**, Holger der Däne, soll in den riesigen Kasematten unter dem Schloss umgehen. Von diesem grimmigen Haudegen erzählen sich die Dänen, dass ihnen Holger zu Hilfe käme, „wenn es wirklich ernst wird". Dann aber würde der sagenhafte Holger wüten wie ein Berserker, dass das Blut „kniehoch" steht. Und das Häuflein der Überlebenden wäre so klein, dass es sich bequem an einem einzigen Tisch niedersetzen könne.

Während der **Besichtigungstour** durch Kronborg sieht man – neben zahlreichen Räumen des Schlosses, ausgestattet mit prächtig gearbeiteten Kaminen, mit kostbarem Mobiliar und mit schönen Gobelins wie in der **Kammer der Königin** – auch den riesigen, 62 m langen und stattliche 11 m breiten **Rittersaal**. Mit diesen Dimensionen gilt der Saal als größter historischer Raum Nordeuropas.

Ebenfalls zur Schlossbesichtigung gehört ein Rundgang durch das Labyrinth der düsteren **Kasematten** mit zum Teil bis zu 6 m dicken Mauern. Hier hatten sich in Kriegszeiten die Soldaten bei ziemlich düsteren und unwirtlichen Verhältnissen aufzuhalten.

Nicht versäumen sollte man einen Blick in die prächtige **Schlosskirche**, die aus dem 16. Jh. unverändert erhalten ist.

Erst 2013 eröffnete das **M/S Museet for Søfart [N56° 2' 21.38" E12° 36' 54.38"]**, Ny Kronborgvej 1 *(geöffnet Juli + Aug. tgl. 11 - 18 Uhr; Sept. - Juni Di - So 11 - 17 Uhr; www.mfs.dk)* in der Nähe von Schloss Kronborg.

Dänemarks neues Museum für Seefahrt liegt unterirdisch im alten Trockendock zwischen Schloss Kronborg und der Kulturværftet und wurde vom berühmten Architekturbüro BIG gestaltet und eingerichtet. Der Museumsrundgang geht auf abwechselungsreicher Art und Weise über erhöhte Ebenen, auf schrägen Böden und über ein ehemaliges Trockendock.

Die Ausstellungen befassen sich mit dem weiten, facettenreichen, bunten Spektrum der Seefahrt und des Seehandels. Immerhin gilt Dänemark seit jeher als eine der führenden Seefahrtnationen der Welt.

Ein Museumsshop mit Café und ein Wissenscenter mit Bibliothek ist angeschlossen.

In der Stadt Helsingør selbst sind eine ganze Reihe alter Häuser restauriert und unter Denkmalschutz gestellt worden. Besonders die Gebäude in der Strandgade Nr. 93 – 95, zwei herrschaftliche Stadthäuser, verdienen in diesem Zusammenhang Erwähnung.

Der „Speisesaal der Königin", Schloss Kronborg

Eines der schönsten und besterhaltenen Klöster mit Kreuzgang im Norden Europas ist das **Karmeliterkloster**, Sct. Anna Gade 38, aus dem Jahre 1430 mit der gotischen **Marienkirche [N56° 02' 11.5" E12° 36' 44.5"]** *(geöffnet 16. Mai - 15. Sept. Di - So 10 - 15 Uhr; 16. Sept. - 15. Mai Di - So 10 - 14 Uhr; www.sctmariae.dk)*. Um die Kirche rankt sich die romantisch-tragische Geschichte um Dyveke, die Geliebte König Christians II. Sie soll hier begraben worden sein, nachdem sie im Jahre 1517 mit vergifteten Kirschen ermordet wurde.

Das oberste Stockwerk des Ostflügels des Karmeliterklosters ist mit Wandmalereien aus dem 16. Jh. geschmückt.

Sehenswert ist außerdem das **Helsingør Bymuseum [N56° 2' 11.29" E12° 36' 45.05"]**, Sct. Anne Gade 36, in dem besonders über die Stadtgeschichte während der Zeit des Sundzolls und über das Handwerk früherer Tage berichtet wird *(geöffnet Di - Fr 12 - 16 Uhr, Sa 10 - 14 Uhr, So 12 - 16 Uhr; www.helsingormuseer.dk)*. Andere Abteilungen befassen sich mit der Geschichte der Seenavigation und mit der langen, wechselvollen Stadtgeschichte.

Seit 2012 ist Helsingør stolz darauf, über das „Gegenstück" zu Dänemarks Nationalikone, der „Kleinen Meerjungfrau" in Kopenhagen, zu verfügen. **HAN** heißt die glänzende Edelmetallskulptur. In der ähnlichen Pose, die die Kleine Meerjungfrau einnimmt, sitzt ein nackter Jüngling auf einem „Felsen" und blickt recht erst und mit wenig fröhlichem Gesicht hinaus auf den Øresund – ein trauriger Einsamer. Die Skulptur ist eine Arbeit der dänischen Künstler Elmgreen und Dragset.

Die **Skulptur HAN [N56° 2' 13.92" E12° 36' 57.26"]** (han ist das dänische Wort für „er"), steht nahe beim Schloss Kronborg am Kai der neuen **Kulturværftet**, Helsingørs futuristisch anmutendem Glaspalast, der als Kulturzentrum fungiert (Allegade 2; https://kuto.dk/) und dem M/S Museet for Søfart (www.mfs.dk).

Ein anderes Kunstobjekt am Kai vor dem Kulturzentrum Kulturværftet ist der sog. „Müllfisch", quasi ein Denkmal der Umweltverschmutzung.

Technikfreunde finden am Westrand der Stadt Helsingør **Danmarks Teknis-**

Helsingør Turistinformation [N56° 2' 19.92" E12° 36' 40.29"], Allegade 2, 3000 Helsingør, Tel. +45 49 21 13 33, www.helsingor-turistforening.dk. *Geöffnet Mo - Fr 10 - 21 Uhr, Sa + So 10 - 17 Uhr.*

CAMPING

Camping Helsingør Grønnehave [N56° 02' 35.74"   E12° 36' 16.99"], Strandalleen 2, Tel. +45 49 28 49 50, www.helsingorcamping.dk; 1. Jan. – 31. Dez.; von Helsingør auf der Straße 237 ca. 1 km Richtung Hornbæk; stark besuchter Durchgangsplatz im Norden der Stadt zwischen Bahn und Strand; ca. 1 ha – 80 Stpl.; Standard-Sanitärausstattung. Kiosk, Waschmaschine, Trockner, Fahrradverleih, Volleyballfeld, WLAN. Miethütten. V & E für Wohnmobile.

ke Museum [Parkplatz, **N56° 1' 21.3" E12° 33' 46.6"**], Fabriksvej 25. Das Technische Museum präsentiert eine große Sammlung von Oldtimerautos und Motorrädern, sowie über 30 Flugzeuge *(geöffnet Feb. Okt. Di - So 10 - 17 Uhr; Nov. - Jan. Di - So 10 - 16 Uhr; www.tekniskmuseum.dk).*

Marienlyst Slot [N56° 2' 31.32" E12° 36' 7.46"] in der Marienlyst Allé 32 liegt im Nordwesten der Stadt, unweit südlich des Campingplatzes. Das Schloss wurde im 16. Jh. als königliche Sommerresidenz in einem Lustgarten erbaut. Besichtigen kann man heute nur den Schlosspark, der immer zugänglich ist. Im Park ein Granit-Sarkophag, der als „Hamlets Ehrengrab" bekannt ist.

Falls Sie den nachstehend geschilderten Ausflügen nicht folgen wollen, bitte weiter mit **„Hauptroute"** weiter hinten!

Ausflüge ab Helsingør

Ausflug nach Humlebæk, zum **Louisiana Museum für Moderne Kunst [Parkplatz, N55° 58' 9.95" E12° 32' 29.42"]**, Gl. Strandvej 13 *(geöffnet Di - Fr 11 - 22 Uhr, Sa + So 11 - 18 Urh; www.louisiana.dk).* Das Museum wurde vom Kunstmäzen Knud Jensen gegründet. Es liegt in einem herrlichen Park wunderschön am Öresund und zählt zu den besten Museen für moderne Kunst und auch zum meistbesuchten Museum in Dänemark. Neben interessanten Sonderausstellungen zeigt die Dauerausstellung Werke internationaler Künstler wie Max Ernst, Alberto Giacommeti, Henry Moore, Picasso und Warhol u.v.a.

Ausflug nach Rungsted, einem fast mondänen Badeort südlich von Helsingør, zum **Karen-Blixen-Museum [Parkplatz, N55° 52' 58.99" E12° 32' 38.89"]** im Landsitz Rungstedlund am Rungsted Strandvej 111 *(geöffnet Mai - Juni + Sept. Di - So Di - So 10 - 17 Uhr; Juli + Aug. tgl. 10 - 17 Uhr; Okt. - Apr. Mi - Fr 13 - 16 Uhr; Sa + So 11 - 16 Uhr; www.blixen. dk).* Im Museum wird das Lebensumfeld der Schriftstellerin Karen Blixen (1885 – 1962) bewahrt. U. a. schrieb Karen Blixen den Roman „Out of Africa", der später verfilmt und ein Welterfolg wurde. Mehr über Karen Blixen lesen Sie am Ende der Route 13 unter „Rungsted".

Abstecher zur Insel Bornholm: Plant man einen **Abstecher auf die Insel Bornholm**, könnte man ggf. hier ab Helsingør starten. Man bedient sich dazu zunächst der Fähre hinüber ins schwedische **Helsingborg**, folgt von dort der Straße E66 nach Südosten bis **Ystad** (130 km) und nimmt dort die Fähre nach **Rønne** auf Bornholm. Eine ausführliche Beschreibung der Insel Bornholm finden Sie unter Route 15 „Rund um Bornholm" in diesem Reiseführer.

HAUPTROUTE

ROUTE: Von Helsingør rund 15 km südwestwärts nach **Fredensborg**, das man auf der Straße 6 schnell und bequem erreicht.

Landschaftlich reizvoller aber ist der Weg entlang der Margeritenroute auf Ne-

*benstraßen über **Schloss Gurre** (Schloss-ruine aus dem 12. Jh. westlich Helsingør) [N56° 01' 10.01" E 12° 30' 18.52"], dann südwärts am Gurre See vorbei und schließlich über **Jonstrup** und **Endrup** am Esrum See nach **Fredensborg**.*

An der Nordseite des Esrum Sees kann man das ehemalige **Zisterzienserkloster Esrum [N56° 2' 43.20" E12° 22' 38.30"]** besichtigen. Lediglich der Südflügel der mittelalterlichen Klosteranlage und die Wassermühle sind noch erhalten.

Mönche des Klosters Clairvaux in Burgund, Frankreich, waren 1151 hierher gekommen, um die Abtei zu gründen. Das Ende kam auch für dieses Kloster mit der Reformation. Große Teile wurden abgerissen und die Ziegelsteine, die noch brauchbar waren, zum Bau von Schloss Kronborg und Schloss Frederiksborg verwendet.

Aber was wäre ein mittelalterliches Kloster ohne eine deftige Geschichte über einen abtrünnigen Klosterbruder. Und der hieß in Esrum *Bruder Rus*.

Bruder Rus war, so geht die Mär, vom Teufel dazu verführt worden, im Kloster die Moral der Bruderschar zu untergraben und die Mönche zu einem lasterhaften Leben zu verleiten. Bruder Rus arbeitete in der Klosterküche. Als eines Tages der Koch das Zeitliche segnete, übernahm Bruder Rus seine Aufgaben. Nun wurde das Essen plötzlich immer üppiger und verführerischer, dass die Mönche bald nur noch Speis und Trank und nicht mehr das Gebot „Beten und Arbeiten" im Sinn hatten.

Der Abt war schon ganz verzweifelt ob der verlotterten Sitten, als er von einem Bauern erfuhr, er habe den Bruder Rus des nächtens im Wald im Gespräch mit dem Teufel belauscht. Nun war für Bruder Rus das Spiel zu Ende. Er landete auf dem großen Ochsenrost in der Küche und wurde um der Klosterordnung Willen auf diese Weise ins Jenseits befördert.

Das Kloster von Esrum wurde in den vergangenen Jahren aufwendig restauriert. Bei den Restaurierungsarbeiten konnten uralte Fresken aus der Entstehungszeit des Klosters freigelegt werden *(geöffnet im Sommer Di - So 10 - 16 Uhr; www.esrum.dk).*

Schloss Fredensborg [Parkplatz, N55° 58' 48.13" E12° 23' 46.18"] ist noch heute königliche Residenz. *Der Öffentlichkeit sind das Schloss und die inneren privaten Gärten allerdings nur an bestimmten Tagen im Juli und August auf Führungen zugänglich. Der Schlosspark, die Barockgärten und das „Tal der Nordmänner" sind Besuchern ganzjährig zugänglich; https://www.kongeligeslotte.dk/en/palaces-and-gardens/fredensborg-palace-and-palace-gardens/visit-us.html.*

Schloss Fredensborg entstand während der Regentschaft von König Frederik IV. (1699 – 1730), der hier in den königlichen Jagdrevieren um den Esrum See ein Jagdschloss wünschte. Esrum Sø ist übrigens der zweitgrößte Süßwassersee Dänemarks, nach dem Arresø, der wenige Kilometer westlich liegt.

Der Schlossname *„Friedensburg"*, so die Übersetzung, erinnert an das Ende des Krieges gegen Schweden, den König Frederik IV. mit dem Friedensschluss von 1720 beenden konnte.

1719 war der Architekt Johan Cornelius Krieger mit dem Bau beauftragt worden. Zwar wurden bei der prunkvollen Einweihung am 11. Oktober 1722 schon die ersten Gemächer bezogen, aber den letzten Schliff und das gegenwärtige Aussehen erhielt Fredensborg erst 44 Jahre nach dem ersten Spatenstich. Das Resultat ist eine überaus harmonische Schlossanlage mit 28 Gebäuden, welcher der Festungscharakter von Kronborg oder Frederiksborg völlig fehlt.

Während des Jahres bildet Schloss Fredensborg nach wie vor den Rahmen für große Ereignisse des Königshauses. Es ist Schauplatz von Hochzeits- und Geburtstagsfeierlichkeiten der Königsfamilie. Regierende aus aller Welt geben sich bei Staatsbesuchen hier die Ehre und traditionell überreichen die neu bestallten Botschafter auf Fredensborg der Königin ihre Beglaubigungsschreiben.

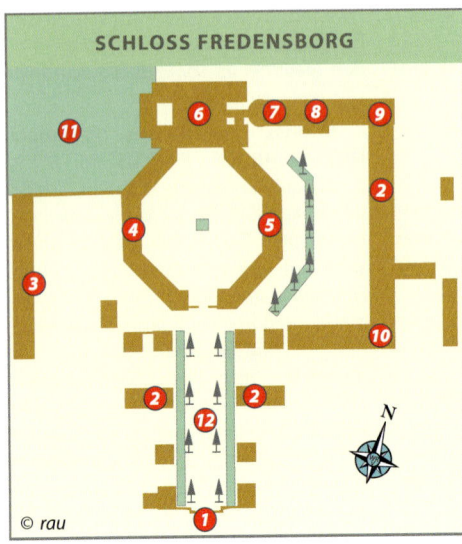

SCHLOSS FREDENSBORG

SCHLOSS FREDENSBORG

1 Eisentor
2 Stallungen
3 Wirtschaftsflügel
4 Westoktogon
5 Ostoktogon
6 Hauptgebäude
7 Damenresidenz
8 Kapelle
9 Haus des Marschalls
10 Herrenresidenz
11 Schlosspark
12 Allee

Auf den wenigen Führungen durch das Schloss, die im Juli und August an einigen Tagen angeboten werden, ist der Besucher beeindruckt von dem reichen Interieur und der kostbaren Möblierung der Salons.

Vom Eisentor geht man durch ein von Dienstgebäuden und Stallungen gesäumte Baumallee auf das Hauptgebäude zu, dem ein achteckiger, von Gebäudeflügeln begrenzter Platz vorgelagert ist. An der Ostseite schließen sich die Damengemächer und die Schlosskapelle, eine lange Reihe von Stallungen und die Herrengemächer an.

Sehr schön ist ein Spaziergang durch den herrlichen, vom Gartenarchitekten J. C. Krieger nach Versailler Vorbild angelegten Park hinunter zum See. Einer der strahlenförmig verlaufenden Wege zum See wird von zwei schönen, lauschigen Pavillons abgeschlossen. Unter den vielen Skulpturen im Park fällt die

Königliche Residenz Schloss Fredensborg

PRAKTISCHE HINWEISE — FREDENSBORG

Fredensborg Turistbureau [N55° 58' 48.86" E12° 23' 45.50"], Slotsgade 2, 3480 Fredensborg, Tel. +45 41 21 81 59; www.visitfredensborg.dk. *Geöffnet Mai - Juni Di - Fr 10 - 17 Uhr, Sa + So 10 - 14.30 Uhr, Juli - Okt. Mo - So 10 - 17 Uhr, Apr. Di, Do, Fr 10 - 17 Uhr, Sa + So 10 - 14.30 Uhr.*

CAMPING

Camping Højsager [N55° 58' 3.98" E12° 27' 20.07"], Humlebækvej 31, Tel. +45 49 19 44 48, www.hojsager.dk-camp.dk; 1. Jan. – 31. Dez.; ca. 2 km östl. Fredensborg; ca. 2 ha – 100 Stpl.; Standard-Sanitärausstattung. Laden, Waschmaschine, Trockner, WLAN in öffentlichen Bereichen. Miethütten.

etwas abseits gelegene Gruppe von 69 Sandsteinfiguren auf, die das „Norwegische Volk" darstellen soll.

Bei Anwesenheit der Königin findet jeden Tag um 12 Uhr vor dem Schloss die Wachablösung statt.

Etwas nördlich von Fredensborg liegt der **Fredensborg Falkonergården**, Davisvænge 11. Es ist ein **Falknerhof,** der im Frühjahr und Sommer an Wochenende besucht werden kann. Dort wird die jahrhundertealte Falknertradition von Fredensborg weiter gepflegt *(Vorführungen Mai So um 15 Uhr; Juni Sa + So um 15 Uhr; Juli Mi um 10 + 15 Uhr, Do um 10 Uhr, Sa + So um 15 Uhr; Aug. Mi, Sa + So um 15 Uhr; Sept. Sa + So um 15 Uhr; Okt. Sa + So um 15 Uhr; www. falkonergaarden.com).*

ROUTE: Kaum 6 km weiter, südwestlich von Fredensborg, kommen wir auf der Straße 6 nach **Hillerød**.

Mitten in **Hillerød,** der Stadt am Westufer des Schloss-Sees, liegt **Schloss Frederiksborg [Parkplatz, N55° 56' 06.3" E12° 17' 50.5"],** wohl das imposanteste und prächtigste Renaissanceschloss in Dänemark *(geöffnet Apr. - Okt. tgl. 10 - 17 Uhr; Nov. - März tgl. 11 - 15 Uhr; www.dnm.dk).*

Den Grundstein zu Schloss Frederiksborg in seiner heutigen Form legte der baufreudige König Christian IV. im Jahre 1602. Er ließ an der Stelle, an der schon früher ein Herrensitz lag, den der Vater von Christians IV., König Frederik II., 1560 vom dänischen Seehelden Herulf Trolle und dessen Gemahlin Birgitte Gøye im Tausch gegen Skovkloster

erworben hatte, das Schloss erbauen. Christian IV., der über 60 Jahre lang als uneingeschränkter Monarch die Geschicke nicht nur Dänemarks sondern auch Norwegens in Händen hielt, hatte mit dem Schloss Frederiksborg sein ehrgeizigstes Bauvorhaben begonnen.

Und ganz zweifellos spiegelt nicht nur die schiere Größe, sondern auch die kostbare Ausstattung des Schlosses die Machtposition des dänischen Königs im damaligen Europa wider. Hier ließ sich standesgemäß Hof halten, sich aber immer mit einem vergleichenden Blick nach Paris, London oder St. Petersburg orientierend.

Das ganze prächtige Anwesen besteht aus mehreren auf drei Inseln verteilte Gebäuden, die alle in rotem Backstein errichtet sind. Markant sind die waagrechten, weißen Steinschmuckbänder, die das Gesicht der etwas ernst und abweisend wirkenden Fassaden ein Stück freundlicher machen.

Wie man liest, ist der Architekt des Baus unbekannt, was etwas ungewöhnlich klingt, schließlich handelt es sich hier ja nicht um einen unscheinbaren Landsitz. Aber die Grundidee für das Aussehen des Bauwerks soll aus den Niederlanden stammen. Sicher ist, dass Schloss Frederiksborg zu den größten Renaissanceschlösser in ganz Skandinavien zählt.

Der eigentliche Zugang zum Schloss führt über die südliche Brücke und durch das **„Stadttor" (1)** von 1600 auf die erste der drei Inseln. „Eigentlicher Zugang" deshalb, weil die Besucher heute meist durch den Westflügel, das sog. **Haus des Schlossherrn/Westflü-**

gel (11), auf der mittleren Insel die Anlage betreten.

Nach dem „Stadttor" geht man
durch die sog. **Stallgasse (2)** zum Tor
Christians VI. (6) von 1736. Die Stallgasse wird flankiert von den ältesten
noch vorhandenen Gebäuden – rechts
der **Herulf Trolls Turm (3)** und anschließend der **Husarenstallungen (4)**
von 1575 (Wohntrakt des Schlossgesin-
des) und auf der linken Seite der **Kö-
nigsstall (5)** von 1575. An der Nordseite
wird die erste Insel abgeschlossen von
den beiden gedrungenen, runden **Türmen Frederiks II. (7)** von 1562. Sie tragen das Motto des Königs: „Meine Hoffnung an Gott allein".

Über die **S-Brücke (8)** gelangt man
durch den hohen Kerkerturm oder **Torturm (9)** von 1620 mit schöner Giebel-
haube auf die mittlere Insel. Die Brücke
in der Form eines „S" wurde deshalb nötig, weil Christian IV. die von Frederik II.

begonnene bauliche Achse nicht beibe-
hielt. So standen sich das Portal auf der
Südinsel und der Torturm auf der Mittelinsel nicht genau gegenüber.

Der große freie Platz wird in der Mitte von dem herrlichen **Neptunbrunnen (10)** von 1622, rekonstruiert 1888,
beherrscht. Obenauf der Gott des Meeres mit dem Dreizack, darunter 15 alle-
gorische Figuren.

Der **Westflügel (11)** wird als „Haus des
Schlossherrn" (1614) bezeichnet. Er war
einst Wohnsitz des Lehnsmanns. Rechts
das **„Kanzleigebäude" (12)** von 1618.

Von dem großen, gepflasterten Platz
auf der Mittelinsel aus sieht man den
dreiflügeligen Komplex des eigentlichen Schlosses vor sich liegen. Zahlreiche Türme, Erker, geschwungene Giebel
und unterbrochene Fassaden verleihen
dem Ganzen ein lockeres Aussehen.

Der **Mittlere Flügel (13)** mit großen,
figurengeschmückten Galerien, ist der

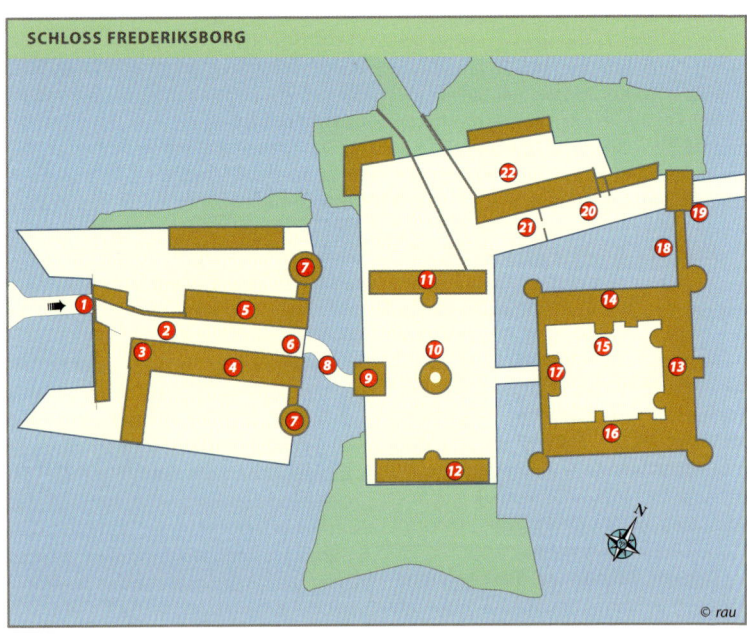

SCHLOSS FREDERIKSBORG – **1** Stadttor – **2** Stallgasse – **3** Herulf Trolls Turm – **4** Husarenstallungen – **5** Königliche Stallungen – **6** Christian VI.-Tor – **7** Frederik II.-Türme –
8 S-Brücke – **9** Tor-/Kerkerturm – **10** Neptunbrunnen – **11** Westflügel – **12** Kanzleigebäude – **13** Mittlerer Flügel – **14** Kirchenflügel – **15** Uhrturm – **16** Ostflügel – **17** Hauptportal und Arkaden – **18** Brückenbau – **19** Audienzsaal – **20** Turnierplatz – **21** Karussel-
tor – **22** Magazine

Königsflügel mit den königlichen Gemächern im 1. Stock. Er entstand 1602 als erster Teil des neuen Schlosses unter Christian IV. Vier Jahre später wohl folgte der westliche **Kirchenflügel (14),** unschwer am **Uhrturm (15)** zu erkennen. **Glockenspiel** zu jeder vollen Stunde.

Der **Ostflügel (16)** schließlich trägt am Giebel oben die Jahreszahl 1608. An der Südseite schließt die sog. Terrasse (– 17 – figurengeschmückte Arkaden), mit dem Hauptportal in der Mitte, den inneren Schlosshof ab. Das Hauptportal wird von den königlichen Wappen und der Jahreszahl 1609 geschmückt.

Im dritten Stock des Schlosses ist heute eine Sammlung moderner Kunst untergebracht. Es wird die Geschichte des 20. Jh. vornehmlich anhand von Porträts der Königsfamilie, von Politikern, Wirtschaftsführern, Wissenschaftlern, Sportlern und Künstlern dokumentiert.

Von der Westseite des Königsflügels führt ein zweistöckiger **Brückenbau (18),** der sog. „geheime Gang" in den **Audienzsaal (19)** von 1680. An seiner Südseite das prächtig gestaltete, mit freistehenden Säulen versehene Münzportal.

Mitte des 19. Jh. nutzte König Frederik VII. das Schloss oft und gerne als königliche Residenz, auch wenn das damalige Anwesen nicht mehr im besten Zustand war.

Im Dezember 1859 erlebte Schloss Frederiksborg eine furchtbare Brandkatastrophe. Das Feuer, das von einem der neu installierten Kamine ausgegangen sein soll, zerstörte in der Nacht zum 17. Dezember den größten Teil des Hauptflügels, den Seitenflügel und große Bestän-

de der kostbaren Porträtgalerie. In der Kirche stürzten mehrere Gewölbe ein.

Unter dem Eindruck der als nationale Tragödie empfundenen Feuersbrunst wurde ein Komitee zur Restaurierung des Schlosses gegründet. Allen voran stiftete J. C. Jacobsen, der damalige Eigentümer der Carlsberg Brauerei, große Summen. Er war es auch der anregte, das Schloss nach dem Wiederaufbau als **„Nationalmuseum für die Geschichte Dänemarks"** einzurichten. Dies ge-

Schloss Frederiksborg und der Neptunbrunnen

schah dann am 5. April 1878 mit einem Dekret König Christians IX., das auch besagte, dass das Nationalmuseum fürderhin von der Carlsberg-Stiftung betreut wird.

Seit 1882 hat die Öffentlichkeit Zutritt zu Schloss Frederiksborg.

Ein Rundgang durch das Nationalmuseum gleicht einem Rundgang durch 500 Jahre dänischer Geschichte. Gemälde, Porträts historischer Persönlichkeiten, Salons und Gemächer, erlesene Möbel und Kunstgegenstände aus verschiedenen Epochen vermitteln einen Überblick über die Entwicklung der dänischen Geschichte vom Mittelalter bis in die Neuzeit. Die Porträtgalerie mit Gemälden, Büsten, Reliefs und Fotografien ist heute wieder die größte ihrer Art in ganz Dänemark.

Der Besuch von Schloss Frederiksborg ist sehr lohnend. Und selbst wer

Der Festsaal im Schloss Frederiksborg. Foto: VisitDenmark

nur wenig Zeit hat, sollte sich zumindest die prunkvoll ausgestattete **Kirche** mit der **Meisterorgel** von 1610 von Esaias Compenius und den nicht weniger prächtigen **Rittersaal** ansehen. Orgelspiel donnerstags 13.30 bis 14 Uhr. In eben dieser Kirche heiratete 1995 der dänische Kronprinz Joachim die däni-

sche Prinzessin Alexandra. Leider hielt die Ehe nur wenige Jahre.

In schönen alten Wirtschaftsgebäuden des Schlosses sind heute einladende **Restaurants** wie das „Slotsherrens Kro" eingerichtet. An einem schönen Sommertag kann man hier auch im Freien sitzen.

Nördlich des Schlosses erstreckt sich – man gelangt durch ein großes Torgebäude seitlich des Schlosses dahin – ein herrlicher **Barockgarten**, mit Terrassen, Kaskaden, Brunnen und Zierteichen. Willkommen auf den langen Besichtigungsrundgängen durch Schloss und Gärten ist da das „Havehuset" im Barockgarten, in dem man sich im Sommer bei Kaffee und Kuchen auf neue Taten vorbereiten kann, z. B. auf einen Spaziergang durch den Waldpark unweit westlich des Barockgartens und dort zum **Schlösschen Badstue**, einem Lustschloss aus dem Jahre 1580, das sich Frederik II. im Renaissancestil erbauen ließ.

In **Hillerød** selbst lohnt ein Besuch des **Hillerød Bymuseum [N55° 56' 1.33" E12° 18' 31.90"]** in der Helsingørsgade 65 am Nordostufer des Schloss Sees (*geöffnet 1. Mai - Ende Okt. Di - So 10 - 15 Uhr; https://museumns.dk/besoeg/udstillingssteder/hilleroed-by-museum/*). In dem Heimatmuseum sieht man einen alten Schulraum, einen Spielzeugladen, eine Wohnstube früherer Tage und ähnliches.

Schließlich kann man vom 15. Mai bis 15. September vom Marktplatz Torvet mit der sog. „Lille Færge M/F Frederiksborg" eine **Dampferfahrt** mit dem auf dem Schlosssee unternehmen, Dauer 30 Minuten; www.partrederiet.dk.

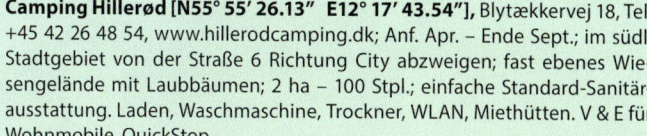

Schloss Frederiksborg in Hillerød

Und wenn Ihnen der Sinn weniger nach Museen steht, bummeln Sie einfach durch das preisgekrönte **Einkaufszentrum "Slotsarkaderne" [Parkplatz, N55° 55' 42.08" E12° 17' 49.30"].**

ROUTE: *Auf der Weiterfahrt von Hillerød folgen wir der Straße 6 bis **Slangerup** und zweigen dort westwärts ab auf die Straße 53 nach **Frederikssund**.*

PRAKTISCHE HINWEISE — HILLERØD

Hillerød Turistbureau [N55° 56' 5.79" E12° 17' 46.97"], Frederiksværksgade 2 A, 3400 Hillerød, Tel. +45 48 24 26 26. Am Schlossparkplatz. *Geöffnet Juni - Aug. Mo - Fr 10 - 16 Uhr.*

CAMPING

Camping Hillerød [N55° 55' 26.13" E12° 17' 43.54"], Blytækkervej 18, Tel. +45 42 26 48 54, www.hillerodcamping.dk; Anf. Apr. – Ende Sept.; im südl. Stadtgebiet von der Straße 6 Richtung City abzweigen; fast ebenes Wiesengelände mit Laubbäumen; 2 ha – 100 Stpl.; einfache Standard-Sanitärausstattung. Laden, Waschmaschine, Trockner, WLAN, Miethütten. V & E für Wohnmobile. QuickStop.

WOHNMOBIL-STELLPLATZ

Wohnmobil-Stellplatz Skovgarden Ove Poulsen [N55° 54' 8.05" E12° 18' 41.25"], Hestehavevej 24, Tel. +45 40 11 05 60. **Zufahrt:** Von der Straße 6 (Fredensborg – Roskilde) 2 km südlich vom Ortszentrum auf den Hestehavevej abzweigen, über die Bahngleise und noch ca. 300 m zum Bauernhof. Platz für 6 Wohnmobile auf Wiese, am Waldrand ruhig gelegen. **Ausstattung:** Frischwasserhahn und Ausguss für Grauwasser und Chemikaltoiletten, Strom, WC. **Gebühr:** Pauschale für V & E und Strom. **Geöffnet:** Jan. - Dez.

Frederikssund liegt an der Ostseite des Roskilde Fjords. Das Städtchen wartet mit dem interessanten **J. F. Willumsens Museum [Parkplatz, N55° 50' 41.62" E12° 3' 0.53"]** auf, das eine umfangreiche Sammlung von Werken des dänischen Expressionisten J. F. Willumsen präsentiert. Das Museum liegt im Jenriksvej 4 *(geöffnet ganzjährig Di - So 10 - 17 Uhr, am 1. Mittwoch bis 20 Uhr; www.jfwillumsensmuseum.dk).*

Jens Ferdinand Willumsen, der u. a. als Maler, Bildhauer, Keramikdesigner und Fotograf tätig war, lebte hauptsächlich in seiner Heimatstadt Kopenhagen, wo er am 7. September 1863 das Licht der Welt erblickte. Zu Frederikssund hatte er keinerlei Beziehung. Auch seine Kunst hatte keinen Bezug zu der Region.

Warum also steht sein Museum in Frederikssund? Die Stadt hatte sich erboten, ein Museumsgebäude für die Werke Willumsens zu errichten. Dieses Angebot soll Willumsen dazu bewogen haben, sein Lebenswerk und seine Kunstsammlung der Stadt zu vermachen. Willumsen selbst hat das ihm gewidmete Museum nie gesehen. Als das Museum im April 1957 eingeweiht wurde, weilte Willumsen in Südfrankreich, zu krank um nach Frederikssund zu reisen. Ein Jahr später, am 4. April 1958, starb der Künstler im Alter von 94 Jahren in Cannes.

Gegenüber von Frederikssund liegt am Westende der 1935 eröffneten Brücke Kronprinz Frederiks Bro das **Frederikssund Museum Færgegården [Parkplatz, N55° 50' 26.9" E12° 01' 58.1"]**, Færgelundsvej 1, das sich mit der Kunst- und Kulturgeschichte von der Bronzezeit bis ins 19. Jh. aus den Regionen Frederikssund, Jægerspris und Skibby befasst *(geöffnet 9. Feb. - 20. Dez. Do - So 11 - 15 Uhr; frederikssundmuseum.dk).* Untergebracht ist das Museum in einem über 150 Jahre alten Haus, das einst von Fährleuten und ihren Familien bewohnt wurde. Große Picknickwiese.

An der Westseite des Roskilde Fjord liegt der Ort **Jægerspris** mit dem gleichnamigen Schloss.

Das im Mittelalter entstandene **Schloss Jægerspris [N55° 51' 18.3" E11° 58' 27.3"]**, Slotsgården 20, wurde zuletzt von König Frederik VII. bewohnt *(Schloss geöffnet Ostern - Ende Okt. Di - So 11 - 16 Uhr, Schloss*park *ganzjährig geöffnet; www.kongfrederik.dk).* König Frederik VII. vermachte Jægerspris seiner Frau, Gräfin Danner. Die wiederum gründete auf Schloss Jægerspris ein Pensionat für bedürftige Mädchen.

Schloss Jægerspris

CAMPING – KULHUSE BEI JÆGERSPRIS

Camping DCU Kulhuse [N55° 55' 54.09" E11° 54' 33.12"], Kulhusvej 199, Tel. +45 47 53 01 86, www.camping-kulhuse.dk; 23. März – 21. Okt.; von Jægerspris Slot nordwärts auf der Straße 207 ca. 10 km zum Platz Nähe Fährhafen; teils terrassiertes Wiesengelände durch Hecken und Bäume aufgeteilt; ca. 4 ha – 120 Stpl. + Dau.; Standard-Sanitärausstattung. Kiosk, Restaurant, Waschmaschine, Trockner, Minigolf, Fahrradverleih, WLAN, Miethütten. V & E für Wohnmobile.

Heute ist das Anwesen vor allem eine Erinnerungsstätte an Gräfin Danner, die ja als Bürgerliche geboren und erst später von ihrem königlichen Gemahl in den Adelsstand erhoben wurde. Gedenkräume für König Frederik VII. und Gräfin Danner. Kinderheim Museum. Wechselnde Sonderausstellungen. Im Schlosspark steht die „Königliche Eiche" (Kongeegen), angeblich der älteste Baum in Nordeuropa.

ROUTE: Im weiteren Verlauf unserer Route durchqueren wir auf der Straße 53 die landschaftlich sehr reizvolle **Halbinsel Bramsnæs** *zwischen Isefjord und Roskilde Fjord in südlicher Richtung und treffen nach gut 29 km bei* **Kirke Sonnerup** *auf die Autobahn 21/23.*

Wer sich für dänische Kirchenarchitektur interessiert, sollte vor der Weiterreise Richtung Roskilde einen kurzen Abstecher nach Westen Richtung **Holbæk** (Touristeninformation in der Ahlgade 1C, Holbæk Camping [N55° 43' 04.7" E11° 45' 38.1"]) unternehmen. In **Tveje Merløse** an der Straße 57 Richtung Kvanløse kann man die für Dänemark recht eigenwillig wirkende **Kirche [N55° 41' 34.4" E11° 41' 52.5"]** besichtigen. Das Erscheinungsbild des Gottes-

hauses mit seinen beiden Türmen würde man eher in südlicheren Gefilden Europas vermuten. Die Kirche stammt aus der Zeit um 1100 und ist aus Feldstein und Travertin errichtet *(geöffnet tgl. 8-16 Uhr; www.tvejemerloesekirke.dk).*

ROUTE: Weiterreise auf der Landstraße 155 Richtung Roskilde. Bei **Kornerup**, *kurz vor Roskilde, zweigt man südwärts ab Richtung* **Lejre**. *Nach 3 km*

Die Kirche von Tveje Merløse fällt durch ihr für dänische Kirchen ungewöhnliches Erscheinungsbild auf

kann man einen Abstecher zum **Schloss Ledreborg** unternehmen.

Schloss Ledreborg [Parkplatz, N55° 36′ 24.8″ E11° 57′ 23.3″], Ledreborg Allé 2, stammt im wesentlichen aus dem 18. Jh. und ist seit 1739 Familiensitz der Holstein Ledreborger *(geöffnet Schlosspark 1. Mai - 31. Oktober tgl. 11 – 16 Uhr; Führungen im Schloss nur nach Vereinbarung; www.ledreborgslot.dk)*. Eine 7 km lange Herrenhofallee führt zum Schloss. Vom Hauptflügel fällt ein schöner Terrassengarten zu einem kleinen See hinab.

Im Inneren Kuppelsaal, Kapelle sowie Kunstgegenstände, bemerkenswerte Gemäldesammlung und schönes Mobiliar aus der Entstehungszeit der Schlossanlage.

Heute wird Schloss Ledreborg als Tagungs- und Konferenzzentrum und für Hochzeiten genutzt.

Wer sich über den neuen **Nationalpark Skoldunglandet**, auf der Insel Seeland informieren möchte, wird sich in Schloss Ledreborg, mit entsprechenden Informationen versorgen. Der Nationalpark wurde 2015 von Kronprinz Frederik höchstpersönlich eingeweiht. Der Park erstreckt sich um die Landschaft des Roskildefjords zwischen Roskilde, Lejre und Frederikssund. Das Gebiet gilt als Kernland der Geschichte Dänemarks mit seinen Königen des Skoldunge-Geschlechts.

Bei **Lejre** liegt in unmittelbarer Nähe von Schloss Ledreborg das **Sagnlandet Lejre [Parkplatz, N55° 36′ 53.35″ E11° 56′ 35.71″]**, ein rekonstruiertes Eisenzeitdorf, dem ein Historisch-Archäologisches Versuchszentrum angeschlossen ist *(geöffnet 1. Mai - 28. Juni + 12. Aug. - 22. Sept. Di - So 10 - 17 Uhr; 29. Juni - 11. Aug. tgl. 10 - 17 Uhr; www.sagnlandet.dk)*. Die Einrichtung fungiert als von Archäologen betreuter und vom dänischen Ministerium für Bildung unterstützter **Wissens- und Erlebnispark**.

So akademisch das auch klingt, so unterhaltsam ist der Besuch dieses rekonstruierten Dorfes aus der Eisenzeit. Unter anderem gibt es ein Webhaus,

ein Töpferhaus und eine Schmiede, wo noch nach alter Väter Sitte das jeweilige Handwerk betrieben wird. Ein rekonstruiertes Tanzlabyrinth zeigt, dass auch die Altvorderen sich zu unterhalten wussten.

Etwas abseits gelegen, sind die Häuser und Katen einer Landarbeiterfamilie aus dem 18. Jh. wieder aufgebaut worden.

Schließlich geben Filme und Diavorträge Einblick in die Eiszeit, die Entwicklung der Gletscher und eine Übersicht über die Arbeit des Versuchszentrums.

Im **Lejre Museum [Parkplatz, N55° 36′ 54.25″ E11° 58′ 7.37″]**, Orehøjvej 4 B in Lejre sind viele Funde der Gegend ausgestellt *(geöffnet 1. Apr. - 31. Okt. Di - So 11 - 16 Uhr; 1. Nov. - 20. Dez. + 1. Jan. - 31. März So 11 - 16 Uhr; www.lejremuseum.dk)*.

Den Weg nach Roskilde, das nur 9 km östlich entfernt ist, sollte man so wählen, dass man über **Øm** auf die nach Roskilde führende Straße 14 gelangt. Zwischen Lejre und Øm liegt nämlich eines der besterhaltenen **Ganggräber [N55° 35′ 59.80″ E11° 59′ 37.14″]** in Dänemark.

Das ca. 5.000 Jahre alte Grab **„Jættestue"** stammt aus der Jungsteinzeit. 15 Seitensteine und 4 mächtige Decksteine formen eine 7 m lange und knapp 2 m breite Kammer. Für Besucher zugänglich. Taschenlampe nicht vergessen!

Roskilde, die historische Domstadt, liegt am Südende des Roskilde Fjords.

Der Sage nach soll Roskilde um das Jahr 600 von einem Wikingerkönig namens *Roar* gegründet worden sein. Bewiesen wurde das bis heute allerdings nicht. Sicher hingegen ist, dass Harald Blauzahn als erster getaufter König Dänemarks an der Stelle des heutigen Doms im Jahre 960 eine Holzkirche errichten ließ. Die eigentliche Stadtgeschichte Roskildes beginnt um das Jahr 990.

Damals war Roskilde Königsresidenz und entwickelte sich dank seiner Lage am Schnittpunkt von Land- und Wasserwegen rasch zu einem wichtigen Handelsplatz. 1020 wird Roskilde zum Bischofsitz erhoben und baut damit seine Stellung als geistliches Zentrum in Dänemark aus. In seiner klerikalen Blütezeit zählte die Stadt nicht weniger als acht Klöster, zwölf Kirchen und zahlreiche Stifte.

Bischof Absalon, der Kopenhagen-Gründer, legte 1170 den Grundstein zum Dom von Roskilde, der seit dem Mittelalter die Grabkirche der dänischen Könige ist und heute die Sehenswürdigkeit der Stadt schlechthin darstellt.

Die Zeit nach der Reformation war für Roskilde alles andere als eine Blütezeit. Es dauerte lange, bis die Stadt wirtschaftlich wieder Fuß fasste. Aber spätestens mit dem Bau der ersten Bahnlinie in Dänemark, von Kopenhagen nach Roskilde, gewann die Stadt wieder an Bedeutung.

Die Universitätsstadt ist vor allem auf den Gebieten Landwirtschafts- und Energieforschung (u. a. Erforschung der rationellsten Nutzung der Windkraft) sehr rührig. Tatsächlich hat sich Dänemark auf diesem Gebiet, der Energiegewinnung aus Windkraft, schon einen ganz hervorragenden Ruf erworben.

1998 feierte Roskilde sein 1.000-jähriges Bestehen.

Einen zentralen **Parkplatz** (außer an Markttagen) findet man am Marktplatz

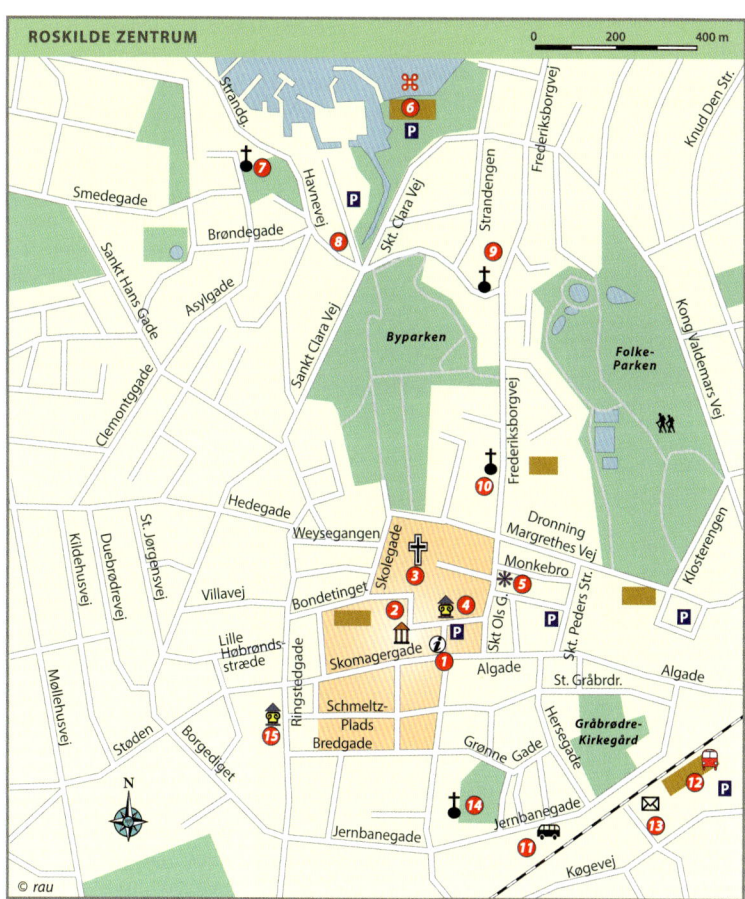

ROSKILDE – **1** Touristeninformation – **2** Marktplatz, Rathaus – **3** Dom – **4** Palais, Palaissammlung, Museum für Zeitgenössische Kunst – **5** Roskilde Museum – **6** Wikingerschiffmuseum – **7** Sct. Jørgensbjerg Kirche – **8** Glasgalleriet – **9** Sct. Ibs Kirche – **10** Sct. Laurentii Kirche – **11** Busbahnhof – **12** Bahnhof – **13** Postamt – **14** Vor Frue Kirche – **15** Handwerksmuseum

Stændertorvet [N55° 38' 29.52" E12° 4' 51.49"] gleich neben dem **Rathaus**, dem **Touristenbüro** und unweit vom **Dom** gelegen. Nach Jahrhunderte alter Tradition wird auf dem Stændertorvet jeden Mittwoch und Samstag vormittags Markt abgehalten.

Weitere gute Parkmöglichkeiten gibt es am Hafen beim **Wikingerschiffmuseum [Parkplatz, N55° 38' 59.15" E12° 04' 44.08"]**. Zu Fuß sind die beiden Parkplätze nur etwa 800 m voneinander entfernt, also in Gehnähe.

Roskildes Sehenswürdigkeiten

Hinter dem Marktplatz erhebt sich mitten im Zentrum von Roskilde auf dem Domkirkepladsen der **Dom (3) [N55° 38' 33.62" E12° 4' 45.54"]**, mit den beiden spitzen Turmhauben nicht zu verkennen. Der rote Ziegelsteinbau ist eines der bedeutendsten Kirchenbauwerke des Landes *(geöffnet JUni - Aug. Mo - Sa 10 - 18 Uhr; So 13 - 16 Uhr; Mai + Sept. Mo - Sa 10 - 17 Uhr; So 13 - 16 Uhr; Okt. - Apr. Mo - Sa 10 - 16 Uhr, So 13 - 16 Uhr; www.roskildedomkirke.dk).*

In der Bauweise des über 800 Jahre alten Doms, dessen Fertigstellung 200 Jahre in Anspruch nahm, sind sowohl romanische als auch gotische Stilelemente sichtbar.

Obwohl das 84 m lange und etwa 24 m hohe Kirchenschiff um 1300 fertiggestellt war, wurde in den späteren Jahren doch immer wieder um- und angebaut. Die beiden Turmspitzen wurden übrigens erst 1635 hinzugefügt. Im frühen 14. Jh. wurde an der Südseite des Doms (neben dem heutigen Eingang) die sog. Dreikönigskapelle, die erste königliche Grabkapelle für König Christian I. hinzugefügt, der noch andere folgten. Insgesamt ruhen unter dem Chor und in den prächtigen Sarkophagen aus Marmor und Alabaster in den Seitenkapellen 38 Könige und Königinnen.

Mitten in der **Dreikönigskapelle (20)**, in der neben Christian I. und seine Frau Dorothea auch König Christian III. und dessen Frau Dorothea beigesetzt sind, steht die sog. **Königssäule (21)**. Kerben an der Säule markieren die Körpergrößen dänischer und ausländischer Monarchen, die den Dom besuchten. Die älteste und höchste Markierung von stattlichen 219,5 cm galt König Christian I. Wie man liest, ist diese Höhe aber eher dem großen Ansehen des Königs, als seiner wirklichen Körpergröße geschuldet. Christian I. soll tatsächlich 185 cm groß gewesen sein. Und glaubt man den an-

Die Fassades des Doms zu Roskilde

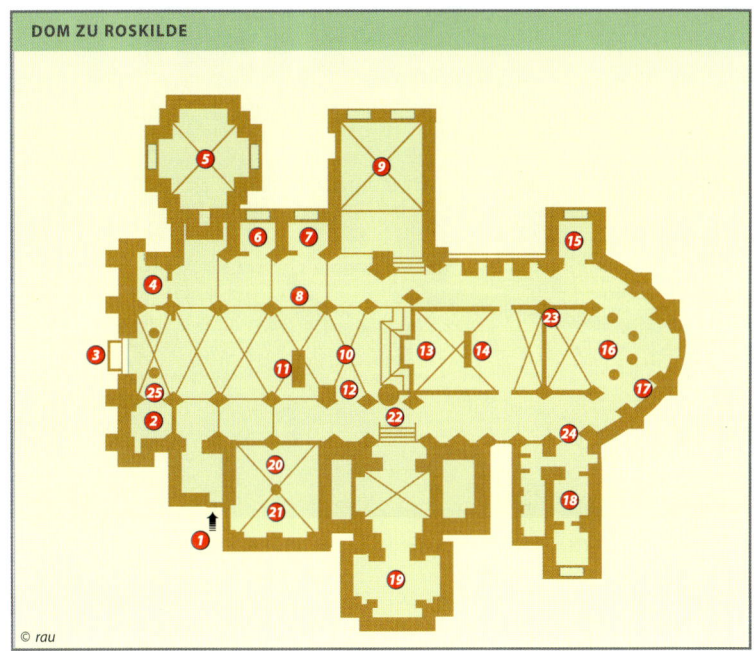

DOM ZU ROSKILDE

© rau

*DOM ZU ROSKILDE – **1** Eingang – **2** südliche Turmkapelle (Krag's Kapelle oder Bethlehemkapelle) – **3** Hauptportal, Königsportal – **4** nördliche Turmkapelle (Trolles Kapelle oder St.-Sigrids-Kapelle) – **5** Kapelle Christians IX. oder Glücksburg Kapelle – **6** St.-Birgitta-Kapelle – **7** St.-Andreas-Kapelle – **8** Königsempore – **9** Kapelle Christians IV. – **10** Mittelschiff – **11** Orgel, 16. Jh. – **12** Kanzel, 17. Jh. – **13** Chor – **14** Hochaltar – **15** Oluf Mortensens Kapelle – **16** Hochchor – **17** Chorumgang – **18** Kapitelhaus (nicht zugänglich) – **19** Kapelle Frederik V. – **20** Dreikönigskapelle – **21** Königssäule – **22** Taufbecken – **23** Grabmal König Blauzahns, Sarkophag von Königin Margrethe I. – **24** Treppe zum Dommuseum – **25** historische Uhr*

deren Markierungen, dann ist der jetzige Kronprinz Frederik 180 cm und Kronprinzessin Mary 172 cm groß.

Auf dem Weg von der Dreifaltigkeitskapelle durch das rechte Seitenschiff weiter Richtung Chor, passiert man die prächtige **Orgel (11)** und die eindrucksvolle **Kanzel (12)** und kommt gleich darauf zur **Kapelle Fredriks V. (19)** Mit dem Bau der Kapelle war schon 1769 begonnen worden. Die Fertigstellung ließ aber wegen Kriegen und einem Staatsbankrott bis 1825 auf sich warten. Außer Frederik V. sind hier u. a. Frederik VII. und Louise von Hessen (links vom Eingang), Christian VIII. und Caroline Amalie (rechts vom Eingang), Frederik VI. und Marie Sopie Frederike beigesetzt.

Das vermutliche Grab von Wikingerkönig **Harald Blauzahn (23)**, dem 985 verstorbenen Gründer der ersten Kirche in Roskilde sowie der Sarkophag von **Königin Margrethe I.**, der 1412 verstorbenen ersten Regentin Dänemarks, sind am Übergang zum Hochchor, links hinter dem Altar zu finden.

Geht man durch das nördliche Seitenschiff zurück, passiert man die **Kapelle Christians IV. (9)** (Gräber von Christian IV., Sopie Amalie, Anna Katharina, Frederik III.), die **Königsloge (8)** oben im Hauptschiff, dann die kleine **Sankt Birgittenkapelle (6)**, in der einstmals die jetzige Königin Margrethe II. und ihr Gemahl Prinz Henrik ihre letzte Ruhestätte finden werden, und

Königliche Grabstätten in der Kapelle Frederik V. im Dom zu Roskilde

schließlich die **Kapelle Christians IX. (5)** (Gräber von Christian IX. und Louise, Christian X. und Alexandrine, Frederik VIII. und Louise, Frederik IX. und Ingrid).

Gegenüber der Turm-Kapelle (2) sieht man eine historische **Uhr (25)** aus der Zeit um 1400 und darüber eine Figurengruppe mit dem Heiligen Georg, dem Drachentöter und einem Glöckchen. Das Glöckchen schlägt die vollen Stunden, während Sankt Georg seine Pflicht tut und den Drachen „tötet", während ein beängstigender Laut zu hören ist.

An der Ostseite des Doms und durch den Absalon-Bogen aus dem 13. Jh. mit diesem verbunden, liegt am Marktplatz Stændertorvet 3D das sog. **Palais (4).** Es entstand 1733 an der Stelle des alten Bischofspalais und diente als Residenz für Personen von Hofe auf Reisen oder bei Beisetzungen. Heute enthält das Palais das **Museet for Samtidskunst [N55° 38' 33.28" E12° 4' 54.35"]**, das Museum für Zeitgenössische Kunst, mit wechselnden Ausstellungen *(geöffnet ganzjährig Di, Do, Fr 12 - 17 Uhr, Mi 12 - 20 Uhr, Sa + So 11 - 16 Uhr; www.samtidskunst.dk).*

Eine Straße weiter nordöstlich, in der Sankt Ols Stræde 3, befindet sich das **Roskilde Museum (5) [N55° 38' 32.3" E12° 5' 01.2"]**. Das kulturhistorische Museum zeigt u.a. Altertumssammlungen, sowie Abteilungen über Brauchtum, Trachten und Bauernkultur. Neu ist eine überaus anschaulich präsentierte Dauerausstellung, welche die Geschichte der ersten dänischen Hauptstadt Roskilde schildert. Zudem gibt es wechselnde Sonderausstellungen *(geöffnet ganzjährig tgl. 10 - 16 Uhr, Mi 10 - 21 Uhr; www.roskildemuseum.dk).*

Knapp 1 km nördlich vom Marktplatz Stændertorvet entfernt liegen in der Nähe des Hafens am Roskilde Fjord das **Wikingerschiffmuseum (6) [Parkplatz, N55° 38' 59.15" E12° 04' 44.08"]**, Strandengen *(geöffnet 1. Mai - 20. Okt. tgl. 10 - 17 Uhr, übrige Zeit 10 - 16 Uhr; www.vikingeskibsmuseet.dk/de/).* In diesem modernen Museum sind die Reste von fünf Wikingerschiffen zu sehen.

1962 wurden bei Unterwassergrabungsarbeiten im Roskildefjord ca. 20 km nördlich von Roskilde die Fragmente von fünf Wikingerschiffen freigelegt. Die Holzboote wurden ums Jahr 1000 versenkt, wahrscheinlich um die Fahrrinne zu blockieren und Roskilde vor Angriffen norwegischer Wikinger zu schützen.

Nach der Ausgrabung gestaltete sich die Konservierung des wasserdurchtränkten Holzes als sehr langwierig und schwierig. Wäre das Holz ausgetrocknet, wäre es für alle Zeit zerfallen. Aber mit Hilfe der in der Zwischenzeit im Zusammenhang mit Weinskandalen unrühmlich bekannt gewordenen Chemikalie Glykol, konnten die Holzporen in einem jahrelangen Prozess gefüllt und damit der Zerfall der Holzfragmente verhindert werden.

1996 und 1997 wurde das Museumsgelände erweitert, die Museumsinsel vergrößert. Bei Grabungsarbeiten zur Entwässerung des Terrains stieß man völlig überraschend auf sage und schreibe neun weitere, sehr alte Wikingerschiffe. Eines davon ist mit einer Kiellänge von 37 m das größte bislang gefundene Wikingerschiff der Welt, wie es heißt.

Das Schiff ist von den Wissenschaftlern nach ersten Analysen auf die Zeit um 1020 datiert worden. Es soll als Kriegsschiff gedient haben und von einer 100-köpfigen Besatzung, darunter mindestens 76 Ruderer, die auch Krieger waren, geführt worden sein. Alle neun Schiffe, oder besser das, was von ihnen erhalten ist, wurden zwischenzeitlich geborgen und sind nach der Konservierungsphase im Museum zu bestaunen.

Im Kino des Museums werden laufend Filme über Ausgrabung, Konservierung und Aufstellung der Roskilde-Schiffe gezeigt, auch in deutscher Sprache.

Eine ganze Reihe originalgetreu und mit alten Handwerksmethoden und Werkzeugen nachgebaute Wikingerschiffe liegen vor dem Museum vertäut. Und im Sommer können Gäste auf einem originalgetreu nachgebauten Wikingerschiff eine kleine Kreuzfahrt auf dem Roskildefjord machen.

Geht man vom Museum durch die Parkanlage zum Hafen und von dort stadteinwärts, sieht man kaum 200 m entfernt etwas erhöht die **Sankt Jørgensbjerg Kirche (7) [N55° 38' 58.1" E12° 04' 30.5"]** am Rande eines kleinen Parks liegen. Der Weg dorthin lohnt, nicht nur der Kirche wegen, sondern auch wegen des Blicks auf Hafen und Fjord.

Der Stadtteil St. Jørgensberg, in dem die Kirche liegt, war früher ein eigenständiges Fischerdorf. Noch heute trifft man hier auf alte, niedere Häuser und idyllische Winkel.

Von St. Jørgensberg Richtung Innenstadt kommt man an der **Glasgalleriet [Parkplatz, N55° 38' 54.72" E12° 4' 44.19"],** Skt. Ibsvej 12, vorbei, die im ehemaligen Gaswerk untergebracht wurde. Hier fertigen Künstler neben Glasobjekten auch Werke aus Keramik, Tex-

Originalgetreuer Nachbau eines Wikingerschiffes vor dem Wikingerschiffmuseum in Roskilde

tilien und Malereien. Den Glasbläsern kann man bei ihrer Arbeit zusehen *(geöffnet ganzjährig Mo - Fr 10 - 17 Uhr, Sa + So 11 - 16 Uhr; www.glasgalleriet.dk).*

Im **Handwerksmuseum (15) [N55° 38' 24.76" E12° 4' 33.29"]** in der Ringstedegade 6 - 8 werden vor allem Werkzeuge alter holzverarbeitender Berufe vom 19. Jh. bis 1950 ausgestellt. Darunter sind Gerätschaften ausgestellt, wie sie einst von Kunstdrechslern, Stellmachern, Schreinern, Zimmermännern, Fassbindern, Holzschuhmachern, Holzschnitzern, Waldarbeitern oder Sägewerkern verwendet wurden. *Geöffnet tgl. 10 - 16 Uhr, Mi bis 21 Uhr.*

Auf der Webseite des Museums ist zu lesen, dass Parkmöglichkeit für Rollstuhlfahrer im Innenhof bereitstehen, es eine Rampe am Eingang gibt und ein Aufzug zu den Ausstellungen im ersten Stock führt. Stufenfreier Zugang zu Toilette für Behinderte.

Fans der Rockmusik und des Rock'n Roll kommen im erst vor wenigen Jahren eröffneten **Ragnarock Rockmuseum [N55° 37' 40.47" E12° 4' 58.39"]**, Dänemarks Museum für Pop, Rock und Jugendkultur an der Rabalderstræde 16 auf ihre Kosten. Das Museum am Südrand des Stadgebietes ist einem modernen Glasbau untergebracht *(geöffnet Anf. Jan. - Ende Dez. tgl. 10 - 17 Uhr, Mi bis 22 Uhr; www.romu.dk).*

Die Geschichte der Rockmusik wird hier seit dem Jahre 1950 dokumentiert. Und Sie können sich hier auch als Rockmusiker versuchen.

Man findet das Museum ganz in der Nähe des Geländes, auf dem jedes Jahr das Roskilde Festival stattfindet.

Seit die Stadt Roskilde 2003 das Gelände einer ehemaligen Zement- und Betonfabrik erwarb beginnt sich hier eine Freizeit- und Musikzentrum, das „Musicon", zu etablieren. Es soll ein urbanes Entwicklungsobjekt entstehen, an dem Bürger, Aarchitekten, Künstler Geschäftsleute u. a. teilnehmen können.

Neben Skatern und dem Ragnarock Rockmuseum haben sich hier zwischenzeitlich Künstler, ein Tanztheater und das Veranstaltungsbüro des Roskilde Festivals niedergelassen.

PRAKTISCHE HINWEISE — ROSKILDE

Roskilde Turistbureau VisitRoskilde [N55° 38' 28.16"   E12° 4' 49.12"], Stændertorvet 1, 4000 Roskilde, Tel. +45 46 31 65 65, www.visitroskilde.de. *Geöffnet Juni - Sept. Mo - Fr 10 - 17 Uhr, Sa 10 - 14 Uhr; Okt. - Mai Mo - Fr 10 - 16 Uhr, Sa 10 - 14 Uhr.*

Feste, Veranstaltungen
Das **Roskilde Festival**, https://www.roskilde-festival.dk/en/, eine angeblich 100% Non-Profit-Veranstaltung, findet jedes Jahr eine Woche lang zwischen Ende Juni und Anfang Juli statt. Seit 1972 werden die Einnahmemillionen karitativen Einrichtungen und Zwecken zur Verfügung gestellt. Auf dem Roskilde Festival werden aber nicht nur Musik, sondern auch Kunst und Kommunikation präsentiert.

CAMPING

Camping Roskilde [N55° 40' 25.2" E12° 04' 56.8"], Baunehøjvej 7, Tel. +45 46 75 79 96, www.roskildecamping.dk; 31. März – 1. Okt.; 4 km nördl. Roskilde von der Straße 6 Richtung Veddelev abzweigen; recht weitläufiges Gelände, hügelige Wiesen mit Waldanteil am Roskilde Fjord, relativ ruhig und ansprechend gelegen, vom Strand Blick zur Stadt, nur wenig wirklich ebene, feste Stellplätze für Wohnmobile; ca. 25 ha – 250 Stpl. + 100 Dau.; einfache Standard-Sanitärausstattung; Laden, Waschmaschine, Trockner, WLAN auf Teilen des Platzes. Miethütten. V & E für Wohnmobile. QuickStop.

ROUTE 13: KOPENHAGEN

Reisedauer: Mindestens zwei Tage.

Höhepunkte: Das **Nationalmuseum ***** und die **Nationalgalerie ***** – das **Schloss Christiansborg **** – das **Schloss Amalienborg **** – das **Schloss Rosenborg **** – die **Ny Carlsberg Glyptotek **** – **Meermaid *** und **Tivoli *** – das **Arken Kunstmuseum **** in Ishøj – das **Aquarium Den Blå Planet *** in Kastrup

KOPENHAGEN
Grossraum und Øresundküste

© rau

ROUTE: Kopenhagen liegt ca. 30 km östlich von Roskilde und ist auf der Autobahn 21 rasch zu erreichen.

Kopenhagen, seit 1471 die Hauptstadt Dänemarks, wurde 1043 erstmals in einer Urkunde erwähnt. Damals war Kopenhagen wohl nicht mehr als eine Handvoll Fischerhütten am Øresund. Und Kopenhagen hieß es auch noch nicht.

Erst als 1167 *Bischof Absalon* hier eine Schutzfestung errichtete – deren Grundmauern heute unter Schloss Christiansborg liegen – entwickelte sich rasch eine Stadt. Und Bischof Absalon ist für alle Zeiten als Gründer von Kopenhagen in die Annalen eingegangen.

Bald wurde die königliche Residenz nach Kopenhagen verlegt und Erik von Pommern erhob Kopenhagen zur Hauptstadt. 1479 gründete man die Universität – Dänemarks älteste.

Zwischen dem 16. und 17. Jh. setzte während der Regierungszeit König Christians IV. eine rege Bautätigkeit ein. Viele der repräsentativen Bauten der Stadt entstanden damals, darunter die Börse und das Schloss Rosenborg.

Zwischenzeitlich wurde Kopenhagen auch seinem Namen – nämlich ein reger Kaufmannshafen (København) zu sein – gerecht.

Längst wucherte die Stadt über die Grenzen der mittelalterlichen Befestigung hinaus. Wo sich heute der Vergnügungspark Tivoli erstreckt, begrenzten früher Wälle und Bastionen den Stadtbezirk.

Heute ist Kopenhagen eine moderne Großstadt mit annähernd 1,22 Mio. Einwohnern (Großraum mit allen Vororten), Verkehrsknotenpunkt und Wirtschaftsmetropole in Nordeuropa, aber auch beliebtes und lebhaftes Touristenziel.

Kopenhagen gilt als eine der Städte, die weltweit die größte Lebensqualität bieten. Andererseits gilt die Stadt seit einigen Jahren als eine der teuersten Städte der Welt.

Statue des Gründers der Stadt Kopenhagen, Bischof Absalon, am Rathaus

Die Stadtentwicklung ist stürmisch, was sich allerdings negativ auf die Wohnungspreise und auf den Verkehr in der Stadt niederschlägt.

Parken in Kopenhagen, zumal für große Fahrzeuge wie Wohnmobile, ist problematisch und von Montag bis Samstag zwischen 8 Uhr und 17 Uhr kostenpflichtig. Die Höhe der Gebühren und die Zeitspanne der Gebührenpflicht (und evtl. Abweichungen von der Standardzeit 8 – 17 Uhr) ist je nach Parkzone auf den Parkscheinautomaten angegeben.

Kopenhagen gilt als Vorbild in Bezug auf den **Radverkehr in der Stadt**.

Entlang vieler Straßen gibt es Radwege, die deutlich von der Fahrbahn für Autos getrennt sind. Der Anteil des Radverkehrs in der Stadt ist überdurchschnittlich hoch.

Nach Amsterdam gilt Kopenhagen als fahrradfreundlichste Stadt der Welt. der „Cykelsupersti", ein Radschnellweg, und „Den Grønne Sti", eine kilometerlange Fahrradstraße, führen durch die Innenstadt.

Den bei Einheimischen wie Touristen gerne genutzten Service der kostenlosen Citybikes gibt es nicht mehr! Er-

setzt wird das Ganze durch **BYCYKLEN**. Wer sich vorher mit Handy oder Tablet-PC anmeldet, kann die modernen Elektro-Fahrräder in der Stadt benutzen. Die Räder sind nicht mit Ketten-, sondern mit Kardanantrieb und mit einem fest am Lenker angebrachten Tablet-PC ausgestattet. Nach Erstellen eines User-Accounts bei www.bycyklen.dk oder am Tablet-PC des Fahrrads, dient dieser Tablet-PC zum An- und Abmelden, er bietet Routeninformationen und Infos zur Stadt etc. Detaillierte Auskünfte über das BYCYKLEN-System erfährt man unter www.bycyklen.dk.

Per Fahrrad kann die Stadt Kopenhagen in Begleitung erfahrener Guides des Unternehmens **City Bike Adventures Copenhagen** und gegen Gebühr auf Radtouren erkundet werden. Tägliche Abfahrten um 10 Uhr mit einer Dauer von 3 Stunden (15 km) und um 13.30 Uhr mit einer Dauer von 1,5 Stunden (8 km). Abfahrt Vendersgade 9/Israels Plads Preise inklusive Fahrrad beliefen sich zuletzt um die DKK 300 (ca. 40,- Euro) für die 3-stündige Tour und DKK 200 (ca. 26 Euro) für die 1,5-stündige Tour. Die Touren werden in Englisch veranstaltet. Infos: City Bike Adventures, Tel. +45 71 99 91 50, www.citybikeadventures.com.

Falls Sie mit Ihrem eigenen Fahrrad durch Kopenhagen fahren sollten, können Sie das Rad auch problemlos auf einer Taxifahrt mitnehmen, falls Sie größere Strecken in der Stadt überwinden wollen. Fast jedes Taxi in Kopenhagen verfügt über einen Fahrradträger. Auch in den Bahnen können Fahrräder ohne weiteres transportiert werden.

Mein Tipp! Wie in vielen anderen Großstädten macht man auch in Kopenhagen eine Stadtbesichtigung tunlichst zu Fuß oder bedient sich öffentlicher Verkehrsmittel bzw. der Fahrräder.

Die beiden folgenden **Rundgänge** sollen einen ersten Eindruck von der Kopenhagener City vermitteln. Zumindest den ersten Rundgang sollte man unternehmen und sich dafür einen ganzen Tag Zeit lassen. Bei eingehender Besichtigung aller beschriebenen Sehenswürdigkeiten auf dem ersten Rundgang wird man mindestens noch einen weiteren Tag einplanen müssen!

Wer Kopenhagen sehr intensiv besichtigen, viele Museen und Sehenswürdigkeiten besuchen will, sollte den Erwerb des **Copenhagen City Pass** in Erwägung ziehen, www.copenhagencity-pass.com. Man kann ihn online bestellen, er wird dann per Email und SMS zugesandt. Mit dem Pass auf Ihrem Handy scannen Sie einfach den QR-Code am Eingang des Museums oder der Attraktion. Zusätzliche Eintrittskarten oder schlangestehen nach Tickets sind dann nicht mehr nötig. Ausgesprochen „billig" ist der Pass nicht gerade. Der Copenhagen City Pass kann für eine Gültigkeiten von 24 Stunden (DKK 425/57,- EUR p. P.), 48 Stunden (DKK 580/77,- EUR p. P.), 72 Stunden (DKK 725/97,- EUR p. P.) oder 120 Stunden (DKK 950/127,- EUR p. P.) erworben werden. Aber immerhin können mit City Pass mehr als 60 Museen und Sehenswürdigkeiten kostenlos besucht, Stromma's Hop On - Hop Off Rundfahrten und alle Busse und Bahnen im Großraum Kopenhagen umsonst benutzt werden. Für die Fähren nach Schweden gibt es Ermäßigungen. Wer sein Handy nicht nutzen möchte, kann den City Pass im Touristenbüro in der Vesterbrogade 4A, an Bahnhöfen, am Flughafen, in Hotels, Hostels und auf den Campingplätzen kaufen.

Stadtbesichtigung

Am besten startet man den **Stadtrundgang** am Besucherzentrum **Copenhagen Visitor Service (1) [N55° 40' 29.29" E12° 33' 51.88"]** in der Vesterbrogade 4 ganz in der Nähe des Hauptbahnhofs. Im Touristenbüro findet man auch die zentrale Zimmervermittlung der Stadt Kopenhagen (*geöffnet Mai - Juni + Sept. Mo - Sa 9 - 18 Uhr, So 9 - 16 Uhr; Juli + Aug. Mo - Fr 9 - 20 Uhr, Sa + So 9 - 18 Uhr; Okt. - Apr. Mo - Sa 9 - 16 Uhr, So 9 - 14 Uhr; www.visitcopenhagen.com*).

Vom Informationsbüro gehen wir über die breite Vesterbrogade zum Rathausplatz (Rådhuspladsen) und zum **Rathaus (2).**

Das Rathaus ist durch seinen viereckigen, hohen Uhrturm nicht zu verkennen. Der etwas düster wirkende Backsteinkomplex stammt aus der Jahrhundertwende und wird hauptsächlich durch Elemente des italienischen Renaissancestils aufgelockert. Im Inneren – auf gebührenpflichtigen Führungen von ca. 30-minütiger Dauer zu besich-

Der „Indische Palast" im Vergnügungspark Tivoli

KOPENHAGEN ZENTRUM – **1** Touristeninformation – **2** Rathaus – **3** Tivolipark – **4** Lurenbläsersäule – **5** Postamt – **6** Nationalmuseum – **7** Schloss Christiansborg – **8** Zeughaus, Kriegsmuseum – **9** Alte Börse – **10** Thorvaldsen Museum – **11** Kanal- und Hafenrundfahrten – **12** Nikolaj Kirche – **13** Kongens Nytorv – **14** Königliches Theater – **15** Schloss Amalienborg – **16** Marmorkirche oder Frederikskirche – **17** Medizinhistorisches Museum – **18** Sankt Ansgarkirche – **19** Kunstindustriemuseum – **20** Resistance Museum – **21** Kleine Meerjungfrau – **22** Dom Vor Frue Kirke – **23** Rundturm – **24** Schloss Rosenborg – **25** Botanischer Garten – **26** Geologisches Museum – **27** Staatliches Kunstmuseum – **28** Kunstsammlung Hirschsprung – **29** Ny Carlsberg Glyptotek – **30** Hauptbahnhof – **31** Planetarium – **32** Københavns Museum – **33** Post- u. Tele-Museum Danmark – **34** Nyboder – **35** Arbeitermuseum – **36** Gefionbrunnen

tigen – gibt es u. a. ein wahres Meisterwerk des Uhrmacherhandwerks, die berühmte **astronomische Uhr** von Jens Olsen, zu bestaunen (Führungen auf den über 100 m hohen Rathausturm über 300 Stufen Mo - Fr 11 + 14 Uhr, Sa. 11 Uhr; Rathausführungen auf Dänisch Mo - Fr 10 + 13 Uhr, Sa 11 Uhr; Rathausführungen auf Englisch Mo - Fr 13 Uhr, Sa 10 Uhr; https://www.visitcopenhagen.com/copenhagen/planning/copenhagen-city-hall-gdk447406). Vom Rathausturm gelingt ein prächtiger Blick auf Kopenhagen.

Historische Marktszene von 1844 am „Højbro Plads", Gemälde von S. Henriques.
Foto: VisitDenmark

Der weltbekannte Vergnügungspark **Tivoli (3) [N55° 40' 29.0" E12° 33' 55.3"]**, Vesterbrogade 3, mit schönen Parkanlagen, Seen, altem Baumbestand und gepflegten Blumenbeeten ist 1843 eröffnet worden und ist mit jährlich über vier Millionen Besuchern noch heute Dänemarks meistbesuchte Attraktion. Der Park mit Unterhaltung für Groß und Klein bietet neben 26 Vergnügungsattraktionen (Fahrgeschäften, Geisterbahnen, Riesenrädern etc. etc.) auch 29 Restaurants, ein Orangerie-Glaspavillon und Hotels. Auf den Show- und Freilichtbühnen treten Artisten, Stars und Künstler von internationalem Rang auf. Und jedes Jahr sollen hier annähernd 150 Konzerte stattfinden, darunter Promenadenkonzerte und Paraden der Tivoligarde *(geöffnet So - Do 11 - 23 Uhr, Fr + Sa 11 - 24 Uhr; www.tivoligardens.com).*

Im **Tivoli Museum** wird auf drei Stockwerken anhand von Plakaten, Gegenständen, Bildern, Modellen, Filmen und Klangdokumenten die 150-jährige Geschichte des Vergnügungsparks lebendig.

An der Nordostseite des Rathausplatzes findet man das Kuriositätenmuseum **Ripley's Believe It Or Not! [N55° 40'**

34.63" E12° 34' 11.90"], Radhuspladsen 57 *(geöffnet tgl. 10 - 17 Uhr, www.ripleys.com/copenhagen/).*

Nebenan findet man das **HC Andersen Eventyrhuset**, ein kleines Andersenmuseum und Kuriositätenkabinett.

Wir überqueren den Rathausplatz. Rechts in der Vester Voldgade, vor dem Hotel Scandic Palace, sieht man die **Lurenbläser-Säule (4)**. Hier ist der Startpunkt für Stadtrundfahrten.

Weiter in die **Frederiksberggade [N55° 40' 35.56" E12° 34' 10.50"]**. Diese von Geschäften aller Art gesäumte Fußgängerzone zieht sich fast 2,5 km – die Namen wechselnd – vorbei an der **Helligåndskirken** am **Amagertorv [N55° 40' 43.27" E12° 34' 46.15"]** nach Osten.

Wir wenden uns aber schon vor der Hellingåndskirken und noch vor dem Amagertorv an der Querstraße Nytorv rechts nach Süden und folgen der weiterführenden Rådhusstræde. Die Verlängerung der Rådhusstræde ist Frederiksholms Kanal. Rechts, Ecke Ny Vestergade, stößt man auf das unbedingt besuchenswerte **Nationalmuseum (6) [N55° 40' 27.89" E12° 34' 29.31"]** im Prinsens Palais, Ny Vestergade 10 *(geöffnet Juni -*

Sept. tgl. 10 - 17 Uhr; Okt. - Mai Di - So 10 - 17 Uhr; www.natmus.dk). Die verschiedenen, sehenswerten Sammlungen sind ein Kulturspiegel Dänemarks von der Steinzeit bis in die Neuzeit. Bei begrenzter Zeit sollte man die „Dänische Abteilung" vorziehen. U. a. sieht man dort den berühmten „**Sonnenwagen von Trundholm**" (dänisch Solvognen, 1902 von einem Bauern in Trundholm bei Nykøbing auf Seeland gefunden) aus der Bronzezeit, dann eine der ältesten Bronzeluren und natürlich zahlreiche Zeugnisse aus der Wikingerzeit. Eine Besonderheit sind die Repliken zweier goldener Hörner die im 17. Jh. in Jütland gefunden wurden. Die Originale aus der Zeit um 400 v. Chr. waren aus purem Gold gefertigt. Allerdings wurden sie 1802 gestohlen und von dem/den Dieb/en eingeschmolzen. Glücklicherweise hatte man von den goldenen Hörnern genau Zeichnungen angefertigt, sodass sie originalgetreu rekonstruiert werden konnten.

Interessant sind auch die Ausstellungen über **Dänische Geschichte** (Frühgeschichte bis 1050, Mittelalter 1000 – 1536, Renaissance 1536 – 1660), die Monarchie zwischen 1660 – 1848, Dänemark als Nation 1848 – 1915 und der Wohlfahrtsstaat Dänemark 1915 – 2000. Andere Abteilungen befassen sich mit sakraler Kunst (u. a. goldene Altäre), mit Gemälden, mit der Reformation, mit Antiquitäten aus der Region des Nahen Ostens. Und für die kleinen Besucher gibt es eigens ein Spielzeug- und Kindermuseum.

Außerdem wird die **Königliche Münzen- und Medaillensammlung** gezeigt, ein Leckerbissen für Numismatiker; dann eine **Antikensammlung** mit ägyptischen, westasiatischen, griechischen und römischen Exponaten und schließlich eine **Ethnographische Sammlung** (Zugang über die Ny Vestergade 10) über außereuropäische Kulturen und Völker aus Afrika, Indien, China, Japan, Innerasien, Sibirien u. a. Einen Schwerpunkt bilden die Kulturen der Eskimos, der Inuit-Völker also, und der Indianer Nordamerikas.

Zudem kann man das **Nationalmuseets Klunkehjem [N55° 40' 28.00" E12° 34' 36.53"]** am Frederiksholms Kanal Nr. 18, gleich um die Ecke vom Nationalmuseum, auf einer Führung besichtigen, eine Stadtwohnung, die im opulenten „Plüschstil" des ausgehenden 19. Jh. eingerichtet ist und einen ausgezeichneten Einblick in das Milieu jener Epoche gewährt *(Führungen mit begrenzter Teilnehmerzahl von Juni bis August Sa +*

Der „Sonnenwagen", ein rekonstruiertes Kleinod aus der Bronzezeit. Foto: VisitDenmark

So 11, 12 und 13 Uhr. Anmeldung zu Führungen am Infodesk im Nationalmuseum; https://en.natmus.dk/museums-and-palaces/the-victorian-home/guided-tours/).

Gegenüber dem Nationalmuseum, auf der Ostseite des Kanals, erhebt sich **Schloss Christiansborg (7) [N55° 40' 30.4" E12° 34' 38.4"]** auf der sog. Schlossinsel Slotsholmen, Prins Jørgens Gård 1. Man erreicht das Schloss über die schöne **Marmorbrücke**. Seit der ersten Burganlage des Bischofs Absalon von 1167 wurden hier nicht weniger als vier weitere Schlossanlagen errichtet.

Absalons Burg wurde 1369 abgerissen. Erik von Pommern wollte eine schönere Residenz. Die immerhin stand bis 1732. Dann aber wünschte Christian IV., Dänemarks baufreudiger Monarch, keine Burg mehr, sondern ein prächtiges Renaissanceschloss. Ein Feuer 1794 vernichtete dieses aber wieder bis auf den Südflügel, die sog. Reitbahn.

Der Wiederaufbau, der einen neoklassizistischen Kuppelbau als Kirche mit einschloss, war 1838 beendet, blieb aber nur knapp 50 Jahre unbehelligt – bis zu einem neuerlichen Brand 1884.

Mit dem Bau des heutigen Schlosses begann man 1907 und hatte nach neunjähriger Bauzeit einen repräsentativen Komplex geschaffen, der heute das Folketing, Dänemarks Parlament, das Außenministerium, den Obersten Gerichtshof und die königlichen Empfangsräume beherbergt. Das Reiterstandbild im Schlosshof stellt Frederik VII. dar, den „Vater der dänischen Verfassung".

Besichtigungszeiten Schloss Christiansborg:

Die **Königlichen Repräsentationsräume** mit Thronsaal und Rittersaal: *Apr. - Okt. tgl. 9 - 17 Uhr; Nov. - März Di - So 10 - 17 Uhr; letzter Einlass 30 Min. vor Schließung. Führungen in Dänisch tgl. um 11 Uhr, in Englisch um 15 Uhr; www.christiansborg.dk.*

Darüber hinaus sieht man die **Palastkapelle**, ein Kabinett mit kostbarem **Tafelporzellan** und eine bemerkenswerte **Sammlung von Gobelins**, deren Motive Szenen aus der Geschichte Dänemarks und der Welt zeigen. Die Kartons, nach denen die elf Gobelins in Paris zwischen 1990 und 2000 gefertigt wurden, stammen von Bjørn Nørgaard.

Die **Ruinen der Burg Absalons [N55° 40' 34.96" E12° 34' 49.72"]** unter dem heutigen Schloss: *Apr. - Sept. tgl. 10 - 17 Uhr; Okt. - März Di - So 10 - 17 Uhr.*

Die **Königlichen Stallungen [N55° 40' 29.57" E12° 34'4 3.79"]** (Christiansborg Ridebane 12) mit Sammlungen von Kutschen und Prunkzaumzeug: *Apr. - Okt. tgl. 13.30 - 16 Uhr; Nov. - März Di - So 13.30 - 16 Uhr.*

Die Königliche Küche: *Apr. - Okt. tgl. 10 - 17 Uhr; Nov. - März Di - So 10 - 17 Uhr.*

Die **Schlosskapelle**: *Juli tgl. 10 - 17 Uhr; Aug. - Juni So 10 - 17 Uhr.*

Das **Theatermuseum [N55° 40' 30.30" E12° 34' 45.86"]** (Christiansborg Ridebane 18) im ehemaligen königlichen Hoftheater von 1766, ist das Museum für dänische Theatergeschichte; *geöffnet Di - So 12 - 16 Uhr, Di - Do 9 - 14 Uhr; www.teatermuseet.dk.*

Bitte beachten: Alle angegebenen Öffnungszeiten können sich ändern!

Auf der Südseite von Schloss Christiansborg, in der Töjhusgade 3, befindet sich das **Töjhusmuseet/Krigsmuseet (8) [N55° 40' 26.97" E12° 34' 49.33"]**, das Zeughausmuseum, das in einem Gebäude aus dem späten 16. Jh. untergebracht ist. Gezeigt werden Waffen, Fahnen, Uniformen und Kriegsgerät *(geöffnet Di - So 12 - 16 Uhr; www.thm.dk).*

Wir gehen um die Ostseite des Schlosses herum. Östlich des Schlossplatzes sieht man das niedere, aber langgestreckte Renaissancegebäude der **Börse (9) [N55° 40' 31.94" E12° 35' 2.00"]** von 1624. Den markant gewundenen Turm bilden vier Drachenleiber. Nicht zugänglich.

Gegenüber auf der anderen Kanalseite liegt die **Holmens Kirche [N55° 40' 36.37" E12° 35' 1.83"]** von 1619, die Kirche des Königshauses *(geöffnet Jan. - Juli Mo, Mi, Fr, Sa 10 - 16 Uhr; Jan. - Dez. Di + Do 10 - 15.30 Uhr; Juni + Juli So 12 - 16 Uhr; www.holmenskirke.dk).*

An der Nordwestseite des Schlosses findet man am Bertel Thorvaldsens Plads 2 das 1848 eröffnete **Thorvald-**

Am Nyhavn, Kopenhagens altes Seemannsviertel

sen **Museum (10) [N55° 40' 35.55" E12° 34' 42.48"],** das Skulpturen, Skizzen, Zeichnungen und Modelle von Bertel Thorvaldsen zeigt. Thorvaldsen lebte zwischen 1770 und 1844, zählt zu den bekanntesten Künstlern Dänemarks und gilt als einer der größten Bildhauer des Landes. Zu den Exponaten zählt auch eine Sammlung von griechischen, ägyptischen, etruskischen und römischen Gegenständen *(geöffnet Di - So 10 - 17 Uhr, mittwochs Eintritt frei; www.thorvaldsensmuseum.dk).*

Gegenüber, unterhalb der Brücke über den Kanal an der Uferstraße Gammel Strand, ist der Abfahrtspunkt der **Kanal- und Hafenrundfahrten (11) [N55° 40' 39.71" E12° 34' 47.34"].** Von Mai bis Oktober Abfahrten halbstündlich ab 9.30 bis 18 Uhr. Übrige Zeit weniger Abfahrten; www.stromma.com.

Setzt man den Rundgang fort, geht man über die erwähnte Brücke am Gammel Strand nordwärts bis zum **Højbro Plads** und rechts, entweder über die Lille Kongensgade und vorbei an der **Nikolaj Kirche (12) [N55° 40' 42.89" E12° 34' 52.02"],** in der gelegentlich Ausstellungen gezeigt werden, oder über die Fußgängerzone Østergade zum Platz **Kongens Nytorv (13).** Dort liegt das **Königliche Theater (14) [N55° 40' 47.12" E12° 35 ,9.67"]** mit 2 Bühnen. Ballett, Oper und Schauspiel werden hier geboten. Das Motto des Hauses: „Ej blot til lyst – Nicht nur zum Vergnügen".

Zu besichtigen gibt es in der Østergade 16, westlich vom Platz, das **Guinness World of Records Museum [N55° 40' 48.45" E12° 35' 1.89"],** mit der Dokumentation der seltsamsten Rekorde aus dem bekannten Guinnessbuch der Rekorde *(geöffnet Mitte Juni - 31. Aug. tgl. 10 - 21 Uhr; Sept. - 14. Juni So - Do 10 - 17 Uhr, Fr + Sa 10 - 19 Uhr; www.ripleys.com/ copenhagen/guinness-world-records/).*

An der Ostseite des Kongens Nytorv endet der Nyhavn-Kanal, **Anlegestelle (11)** der Kanal- und Hafenrundfahrtboote. Von Mai bis Oktober Abfahrten halbstündlich ab 9.30 bis 18 Uhr. Übrige Zeit weniger Abfahrten; www.stromma.com.

Die Nordseite des **Nyhavn [N55° 40' 50.27" E12° 35' 17.76"]** ist das **alte Seemannsviertel** von Kopenhagen, mit schönen alten Häusern und einigen sog. „Seemannskneipen", in denen aber längst mehr Touristen als wirkliche Seeleute verkehren.

Der Nyhavn war die ehemalige Vergnügungsmeile der Stadt, ähnlich der Reeperbahn in Hamburg. Seit längerer Zeit aber haben sich hier Nobelrestaurants mit Niveau, Cafés und gemütliche Kneipen etabliert. An Sommerabenden sitzen die Leute hier an der Kaimauer, genießen ihr Bier und die Darbietungen der Straßenmusikanten. Das älteste Haus ist Nr. 9. Es stammt aus dem Jahre 1681.

Hans Christian Andersen, Dänemarks großer Märchendichter, lebte lange in diesem Viertel im Haus Nr. 67 und im Haus Nr. 20. Wie es heißt, soll er hier die Märchen „Das Mädchen mit den Streichhölzern" und „Die Prinzessin auf der Erbse" geschrieben haben.

Am Nyhavn entlang (rechts, ostwärts) bis zur Tolbodgade und links bis zum **Schloss Amalienborg (15) [N55° 41' 00.7" E12° 35' 34.2"]**.

Schloss Amalienborg bestehend aus vier Rokoko-Palais aus dem 18. Jh., die sich um einen achteckigen Platz gruppieren, entstand nach Plänen des dänischen Hofarchitekten Nicolai Eigtved. Damals, Mitte des 18. Jh., war das Terrain und die vier Palais am Platz noch im Besitz der Grafen Levetzau und Moltke, dem Baron Brockdorff und dem Geheimrat Løvenskold. Die Herren hatten das Grundstück vom König geschenkt bekommen. Nach dem Brand von 1794 im Schloss Christiansborg erwarb König Christian VII. Amalienborg und machte das Anwesen zur neuen Königsresidenz. Noch heute ist das Schloss die Winterresidenz der königlichen Familie.

In der Mitte des Platzes vor Schloss Amalienborg sieht man ein Reiterstandbild von König Frederik V. von 1770.

Heute ist in einem Flügel des Schlosses Amalienborg das **Amalienborg Museum** eingerichtet (*geöffnet Juni - Aug. tgl. 10 - 17 Uhr; Mai, Sept., Okt. tgl. 10 - 16 Uhr; 24. Feb. - 3. Apr. + 14. Apr. - 30. Apr. Di - So 10 - 15 Uhr; Nov. - 22. Dez. Di - So 11 - 15 Uhr; 26. - 31. Dez tgl. 10 - 15 Uhr; 1. Jan. 11 - 19 Uhr; www.kongernessamling.dk/ de/amalienborg/*). Besucher können di-

Schloss Amalienborg, Reiterstandbild von König Frederik V., im Hintergrund die Kuppel der Frederikskirche

verse Gemächer, das Arbeitszimmer von König Christian IX., den Salon der Königin Louise, einen Raum mit Kostümen und den sog. „Guldburet", den „Goldenen Käfig" mit kostbaren Exponaten besichtigen. Außerdem gibt es Ausstellungen über die Glücksburg Dynastie. Kurzfristige Schließungen des Museums sind möglich.

Busladungen von Touristen rollen jedesmal an, wenn täglich **um 12 Uhr die Wachablösung** zelebriert wird. Wenn

Königlicher Gardist vor Schloss Amalienborg

„niemand zu Hause" ist, Königin Margrethe II. – regierende Monarchin seit 1972 – also nicht im Schloss weilt, geschieht das ohne großes Zeremoniell. Und nur wenn sich Königin Margrethe II. in Kopenhagen aufhält, findet die Wachablösung mit ganzer Prachtentfaltung statt. Wenn dann die bärenfellbemützte Leib-

garde der Königin aufzieht – normalerweise in blauen Jacken, bei Galaanlässen in roten Jacken – marschiert sie um 11.30 Uhr von Schloss Rosenborg ab und über Gothersgade, Nørrevoldgade, Frederiksborggade, Købmagergade, Østergade, Kongens Nytorv, Bredgade und Frederiksgade zum Schloss Amalienborg.

Von den Kaianlagen östlich vom Schloss verkehren Schiffe nach Bornholm, Malmö und Oslo.

Über die Frederiksgade gehen wir nach Westen und treffen bald auf die Bredgade. Auf der gegenüberliegenden Straßenseite erhebt sich die barocke **Marmorkirche** oder **Frederikskirche (16) [N55° 41' 04.7" E12° 35' 22.4"]** von 1894 mit einer gewaltigen, 45 m hohen, runden Kuppel *(geöffnet Mo - Do + Sa 10 - 17 Uhr, Fr 12 - 17 Uhr, So 12 - 17 Uhr; www.marmorkirken.dk).*

Wir folgen der Bredgade rechts, nordostwärts, passieren das **Medizinhistorische Museum (17) [N55° 41' 9.46" E12° 35' 30.33"]**, die katholische **St. Ansgarkirche (18) [N55° 41' 9.46" E12° 35' 30.33"]** daneben und schließlich das **Designmuseum (19) [N55° 41' 11.99" E12° 35' 33.15"]**, früher Kunstindustriemuseet, Bredgade 68 *(geöffnet Di - So 10 - 18 Uhr, Mi 10 - 21 Uhr; www.designmuseum.dk/ en/).* Das Museum für Kunst und Gewerbe zeigt dänisches und ausländisches Kunstgewerbe und Design vom Mittelalter bis zur Gegenwart. Glas-, Silber- und Keramikobjekte. Möbel, Textilien u. ä.

An der Esplanade gehen wir rechts, gleich darauf am **Museum der Däni-**

schen Resistance (20) links *(zur Zeit geschlossen, Wiedereröffnung im Frühjahr 2020 geplant; www.natmus.dk/en/museums-and-palaces/the-museum-of-danish-resistance/)*, durch den Churchillpark, vorbei am **Gefion Brunnen (36) [N55° 41' 21.58" E12° 35' 51.52"]** und über die Seepromenade Langelinie mit dem beliebten Restaurant „Langelinie Pavillonen" bis zur **„Kleinen Meerjungfrau" (21) [N55° 41' 34.26" E12° 35' 57.12"]. „Den lille Havfrue",** am Langelinje Kaj, ist das Wahrzeichen Kopenhagens schlechthin, wenn nicht ganz Dänemarks. Die nicht ganz lebensgroße Frauengestalt mit Nixenleib aus Bronze wurde 1913 aufgestellt.

Die Idee zu der Figur des zierlichen Persönchens stammt übrigens aus einem Märchen von Hans Christian Andersen, Dänemarks großem Märchendichter des 19. Jahrhunderts.

Geschaffen wurde die „Lille Havfrue" von dem 1959 verstorbenen dänischen Bildhauer Edvard Erikson, dem keine geringere als die im frühen 20. Jh. an Dänemarks Bühnen sehr berühmte Tänzerin Ellen Price als Modell für die Gesichtszüge der „Kleinen Meerjungfrau" zur Verfügung stand.

Die gerade mal 135 cm hohe bronzene Meerjungfrau war verschiedentlich Ziel rüder und mutwilliger Attacken. 1964 verschwand über Nacht ihr Kopf, 1984 trennten irgendwelche Wirrköpfe einen Arm ab, 1998 wurde wieder der Kopf abgesägt und erst 2011 wurde die ganze Figur von ihrem Podest aus Natursteinen gesprengt. Natürlich ist längst alles wieder spurlos rekonstruiert.

Der **Gefion-Brunnen**, den wir kurz vorher passierten, ist übrigens nach der Göttin aus der nordischen Sagenwelt benannt, der angeblich die Existenz der Insel Seeland zu verdanken ist. Der Sage nach soll der schwedische König der Göttin Gefion soviel Land versprochen haben, wie sie an einem Tag mit vier Ochsen umpflügen konnte. Kurzerhand verzauberte Gefion ihre vier Söhne in vier kräftige Zugochsen (Motiv der Monumentalskulptur auf dem Brunnen) und pflügte

Die „kleine Meerjungfrau", Kopenhagens Wahrzeichen

so ausgiebig und so tief, bis Seeland von Schweden abgetrennt und mit dem Ochsengespann „weggezogen" war.

Der gesamte Weg vom Rathaus bis zur „Meerjungfrau" ist etwa 4 km lang.

Den Rückweg vom Langeliniepavillon (Meerjungfrau) zum Rathausplatz legt man Bussen der Linien 1Am 15, 19,

26 oder 29 (Änderungen möglich!) zurück. Oder man nimmt am einfachsten die S-Bahn ab *Østerport Station*, westlich des Kastellet-Parks bis zur Vesterport Station nahe Rathausplatz

2. Stadtrundgang

Den zweiten Rundgang beginnen wir am **Rathaus (2) [N55° 40' 31.66"** **E12° 34' 7.75"]**, queren den Rathausplatz, gehen die Vester Voldgade links hinauf und wenden uns rechts in die Studiestræde, die uns genau bis zum **Dom Vor Frue Kirke (22) [N55° 40'** **45.40" E12° 34' 19.15"]** bringt *(geöffnet tgl. 8 - 17 Uhr; www.koebenhavns-domkirke.dk)*. Der neoklassizistische Bau stammt aus dem frühen 19. Jh. Im Inneren sieht man Arbeiten von Thorvaldsen, u. a. die marmorne Christusfigur am Altar und die zwölf Apostel. Von den Glocken des Doms stammt die kleinste aus dem Jahr 1490. Sie soll die älteste Glocke des Landes sein.

Unter großem Jubel fand hier am 14. Mai 2004 die Vermählung des dänischen Kronprinzen Frederik mit der Australierin Mary Donaldson statt.

Nun links am Dom vorbei und durch die Fußgängerzone Frue Plads und Store Kannikestræde zur Købmagergade. An der Nordseite der Købmagergade 52 A sieht man links den 36 m hohen Rundturm **Rundetårn (23) [N55° 40' 52.9"** **E12° 34' 31.7"]** von 1642 *(geöffnet Mai - Sept. tgl. 10 - 20 Uhr; Okt. - März tgl. 10 - 18 Uhr; www.rundetaarn.dk)*. König Christian IV. ließ den Rundbau an die anschließende **Trinitatis Kirke (Dreifaltigkeitskirche)** anbauen.

Im Inneren des Rundturms führt eine spiralenförmige Rampe hinauf zur Aussichtsplattform. Es heißt, dass Zar Peter der Große während einer Staatsvisite die Rampe mit dem Pferd hochgaloppiert sein soll, im Gefolge seine Gemahlin in der Kutsche. Astronomische Ausstellung.

Würde man die Købmagergade ein Stück nach Osten gehen, käme man zum **Post- & Tele Museum Danmark (33) [N55° 40' 50.21" E12° 34' 39.72"]**,

Købmagergade 37 *(geöffnet tgl. 10 - 16 Uhr; www.ptt-museum.dk)*. Das Museum befasst sich mit der Geschichte des Postwesens im Königreich Dänemark. Ausgestellt sind u. a. Einrichtungen von Postämtern seit der Zeit, als 1624 das erste Königliche Postamt Dänemarks von König Christian IV. höchstselbst eingeweiht wurde. Damals bestand die Aufgabe des Postwesens nicht nur aus dem Transport von Briefen und Paketen, sondern auch in der Personenbeförderung und in der Kommunikation mit den Kolonien des Königreichs.

Andere Abteilungen befassen sich mit Briefmarken, die 1851 in Dänemark eingeführt wurden, oder mit der Entwicklung der Telegraphie, die 1854 startete und ab 1897 als Staatsmonopol weitergeführt wurde.

Unser Stadtspaziergang führt vom Rundturm nordostwärts durch die Landemærket und jenseits der Gothersgade durch den herrlichen **Schlosspark Kongenshave**, der auch als **Rosenborg Have** bekannt ist. An seinem Westrand, an der Hauptstraße Øster Voldgade 4A, liegt der Eingang zu einer der meistbesuchten Sehenswürdigkeiten in Kopenhagen, zum **Schloss Rosenborg (24) [N55° 41' 10.73" E12° 34' 35.37"]** *(geöffnet Ostern - 31. Mai + Sept. - 31. Okt. + 26. - 30. Dez. tgl. 10 - 16 Uhr; Juni + Aug. tgl. 9 - 17 Uhr; 24. Feb. - 3. Apr. + 1. Nov. - 22. Dez. Di - So 10 - 15 Uhr; www.kongernessamling.dk/de/rosenborg)*.

Erbaut wurde Rosenborg – ein schöner Renaissancebau in roten Ziegeln aufgeführt– in den Jahren 1607 bis 1633 von König Christian IV. Und Rosenborg mit seiner herrlichen Parkanlage sollte Zeit seines Lebens die sommerliche Lieblingsresidenz des Königs sein.

Überliefert ist, dass Christian IV. kulinarischen Genüssen sehr zugetan war. Oft bestanden seine abendlichen Mahlzeiten aus nicht weniger als 16 Gerichten. Und bei Festlichkeiten wurden den Gästen 38 Gänge kredenzt, begleitet von Strömen von Wein und Bier. 1648 starb der König hier auf Rosenborg.

Neben einer Reihe prächtig möblierter Gemächer sind im Untergeschoss von Schloss Rosenborg die **Kronjuwelen** und andere Schätze des dänischen Königshauses zu sehen.

In getrennten Abteilungen (Eingang Gothersgade) sind Waffen- und Uniformsammlung der Leibgarde ausgestellt. U. a. sieht man die Kleider, die König Christian IV. 1644 in der Seeschlacht in der Kieler Bucht trug. Während des Gefechts wurde der König auf seinem Schlachtschiff „Trefoldighed" (Dreifaltigkeit) durch Splitter einer explodierenden Kanone verletzt und verlor dabei ein Auge.

An der Westseite der Øster Voldgade erstreckt sich der **Botanische Garten (25)** mit Palmenhaus, Øster Farimagsgade 2 B *(geöffnet Apr. - Sept. tgl. 8.30 - 18 Uhr; Okt. - März tgl. 8.30 - 16 Uhr, Eintritt frei für Botanischen Garten, Eintritt für Palmenhaus; www.botanik.snm.ku.dk).*

Ecke Sølvgade und Øster Voldgade 5 - 7 findet man das **Geologische Museum (26) [N55° 41' 13.99" E12° 34' 38.61"]** mit Mineralien, Versteinerungen, Meteoriten und geologischen Sammlungen aus Dänemark und Grönland *(geöffnet Di - So 10 - 17 Uhr; www.geologi.snm. ku.dk/english/)*.

Die Parkanlage dehnt sich nordöstlich des Botanischen Gartens aus und heißt nun **Østre Anlæg**. Dort gibt es noch zwei weitere besuchenswerte Museen:

Die **Dänische Nationalgalerie (27) [N55° 41' 18.56" E12° 34' 42.28"]**, Sølvgade 48 - 50, das staatliche Kunstmuseum, mit der Königlichen Gemälde- und Skulpturensammlung, mit Ausstellungen dänischer Kunst vom 17. Jh. bis heute, Sammlungen europäischer Maler des 14. bis 18. Jahrhunderts und moderne französische Kunst *(geöffnet Di - So 10 - 18 Uhr, Mi 10 - 20 Uhr; www.smk.dk/).*

Die **Sammlung Hirschsprung (28) [N55° 41' 23.8" E12° 34' 36.9"],** in der Stockholmsgade 20, an der Westseite des Parks, zeigt dänische Kunst des 19. Jh.

Die Sammlung stammt aus dem Nachlass des Tabakfabrikaten Heinrich Hirschsprung, einem leidenschaftlichen Liebhaber zeitgenössischer Kunst *(geöffnet Di - So 11 - 16 Uhr, am letzten Do im Monat 11 - 20 Uhr; www.hirschsprung.dk/ en/).* Zu sehen sind Meisterwerke dänischer Künstler wie C. W. Eckersberg, Michael und Anna Ancher oder P. S. Krøyer, der u. a. mit seinem meisterlichen Werk „Sommerabend am Strand von Skagen" vertreten ist.

Zurück zum Rathausplatz mit Bussen ab Sølvtorvet.

Schloss Rosenborg

Herr Brahe, ein fürstlicher Astronom

Der aus Dänemark stammende Tycho Brahe wurde 1546 geboren, studierte u. a. in Deutschland und führte in der zweiten Hälfte des 16. Jh. seine aufsehenerregende Sternwarte „Stjerneborg" auf seinem Schloss Uranienborg auf der Insel Ven.

Brahe hatte die Insel Ven 1576 vom dänischen König Frederik II. zum Lehen erhalten und residierte auf der Insel fürstlich und recht selbstherrlich. 21 Jahre betrieb er dort seine astronomische Schule und machte mit den von ihm konstruierten Instrumenten und durch seine Beobachtungen mit bloßem Auge – das Fernrohr wurde erst später erfunden – spektakuläre Entdeckungen. Fürsten und Könige gingen bei Brahe ein und aus. Später verlor der Wissenschaftler die Gunst der dänischen Könige und begab sich an den Hof nach Prag, wo er Hofastronom Kaiser Rudolfs II. wurde. 1601 starb Brahe in Prag. Er ist in der dortigen Teyn-Kirche beigesetzt. Aus den Forschungsergebnissen Brahes erarbeitete Johannes Kepler (1571 – 1630) – der in Prag Gehilfe Brahes war – seine Erkenntnisse über die Bewegung der Planeten.

Weitere Sehenswürdigkeiten in Kopenhagen

Arbejdermuseet (35) [N55° 41' 6.00" E12° 34' 12.85"], Rømersgade 22. Das Museum befasst sich mit der Kulturgeschichte der Arbeiterklasse in Dänemark seit 1870. Szenarios und Themen werden am Beispiel einer Familie Sørensen im Zeitraum von zwei Generationen nachgestellt.

Es werden u. a. die sozialen Probleme der Industrialisierung in den Städten und die Zeit der Wirtschaftskrise in den 20er und 30er Jahren dokumentiert.

In einer im Stil des 19. Jh. rekonstruierten historischen Schankhalle können Sie Essen und Trinken aus jener Zeit probieren *(geöffnet Do - Di 10 - 16 Uhr, Mi 10 - 19 Uhr; www.arbejdermuseet.dk)*.

Das **Københavns Museum (32) [N55° 40' 27.29" E12° 34' 22.17"]** (früher in der Vesterbrogade 59), wird ab Februar 2020 in der Stormgade 18 unweit südöstlich des Rathauses zu finden sein. Öffnungszeiten derzeit noch unklar. Es werden Modelle, Bilder, Gemälde, Tondokumente und andere Exponate in neuen Räumen zu sehen sein, die über die mehr als 800-jährige Geschichte und Entwicklung der Stadt Kopenhagen informieren. Multimedia-Schau über Kopenhagen von 1167 bis heute; *www.cphmuseum.kk.dk)*.

Die **Ny Carlsberg Glyptotek (29) [N55° 40' 23.1" E12° 34' 22.5"]**, Tietgensgade 25, östlich des Tivoliparks, ist eines der bedeutendsten Kunstmuseen Kopenhagens, wenn nicht Dänemarks *(geöffnet Di - So 11 - 18 Urh, Do 11 - 21 Uhr; www.glyptoteket.com)*. Das Museum mit seinem einladenden Wintergarten, gegründet vom Brauereibesitzer Carl Jacobsen als ein Zentrum für Kunst und Kultur, wurde 1987 eröffnet.

Zu bewundern ist Kunst des Altertums von den Etruskern bis zu den Ägyptern, von den Griechen bis zu den Römern, sowie Arbeiten dänischer Maler und Bildhauer wie Kai Nielsen, sowie französischer Impressionisten wie Paul Gauguin, van Gogh, Toulouse-Lautrec, Degas, Cézanne, Monet, Renoir u.a.

Im **Planetarium (31) [N55° 40' 28.24" E12° 33' 29.94"]** *(geöffnet Mo 12 - 20 Uhr, Di - Do 9.30 - 20 Uhr, Fr 9.30 - 16 Uhr; https://en.planetarium.dk)*, Gamel Kongevej 10, werden Ausstellungen zur Astronomie vom Mittelalter bis zur modernen Raumfahrt präsentiert. Benannt ist das Planetarium nach dem großen Astronomen **Tycho Brahe**, der im 16. Jh. lange auf der Insel Ven im Øresund vor der Küste Schwedens lebte und arbeitete.

Im Anschluss an das Planetarium findet man den sog. **Dome**, ein Film-Theater, in dem alle 15 Minuten Weltraum- und Naturfilme, sowie der Sternenhimmel auf einer 1.000 qm großen kuppelförmigen Leinwand gezeigt werden *(geöffnet Di - So 9 - 20 Uhr; www.planetariet.dk).*

Die sog. **Freistadt Christiania [N55° 40' 24.19" E12° 35' 46.11"]**, Bådmandsstræde 43, gehört seit einigen Jahren zu den beliebtesten Sehenswürdigkeiten Kopenhagens.

Die Freistadt wurde 1971 von Hippies und Leuten, die mit der städtischen Obrigkeit auf Kriegsfuß standen und die problemlos an Haschisch und Ähnliches gelangen wollten, gegründet.

In der Gegend um die Pusher Street haben sich selbsterbaute Hütten und Häuser etabliert. Viele der Bewohner der „Gründerzeit" wohnen noch in dem kollektiv geführten Dorf, das nach wie vor einen Hauch der wilden 70er Jahre verbreitet. Und immer noch gelten Sicherheitsregeln, die sich die Bewohner der Freistadt Christiania einst gegeben haben und die einzuhalten Besuchern sehr angeraten wird.

Ab dem Haupteingang (hier Schild mit den Regeln) werden vom 1. Juli bis 31. August täglich um 13 Uhr und um 15 Uhr Führungen in dänischer und englischer Sprache von hier lebenden Guides durchgeführt. Fotografieren ist verboten! Der Eintrittspreis von derzeit DKK 60,- kann nur in bar und genau abgezählt bezahlt werden; www.christiania.org; https://www.christiania.org/wp-content/uploads/2015/08/kort_uk.pdf.

Im Stadtteil Frederiksberg rund 3 km westlich des Rathausplatzes liegt im Roskildevej 32 gleich neben Frederiksberg Slot der **Zoologischer Garten [Parkplatz, N55° 40' 17.62" E12° 31' 24.47"]**, einer der bedeutendsten Zoos in Europa. 2.000 Tiere der verschiedensten Arten aus allen Erdteilen leben hier. Aussichtsturm *(geöffnet Apr. - Aug. Mo - Fr 9 - 18 Uhr, Sa + So 9 - 20 Uhr; Sept. Mo - Fr 9 - 18 Uhr; März + Okt. Mo - Fr 10 - 16 Uhr, Sa + So 9 - 17 Uhr; Jan., Feb. + 1. - 14. Nov. Mo - Fr 10 - 16 Uhr, Sa + So 9 - 16 Uhr; 15. Nov. - 31. Dez. Mo - Fr 10 - 16 Uhr, Sa + So 9 - 20 Uhr; www.zoo.dk).*

Brauerei Carlsberg Brand Store [Parkplatz, N55° 39' 53.1" E12° 31' 46.9"], Gamle Carlsbergvej 11, Eingang am Elefantentor *(geöffnet Di - Do 11 - 15 Uhr; www.visitcarlsberg.dk).* Das **Carlsberg Visitor Center** ist derzeit wegen Renovierungsarbeiten geschlossen. Geplante Wiedereröffnung in 2020.

Carlsbergmuseet [N55° 40' 2.52" E12° 31' 45.67"], Valby Langgade 1. Thema des Museums ist die Geschichte der Brauerei Carlsberg. Zum Museumsbesuch gehört auch eine Brauereibesichtigung. Derzeit auch wegen Renovoeirung geschlossen; *www.visitcarlsberg.dk).*

Seit 2013 ist in **Kastrup**, im Osten der Stadt nahe der Auffahrt zur Øresundbrücke, das **Aquarium Den Blå Planet [Parkplatz, N55° 38' 19.35" E12° 39' 15.32"]** entstanden *(geöffnet tgl. Mo 10 - 21 Uhr, Di - So 10 - 17 Uhr; www.denblaaplanet.dk).* In diesem Riesenaquarium direkt am Øresund, untergebracht in einem futuristisch anmutenden, architektonischen Hingucker, dessen äußere Form angeblich den Wellenbewegungen eines Whirlpools nachempfunden ist, tummeln sich in 53 Bassins mit insgesamt 7 Mio. Liter Wasser mehr als 20.000 Fische und Meerestiere. Das Aquarium gilt als größtes und modernstes seiner Art in Nordeuropa.

Auf dem ehemaligen Fabrikggelände der Brauerei Tuborg ist das sog. **Experimentarium [Parkplatz, N55° 43' 37.25" E12° 34' 46.04"]**, Tuborg Havnevej 7, in **Hellerup**, rund 7 km nördlich der Innenstadt von Kopenhagen. Zu erreichen mit Bus 1A oder 14 bis Hellerup und weiter mit Bussen der Linie 166. Bus 166 Stopp vor Experimentarium. Besonders etwas für regnerische Tage mit Kindern. Das Experimentarium ist in der alten Abfüllhalle der Tuborg Brauerei nahe des Tuborg Hafens eingerichtet.

Die Schwerpunkte der Ausstellungen liegen sowohl auf Wissenschaft und Technik, als auch auf Umwelt und Gesundheit. U. a. gibt es Abteilungen zu Themen wie „Der Körper in Aktion", „Ton und Hören" oder „Licht und Sehen". Hier können Sie auch selbst experimentieren oder mit Maschinen spielen um endlich zu erfahren, was Sie schon lange über Technik, Mensch und Natur wissen wollten *(geöffnet Mo - Do 9.30 - 17 Uhr, Fr - So 9.30 - 19 Uhr; www.experimentarium.dk).*

Der **Aussichtturm Tuborgflasken [N55° 43′ 24.46″ E12° 34′ 41.29″]** am Strandvejen 40 in Stadtteil Hellerup, hinter der Circle K-Tankstelle, ist ein 30 m hoher Aussichtturm in Form einer Tuborg Bierflasche. Der Flaschen-Aussichtsturm wurde 1888 anlässlich einer Ausstellung in Kopenhagen errichtet und war ursprünglich mit einem Augzug, Dänemarks erstem Aufzug überhaupt, ausgestattet. 2003 wurde der Turm ohne Aufzug, aber mit einer geräumigen Wendeltreppe ausgestattet, hierher gebracht. Und der ursprüngliche Segeltuchüberzug, der einstmals der Flasche Gestalt gab, wurde durch einen Kunststoffüberzug ersetzt. Das Gewicht des Turms beträgt immer noch stattliche 30 Tonnen *(www.atlasobscura.com/ places/tuborgflasken/).*

Bakken [Parkplatz, N55° 46′ 27.91″ E12° 34′ 42.27″] ist ein Vergnügungspark im **Dyrehaven**, Dyrehavevej 62, einem Waldgelände und Rotwildrevier im Norden von Kopenhagen, rund 6 km nördlich vom Rathausplatz gelegen. Man kann die S-Bahn bis **Klampenborg** nehmen.

Bakken ist der älteste Vergnügungspark des Landes, vor 400 Jahren gegründet und immer noch Dänemarks am zweithäufigsten besuchte Attraktion. Im Gegensatz zum Tivoli vergnügen sich hier lieber die Dänen selbst.

Über 100 Vergnügungen, nahezu 40 Restaurants, Musik- und Tanzlokale *(geöffnet März - Aug. Mo - Do 9 - 17 Uhr, Fr 9 - 16.30 Uhr; Sept. - Feb. Mo - Do 8.30 - 15.30 Uhr, Fr 8.30 - 15 Uhr, Eintritt frei; www.bakken.dk).*

Man kann in dem weitläufigen Parkgelände einen längeren Spaziergang oder eine Kutschfahrt zum königlichen **Jagdschloss Eremitage** unternehmen. Kein Zutritt, aber Aussicht auf den Øresund.

Das **Brede Værk Museet [N55° 47′ 39.58″ E12° 29′ 53.55″]** im I. C. Modewegs Vej in **Lyngby**, liegt ca. 15 km nördlich der Innenstadt von Kopenhagen. Das Industriemuseum in einer ehemaligen Textilfabrik vermittelt einen Einblick in die Industrialisierung Dänemarks *(geöffnet Mai - 22. Okt. Sa + So 10 - 17 Uhr; www.natmus.dk/museums-and-palaces/ brede-works/).* Auf einer geführten Tour über das Fabrikgelände sieht man u. a. die Villa des Fabrikbesitzers, diverse Fabrikanlagen sowie Häuser und Wohnungen der Arbeiter.

Das **Frilandsmuseet [N55° 47′ 8.12″ E12° 29′ 22.51″]**, Kongevejen 100, in **Lyngby-Sorgenfri**, rund 15 km nördlich der Innenstadt von Kopenhagen gelegen, ist mit der S-Bahn bis Station Sorgenfri oder mit Bussen der Linien 184 und 194 zu erreichen.

Dieses Freilichtmuseum liegt in einem schönen, großen Park, in dem etwa 50 Bauernhöfe, Windmühlen und Häuser aus der Zeit von 1650 bis 1950 aus verschiedenen Gegenden Dänemarks wieder aufgebaut worden sind. Im Sommer finden Folkloreveranstaltungen statt *(geöffnet 18. Apr. - 30. Juni + 12. - 20. Okt. tgl. 10 - 16 Uhr; 1. Juli - 11. Aug. tgl. 10 - 17 Uhr; 13. Aug. - 20. Okt. 10 - 16 Uhr; 30. Nov. - 15. Dez. Sa + So 10 - 16 Uhr; www.natmus.dk/museums-and-palaces/frilandsmuseet/).*

Ein gutes Stück nördlich von Kopenhagen, schon auf halbem Wege nach Helsingør, liegt östlich von Hørsholm an der Straße 152 (Margueritruten) das hübsche Seebad **Rungsted**.

Einen Besuch lohnt hier der Landsitz **Rungstedlund**, in dem heute das **Karen-Blixen-Museum** eingerichtet ist **[N55° 52′ 59.47″ E12° 32′ 37.12″]**, Rungsted Strandvej 111 *(geöffnet Mai - Sept. + Sept Di - So 10 - 17 Uhr; Juli + Aug. tgl. 10 - 17 Uhr; Okt. - Apr. Mi - Fr 13 - 17 Uhr, Sa + So 11 - 16 Uhr; www.blixen.dk).*

Rungstedlund war Geburtsort und Domizil der Schriftstellerin *Karen Blixen*, die von ihren Freunden „Tanne" genannt wurde. Karen Dinesen (so ihr Mädchenname) erblickte in Rungstedlund am 17. April 1885 das Licht der Welt. 1913 hei-

Arken, Museum für moderne Kunst in Ishøj

ratete sie den schwedischen Baron Bror von Blixen-Finecke und konnte von nun an den Titel Baroness tragen.

Bald machte sich Karen Blixen – anfangs unter dem Pseudonym Isak Dinesen – einen Namen als Schriftstellerin. Ihren Durchbruch im Bereich der englischsprachigen Literatur schaffte Sie 1934 vor allem in Amerika mit dem Roman „Seven Gothic Tales". Auf Lesereisen durch die USA traf Sie Ernest Hemingway, Truman Capote, Arthur Miller und Pearl. S. Buck und sie lernte Marilyn Monroe kennen.

Ihren Ruf festigte die Schriftstellerin 1938 mit dem Roman „Out of Africa" (Jenseits von Afrika), der 1985 unter der Regie von Sydney Pollack verfilmt und mit einem Oscar prämiert wurde. In dem Film wird Blixens Leben in Kenia als Kaffeeplantagenpionierin in der Zeit zwischen 1914 und 1931 geschildert. Karen Blixen, die wahrscheinlich größte dänische Schriftstellerin des 20. Jahrhunderts, starb am 7. September 1962

in Rungstedlund. Sie ist im Park ihres Anwesens beigesetzt.

Rungstedlund kann man besichtigen. Interessant ist z. B. „Ewald's Room", in dem Karen Blixen wahrscheinlich viele ihrer berühmt gewordenen Romane mit Blick auf den Øresund geschrieben hat.

In **Ishøh**, rund 20 km südwestlich der Innenstadt von Kopenhagen gelegen, findet man im Strandparken, Skovvej 100, das Museum **Arken [Parkplatz, N55° 36' 23.8" E12° 23' 03.1"]**.

Arken ist ein Museum für moderne Kunst in einem futuristisch anmutenden und an einen Schiffsbug erinnernden Gebäude aus Metall und weißem Beton. Ausgestellt sind Werke dänischer und ausländischer Künstler sowie eine Skulpturensammlung. Konzertsaal, Filme, Konzerte, Café, Parkplatz *(geöffnet Di, Fr, Sa, So 10 - 17 Uhr, Mi + Do 10 - 21 Uhr; www.arken.dk)*. Zu erreichen ist Arken u. a. mit der S-Bahn bis Ishøj oder mit Bussen der Linie 128.

PRAKTISCHE HINWEISE – KOPENHAGEN

 Copenhagen Visitor Centre [N55° 40' 29.29" E12° 33' 51.88"] Vesterbrogade 4 A, Nähe Haupteingang zum Tivoli und Nähe Hauptbahnhof, 1620 Kopenhagen V, Tel. +45 70 22 24 42, www.visitcopenhagen.com. *Geöffnet Mai - Juni + Sept. Mo - Sa 9 - 18 Uhr, So 9 - 16 Uhr; Juli + Aug. Mo - Fr 9 - 20 Uhr,*

Sa + So 9 - 18 Uhr; Okt. - Feb. Mo - Sa 9 - 16 Uhr, So 9 - 14 Uhr; März + Apr. tgl. 9 - 16 Uhr.
Wonderful Copenhagen, Nørregade 7 B, 1165 Copenhagen K, Tel. +45 33 25 74 00, www.wonderfulcopenhagen.com.

Feste, Veranstaltungen
Flohmärkte: Loppemarked am Israels Plads Mai - Nov. Sa 8 - 14 Uhr und **Gammel Strand Antique Market** am Thorvaldsens Plads, Mai - Okt. Fr + Sa 9 - 15 Uhr.
Copenhagen Marathon, Mitte Mai, www.copenhagenmarathon.dk/en/.
Königin Margrethes Geburtstag, am 16. April, man gratuliert auf dem Schlossplatz vor Amalienborg, www.kongehuset.dk.
Traditionelles **Copenhagen Jazz Festival**, jedes Jahr Anfang/Mitte Juli, www.jazz.dk.

CAMPING

København-Rødovre
Camping DCU Absalon [N55° 40' 15.42" E12° 26' 02.25"], Korsdalsvej 132, Tel. +45 36 41 06 00, www.camping-absalon.dk; 1. Jan. – 31. Dez.; im westlichen Stadtbereich nahe der E47/E55 (Greve – Lyngby) Ausfahrt Nr. 24 Roskildevej und noch ca. 500 m ostwärts Richtung Frederiksberg; ausgedehntes Wiesengelände am Roskildevej, durch Hecken und hohe Baumreihen mehrfach unterteilt; ca. 12 ha – 580 Stpl.; Standard-Sanitärausstattung; Laden, Waschmaschine, Trockner, Fahrradverleih, WLAN, Miethütten. V & E für Wohnmobile.

Dragør
Camping Copenhagen [N55° 34' 58.42" E12° 37' 44.91"], Bachersmindevej 13, 2791 Dragør, Tel. +45 32 94 20 07, www.copenhagencamping.dk; 1. Jan. – 31. Dez.; von der E 20 (Kopenhagen – Malmö) Ausfahrt Nr. 18 und auf der Straße 221 Englandsvej ca. 5 km südwärts bis nach Store Magleby, hier südwärts Richtung Dragør; langgestrecktes, ebenes Wiesengelände in ländlicher Umgebung, separater Platzteil für Wohnmobile; ca. 10 ha – 120 Stpl.; Standard-Sanitärausstattung. Laden, Waschmaschine, Trockner, Fahrradverleih, Volleyballfeld, WLAN, Internetecke. Miethütten, etwa 500 m Entfernung findet man Einkaufsmöglichkeiten, Nahverkehrshaltestelle und Strand. V & E für Wohnmobile.

Charlottenlund
Camping Charlottenlund Fort [N55° 44' 40.34" E12° 35' 07.82"], Strandvejen 144B, Tel. +45 44 22 00 65, www.campingcopenhagen.dk; Mitte März – Mitte Okt.; ca. 6 km nördl. des Kopenhagener Zentrums über die Straße 152 Richtung Helsingør zu erreichen; Wiesengelände auf dem Gelände des denkmalgeschützten Forts, von Festungswall und Wassergraben umgeben, zum Strand 50 m; ca. 1 ha – ca. 70 Stpl.; Standard-Sanitärausstattung; Restaurant, Waschmaschine, Trockner, Fahrradverleih. V & E für Wohnmobile. Keine Miethütten. Bushaltestelle der Linie 14 zum Stadtzentrum

Nærum
Camping DCU Nærum [N55° 48' 29.26" E12° 31' 48.21"], Langebjerg 5, Ravnebakken, Tel. +45 42 80 19 57, www.camping-naerum.dk; 20. März – 18. Okt.; von der E47/E55 Richtung Helsingør, an der Ausfahrt 14, ca. 15 km nördl. Kopenhagen, abzweigen, Platz liegt nahe der Autobahn E47/E55; Wiese zwischen Bahn, Autobahn und Wald, ziemlich laut; ca. 5 ha – 200 Stpl. + Dau.; Standard-Sanitärausstattung; Laden, Waschmaschine, Trockner, Fahrradverleih, WLAN, Miethütten. V & E für Wohnmobile.

Ishøj Havn
Camping FDM Tangloppen [N55° 36' 27.5" E12° 22' 48.0"], Tangloppen 2, Tel. +45 22 90 33 21, www.tangloppen.dk; 3. Apr. – 11. Okt.; südwestlich

des Stadtzentrums in **Ishøj**, bei einem Wassersportzentrum und in Sichtweite des Kunstmuseums Arken; Zufahrt über die Autobahn E20/47/55, Ausfahrt 26; auf einer durch einen kurzen, breiten Fahrdamm verbundenen, länglichen, künstlich aufgeschütteten Insel; ebenes, von Hecken und Laubbäumen umgebenes und in Stellfelder unterteiltes Gelände mit schütterem Grasbewuchs, von Feldern und Wasserarmen begrenzt, parzellierte, nummerierte Stellplätze und Zeltwiese, Sportboothafen gegenüber; ca. 3 ha – 120 Stpl.; Standard-Sanitärausstattung; Kiosk, Waschmaschine, Trockner, WLAN auf Teilen des Platzes, Miethütten. V & E für Wohnmobile.

Greve

Camping Hundige Strand Familiecamping [N55° 44' 40.34" E12° 35' 07.82"], Hundige Strandvej 72, Tel. +45 20 21 85 84; www.hsfc.dk; Anf. Jan. – Mitte Dez.; von der E 47/E55/E20 Ausfahrt Nr. 27 Greve N südwestlich vom Stadtzentrum von Kopenhagen abzweigen und ca. 2,5 km Richtung Hundige und auf der Straße 151 noch ca. 400 zum Platz; Wiesengelände an der Straße 151; 5 ha – 200 Stpl.; einfache Standard-Sanitärausstattung; Imbiss, Waschmaschine, Trockner, Fahrradverleih, Miethütten. V & E für Wohnmobile. QuickStop.

WOHNMOBIL-STELLPLÄTZE – KOPENHAGEN

Wohnmobil-Stellplatz Kopenhagen CPH Autocamp [N55° 38' 17.82" E12° 34' 27.74"], Center Boulevard 4, Tel. +45 72 40 60 60; www.cphautocamp.dk/de/; **Zufahrt:** Vom Stadtzentrum südwestwärts Richtung E20 (Køge – Malmö) bis BellaCenter und dem Royal Golf Club. Hier zum großen Parkplatz des Golf Clubs mit 50 markierten Plätzen für Wohnmobile. **Ausstattung**: Ebene, schattenlose Betonfläche mit Stromanschlüssen, Dusche, WC, WLAN. Restaurant tgl. 12 - 16 Uhr. **Gebühr:** Pauschale für 2 Personen inkl. WC, Dusche, WLAN. Strom Extragebühr. **Geöffnet:** Ganzjährig. S-Bahnhaltestelle in der Nähe, 15 Minuten zum Stadtzentrum.

Wohnmobil-Stellplatz Kopenhagen CityCamp [N55° 38' 50.64" E12° 30' 24.01"], Blushøjvej 17, Tel. +45 61 71 82 55; www.citycamp.dk. **Zufahrt:** Vom Stadtzentrum Kopenhagen südwestwärts auf der Straße 21 bis Ausfahrt zur Straße 151, dem Gammel Køge Landevej, ca. 500 m dann links ab zum Blushøjvej und zum Platz. **Ausstattung:** Ebener, schattenloser, asphaltierter Platz für 90 Wohnmobile mit Frischwasser, Dusche, WC, Waschbecken. **Gebühr:** Pauschale inkl. Strom, Wasser, Warmdusche, WC, Waschbecken, Stadtkarte. **Geöffnet:** 24. Mai - 31. Aug. S-Bahn-Haltestelle in der Nähe, 5 Min. zum Stadtzentrum.

Wohnmobil-Stellplatz Copenhagen Svanemøllehavnen [N55° 43' 4.82" E12° 35' 22.54"], Svaneknoppen 8, Tel. +45 39 20 22 21; www.smhavn.dk. **Zufahrt:** Vom Stadtzentrum nordwärts Richtung Østerbro und weiter zum Sportbootshafen Svanemøllehavnen. **Ausstattung:** Ebene, geschotterte Fläche für 8 Wohnmobile mit Frischwasser, WC, Dusche, WLAN und Strom. **Geöffnet:** Mitte Mai - Anfang Sept. **Gebühr:** Pauschale inkl. Wasser und Strom, Extragebühr für Dusche. Haltestelle des Nahverkehrs zur City in Gehnähe.

ROUTE 14: KOPENHAGEN / SEELAND – RØDBYHAVN / LOLLAND

Länge der Tour: Rund 250 km + 1x Fähre.

Die Route: Über die E47/E55 und über **Køge** bis **Vordingborg** – Straße 59 bis **Møns Klint** – Straße 287 bis **Stubbekøbing** – Straße 271 über **Nysted** bis **Rødbyhavn**.

Reisedauer: Mindestens ein Tag.

Höhepunkte: **Køges Innenstadt** – das **Schloss Vallø** – der „Gänseturm" in Vordingborg – die **Kirchen von Keldby** und **Elmelunde **** – die Kreidefelsen **Møns Klint **** – Park und Schlösschen **Liselund *** – das **Motorrad- und Radiomuseum *** in Stubbekøbing – das Automobilmuseum **Marielyst Sportscars *** – das **Middelaldercentret** in Sundby.

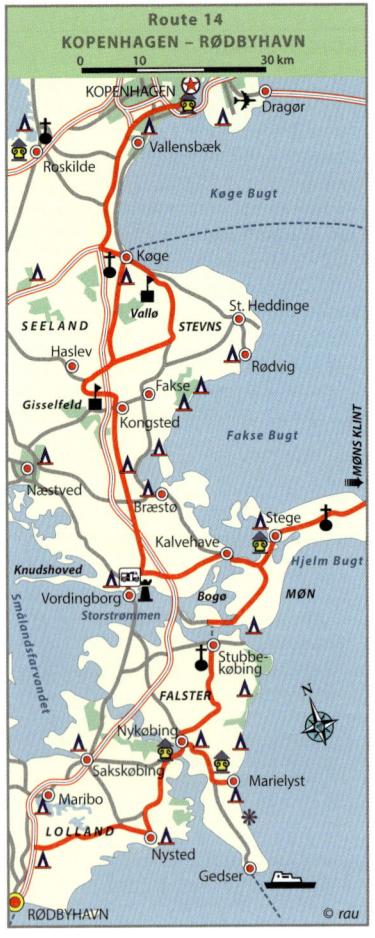

*ROUTE: Dänemarks Hauptstadt verlassen wir über die Autobahn E47/E55 in südlicher Richtung. Nach ca. 20 km nehmen wir die Ausfahrt Lellinge/Køge und fahren 3 km ostwärts bis **Køge**.*

Køge hat eine interessante gotische Kirche aus dem 13. Jh., die **Køge Kirke [N55° 27' 30.22" E12° 10' 56.76"]** in der Kirkestræde 26 *(geöffnet Di - Fr 10 - 16 Uhr, So + Mo 12 - 16 Uhr; www.koege-kirke.dk)*. Die Kirche ist dem Heiligen Nikolaus (Nicolai) von Myra, dem Schutzpatron der Seeleute, geweiht.

Auffallend ist der mächtige Turm mit Treppengiebel, der früher auch als Wehr- und Leuchtturm diente. In Inneren Fresken aus dem 14. Jh., eine geschnitzte Kanzel im Stil der Spätrenaissance, spätgotisches und Renaissancegestühl, sowie ein Altaraufsatz von 1652 mit Schnitzwerk von Lorentz Jörgensen.

Und nur ein paar Häuser südlich der Kirche, in der Kirkestræde Nr. 20, steht eines der ältesten Fachwerkgebäude [N55° 27' 28.47" E12° 10' 56.23"] in Dänemark. Es stammt aus dem Jahre 1527.

Einen großen **Parkplatz [N55° 27' 24.85" E12° 11' 13.67"]** findet man in Køge an der Straße Østre Banevej gleich neben dem Bahnhof und ganz in der Nähe der Sankt Nicolai Kirke.

Für Interessierte lohnt sicher auch ein Besuch im **KØS Kunstmuseum von Køge [N55° 27' 31.80" E12° 11' 0.46"]**, Nørregade 29. Das Museum liegt gleich neben der Nicolai Kirche und präsentiert eine bemerkenswerte Skizzensammlung, anhand derer man die Entstehung eines Kunstwerks von der Idee bis zur Verwirklichung nachvollziehen kann. Außerdem sieht man Skulpturen, Modelle u. ä. *(geöffnet Di - So 11 - 17 Uhr; www.koes.dk).*

Das **Køgemuseum [N55° 27' 24.90" E12°10'58.79"]** ist in der Nørregade 4 im alten „Spinnhof" untergebracht *(geöffnet Jan. - Juni tgl. 11 - 16 Uhr; Juli + Aug. tgl. 10 - 17 Uhr; Sept. - 22. Nov. tgl. 11 - 16 Uhr; 23. Nov. - 31. Dez. tgl. 10 - 17 Uhr; www.koegemuseum.dk).* Nach längeren Renovierungsarbeiten kann neuerdings der Besucher u. a. die Geschichte des Untergangs des Linienschiffes „Dannebroge" verfolgen, das im Jahre 1710 die schwedische Flotte aus dem Hafen von Køge verjagen sollte. Das Schiff mit 15 Tonnen Pulver an Bord explodierte allerdings. Dabei kamen 500 Seemänner um. Von Drehbuchautoren wurde die Geschichte der „Pulverjungen" dramatisiert und sehr interessant dargestellt.

Die andere Abteilung des Museums nennt sich „Geschenke aus der Vergangenheit", eine Art Heimatmuseum mit Blick zurück bis in die Steinzeit und Wikingerzeit und in die Stadtentwicklung.

Schöne **alte Fachwerkhäuser** findet man in der Vestergade, z. B. Haus Nr. 6 oder Haus Nr. 7.

Haus Nr. 16 dort ist der **Richters Gaard [N55° 27' 25.95" E12° 10'** 44.29"]**, ein prächtiger Fachwerkbau aus dem Jahre 1644, der heute ein gemütliches Restaurant im Stil eines urigen Landgasthauses beherbergt. Auch in der Langshusgade, der alten Zunfthausstraße, sind noch alte, sehenswerte Bauwerke erhalten.

Die Gewässer vor Køge waren im 17. Jh. Schauplatz großer und für den Erhalt der dänischen Autonomie bedeutsamer Seeschlachten. In der Ostsee wurden damals gewaltige Seeschlachten geführt. Meist trafen schwedische und dänische Flottenverbände aufeinander, die sich um die Kontrolle des Nadelöhrs und strategisch immens wichtigen Øresund, das „Tor zur Ostsee", schlugen. In diesen Gefechten erwarben die Seehelden Admiral *Niels Juel*, der mehrere schwedische Schlachtschiffe versenkte, und der aus Norwegen stammende Ivar Huitfeldt legendären Ruhm. Huitfeldt führte in der Schlacht von 1710 das dänische Flaggschiff „Danebrog", mit dem er das schwedische Kanonenfeuer auf sich zog und so den Rest des dänischen Verbandes rettete.

Ca. 10 km südlich von Køge liegt an der Margueritruten unweit westlich der Straße 209 **Schloss Vallø [Parkplatz, N55° 24' 06.6" E12° 12' 33.6"]**. Dieses gewaltige Schloss stammt aus dem 16. Jh., wurde 1737 von Königin Sophie Magdalena, der Gemahlin Christians VI., in ein „Königliches Stift für fürstliche und adelige Fräulein" (man könnte auch sagen, in ein Altersheim für „ausgediente" Hofdamen) verwandelt und nach einem Brand im Jahre 1893 etwas verändert in der heutigen Form wieder aufgebaut. Anschauen kann man sich den Schlosshof sowie den Park mit Schlossteich *(geöffnet tgl. 10 - 18 Uhr; www.valloe-stift.dk)*. Von 18 Uhr bis 10 Uhr darf die Schlossbrücke nicht überschritten werden. Zum Anwesen gehört das einladende Gasthaus „Slots Kro".

Westlich von Køge beim Dorf Lellinge gleich neben der Autobahn E55/E47, Ausfahrt Køge/Lellinge, wurden 2014 mit Hilfe moderner Lasertechnik die Reste einer Wikingerburg entdeckt **[Parkplatz, N55° 27' 53.09" E12° 7' 4.91"]**. Der sog. **„Borgring"** hat eine Ausdehnung von 145 Metern und soll aus der Zeit um 980, der Zeit von König Harald Blauzahn, stammen *(geöffnet 30. Mai - 1. Sept. tgl. 10 - 16 Uhr; www.vikingeborgen.dk/de/)*. Vom Willkommenszentrum kann der Interessierte von einer 6 Meter hohen Aussichtsplattform über das Ausgrabungsgelände und die große, nachgebaute Ringburg schauen. Im Eintrittspreis ist „eine Virtual-Reality-Brille für Ihr Mobiltelefon" eingeschlossen. Darüber hinaus gibt es „eine 360-Grad-Videoführung in die Welt der Archäologie und der Wikinger".

Auf der Weiterreise nach Süden bietet sich ab Valløby auf der Straße 261 ein Umweg ostwärts über Store Heddinge nach **Højerup** an der **Steilküste Stevns Klint** (UNESCO Welterbe) an. Erwähnung verdient hier die **Højerup gamle Kirke** *(geöffnet Ostern - 31. Okt. tgl. 10 - 17 Uhr)*. Die aus Kalkstein aufgeführte romanische Kirche mit ihrem markanten Stufengiebel stammt aus der zweiten Hälfte des 13. Jh. und liegt hoch über dem Meer am Rande des Steilufers Stevns Klingt.

Im März 1928 stürzten der Chor der Kirche und ein Teil des Kirchhofs hinab ins Meer. Wie man liest, ragten nach dem Erdrutsch Särge und Gerippe aus der Abbruchstelle am Hang. Durch eine Tür kann man heute vom Kirchenraum aus direkt auf das Meer sehen. Zwischenzeitlich ist die Kirche längst durch eine Stützmauer an der Meerseite gesichert. Im Inneren sind Fresken aus der Entstehungszeit der Kirche zu sehen.

Gebührenpflichtiger, relativ teurer **Parkplatz [N55° 16' 46.4" E12° 26' 35.6"]**.

ROUTE: Von Højerup zurück bis Store Heddinge und auf der Straße 154 über **Fakse** und **Rønnede** zur Autobahn E47/E55. Man unterquert die Autobahn, folgt der Straße 54 knapp 3 km bis **Vester Egede** und zweigt dort nordwärts ab Richtung Haslev. Nach knapp 4 km passiert man die Zufahrt zum **Schloss Gisselfeld**.

Auf dem Anwesen des **Renaissanceschlosses Gisselfeld [N55° 17' 30.2" E11° 58' 12.3"]** aus dem 16. Jh. kann nur der Park besucht werden. Er ist 44 ha groß und einer der schönsten Schlossparks in ganz Dänemark, mit Seen, Brunnen, Grotten, Wasserfall, herrlichem altem Baumbestand und Gewächshaus *(geöffnet Anf. Apr. - Ende Nov. tgl. 10 - 16 Uhr, Jni, Juli + Aug bis 18 Uhr, letzter Einlass eine Stunde vor Schließung; www.gisselfeld-kloster.dk)*.

Gegründet wurde Schloss Gisselfeld um 1550 vom königlichen Schatzkanzler Peder Oxe. Später wurde das Anwesen von Nachkommen Oxes weitergeführt. Später kam Gisselfeld an die Familie von Kai Lykke, die aber irgendwann wegen mangelnder Loyalität dem Königshaus gegenüber in Ungnade fiel. Schloss Gisselfeld wurde 1661 der Krone zugeschlagen.

Nach dem Krieg, den die Dänen gegen Schweden führten, wurde Graf Hans Schacke für seine Verdienste im Schwedenkrieg mit Schloss Gisselfeld belohnt. Nachkommen Schackes verkauften das Schloss 1688 an Adam Levin Knuth, der es elf Jahre später an Christian Gyldenløve, einem Sohn von König Christian V., und seine Gemahlin Sophie Amalie Moth abgab. Vor seinem Tode 1793 hatte Gyldenløve in seinem Nachlass festgelegt, dass Schloss Gisselfeld fürderhin nicht privat genutzt, sondern in ein Konvent für unverheiratete adelige Damen verwandelt werden sollte, was aber nie wirklich realisiert wurde.

Heute wird Gisselfeld in der elften Generation der Grafen Danneskiold-Samsøe geführt.

Übrigens: H. C. Andersen soll im Park von Schloss Gisselfeld auf die Idee zu seinem Märchen „Den grime Ælling", „Das hässliche Entlein" gekommen sein.

ROUTE: Von Gisselfeld zurück zur Autobahn E47/55, der wir südwärts bis Ausfahrt 41 folgen und dort westwärts nach Vordingborg fahren.

Vordingborg, am Südende der Insel Seeland, ist eine alte Handelsstadt und Verwaltungshauptsitz der Region. Im Zentrum der Stadt, Slotsruine 1, sind noch Reste der alten **Burg** von Waldemar dem Großen aus dem 12. Jh. erhalten.

Wahrzeichen der Stadt, einstiger Sitz dreier Waldemarkönige, ist heute der sog. **„Gåsetårnet"**, der **„Gänseturm" [N55° 0' 26.18" E11° 54' 47.23"]** am Südrand der Innenstadt, der letzte Rest der ehemaligen Festung von Waldemar IV. Atterdag (1340 – 1375).

Einstmals war die Burg mit neun ähnlich großen Türmen befestigt, was die Anlage in der damaligen Zeit sicher zu einer der größten Burganlagen in Dänemark machte. König Waldemar selbst soll eine goldene Gans oben auf dem Turm angebracht haben, wovon der Turm seinen Namen ableitet. Ursprüng-lich hatte der Turm oben hinter den Zinnen einen flachen Abschluss, damit dort Kriegsgerät aufgestellt werden konnte. Erst später, 1871, wurde das spitze Kegeldach aufgesetzt. Und damals wurde auch die „Goldene Gans" neu als Wetterfahne angebracht.

Der Überlieferung nach soll die Gans, die König Waldemar damals anbrachte, tatsächlich aus purem Gold gewesen sein. Der König hatte das Edelmetall von Hansestädten erhalten, die 1362 ein hohes Lösegeld nach der erfolglosen Belagerung von Helsingborg zahlen mussten, um Kriegsgefangene auszulösen. König Waldemar nannte die Hansestädte etwas herablassend gerne eine Schar „schnatternder Gänse". Der spätere König Erik von Pommern nahm die Gans aus Gold mit, als er 1437 flüchten musste.

Später übergab König Frederik VI. den „Gänseturm" der Öffentlichkeit, die den Turm zum ersten denkmalgeschützten historischen Bauwerk Dänemarks machte.

Der runde Festungsturm soll aber nicht nur der Verteidigung gedient haben. Vermutlich war in dem Kellergewölbe zeitweise auch die Kriegskasse aufbewahrt worden. Später musste der Turm auch als Gefängnis herhalten.

PRAKTISCHE HINWEISE — VORDINGBORG

Vordingborg Turistbureau VisitVordingborg [N55° 0' 29.91" E11° 54' 38.38"], Algade 97, 4760 Vordingborg, Tel. +45 70 70 12 36, https://vordingborg.dk/oplev/turist; https://www.sydkystdanmark.dk/. *Geöffnet ganzjährig Mo - Fr 10 - 15 Uhr.*

CAMPING
Camping Ore Strand [N55° 0' 24.19" E11° 52' 29.93"], Orevej 145, Tel. +45 55 77 88 22, www.orestrandcamping.dk; 1. Apr. – 1. Okt.; Zufahrt von der Straße 22 Richtung Ore beschildert, westl. der Stadt am Sund mit schmalem Strand; fast ebene Wiesen, durch Hecken in mehrere lange Felder unterteilt; ca. 3 ha – 150 Stpl. + Dau.; Standard-Sanitärausstattung; Laden, Imbiss, Restaurant (Saison), Waschmaschine mit Trockner, Fahrradverleih, Miethütten. V & E für Wohnmobile.

WOHNMOBIL-STELLPLATZ

Wohnmobil-Stellplatz Parking Masnedsund Havn [N54° 59' 43.84" E11° 53' 53.51"], Sydhavnsvej 44. **Zufahrt:** Vom Ortszentrum Vordingborg südwärts zum Sportboothafen Masnedsund Havn. Hier ebene Schotterfläche für 8 Wohnmobile. **Ausstattung:** Frischwasser, WC, Dusche. **Gebühr:** Gebührenpflichtig. **Geöffnet:** Ganzjährig.

Die technischen Daten des „Gänseturms" sind beeindruckend – vom Grund bis hinauf zur goldenen Gans 36 m hoch, Umfang 33 m, sieben Etagen und ein gewaltiges Kellergeschoss mit Mauern, die an der Basis dreieinhalb Meter und oben immer noch einen dreiviertel Meter dick sind.

Mehr über die Burgengeschichte Dänemarks erfährt man im **Borgcenter** unweit westlich vom Gänseturm *(geöffnet Ostern - Anf. Nov. Di - So 10 - 16 Uhr; Juli + Aug. tgl. 10 - 17 Uhr; www.danmarksborgcenter.dk).*

Gleich neben dem Borgcenter ist in den ehemaligen Wallanlagen der Burg der besuchenswerte **Historisk Botanisk Have**, ein botanischer Garten, u. a. mit Arzneikräutern, Gewürz- und Zierpflanzen angelegt. Noch ein Stück weiter nach Westen sieht man die **Vor Frue Kirke** aus dem Jahre 1388 *(geöffnet tgl. 8.15 - 17 Uhr).*

*ROUTE: Der weitere Verlauf unserer Route folgt von Vordingborg der Straße 59 über **Stensved** nach Osten. Bei **Kalvehave** gelangen wir über die Ulvsundbrücke auf die **Insel Møn**. Weiter auf der Margueritruten über **Stege** und **Magleby** bis an die Ostküste zu den **Klippen Møns Klint**.*

Unterwegs kann man in **Stege** das **Møns Museum Empiregården [N54° 59' 13.01" E12° 17' 20.10"]** in der Storegade 75 besichtigen *(geöffnet 1. März - 30. Apr. + 1. Sept. - 30. Nov. Di - Fr 10 - 14 Uhr, Sa + So 10 - 16 Uhr; 1. Mai - 31. Aug. tgl. 10 - 16 Uhr; http://www.moensmuseum.dk/de).* Das Museum, das in einem historischen Kaufmannshof eingerichtet ist, befasst sich mit Kultur und Geschichte Südseelands und der Insel Møn von der Zeit um 1655 bis heute. In den Ausstellungen sieht man Exponate aus dem Lebensumfeld der Landbevölkerung, der Küstenbewohner oder begüterten Gesellschaftsschichten auf ihren herrschaftlichen Gütern. U. a. wird eine Sammlung von Münzen, darunter 150 Silbertaler von 1655, präsentiert.

Einen Straßenzug weiter südöstlich, in der Sct Gertrudsstræde, findet man einen größeren **Parkplatz [N54° 59' 11.42" E12° 17' 21.91"]**.

Die Storegade ist Steges Hauptstraße, an der gleich drei Marktplätze und alte Stadthäuser mit bemerkenswerten Innenhöfen liegen. Ein Beispiel dafür ist z. B. der etwas südöstlich der Hauptstraße gelegene Luffes Gård [N54° 58' 58.19" E12° 17' 6.18"], zu dem das Brauhaus „Det Gamle Bryghuset" gehört.

Die Kirche von Keldby, Insel Møn

Bemerkenswert, die Fresken aus dem 15. Jh. in der Kirche von Elemlunde

Wer ein Faible für Trödel aller Art und nostalgische Gebrauchsgegenstände aus Omas Zeiten hat, sollte auf einen Besuch in dem vor noch nicht allzu langer Zeit eröffneten **Thorsvang Sammlermuseum [N54° 58' 41.36" E12° 16' 22.24"]** nicht verzichten *(geöffnet 14. März - 20. Okt. tgl. 10 - 17 Uhr; 21. Okt. - 22. Dez. + 17. Jan. - 13. März Do - So 10 - 17 Uhr; www.thorsvang-danmarkssamlermuseum.dk)*. Ein Gruppe pensionierter Bürger und Handwerker haben es sich zur Aufgabe gemacht, alte Dinge aus der „guten alten Zeit" zu restaurieren und im Thorsvang Museum zu präsentieren. U. a. konnte ein ganzer Friseursalon aus dem Jahre 1920 wieder hergestellt werden. Darüber hinaus ist eine Schankstube, eine Wäscherei, ein Fotoatelier früherer Tage, eine Schneiderstube, ein Krämerladen und mehr zu sehen. Eingerichtet ist das Sammlermuseum in einer ehemaligen Trockenmilchfabrik in der Thorvangsallé 7.

Sollten Sie Anfang September auf Møn unterwegs sein, können Sie in Stege am ersten Wochenende im September den „Heringsmarkt" besuchen, dessen lange Tradition daran erinnert, dass Stege einst durch den Heringsfang und den Handel mit Fisch eine reiche Stadt war. Und im Sommer ist der Dienstag ein wichtiger Markttag in Stege.

Ein **Touristeninformationsbüro [N54° 58' 57.36" E12° 16' 58.53"]** findet man in Stege an der Brücke im südlichen Ortsbereich an der Straße Ved Stranden, Ecke Storegade.

Im weiter östlich gelegenen Ort **Keldby** ist die **Kirche [Parkplatz, N54° 59' 28.7" E12° 20' 40.5"]** sehenswert. Neben den schönen Fresken – die ältesten im Chor stammen von 1275 – und den phantasiereichen Bibeldarstellungen im Kirchenschiff aus 1325, sind zahlreiche Gemälde des „Elmelunde-Meisters" von 1480 mit vielen lustigen Details bemerkenswert. So zeigt eine Darstellung Josef, wie er am Weihnachtsabend Grütze kocht *(geöffnet Apr. - Sept. tgl. 8 - 16.45 Uhr; Okt. - März tgl. 8 - 15.45 Uhr; www.keldbyelmelundekirke.dk)*.

Beachtung verdient auch der Altaraufsatz. In der Mitte der Hl. Andreas, umgeben von vier Bildmotiven mit Szenen aus seinem Heiligenleben. In den äußeren vier Feldern sind die 12 Apostel zu sehen.

Die Rückseite des Altaraufsatzes, die der Kirchengemeinde nur am Gründonnerstag und Karfreitag zugewandt ist, zeigt Szenen aus der Leidensgeschichte Christi (Garten Getsemane, die Soldaten ergreifen Jesus, die Geißelung, der Gang mit dem Kreuz nach Golgata).

Die beiden runden Medaillons am Aufgang zur Kanzel zeigen Porträts von Luther und Melanchton.

In **Elmelunde** ist die markante mittelalterliche **Dorfkirche [Parkplatz, N54° 59' 41.9" E12° 23' 59.9"]**, die älteste Kirche auf der Insel Møn übrigens, der Anziehungspunkt *(geöffnet Apr. - Sept. tgl. 8 - 16.45 Uhr; Okt. - März tgl. 8 - 15.45 Uhr; www.keldbyelmelundekirke. dk)*. Bemerkenswerte Fresken aus dem Jahr 1480 bedecken auch hier den Chor und das Kirchenschiff. Belustigende Motive wie z. B. Adam hinter einem Holzpflug in einer Ernteszene wurden vom schon erwähnten „Elmelunde-Meister" geschaffen.

Östlich von **Magleby** endet die Straße am großen, in einem ausgedehnten Waldgebiet gelegenen gebührenpflichtigen **Parkplatz „Store Klint" [N54° 57'**

58.6" E12° 32' 50.8"]. Die berühmten Klippen **Møns Klint**, die weißen **Klippen von Møn**, zählen zu den großen Natursehenswürdigkeiten in Dänemark. Auf einer Länge von 8 km fällt hier das Steilufer aus Kreidefelsen ca. 130 m senkrecht ins Meer.

An der Cafeteria beginnen **markierte Spazierwege** zu den Aussichtspunkten. Bevor man sich auf den Weg macht, ist ein Gang durch das Informationszentrum **„Geo Center Møns Klint"** mit teils interaktiven Ausstellungen über die Geschichte der Kreideklippen recht interessant *(geöffnet 13. Apr. - 22. Apr. tgl. 10 - 17 Uhr; 23. Apr - 28. Juni; 29. Juni - 30. Aug. tgl. 11 - 18 Uhr; 31. Aug. - 11. Okt. 11 - 17 Uhr; 12. Okt. - 31. Okt. tgl. 12 - 16 Uhr, Cafeteria; https://moensklint.dk/de/)*.

Einer der nächstgelegenen Aussichtspunkte über dem Steilufer der Klippen ist der 128 m hohe **Dronningstolen**, der über mehrere Holztreppen und einen Waldweg in ca. 10 Minuten zu erreichen ist. Guter Ausblick beim Punkt **„Forchhammers Pynt"**.

Die Steilküste Møns Klint ist ein beliebter Brutplatz für Wanderfalken.

Und die nördliche **Halbinsel Ulvshale** sowie das benachbarte, über eine Brücke erreichbare **Inselchen Nyord** sind wichtige Stationen von Zugvögeln auf ihren Reisen zwischen Nordafrika und Südeuropa und Nordskandinavien.

Vor allem Watvögel lassen sich hier gerne nieder. Auch Fischadler, Kraniche, Wildgänse, Milane und andere Arten kann man auf ihren Zügen nach Norden beobachten.

Wer sich für das Phänomen des Vogelzuges interessiert, wird sicher-

Die berühmten Kreideklippen Møns Klint

lich das **Ulvshale Naturcenter** (Aussichtspunkt über den Waldsee „Gåsesøen") oder den **Vogelturm auf Nyord**, einen behindertenfreundlichen Ausguck, besuchen wollen. Das kleine Dorf Nyord übrigens wurde 2011 zum „schönsten Dorf Ostdänemarks" erkoren.

PRAKTISCHE HINWEISE — STEGE UND INSEL MØN

Møns Turistbureau [N54° 58' 57.36" E12° 16' 58.53"], Storegade 2, Ecke Straße Ved Stranden, 4780 Stege, Tel. +45 55 86 04 00, www.visitmoen.com. *Geöffnet Apr. - Mitte Juni + Mitte Aug. - Okt. Mo - Fr 9.30 - 16 Uhr, Mi 9.30 - 12.30 Uhr, übrige Zeit Mo, Di, Do, Fr 9.30 - 16 Uhr, Mi 9.30 - 12 Uhr.*

CAMPING

Stege
Camping Mønbroen [N54° 59'3.17" E12° 10' 19.79"], Klostervej 86, Tel. +45 55 81 18 08, www.moenbroen.dk; 1. Apr. – 15. Sept.; am Südende der Sundbrücke an der Stege Bucht; ebene Wiese an der Stege Bucht; ca. 2 ha – 80 Stpl. + zahlr. Dau.; einfache Standard-Sanitärausstattung. Miethütten.

Camping Ulvshale Strand [N55° 2' 16.63" E12° 16' 54.72], Ulvshalevej 236, Tel. +45 55 81 53 25, www.ulvscamp.dk; 12. Apr. – 8. Sept.; ca. 6,5 km nördlich von Stege; hügeliges, naturbelassenes Gelände durch Dünen vom Meer getrennt; 2,5 ha – 90 Stpl. + Dau.; Standard-Sanitärausstattung. Laden,

Waschmaschine, Trockner, Fahrradverleih, Internetecke. Miethütten. V & E für Wohnmobile. QuickStop.

Keldby
Camping Keldby Møn [N54° 59' 29.3" E12° 21' 24.5"], Pollerupvej 3, Tel. +45 41 16 93 03, www.keldbycampingmoen.dk; Anf. März – Ende Okt.; am östlichen Ortsrand von Keldby; ebenes Wiesengelände durch Buschreihen aufgeteilt; 3,5 ha –

100 Stpl.; Standard-Sanitärausstattung. Laden, Kiosk, Waschmaschine, Trockner, Fahrradverleih, Miethütten. V & E für Wohnmobile.

Borre
Camping Møns Klint [N54° 58' 47.34" E12° 31' 25.21"], Klintevej 544, Tel. +45 55 81 20 25, https://campmoensklint.dk/?lang=de; 1. Apr. – 1. Nov.; ca. 2 km östlich von Magleby an der Straße 287 zum GeoCenter Møns Klint an der Ostseite der Insel; naturbelassenes, hügeliges Gelände, teils Lichtungen im Wald, teils auch terrassierte Wiesen; ca. 12 ha – 300 Stpl. + Dau.; gute Standard-Sanitärausstattung. Laden, Restaurant, Waschmaschine, Trockner, be-

heizbares Schwimmbad, Tennis, Fahrradverleih, WLAN, Miethütten. V & E für Wohnmobile.

Askeby
Camping Møn Camping Hårbølle Strand [N54° 52' 58.79" E12° 9' 9.16"], Hårbøllevej 87, Tel. +45 26 74 95 63, www.moencamping.dk; 1. Mai – 30. Sept.; in Askeby von der Straße 287 Richtung Hårbølle abzweigen, am Südende der Insel Møn südwestl. Hårbølle am Grønsund gelegen; recht einfacher Platz, aber ruhig an einem schmalen Sandstrand gelegen; ca. 2 ha – 80

Stpl. + Dau.; Standard-Sanitärausstattung; Kiosk, Fahrradverleih, Waschmaschine, Trockner. V & E für Wohnmobile.

Stubbekøbing
Camping Stubbekøbing [N54° 53' 27.34" E12° 1' 39.35"], Gammle Landevej 4, Tel. +45 25 32 12 22, http://stubbekobing-camp.dk/#; 27. März – 15. Sept.; am nordwestlichen Ortsrand von Stubbekøbing zwischen Straße und Strand; kleiner, netter Platz der Gemeinde, durch Hecken und Bäume unterteiltes Gelände, durch Strandfußweg vom Strand getrennt; ca. 1,2 ha – 80

Stpl. + Dau.; Standard-Sanitärausstattung. Kiosk, Waschmaschine, Trockner, Miethütten. V & E für Wohnmobile.

Das Schlösschen Liselund, Insel Møn

Ein kleines Museum, die **Nyord Lokalhistorisk Udstilling** in der Nyord Bygade, präsentiert sich als Heimatmuseum mit einer Abteilung über das Lotsenwesen auf der Insel. Eingerichtet ist die Ausstellung im Lotsenausguck „Møllestangen". Das Museum ist täglich geöffnet, der Eintritt ist frei.

Nicht allzu weit nördlich der Klippen von Møn, über Magleby und Sømarke (Margueritruten) zu erreichen, findet man das reetgedeckte **Schlösschen Liselund [Parkplatz, N54° 59' 58.5" E12° 31' 20.2"]**. Es wurde 1795 von einem sehr vermögenden Gutsbesitzer auf der Insel Møn als Lustschloss und Morgengabe für seine Frau Lise erbaut.

Das Schlösschen liegt in einem romantischen Waldpark mit zwei lauschigen Pavillons, dem Chinesischen Lusthaus und der Schweizer Hütte und mit dem Liselund Ny Slot (Restaurant, Bed & Breakfast mit 20 Zi.). *Der Park ist immer geöffnet. Das Museum im Schlösschen aber ist nur auf Führungen gegen Gebühr zugänglich, und zwar Mai, Juni + Sept. Sa um 11, 13 + 15 Uhr; im Juli und Aug. Mi - So um 11, 13 + 15 Uhr; https://natmus.dk/ museer-og-slotte/liselund/rundvisninger-paa-lystslottet-og-i-haven/).*

ROUTE: *Von den Møns Klint zurück bis **Stege** und auf der Straße 287 südwärts über **Askeby** und die Brücke nach **Bogø By** auf der **Insel Bogø**. Von Bogø [Fähranleger, N54° 54' 46.61" E12° 3' 4.85"] mit der Fähre (12 Minuten) über den Grønsund nach **Stubbekøbing** auf der **Insel Falster**.*

Auf der Fahrt zur Insel Bogø kann man von der Straße 287 einen lohnenden Abstecher zur sehenswerten **Fanefjord Kirche [Parkplatz, N54° 54' 5.9" E12° 9' 3.7"]** unternehmen. Die hübsche weiße Kirche im spätgotischen Stil zeigt wunderbare Fresken des Elmelunder Meisters. Sein Zeichen ist an der Rippe des ersten Bogens in der Nordreihe zu finden *(geöffnet tgl. 8 - 18 Uhr; www.fanefjordkirke.dk).*

Man kann versuchen, den Turm der **Kirche von Stubbekøbing** zu besteigen, was aber nur in Anwesenheit des Kirchendieners möglich ist. Gelingt es, hat man einen herrlichen Blick auf die Inselwelt.

Das sehenswerte **Motorrad- und Radiomuseum [N54° 53' 8.3" E12° 2' 10.3"]** am Nykøbingvej 56 in Stubbekøbing stellt über 130 alte Zweiräder, Radios und Grammophone aus der Zeit zwischen 1897 und 1955 aus *(geöffnet 7. Apr. - 17. Juni Sa + So 10 - 16 Uhr; 20. Juni - 19. Aug. Di 19 - 22 Uhr, Mi, Do, Sa, So 10 - 16 Uhr; 22. Aug. - 16. Sept. Mi, Do, Sa, So 10 - 16 Uhr; www.motorcykelogradiomuseum.dk).*

*ROUTE: Weiterreise von Stubbekøbing auf der Straße 271 südwärts quer durch Falster und über **Idestrup** bis **Marielyst**. Von dort westwärts zur Hauptstraße E55, der wird nordwärts ins nahe **Nykøbing/Falster** folgen.*

Nykøbing/Falster liegt am Guldborg Sund an der Westküste der Insel Falster. Zu den Sehenswürdigkeiten zählt der **Guldborgsund Zoo & Botanisk Have [Parkplatz, N54° 45' 59.29" E11° 53' 26.64"]**, Østre Allé 97, *(geöffnet 1. Mai - Ende Okt. tgl. 9 - 17 Uhr; übrige Zeit tgl. 10 - 16 Uhr; www.guldborgsundzoo.dk).*

Interessant ist das **Feuerwehrmuseum**, Vendersgade 6 *(geöffnet 1. Mai - 30. Sept. Mo - Fr 10 - 15 Uhr, Sa 10 – 12 Uhr; www.brandmuseet.dk)* (Feuerwehrautos aus dem 20. Jh.). Neben einem **Radiomuseum** und einem **Fotomuseum** ist hier auch das **Friseurmuseum** untergebracht *(geöffnet wie Feuerwehrmuseum)*, ein Friseursalon wie zu Großmutters Zeiten, in der die Locken noch mit der Brennschere gelegt wurden

Eine weitere Sehenswürdigkeit ist das **Spielzeugmuseum [N54° 46' 48.09" E11° 51' 55.45"]** *(geöffnet Juni - Aug. Fr 15 - 18 Uhr, Sa 13 - 16 Uhr; Sept. - Nov. Sa 13 - 16 Uhr, https://www.visitlolland-falster.de/tourist/planlaeg-din-ferie/spielzeugmuseum-nykobing-f-gdk615605)*, Ejegodvej 4. Das Museum ist in den Gebäuden eines alten Gehöfts mit einer ausgedienten Windmühle untergebracht. Ausgestellt sind Modelleisenbahnen, Teddybären, Puppen, Zinnsoldaten, erste Legosteine, sowie Spielzeug, das im vergangenen Jahrhundert in dänischen Gefängnissen hergestellt wurde, darunter erste Legobausteine.

PRAKTISCHE HINWEISE – INSEL FALSTER

Nykøbing Falster Turistbureau [N54° 46' 4.09" E11° 52' 0.59"], Færgestræde 1a, 4800 Nykøbing F, Tel. +45 54 85 13 03, https://www.visitlolland-falster.de/. Geöffnet Di - Fr 10 - 16 Uhr, Sa 10 - 14 Uhr; Juli - Mitte Aug. Mo - Fr 10 - 16 Uhr, Sa 10 - 14 Uhr. Im Gebäude des Falsters Minder Museum Obscurum, einem Kuriositätenkabinett.

CAMPING

Nykøbing/Falster
Camping Falster City [N54° 45' 43.86" E11° 53' 41.17"], Østre Alle 112, Tel. +45 54 85 45 45, www.fc-camp.dk; 19. Apr. – 31. Okt.; von der E55 beschilderte Zufahrt zum Gemeindeplatz am südöstl. Stadtrand; ca. 4 ha – 140 Stpl. + Dau; Standard-Sanitärausstattung; Waschmaschine, Trockner, Internetecke, Miethütten. V & E für Wohnmobile.

Horbelev-Bregninge
Camping Falster Familiecamping [N54° 48' 45.67" E12° 4' 37.66"], Tvaermosevej 2, Tel. +45 54 4452 19, www.199.dk; 1. Jan. – 31. Dez.; von Nykøbing nordostwärts Richtung Horbelev und weiter nach Bregninge; Wiesengelände mit Hecken und Bäumen unterteilt, in ländlicher, ruhiger Umgebung; 3 ha – 100 Stpl.+ Dau.; Standard-Sanitärausstattung; Laden, Waschmaschine, Trockner, Grillstelle, Schwimmbad, WLAN. Miethütten. V & E für Wohnmobile.

Sildestrup
Camping Ulslev Strand [N54° 44' 25.85" E12° 1' 42.27"], Ulslev Strandvej 3, Tel. +45 54 14 83 50, www.ulslevstrandcamping.dk; 23. März – 22. Sept.; bei Ulslev; ebene Wiesen mit Bäumen und Hecken zwischen Zufahrtsstraße und Strand gelegen; 8 ha – 180 Stpl. + Dau.; Komfortausstattung; Laden, Restau-

rant, Waschmaschine, Trockner, Fahrradverleih, Minigolf, Beachvolleyball-feld, Sauna, WLAN, Miethütten. V & E für Wohnmobile. QuickStop.

Camping Marielyst Ny [N54° 42' 45.09"   E11° 58' 49.43"], Sildestrup Øvej 14 A, Tel. +45 24 44 16 50, www.marielystnycamping.dk; 9. März – 20. Okt.; bei Sildestrup nördlich von Marielyst gelegen; ebenes Wiesengelände mit Büschen und Bäumen gegliedert, zum Srand 500 m; ca. 6 ha – 160 Stpl. +

Dau.; Standard-Sanitärausstattung; Laden, Waschmaschine, Trockner, Fahr-radverleih, Minigolf, WLAN auf Teilen des Platzes, Internetecke, Miethütten. V & E für Wohnmobile. QuickStop.

Marielyst bei Vægger løse
Camping Marielyst Familiecamping [N54° 40' 24.27"   E11° 56' 43.75"], Godthåbs Alle 7, Tel. +45 71 75 59 05, www.marielystfamiliecamping.dk; Jan. - Dez.; 4 km östl. von Vægger løse am westlichen Ortsrand von Marielyst, be-schilderte Zufahrt; Wiesen in waldreicher Umgebung und mit zwei Teichen;

ca. 2,5 ha – ca. 150 Stpl. + Dau.; Standard-Sanitärausstattung; Laden, Imbiss, große Badelandschaft, Miethütten. V & E für Wohnmobile. QuickStop.

Vægger løse-Bøtø
Camping FDM Østersøparken [N54° 39' 21.18"   E11° 57' 23.88"], Bøtøvej 243, Tel. +45 54 13 67 86, www.ostersoparken.dk; 3. Apr. – 28. Sept.; von der E55 (Vægger løse-Gedser) Richtung Marielyst abzweigen und weiter süd-wärts nach Bøtø; durch Hecken aufgeteilte Wiesenfelder mit Bäumen, bis

zum Sandstrand reichend; ca. 4 ha – 120 Stpl. + Dau.; Standard-Sanitäraus-stattung; Kiosk, Waschmaschine, Trockner, WLAN, Miethütten. V & E für Wohnmobile.

ROUTE: In Nykøbing/Falster que-ren wir auf der Frederik IX.-Brücke den Guldborg Sund, sind nun auf der **In-sel Lolland** und nehmen außerhalb der Stadt die Straße 297 (Margueritruten) südwärts ins 17 km entfernte **Nysted.**

Besichtigen kann man in **Sund-by,** das auf der Westseite des Guldborg Sunds auf der Insel Lolland gegenüber von Nykøbing/Falster liegt, das **Mid-delaldercentret [Parkplatz, N54° 46' 27.75"   E11° 50' 29.53"]**, Ved Ham-borgskoven 2 (geöffnet Mai - Juni + Mit-te Aug. - Ende Sept. tgl. 10 - 16 Uhr; Juli - Mitte Aug. 10 - 17 Uhr; www.middelalder-centret.dk). Vom Parkplatz ist noch ein kurzes Stück zu Fuß zum Freilichtmuse-um zurückzulegen, in dem Lebensweise und Technik des Mittelalters anschaulich gezeigt und von mittelalterlich gewan-deten Interpreten demonstriert werden. U. a. sieht man eine historische Schmie-de, eine Schneiderwerkstatt, ein Lede-rer-Haus, Gärten, eine nachempfunde-ne Schiffswerft, einen Turnierplatz, altes Kriegsgerät wie Bögen, Armbrüste oder Katapulte und vieles mehr.

Sehenswert in Sundby ist weiter **Den Gamle Købmandshandel [N54° 46' 3.92"   E11° 51' 59.38"]** in der Fær-gestræde 1 A (geöffnet 1. Jan. - 23 Juni + 5. Aug. - 31. Dez. Di - Fr 10 - 16 Uhr, Sa 10 - 14 Uhr; 24. Juni - 4. Aug. Mo - Fr 9.30 - 17.30 Uhr, Sa 9.30 - 14.30 Uhr; www.aabne-sam-linger.dk/falstersminder/falsters-minder/besoeg-museet/den-gamle-koebmands-handel/), ein Tante-Emma-Laden aus den 1950er Jahren.

Nysted/Lolland ist die südlichste Gemeinde mit Stadtrechten in Däne-mark. Viele Jahre war das Oldtimermu-seum **Aalholm Automobil Museum** im Aalholm Parkvej 17 mit seinen über 300 wunderschön restaurierten Straßenve-teranen eine Sehenswürdigkeit. 2012 wurde über die Hälfte der Oldtimer ver-steigert. Ob das Museum weiterbeste-hen wird, war bis Drucklegung dieser Auflage nicht in Erfahrung zu bringen.

In der Nähe des Automobil Muse-ums liegt **Schloss Ålholm**, einer der äl-testen hochherrschaftlichen Sitze in Dä-nemark. Das Schloss ist in Privatbesitz und für die Öffentlichkeit nicht mehr zu-gänglich!

ROUTE: *Der letzte Teil der hier beschriebenen Rundreise durch Dänemark führt von Nysted nach **Rødby** und **Rødbyhavn**. Bei ausreichend zur Verfügung stehender Zeit ist der Weg auf der **Margueritruten** von Nysted nordwestwärts und auf Landstraßen durch die Seenlandschaft bei Maribo etwas abwechslungsreicher. Der **Fährhafen Rødbyhavn** [Parkplatz, N54° 39' 20.81" E11° 21' 16.08"] ist von Nysted nur noch 27 km entfernt. Fähren der Reederei Scandlines nach Puttgarden auf Fehmarn verkehren laufend.*

Nordwestlich von Rødby werden sich nicht nur Wasserratten über das **Ferienzentrum Lalandia [N54° 39' 58.94" E11° 20'5.01"]** freuen *(geöffnet Mitte Jan. - Mitte Nov. 11 - 19 Uhr, an manchen Wochenenden 9 - 15 Uhr; www.lalandia.dk)*. Es bietet nicht nur das Erlebnisbad Aquadome mit Grottenbecken, Wellenbecken und Außenbecken etc. und verschiedenen Wasserrutschen, sondern auch mehrere Restaurants, Minigolf, Shops, das Hotel Lalandia Rødby Resort und eine große Ferienhaussiedlung.

PRAKTISCHE HINWEISE — NYSTED UND RØDBY

Nysted Turistbureau [N54° 39' 48.6" E11° 43' 51.6"], Strandvejen 18, 4880 Nysted, Tel. +45 53 87 19 85, www.nysted.dk.
Rødbyhavn Turistbureau [N54° 39' 28.12" E11° 21' 27.60"], Færgestationsvej 6, 4970 Rødby Tel. +45 54 60 45 46, www.visitlolland-falster.dk.
Rødby Turistbureau [N54° 41' 43.59" E11° 23' 14.74"], Vestergade 1, 4970 Rødby, Tel. +45 54 60 21 10.

CAMPING
Nysted
Camping Nysted Strand [N54° 39' 15.32" E11° 43' 52.78"], Skansevej 38-40, Tel. +45 54 87 09 17, www.nystedcamping.dk; 15. März – 20. Okt.; südl. der Stadt an der Bucht; Platz der Gemeinde mit Strand, durch Waldstücke windgeschützt; ca. 2 ha – 100 Stpl. + Dau.; Standard-Sanitärausstattung; Laden, Restaurant, Waschmaschine, Trockner, Grillstelle, Fahrradverleih, Minigolf, Ponyreiten, WLAN, Miethütten. V & E für Wohnmobile.

Guldborg
Camping Guldborg [N54° 51' 54.01" E11° 44' 10.75"], Guldborgvej 147, Tel. +45 51 51 77 87, www.guldborg-camping.dk; 1. Jan. – 31. Dez.; von der E47 (Vordingborg – Rødby) auf die Straße 153 nach Guldborg abzweigen und noch 6,5 km zur Platzeinfahrt am südlichen Ortsrand; ebene Wiesen, durch Büsche und Bäume unterteilt; ca. 3 ha – 80 Stpl. + zahlr. Dau.; Standard-Sani- tärausstattung; Kiosk, Restaurant, Waschmaschine, Trockner, Fahrradverleih, Minigolf, WLAN, Miethütten. V & E für Wohnmobile.

Rødby
Camping Rødby Lystskov [N54° 41' 55.05" E11° 23' 32.36"], Strandvej 3, Tel. +45 42 18 74 75; 1. Apr. – 1. Sept.; im nördl. Stadtbereich von Rødby, an der Straße 153 nach Maribo; einfacher Übernachtungsplatz; ca. 1,5 ha – 90 Stpl.; Standard-Sanitärausstattung; Kiosk, Imbiss, Waschmaschine, Trockner, Miethütten. V & E für Wohnmobile.

Kramnitse bei Rødby
Camping Western Camp & Feriecenter [N54° 42' 34.46" E11° 15' 27.54"], Noret 2, Tel. +45 54 94 61 00, www.westerncamp.dk; 10. Mai – 11. Aug.; von der E47 (Rødby – Maribo) nach Rødby abzweigen und weiter westwärts Richtung Kramnitse noch ca. 10 km, in Kramnitse beschilderte Zufahrt; unebenes Wiesengelände mit Büschen und Bäumen; 6 ha – 100 Stpl.; Standard-Sanitärausstattung; Laden, Imbiss, Restaurant, Waschmaschine, Trockner, WLAN, Miethütten im Westernstil. V & E für Wohnmobile.

INSEL BORNHOLM

in den Stranddünen von Dueodde

ROUTE 15: INSEL BORNHOLM

Länge der Tour: Rundfahrt mit Abstechern und Umwegen ca. 170 km.

Die Route: Von **Rønne** über die Straße 159 bis **Sandvig/Allinge** – Straße 158 über **Gudhjem** und **Svaneke** bis **Nexø** – Küsten- und Landstraßen über **Dueodde** bis **Åkirkeby** – Land- straßen über Almindingen und **Vestermarie** bis **Nylars** – Straße 38 oder Küstenstraße bis **Rønne**.

Reisedauer: Mindestens zwei bis drei, besser mehr Tage.

Höhepunkte: **Bornholms Museum **** in Rønne – die Burgruine **Hammershus **** – **Strand und Küsten** bei Sandvig – die **Rundkirche von Olsker **** – die **Helligdomsklippen ***** und das **Kunstmuseum** dort – **Gudhjem *** und sein Hafen – die **Rundkirche von Østerlars **** – der Sandstrand bei **Dueodde ***** – Wandern in der **Waldlandschaft Almindingen** – die **Kirche von Nylars ***.

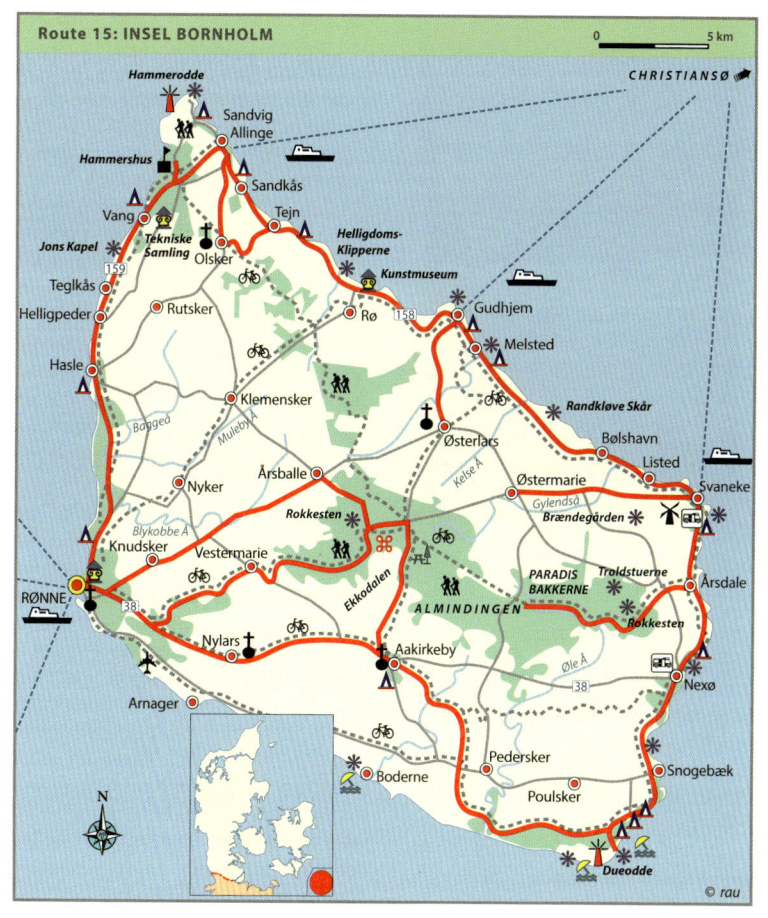

Route 15: INSEL BORNHOLM

Bornholm ist mit einer Fläche von knapp 590 qkm Dänemarks fünftgrößte Insel. Sie liegt in der Ostsee, rund 150 km östlich von Kopenhagen und rund 37 km südlich der schwedischen Küste. Die Einwohnerzahl beläuft sich auf annähernd 42.000. Und die weiteste Entfernung von West nach Ost misst wenig mehr als 40 km.

Die nachweislich erste schriftliche Erwähnung fand Bornholm um das Jahr 890, als ein angelsächsischer Seefahrer namens Wolfstan in seinen Aufzeichnungen von einer Insel namens *Burgundaland* berichtete, auf dem ein souveräner König regierte.

Bornholm war durch seine Lage mitten in der Ostsee über Jahrhunderte

Historisches Werbeplakat für Bornholm

hinweg immer wieder politischer Zankapfel, z. B. zwischen den dänischen und schwedischen Königen. Die Insel war Streitobjekt zwischen den pommerschen Hansestädten und der Kirche, die in Gestalt des schwedischen Bischofs von Lund lange ihren Nutzen aus Bornholm zog.

Die Insel war aber auch Ziel von Seeräubern und Plünderern.

Erst nach dem Kriege von 1658 konnten sich die Bornholmer der schwedischen Vorherrschaft entledigen (siehe auch unter Hasle) und sich dem dänischen König anschließen, der dann auch artig versprach, Bornholm nie wieder an fremde Mächte abzutreten.

Während des Zweiten Weltkriegs war Bornholm ab 1940 von Truppen der Wehrmacht besetzt. Bei den Bombenangriffen zur Befreiung der Insel durch sowjetische Truppen wurden die Städte Rønne und Nexø erheblich zerstört.

Vielleicht war es die wechselvolle und teilweise auch stürmische Geschichte der Ostseeinsel, die ihren Bewohnern den Ruf eines stolzen, gelegentlich auch etwas streitsüchtigen Völkchens einbrachte, mit dem nicht immer gut Kirschen essen gewesen sei. Und unter den Segelschiffkapitänen früherer Tage war es guter Brauch, tunlichst nie mehr Bornholmer Seeleute auf einem Schiff anzuheuern, wie dieses Masten hatte, damit man bei Streitereien jeden Hitzkopf an einen Masten binden konnte.

Aber so wie sich die Zeiten in der christlichen Seefahrt verändert haben, hat sich zwischenzeitlich sicher auch der Umgang unter den Bornholmern geändert und beruhigt.

Die bedeutendsten wirtschaftlichen Faktoren auf Bornholm sind heute neben dem Fremdenverkehr nach wie vor die Landwirtschaft und die Fischerei. Das produzierende Gewerbe ist nur von untergeordneter Bedeutung.

Das **milde Klima** bis weit in den Herbst, die hübschen Fischerdörfer, die beschauliche Ruhe der Binnenlandschaft, die **artenreiche Flora** mit in Nordeuropa ungewöhnlichen botanischen Überraschungen, wie Feigenbüschen, Maulbeersträuchern, seltenen Orchideenarten oder Wermutgewächsen und vor allem die abwechslungsreiche, fast 150 km lange **Küste** mit phantastischen **Sandstränden** im Südosten, mit windgeschützten Dünen und zerrissenen Felsklippen im Nordosten, ließen Bornholm zu einem gerne besuchten Sommerferienziel werden.

Und wenn Sie im Frühling durch Bornholm fahren, können Sie hier sogar Dänemarks größten Wasserfall erleben, wie den im Spaltental Døndalen im Nordosten der Insel.

Viele Kenner der Insel kommen aber lieber in den „stillen Monaten" des Herbstes nach Bornholm, wenn es ruhiger wird an den Stränden und im Hinterland. Viele Einrichtungen, Strandhotels, Restaurants oder Museen sind dann zwar geschlossen. Aber wer wirklich Ruhe und Abgeschiedenheit sucht, wird sich in einem hübschen Ferienhaus oder im gemütlichen Zimmer eines Gasthofs und auf Spaziergängen an fast menschenleeren Stränden im frischen Herbstwind sicher wohl fühlen.

Auf Bornholm finden Sie das drittgrößte zusammenhängende Waldgebiet Dänemarks, **Almindingen** im Zentrum der Insel, in dem ausgedehnte **Wanderungen** in herrlicher, abgeschiedener Landschaft möglich sind, auch in Zeiten, wenn sich die Urlauber an den Stränden drängen.

Schließlich zählen die markanten **Rundkirchen,** die schon fast zum Wahrzeichen der Insel geworden sind, zu den großen Sehenswürdigkeiten auf Bornholm.

Anreise nach Bornholm

Rønne, den Hauptort der Insel, erreicht man auf dem Luftwege von Kopenhagen oder Hamburg aus.

Auf dem Seewege bieten sich folgende Möglichkeiten an:

Kopenhagen/Køge – Rønne
Reederei Bornholmslinjen; www.bornholmslinjen.de – Es besteht ab Køge, ca. 30 km südlich von Kopenhagen, eine tägliche Nachtverbindung nach Rønne, ab Køge 00.30 Uhr, an Rønne um 6.00 Uhr am nächsten Morgen. Rückfahrt ab Rønne 17.00 Uhr, an Køge 22.30 Uhr.

Ystad/Schweden – Rønne
Reederei Bornholmslinjen; www.bornholmslinjen.de – Bis zu 4 Abfahrt pro Tage, in der Hochsaison bis zu 8 Abfahrten, Fahrzeit ca. 2,5 Std. mit der Schnellfähre, ca. 3,5 Std. mit den konventionellen Fähren.

Sassnitz/Mukran (Rügen) – Rønne
Reederei Bornholmslinjen; www.bornholmslinjen.de – Im Sommer eine Abfahrt mit der Autofähre „Hammershus", zusätzlich von Juni bis September an Wochenenden die Autofähre „Povl Anker". Fahrtdauer 3,5 Std.

Bornholm per Fahrrad

Erstaunliche Anstrengungen wurden in den vergangenen Jahren unternommen, um Freunden ausgedehnter Fahrradtouren ein annähernd 300 km langes Netz von guten, deutlich **beschilderten Radwegen** zu bieten. Eine willkommene Bereicherung des Wegenetzes waren dabei die Trassen der stillgelegten Inselbahn. Ansonsten werden vor allem verkehrsarme Nebenstraßen, Waldwege oder Radwege entlang der Landstraßen genutzt.

Radwege führen rund um und kreuz und quer durch die Insel. Jede einigermaßen interessante Ecke der Insel ist auch per Fahrrad zu erreichen.

Wer es sportlich angehen will, kann bei entsprechender Kondition Bornholm durchaus an einem Tag umradeln. Zeit für Besichtigungen oder für einen Strandbummel wird dabei allerdings nicht bleiben.

Ideal für eine Radtour um Bornholm sind vier oder fünf Tage. Jede der offiziellen Radstrecken hat eine Nummer und ist mit einem grünen Schild markiert. Außerdem sind auf den Schilden die Orte, die sie verbinden genannt und die Entfernung in Kilometern dorthin ist angegeben.

Bornholm Radroute 10 – Die Radtour, die Bornholm im Uhrzeigersinn umrundet, folgt dem **Radweg Nr. 10**. Die Tour ist insgesamt (ohne Umwege) 105 km lang und in vier Etappen eingeteilt; *www.bornholm.de/radfahren.html/*.

Die erste Etappe, knapp 28 km lang, rund 15 km auf Asphalt und 13 km Kieswege, startet in **Rønne** und führt über Hasle, durch Wälder und entlang der Felsküste bei Vang – mit einem eventuellen Umweg über die Burgruine Hammershus, die Schlossheide und Sandvig – nach **Allinge**.

Bornholms Radwege sind bestens ausgeschildert, hier an der Årsdale Windmühle

Die nächste Tour von **Allinge** nach **Svaneke** ist rund 30 km lang, ca. 30 km auf Asphalt. Die Etappe entlang der felsigen Bornholmer Nordostküste ist nur streckenweise etwas fordernd. Höhepunkte sind die Helligdomsklippen, das Kunstmuseum dort, das Hafenstädtchen Gudhjem mit seiner Fischräucherei und die Randkløve-Schäre, etwa auf halbem Wege zwischen Gudhjem und Svaneke gelegen.

Etappe drei führt von **Svaneke** nach **Dueodde** und ist rund 23 km lang, die kürzeste Etappe auf der Radtour 10, 20 km Asphalt. Hier sind es vor allem die herrlichen Sandstrände von Balka und Dueodde mit seinen feinen, blendend weißen Dünen, die zu einem Aufenthalt verlocken.

Der letzte Abschnitt des Radwegs Nr. 10 ist die Strecke von **Dueodde** zurück nach **Rønne**. Knapp 30 km Asphaltstrecke liegen hier vor Ihnen, die durch eine wenig abwechslungsreiche Landschaft führt, dafür aber fast immer schön eben ist, und so gesehen (falls kein Gegenwind weht), nicht sonderlich anstrengend.

Von dieser Rundtour Nr. 10 führen Radwege mit 20er-Nummern hinein ins Landesinnere. So gelangt man z. B. auf dem 18 km langen **Radweg Nr. 25** von **Åkirkeby** durch das ausgedehnte Waldgebiet Almindingen zur **Østerlars Rundkirche** und weiter, am **Wasserfall Stavehøl** vorbei, nach **Melsted** (Bauernhofmuseum Melstedgård) an der Ostküste südlich von Gudhjem.

Quer durch die ganze Insel führt die **Radtour Nr. 22** von **Robbedale** südöstlich von Rønne über Vestermarie, durch das gesamte Waldgebiet Almindingen mit seinen vielen Wandermöglichkeiten in der Mitte von Bornholm, bis an die Ostküste bei **Årsdale**. Diese Tour ist 33 km lange und verläuft etwa zur Hälfte auf asphaltierten, zur anderen Hälfte auf Kieswegen.

Will man von Årsdale nicht auf dem gleichen Wege durch die Almindingen-Wälder zurück nach Rønne radeln, bietet es sich an, vielleicht an einem weiteren Tag, von Årsdale die rund 5 km südwärts an der Küste entlang nach **Nexø** zu fahren und dann von dort der **Route 21** über Åkirkeby mit seinen Museen und seiner historischen Kirche und über Lobbæk und über Nylars (Rundkirche) zurück nach **Rønne** zu folgen. Die Route 21 ist 32 km lang und verläuft durchweg auf Asphaltwegen.

Und wer auf einem ehemaligen Bahndamm radeln will, wählt den etwa

20 km langen **Radweg Nr. 23**, der der alten Bahnlinie Rønne – Rø folgt, die bis 1953 in Betrieb war. Unterwegs kommt man durch **Nyker** mit einer sehenswerten Rundkirche. Diese Radtour endet in **Helligdommen** an Bornholms Nordostküste und verläuft auf rund 18 km auf Asphalt, der Rest geht über Kieswege.

Darüber hinaus wurden 17 **Mountainbike Routen** eingerichtet. Sie befinden sich im Waldgebiet Almindingen südlich der Straße Segnevej (Rønne – Svaneke), Busse Linien 1 und 4. Ausgangspunkt ist das **Trailcenter am Rytterknægten [Parkplatz, N55° 6' 41.65" E14° 53' 21.97"]** am Aussichtsturm „Kongemindet" auf der Anhöhe Rytterknægten mit Cafeteria und WC, ganzjährig geöffnet. Die Strecken sind von „sehr leicht" bis „schwer" ausgelegt und führt meist über Waldboden auf naturbelassenem Terrain über Wurzeln, Felsen etc.; www.bornholm.info/de/trailcenter-bornholm/.

Übernachtungsmöglichkeiten findet man auf Campingplätzen, in Jugendherbergen, in Landgasthöfen oder in Hotels. Und wenn Sie unterwegs keine Lust mehr zum Strampeln haben sollten, weil Ihnen der Wind vielleicht etwas zu steif ins Gesicht bläst, dann fahren Sie einfach mit dem Bus zurück. Alle Busse sind zum Befördern von Fahrrädern eingerichtet.

Sie können sich auch erst vor Ort spontan zu einer Radtour entscheiden. Fahrradverleihs, die recht ordentliche Velos zur Verfügung stellen, findet man in den größeren Orten. Auch Campingplätze und Hotels vermieten vielfach Fahrräder.

Vor allem in den Ferienmonaten ist die Nachfrage allerdings sehr rege. Ggf. sollten Sie also eine Reservierung vornehmen. Die Touristenbüros, allen voran das Willkommenszentrum in Rønne, haben Listen mit Adressen von Fahrradverleihs und einen Führer über Fahrrad- und Wanderwege.

Einschränkende Vorschriften werden Radtourern auf Bornholm kaum gemacht. Großen Wert wird aber darauf gelegt, dass Sie mit Ihrem Fahrrad nicht auf den Küstenwegen, den sog. Rettungswegen fahren. Der Untergrund ist nur für Fußgänger geschaffen.

Bornholms Hauptstadt

Rønne, Hauptort Bornholms, ist mit knapp 14.000 Einwohnern größte Stadt und wichtigster Fähr- und Handelshafen der Insel. Rønne wurde bei einem Bombenangriff 1945 teilweise zerstört. Das Straßenbild im Zentrum präsentiert sich nun in zeitgemäßer Form. Einige alte Straßenzüge und Gebäude sind aber noch erhalten.

Wenn Sie beim Einfahren der Fähre in den Hafen von Rønne von Deck den schönen Blick auf die Stadt genießen, werden Ihnen die roten Dächer, der weiße Leuchtturm und vor allem die dominierende Sankt Nicolai Kirche weiter rechts, mit ihrem markanten viereckigen Turm mit Fachwerk und der spitzen Turmhaube ins Auge fallen.

Ein größeres **Parkplatzareal** mit „Stromtankstelle" liegt vor dem **Bornholms Velkomstcenter (1) [Parkplatz, N55° 06' 06.6" E14° 41' 25.9"]**, Nordre Kystvej 3, dem großen Touristeninformationsbüro in Hafennähe, in dem Sie alles über die Touristischen Einrichtungen auf der Insel erfahren können. Das Einkaufszentrum Snellemark Centret, eine Autovermietung und ein Fahrradverleih sind gleich in der Nachbarschaft. Bei den erwähnten Parkplätzen gibt es auch eine V & E Station für Wohnmobile.

Weitere, wenn auch kleinere und für große Wohnmobile wenig geeignete, aber zentral gelegene Parkmöglichkeiten findet man u. a. auf dem **Tinghuset Parkplatz [N55° 6' 6.31" E14° 41' 57.17"]**, in der **Sankt Mortens Gade [N55° 6' 8.42" E14° 42' 6.51"]** oder, noch zentraler, am **Ellekongens Plads [N55° 6' 7.61" E14° 42' 1.98"]**.

Stadtspaziergang durch Rønne

Falls Sie Ihren Stadtspaziergang am oben erwähnten Parkplatz beim Willkommenscenter beginnen, gehen Sie über die unweit südlich gelegene Straße Snellemark hinein in die Stadt. Nach

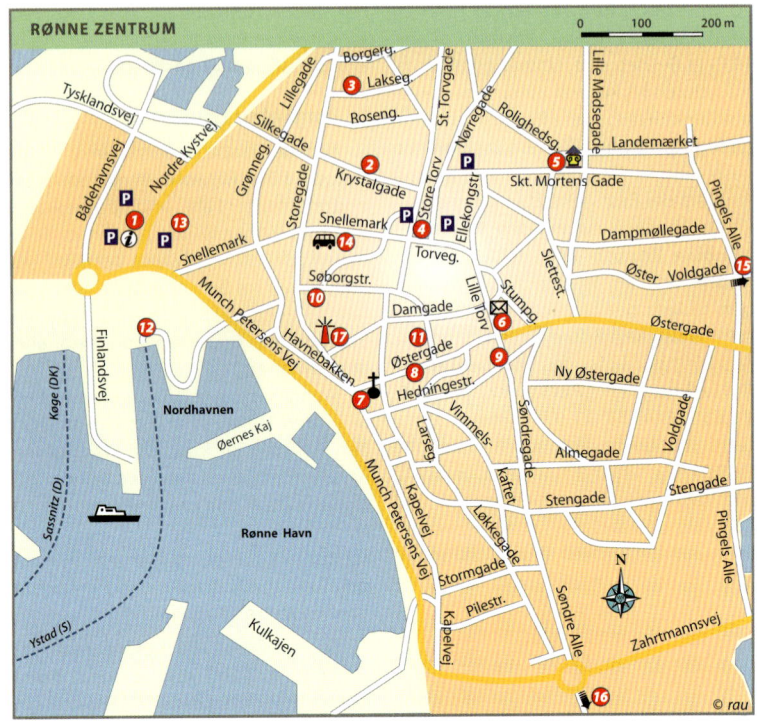

RØNNE – **1** Touristeninformation Bornholms Velkomstcenter, Parkplätze, Autovermietung, Fahrradverleih – **2** Bornholms Keramikmuseum Hjorth – **3** Erichsens Gård – **4** Store Torv – **5** Bornholms Museum – **6** Lille Torv, Postmat – **7** Sankt Nicolai Kirche – **8** Karnapgård – **9** Hauptwache Hovedvagten und Købmand Rønne Gård – **10** Gymnasium – **11** Theater – **12** Fährhafen, Færgen Büro, Busstopp – **13** Snellemark Centret – **14** Busstop – **15** zum Rathaus – **16** zum Forsvarsmuseet, Kastellet und zu Galløkken Camping – **17** Leuchtturm

knapp 300 m folgen Sie der links nach Norden abzweigenden Storegade. Sie führt vorbei am rechterhand gelegenen **Amtmandsgård** (heute Bornholms Statsamt).

Gleich danach zweigt rechts die Krystalgade ab. In der Krystalgade Nr. 5. findet man **Bornholms Keramikmuseum Hjorth (2) [N55° 6' 9.15" E14° 41' 48.34"]** (geöffnet Mo - Fr 10 - 17 Uhr, Sa 10 - 14 Uhr; https://bornholmsmuseum. dk/da/besoeg/hjorths-fabrik/). Es ist eingerichtet in der ehemaligen Keramikfabrik Hjorth aus dem Jahre 1859. Das Museum ist als „arbeitendes Museum" konzipiert, in dem die Besucher Töpfern bei ihrem faszinierenden Handwerk zusehen können und die Entstehung eines

Gegenstandes vom rohen Ton bis zur fertigen Keramik mitverfolgen können.

Das Töpferhandwerk und die Keramikproduktion haben auf Bornholm eine lange Tradition. Heute verzichtet man allerdings auf industrielle Massenproduktion und widmet sich in weit über 80 über die Insel verstreuten Töpfereien der Keramikproduktion eher unter dem Gesichtspunkt des Kunsthandwerks.

Zurück zur Storegade. Das Eckhaus rechts ist der **Kommandantengård**. Hier gehen wir die Storegade noch ein kurzes Stück nach Norden, vorbei an der hübschen **Rosengade**. Einige Gebäudemauern dort sind aus Ziegeln aufgeführt, die nicht flach wie üblich, sondern

Krämerladen im Bornholm Museum, Rønne

ungewöhnlicherweise hochkant aufgestellt sind. Wie man liest, soll das angeblich deshalb geschehen sein, damit man die kleinen Marken auf den Ziegeln besser sehen konnte. Hanseatisch-dezente Werbung der Lübecker Ziegeleien, von denen die Steine stammten.

Die nächste Querstraße, die nur wenige Meter weiter von der Storegade rechts abzweigt ist die **Laksegade**. Zu den bemerkenswerten Bürgerhäusern der Stadt zählt der **Erichsens Gård (3) [N55° 6' 12.82" E14° 41' 51.68"]** in der Laksegade 7 *(geöffnet Mitte Mai - Mitte Okt. Fr + Sa 10 - 16 Uhr; https://bornholmsmuseum.dk/da/besoeg/erichsens-gaard/)*. Der einstöckige Fachwerkbau, ein Bürgerhaus aus dem Jahre 1806, den sich damals der Kanzleirat Thomas Erichsen hatte errichten lassen, dient heute als Kleinstadtmuseum. Man sieht das Interieur eines gutbürgerlichen Heims aus den frühen Tagen des 19. Jh., sowie Erinnerungsstücke an den Maler Kristian Zahrtmann und an den Dichter Holger Drachmann. Zum Anwesen gehört ein schöner Garten.

Wir gehen die wenigen Schritte in der Laksegade, bis zur kurzen **Smallegade**, die uns rechts zum zentralen Stadtplatz **Store Torv (4) [N55° 6' 8.87"** **E14° 42' 11.75"]**, dem Großen Marktplatz, bringt. Der Springbrunnen auf dem Platz ist aus Bornholmer Granit gemacht und wurde 1908 errichtet.

An der Nordseite des Store Torv liegt links das Musikhuset und rechts das Tinghuset. Dort führt rechts die Sankt Mortens Gade nach Osten. Wenn Sie der Straße folgen, kommen Sie wenig später zum linkerhand gelegenen besuchenswerten **Bornholms Museum (5) [N55°6'8.87" E14°42'11.75"]** in der Skt. Mortens Gade 29, Bornholms wichtigstem Museum *(geöffnet Mo - Fr 13 - 16 Uhr, Sa 11 - 15 Uhr; https://bornholmsmuseum.dk/da/)*. Es zeigt geologische und kulturhistorische Sammlungen. Zudem sieht man eine „gute Stube" aus Großmutters Zeit, einen Kaufmannsladen und eine alte Arztpraxis. Interessante Seefahrtabteilung, einmalige Sammlung der berühmten **Bornholmuhren**. Nicht weniger selten ist die Sammlung von kleinen Goldblättchen, den sog. „**Guldgubber**". Auf diesen weit über 2.000 Blättchen sind meist männliche Gestalten dargestellt. Gedient haben sollen die „Guldgubber" als Opfergeld in Wikingertempeln. Außerdem ist im Bornholms Museum Kirchenkunst, Spielzeuge, Bornholm Keramik u. a. ausgestellt.

Will man den Stadtspaziergang fortsetzen, gelangt man von der Sankt Mortens Gade über Ellekongstræde, Lille Torv (Postamt an der Südseite des Platzes) und Østergade in den südlichen, alten Stadtteil von Rønne.

Dort liegt in einem Viertel alter Straßenzüge im einstigen Stadtzentrum die durch ihren Fachwerkturm markante, oberhalb des Hafenbeckens aufragende, weiße **Gemeindekirche Sankt Nicolai (7) [N55° 5′ 55.91″ E14° 41′ 51.71″]** *(geöffnet Mo, Di, Do, Fr 9 - 13 Uhr, Do 16 - 18 Uhr; www.sctnico.dk)*. Die Kirche ist dem Heiligen Nikolaus von Myra, dem Schutzpatron der Seeleute, geweiht.

Das Viertel um die Kirche war das Viertel der Hansekaufleute, der Reeder und Fischhändler, die mit dem Export von Hering in die katholischen Länder weiter südlich, in denen Fisch als die traditionell gebotene Freitags- und Fastenspeise galt, zu großem Wohlstand gekommen waren. Diese wohlhabenden Kreise sorgten dafür, dass die einfache Kapelle aus dem 13. Jh. bald in ein stattliches Gotteshaus umgebaut werden konnte. Der heutige Kirchenbau stammt aus der Zeit um 1915.

Bei ausreichend zur Verfügung stehender Zeit lohnt es sich, die alten, oft noch kopfsteingepflasterten Straßen zu erkunden. In der Østergade östlich der Kirche liegt der **Karnapgård (8)**, der im 18. Jh. lange Stadtgespräch war, da die repräsentative Wohnstube vom Boden bis an die Decke vollständig mit holländischen Kacheln ausgekleidet war.

In der Straße **Vimmelskaftet** z. B. können Sie das kleinste Haus der Stadt sehen, das nicht viel breiter als ein Türstock ist. Früher waren solche Gassen noch nicht einmal gepflastert und es gab auch noch keine Kanalisation. Also landeten alle Abwässer, Küchenabfälle, der Mist der Ställe (bis ins ausgehende 19. Jh. gab es hier in der Stadt noch mehrere Dutzend Bauernhöfe) und natürlich auch die Inhalte der Nachttöpfe auf der Straße. Oft wurden dann, um nicht ganz im Morast zu versinken, in der Mitte der Gasse sog. Trittsteine verlegt, die nicht nur von den Frauen mit ihren bodenlangen Röcken geschätzt wurden.

Ein paar Straßen östlich der Sankt Nicolai Kirche findet man in der vom Stadtzentrum nach Süden führenden Søndergade die alte **Hauptwache Hovedvagten (9) [N55° 5′ 57.61″ E14° 42′ 4.12″]**, Søndergade 12. Die alte Bürgerwache entstand 1743 aus Steinen, die von der Festungsruine Hammershus hergeschafft worden waren.

Wenn Sie sich auf dem Platz an der Hauptwache etwas umsehen, können Sie auf einem der Häuser, dem stattlichen Fachwerkhaus **Købmand Rønne Gård**, ein kleines Türmchen erkennen. Von dort aus soll der reiche Reeder und Kaufmann Rønne seine im Hafen liegenden Schiffe beobachtet haben.

Am südlichen Stadtrand liegt der verbliebene Rest des im 17. Jh. erbauten **Kastells (16)**, das Teil eines umfassenden Befestigungskonzepts war, ab dem 19. Jh. aber nicht weiterverfolgt wurde. Gut erhalten ist der sog. Pulverturm mit bis zu vier Meter dicken Mauern.

In den Gebäuderesten des Kastells findet man das **Bornholms Forsvarsmuseum [N55° 5′ 33.26″ E14° 42′ 2.32″]**, das Verteidigungsmuseum Bornholms. Es zeigt Exponate aus der Militärgeschichte Bornholms der letzten Jahrhunderte bis zum. 2. Weltkrieg und bis zum Kalten Krieg.

Von der Sankt Nicolai Kirche kann man über die Storegade nordwärts wieder stadteinwärts gehen. Man kommt am markanten, 1880 errichteten **Leuchtturm (17)** in der Lygtestræde, und weiter nördlich am Abzweig der Søborgstræde vorbei. In der Søborgstræde wurde 1658 vor dem heutigen **Gymnasium (10)** der schwedische Festungskommandant auf Hammershus, Johan Printzenskøld, ermordet. Eine Gruppe von Steinen erinnert an diese Tat.

Über die Tolbodgade (Haus Nr. 1 dort gilt als ältestes erhaltenes Haus in Rønne) oder über die Straße Snellemark kommt man zurück zum Ausgangspunkt am **Bornholms Velkomstcenter**.

Die Sankt Nicolai Kirche in Rønne

PRAKTISCHE HINWEISE — RØNNE

 Bornholms Velkomstcenter (1) [Parkplatz, N55° 06' 06.6"   E14° 41' 25.9"], Nordre Kystvej 3, 3700 Rønne, Tel. +45 56 95 95 00; www.bornholm. info.dk/de. *Geöffnet 24. Juni - 31. Aug. tgl. 9 - 18 Uhr, 1. - 23. Juni Mo - Fr 9 - 16 Uhr, Sa 10 - 14.30 Uhr, Mai, Sept., Okt. Mo - Fr 9 – 16 Uhr, Sa 9 - 12 Uhr, übrige Zeit Mo - Fr 9 - 16 Uhr.*

Feste, Folklore
Sankt Hans Fest, Johannisabend und Mittsommernacht, am 23. Juni, überall auf Bornholm (wie in ganz Dänemark) feiert man den längsten Tag und die Mittsommernacht mit großen Johannisfeuern, oft mit Musik und Tanz.

CAMPING

 Camping Galløkken Strand [N55° 5' 21.03"   E14° 42' 17.13], Strandvejen 4, Tel. +45 40 13 33 44, www.gallokken.dk; 1. Mai – 31. Aug.; am südl. Stadtrand Richtung Flughafen; Wiese mit hohen Bäumen oberhalb des Meeres, von Wäldchen umgeben; ca. 2,5 ha – 100 Stpl. + Dau.; Standard-Sanitärausstattung; Kiosk, Waschmaschine, Trockner, Fahrradverleih, WLAN auf Teilen des Platzes, Internetecke, Miethütten. V & E für Wohnmobile.

 Camping Rønne Nordskoven Strand [N55° 07' 06.5" E14° 42' 14.2"], Antoinettevej 2, Tel. +45 56 95 22 81, www.nordskoven.dk; 1. Mai – 30. Sept.; ca. 2 km nördl. Rønne an der Straße 159 Richtung Allinge; ebene Wiesen durch hohe Bäume aufgeteilt, von Laubwald umgeben; ca. 3 ha – 120 Stpl. + Dau.; Standard-Sanitärausstattung; Kiosk, Waschmaschine, Trockner, Fahrradverleih, Minigolf, Internetecke im Rezeptionsbereich, Miethütten. V & E für Wohnmobile. QuickStop.

Rund um Bornholm

ROUTE: *Unsere Rundfahrt um die nur etwa 40 km lange und maximal 22 km breite Insel beginnt in **Rønne** und folgt der in Küstennähe verlaufenden Straßen 159 zunächst nach Norden und später auf der Straße 158 im Uhrzeigersinn rund um die Insel.*

5 km nördlich von Rønne zweigen wir von der Straße 159, die nach Hasle und weiter nach Allinge führt, ostwärts ab und gelangen nach 3 km nach Nyker.

Nordöstlich von **Nyker** liegt an der Straße nach Aakirkeby die **Ny Rundkirche [Parkplatz, N55° 08' 20.8" E14° 46' 10.2"]**, eine der vier Rundkirchen von Bornholm. Bemerkenswert ist, dass ihr runder Kirchenraum ohne die bei den anderen Rundkirchen üblichen, äußeren Strebepfeiler erbaut ist.

Auch die Rundkirche von Ny war ursprünglich als Wehrkirche konzipiert. Später ersetzte man dort den Wehrgang aber durch das jetzige Spitzkegeldach *(geöffnet Ostern bis Mitte Okt. Mo - Fr 8 - 16 Uhr; www.ny-kirke.dk)*.

Im Inneren sieht man **Fresken** aus dem 13. Jh. Die Motive an dem tragenden Mittelpfeiler stellen Szenen aus der Leidensgeschichte Christi dar. Im benachbarten „Waffenhaus" sieht man Fragmente eines Runensteines und eine Pesttafel aus der Zeit der Epidemien von 1618 und 1654.

ROUTE: *Von der Ny Rundkirche fährt man zurück zur Hauptstraße 159, der man nordwärts nach* **Hasle** *folgt.*

Küste und Hinterland südlich von Hasle weisen große Waldgebiete mit schön gelegenen Seen (ausgediente Lehmgruben) und einen **Sandstrand** auf.

Kurz vor Hasle, am Abzweig der Straße nach Klemensker, steht der **Brogårdsten** (Brückenhofstein). Dieser 2 Tonnen schwere und über zwei Meter hohe Runenstein gilt als der mächtigste seiner Art, der in Dänemark gefunden wurde. Ursprünglich stand er weiter östlich in der Gemeinde Rø. Die in ein verschlungenes Schriftband eingemeißelten Runen bedeuten: „Svenning ließ diesen Stein nach seinem Vater Toste und nach seinem Bruder Avlak und nach seiner Mutter und nach seiner Schwester errichten".

Hasle wird zwar zu den ältesten Gemeinden auf Bornholm gezählt, stand in seiner Entwicklung allerdings immer im Schatten der nahen Hafenstadt Rønne.

Mitte des 17. Jh. taten sich die Bürger von Hasle durch ihren Widerstand gegen die Schweden hervor, mit Erfolg. Bornholm kam wieder zum dänischen Königreich. Ein Gedenkstein auf dem Marktplatz erinnert an den Aufstand. Später kam Wohlstand in das Städtchen, als man im 18. Jh. damit begann, Kohle und Tonerde abzubauen und eine Glasfabrik zu errichten. Und seit alters her wird Fischfang betrieben und Fisch geräuchert.

Ny Rundkirche

Die gepflasterte Råd-husgade führt vom Marktplatz hinauf zur schlichten **Gemeinde-kirche**. Im Inneren ist ein schön gearbeiteter, drei-teiliger Flügelaltar aus dem frühen 16. Jh. zu se-hen. Die bemerkens-werten spätgotischen Schnitzarbeiten werden einem norddeutschen Meister zugeschrieben und stellen Passionssze-nen dar.

Südlich der Kirche steht der Runenstein „Marevadstenen".

Im alten Gutshof **Grønbechs Gård [N55° 10' 59.82" E14° 42' 20.86"]** im Ortszent-rum ist seit einiger Zeit das **Haus des Kunstge-werbes** eingerichtet. Es zeigt Arbeiten von über 50 Künstler, die auf Born-holm leben; http://www.bornholm-ferien.de/kul-turzentrum-groenbechs-gaard.php.

Die Fischräucherei in Hasle mit ihren markanten Kaminen

Hasle war früher berühmt für sei-nen gehaltvollen Kümmelschnaps. Und in einem alten bornholmschen Spruch heißt es: „Vor Schnäpsen, Schulden und Haslebewohnern soll man sich wahren".

Ganz typisch für Bornholm ist Räu-cherfisch. In vielen der Hafenstädtchen sieht man noch die markanten hohen Schornsteine der Fischräuchereien (Rø-geriet), so auch in Hasle. Der dortigen Räucherei im Sdr. Bæk 16 - 20 ist ein klei-nes **Räuchereimuseum [Parkplatz, N55° 10' 47.9" E14° 42' 13.2"]** ange-schlossen (geöffnet 13. Apr. - 22. Juni tgl.

10 - 17 Uhr; 23. Juni - 31. Aug. tgl. 10 - 21 Uhr; 1. Sept. - 18. Okt. tgl. 10 - 17 Uhr; www.hasleroegeri.dk).

Auf Bornholm wird der Fisch in al-ler Regel noch nach der altherge-brachten Methode über Erlenholz ge-räuchert. Nur der Rauch dieses Holzes soll dem Fisch – man räuchert u. a. He-ring, Dorsch, Makrelen, aber auch Krab-ben oder Wildlachs aus der Ostsee – die schöne goldene Farbe und den un-vergleichlichen Geschmack verleihen, kurz, den Fisch in „Bornholmer Gold" verwandeln.

PRAKTISCHE HINWEISE – HASLE

Hasle Turistbureau [N55° 11' 02.8" E14° 42' 18.7"], Storegade 64, 3790 Hasle, Tel. +45 56 95 95 00, www.hasle.dk. *Geöffnet Ostern - Mitte Okt. Mo - Fr 10 - 15 Uhr.*

Feste, Folklore
Sildefest, großes, buntes Hafenfest in Hasle mit vielen Heringsspezialitäten, zweites Wochenende im Juli.

CAMPING

Hasle

Camping Hasle Familiecamping [N55° 10' 44.92"   E14° 42' 25.63"], Fælledvej 30, Tel. +45 56 94 53 00, www.haslecamping.dk; Jan. – Dez.; im südl. Ortsbereich, ca. 11 km nördlich von Rønne; ebene Wiese durch Bäume und Büsche unterteilt; ca. 3,5 ha – 150 Stpl. + Dau.; Standard-Sanitärausstattung; Kiosk, Waschmaschine, Trockner, Fahrradverleih, Minigolf, WLAN, Miethütten, zum Meer ca. 300 m. V & E für Wohnmobile. QuickStop.

Vang/Allinge

Camping Lyngholt Familiecamping [N55° 15' 20.11"   E14° 45' 44.91"], Borrelyngvej 43, Tel. +45 56 48 05 74, www.lyngholt-camping.dk; Jan. – Dez.; Zufahrt von der Straße 159 (Hasle – Allinge) bei KM 20,1 ca. 3 km nordöstlich von Vang; ausgedehntes Wiesengelände in einem Waldgebiet; ca. 12 ha – 150 Stpl. + Dau.; Standardausstattung; Laden, Imbiss, Waschmaschine, Trockner, beheizbares Schwimmbad, Sauna, Fahrradverleih, Minigolf, WLAN, Miethütten. V & E für Wohnmobile.

ROUTE: *Der weitere Verlauf unserer Route führt nordwärts, vorbei an den kleinen idyllischen Fischerdörfern* **Helligpeder** *und* **Teglkås**.

Kurz darauf zweigen wir meerwärts ab, fahren bis zum **Jons Kapel Parkplatz [N55° 13' 50.6"   E14° 43' 32.7"]** am Picknickplatz mit Cafeteria.

Vom Parkplatz geht man rund 10 Minuten bis zu den Treppen hinab zu den **Küstenklippen Jons Kapel**. Durch eine enge Felsspalte führen 108 Stufen einer Holztreppe mit Geländer steil hinunter an den mit Felsbrocken übersäten Strand.

Der 22 m hohe, freistehende Felsen wird „Predigtstuhl" oder „Kapellenfelsen" genannt. Angeblich soll hier – einer alten Sage zufolge – der Mönch Jon gepredigt haben. Gewohnt hat der fromme Mann in einer der Grotten an der Steilküste.

Bei schönem Wetter bietet es sich an, dem knapp 3 km langen Spazierweg oberhalb der Steilküste bis zum **Fischerhafen Vang** zu folgen. Schöne Küstenszenerie und Blick bis Schweden.

Vang, mit seinem unter Denkmalschutz stehenden Fachwerk-Müh-

Die Küstenklippen Jons Kapel

lengebäude, liegt nur 6 km nördlich von Hasle.

Etwa auf halbem Wege zwischen Hasle und Allinge liegt knapp 2 km nördlich von Vang unweit östlich der Hauptstraße 159 (Borrelyngvej) das **Technikmuseum Bornholms Tekniske Samling [Parkplatz, N55° 14' 58.64" E14° 45' 46.22"]**, Borrelyngvej 48, Tel. +45 56 99 99 80 (geöffnet 1. Mai - Sept. tgl. 10 - 17 Uhr; www.bornteksamling.dk). Die umfangreiche technische Sammlung des privat geführten Museums umfasst Traktoren und landwirtschaftliche Maschinen früherer Tage, Motoren, militärische Fahrzeuge, ein Draken Jet Jagdflugzeug, Spielzeug, Radio- und Fotoapparate u. v. m.

Nur wenige Kilometer weiter, 12 km nördlich von Hasle, erhebt sich auf einem 74 m hohen Felsplateau an der Nordwestküste Bornholms die **Festungsruine Hammershus [Parkplatz P2, N55° 16' 13.21" E14° 45' 43.87]**, Dänemarks größte Burgruine.

Wann genau Hammershus entstand ist nicht überliefert. Sehr wahrscheinlich ließ der Erzbischof von Lund die Festung im 12. Jh. errichten. Bei jüngsten Restaurierungsarbeiten wurden Teile von Mauern entdeckt, die darauf hinweisen, dass Hammershus durchaus auch schon früher, zu Zeiten von König Waldemar entstanden sein kann.

Auch im Königreich Dänemark teilten sich damals – noch lange vor der Reformation – Kirche und Krone in der Beherrschung irdischer Güter. So auch auf Bornholm. Der Erzbischof war Herr über drei Viertel der Insel. Der Krone gehörte der klägliche Rest. Zank und Hader zwischen den Kirchenherren und dem König blieben nicht aus. Und mit der Festung Hammershus wollte der Erzbischof von Lund seine Vormachtstellung auf Bornholm wohl eindeutig dokumentieren und festigen.

Ausgangs des 13. Jh. war Hammershus die Fluchtburg all derer, die nach dem Mord an König Erik Klipping als geächtet galten. Später wurde die Festung von Königstruppen belagert und erstürmt, aber Mitte des 14. Jh. wieder den Bischöfen übergeben, die Hammershus dann bis 1522 besaßen. 1522

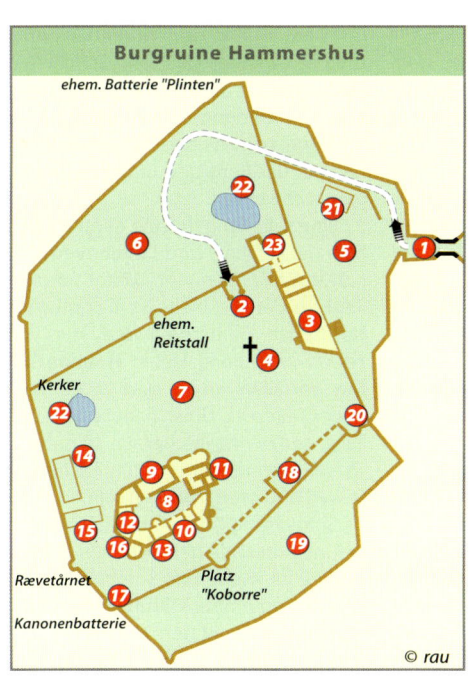

Burgruine Hammershus

ehem. Batterie "Plinten"

ehem. Reitstall

Kerker

Rævetårnet

Kanonenbatterie

Platz "Koborre"

© rau

Burg Hammershus

1 Brücke und Brückenhaus
2 Haupttor
3 Magazin
4 Kreuz
5 östl. Vorburg
6 nördl. Vorburg
7 Schlosshof
8 Burg Innenhof
9 Kirchenflügel
10 Wohnflügel
11 Mantelturm
12 Küchen
13 Backhaus
14 Haus des Kommandanten
15 Brauerei
16 Wassertor
17 Meertor
18 Stallungen und Scheunen
19 südl. Vorburg
20 Blommetårnet, Turm
21 Thinghaus, Richtstätte
22 Teich
23 Butterkeller

eroberte König Christian II. die Burg, die fortan im Besitz weltlicher Herren blieb.

Ab 1524 war Hammershus fünfzig Jahre lang im Besitz der Lübecker Hanse, die die Festung im Interesse ihres Ostseehandels mächtig ausbauten. Nach der Hansezeit verfiel die gewaltige Anlage zusehends.

1743 schließlich verließ der letzte Burgherr, der Kommandant von Bornholm, die Festung. Die trutzige Burg war modernen Kriegsmaschinen, sprich Kanonen, nicht mehr gewachsen.

Niemand auf Bornholm scheute sich fortan, sich von den verhassten Mauern ausgiebig mit Bausteinen zu versorgen. In den Augen der meisten Bornholmer war Hammershus damals der Inbegriff für Unterdrückung und Gewalt, der ungeliebte Ort, der stets die steuereintreibenden Herren beherbergte. Mit Steinen von der Burganlage wurden die Festung auf Christiansø und die Hauptwache in Rønne zum großen Teil erbaut. Seit 1822 steht die Festung nun unter Denkmalschutz.

Der älteste Teil des riesigen, 35.000 qm großen Ruinenareals mit einer 750 m langen Ringmauer, ist der fünfstöckige **Mantelturm**. Um ihn rankt sich die melodramatische Geschichte der waghalsigen Flucht der Prinzessin Leonora Christina und ihres Gatten Corfitz Ulfeldt.

Leonora Christina, die Tochter König Christians IV., und ihr Mann waren im Mantelturm eingekerkert. In der stürmischen, kalten Nacht des 14. März 1661 versuchten die beiden die Flucht durch das 13 m hoch gelegene Kerkerfenster. Die 40jährige schleppte ihren siechen Mann bis nach Sandvig. Dort wurden die beiden allerdings erkannt und verraten und wieder in den Mantelturm geschafft.

Ein neues, behindertengerecht gestaltetes **Besucherzentrum** *(geöffnet 13. Apr. - 30. Juni + 31. Aug. - 31. Okt. tgl. 10 - 16 Uhr; 1. Juli - 30. Aug. tgl. 10 - 20 Uhr; https://bornholm.info/en/hammershus-visitorcenter/)* mit Café und Restaurant wurde ca. 250 m östlich der Burgruine im März 2018 eröffnet. Durch die großen Fenster hat man einen schönen Panoramablick auf die Burgruine.

Hier wurde die **Hammershus-Ausstellung** neu eingerichtet. U. a. wird gezeigt, wie Hammershus in seiner Hochzeit, dem Höhepunkt der politischen Macht der Herren auf Hammershus, um 1575 ausgesehen hat und wie sich das Leben auf der Burg damals gestaltete, das offenbar weit davon entfernt war, dem luxuriösen Leben in einem Schloss zu ähneln.

Wie die Burganlage im 16. Jh. wirklich ausgesehen haben mag, ist nicht bekannt. Von Hammershus sind weder Zeichnungen oder Bilder, noch Pläne oder Stiche gefunden worden. Das Modell der Burg, das in der Ausstellung u. a. zu sehen ist, wurde nach genauen Vermessungen in jüngerer Zeit und nach schriftlichen Überlieferungen angefertigt. Eine ergiebige Quelle waren angeblich auch historische Inventarlisten, die immer dann akribisch genau angefertigt wurden, wenn sich ein neuer Burgherr auf Hammershus niederließ.

Ein anderes Modell in der Hammershus-Ausstellung zeigt den inneren Burghof mit dem Mantelturm. Schließlich sieht man in den Vitrinen Exponate zu den Themen Haushalt, Gericht und Strafe, Freizeit auf der Burg zur Ritterszeit, Nachbildungen von Waffen und Kleidung, sowie Funde, die im Laufe der Zeit auf der Burg und in ihrem Umfeld gemacht wurden.

Eine seltsam geformte Klippe unterhalb der Festung wird **Løvehovederne** (Löwenköpfe) genannt. Weiter nördlich liegt an der Westseite von Bornholms Nordspitze Hammerknuden, der von Felsen umgebene kleine **Hammerhafen**. Vor allem im 16. und 17. Jh. diente der Hafen als Umschlagplatz für den Fang der Heringsfischer. Im 14. und 15 Jh. soll er einer der größten Fischmärkte weit und breit gewesen sein.

Später fungierte er als Ausfuhrhafen des im Hinterland gebrochenen Granits. Und heute werden im Sommerhalbjahr (Mai – September/Oktober) von dem vor den gefürchteten Ostwinden geschützte Hafen Bootausflüge zu den

Die Ruinen der Festung Hammershus

Klippen Løvehovederne und zu Grotten hier, wie der Meereshöhle „Nasser Ofen" und zu Vogelfelsen an der Küste angeboten. Zwischenzeitlich sind am Hafen wieder einige Gebäude entstanden, die Besuchern neben einem Kiosk auch eine Ausstellung über die Geschichte des Hafens und die Zeit des Granitbrechens bieten. Und falls Sie an einem schönen Sommerabend hierher kommen, ist die Chance groß, einen prächtigen Sonnenuntergang zu erleben,

In den Waldgebieten **Slotslyngen** südlich der Festung Hammershus und in den ausgedehnten Heidegebieten **Hammerknuden** nördlich davon, sind markierte **Wanderwege** und zahlreiche Parkplätze angelegt (Zufahrt für Fahrzeuge bis 1,5 t).

Wanderung vom Opalsee zum Hammerodde Fyr

Die von Heideflächen und Wäldchen bedeckte, hügelige, bis zu 82 m hohe Hammerknuden, die nördlichste Landzunge Bornholms, ist von einem kilometerlangen Wanderwegenetz durchzogen.

Sehr schön ist der **Weg zum Opalsee**, der sich in einem unter Denkmalschutz stehenden Steinbruch gebildet

hat. Ganz in der Nähe liegt der größere **Hammer Sø**, der größte See auf Bornholm. Ihn wollte Zar Peter der Große angeblich in einen Kriegshafen verwandeln lassen. Ausgangspunkt für Wanderungen ist der **Parkplatz [N55° 16' 50.27" E14° 45' 37.17"]** südlich des Opalsø am Nordende des Hammersøvej.

Romantischer liegt der kleine **Krystalsøen** unterhalb des Leuchtturms **Hammer Fyr [Parkplatz, N55° 17' 11.45" E14° 45' 35.28"]**.

Man kann vom **Leuchtturm Hammer Fyr** nordwestwärts weitergehen. Der Weg folgt der Küste entlang einem alten Rettungsweg. Bevor an der Küste Leuchttürme errichtet wurden, patrouillierten auf dem Rettungsweg nachts Küstenwächter mit Laternen, um Schiffe vor den Klippen zu warnen.

Der Weg führt an der Ruine der alten Fischerkapelle **Salomons Kapel** aus dem frühen 14. Jh. und der in ihrer Nähe sprudelnden, angeblich wundertätigen Salomonsquelle vorbei zum Leuchtturm **Hammerodde Fyr** am nördlichsten Punkt Bornholms. Von dort gelangt man auf einem asphaltierten Gehweg vorbei am Sandvig Familiecamping (Wanderparkplatz) ins etwa 1 km entfernte Sandvig.

Insgesamt ist die geschilderte Wanderung rund 7 km lang und Sie werden dafür gut drei Stunden benötigen. Bei stärkerem Wind kann der Weg anstrengend werden.

Viele starten zu der Wanderung vom Parkplatz am Sandvig Familiecamping und machen an einem sonnigen Tag daraus eine Halbtagswanderung. Wanderschuhe und ein Getränkevorrat sind unterwegs von Vorteil.

Sandvig-Allinge, die beiden zusammengebauten Nachbarstädtchen, sind idyllische Ferienorte mit puppenstubenähnlichen Straßenzügen und Häuserzeilen in den Ortskernen. Die niederen, roten oder ockergelben Fachwerkhäuschen mit ihren roten Ziegeldächern, die lauschigen, gepflasterten Innenhöfe mit blühenden Stockrosen an den Mauern, die engen Gässchen und Straßen bieten dem Auge einen Hauch von heiler Welt – auch wenn hinter den denkmalgeschützten Fachwerkfassaden kräftig und gar nicht mehr so romantisch das Geschäft des Tourismus betrieben wird.

Die sehenswerte **Kirche von Allinge** am Kirkeplads 5 *(geöffnet Mo - Do 8 - 16 Uhr, Fr 8 - 12 Uhr; www.allingekirke. dk)*, mit ihrem markanten Stufengiebelturm und dem auffallenden gelben Anstrich, stammt in ihren Ursprüngen aus dem frühen 16. Jh. Damals stand hier aber nicht mehr als eine schlichte Kapelle, die im 17. Jh. etwas ausgebaut wurde. Erst ausgangs des 19. Jh. entstand der Kirchenbau, den wir heute sehen. Von der ursprünglichen Kapelle stammen noch die schöne Kanzel, das Taufbecken und ein Kruzifix aus 1520.

Gedenktafeln im Inneren erinnern an königliche Visiten auf Bornholm, König Frederik V. gab im Jahre 1687 der Insel die Ehre und König Christian V. schaute 1750 vorbei. Auf der „Pesttafel" sind die Namen von über hundert Personen verewigt, die zwischen 1618 und 1654 Opfer des Schwarzen Todes wurden. Darüber hinaus sind in und um die Kirche Grabsteine von Festungskommandanten auf Hammershus zu sehen.

Sandvig hat einen schönen **Badestrand** und ein großes Schwimmbad.

PRAKTISCHE HINWEISE — ALLINGE

Nordbornholms Turistbureau [N55° 16' 35.66" E14° 48' 10.30"], Kirkegade 4, 3770 Allinge, Tel. +45 56 48 64 48, www.allinge.dk. *Geöffnet Mo - Fr 9 - 16 Uhr, Juni – Ende Aug. Sa 11 - 15 Uhr, übrige Zeit Mo - Fr 9.30 - 16 Uhr.*

CAMPING

Camping Sandvig Familiecamping [N55° 17' 19.4" E14° 46' 30.1"], Sandlinien 5, Tel. +45 56 48 04 47, www.sandvigcamping.dk; 1. Apr. – 31.Okt.; am nördl. Ortsrand von Sandvig; teils ebene Wiese mit Baumgruppen, teils zum Meer hin geneigter Heidehügel mit Sand- und Grasboden, mit Felsen und Geländestufen, in schöner Lage, teils Blick aufs Meer und zum Ort Sandvig; ca. 5 ha – 200 Stpl. + Dau.; einfache Standard-Sanitärausstattung. Kiosk, Waschmaschine, Trockner, Fahrradverleih, Miethütten. Nicht mehr ganz zeitgemäße Sanitäreinrichtungen; über die öffentliche Strandstraße zum Meer ca. 200 m, Fels- und Sandküste. Ein öffentlicher Parkplatz für Strandgäste und ein öffentlicher Bolzplatz grenzen unmittelbar an den Platz. Von dort ist der Campingplatz im Grunde für Jedermann jederzeit zu Fuß zugänglich. Zum beheizten Meerwasserschwimmbad ca. 200 m. Einkaufsmöglichkeiten ganz in der Nähe.

Camping Sandkås Familiecamping [N55° 15' 49.49" E14° 48' 43.03"], Poppelvej 2, Tel. +45 56 48 04 41, https://www.sandkaas-camping.dk/; Anf. Apr. – Ende Okt.; bei Sandkås, ca. 1,5 km südl. Allinge an der Straße 158 nach Gudhjem; zum Meer hin teils stark geneigte Wiesen, für Wohnmobile geebneter Platz mit Zufahrt; ca. 3 ha – 140 Stpl.; Standardausstattung. Kiosk, Waschmaschine, Trockner, WLAN, Miethütten. V & E für Wohnmobile. Zum Meer ca. 500 m durch ein Wäldchen.

Fast genau zwischen beiden Orten liegt in Küstennähe das alte Schulhaus. Ihm gegenüber findet man die flache **Klippe Madsebakke** mit bronzezeitlichen **Felszeichnungen [N55° 16' 54.77" E14° 47' 19.82"]**. Die Motive stellen Schiffe, Sonnenräder und Fußspuren dar.

Im Sommer verkehren südöstlich von Allinge Ausflugsboote zur **Insel Christiansø**. Näheres darüber finden Sie unter Gudhjem, dem anderen Hafen mit Schiffsverbindungen zur Insel Christiansø, weiter hinten.

Der ganze Küstenstrich zwischen Sandvig und südlich des Fischereihafens Tejn ist das Feriengebiet auf Bornholm schlechthin. Hier machte die Insel auch ihre ersten Schritte auf dem Gebiet des Tourismus. Vom Anfang des vergangenen

Kunstobjekt vor Bornholms besuchenswertem Kunstmuseum

Jahrhunderts bis zum ersten Weltkrieg galt diese Ecke Bornholms als Geheimtip in den Kreisen des wohlhabenden Bürgertums aus Kopenhagen und Norddeutschland.

Einen schönen **Sandstrand**, eingebettet in weit ins Meer vorspringende Felsriegel, findet man in **Sandkås**.

Rund 3 km landeinwärts liegt bei **Olsker** Bornholms höchste **Rundkirche [Parkplatz, N55° 14' 09.8" E14° 48' 03.7"]** im Rønnevej 51 mit mächtigen Granitmauern. Sie stammt aus der Mitte des 12. Jh. Unterhalb der kegelförmigen Turmhaube erkennt man die Schießöffnungen des Verteidigungsstockwerkes. Olskirke war ja, wie die anderen Rundkirchen auch, als Wehrkirche angelegt *(geöffnet Mo - Sa 8 - 17 Uhr; http://www.bornholm-ferien.de/rundkirche-olsker.php)*.

Knapp 4 km südöstlich von **Tejn** lohnt sich ein Abstecher zu den **Helligdomsklippen [Parkplatz, N55° 13' 21.5" E14° 53' 51.6"]**. Die 22 m hohe, freistehende Klippe an der Steilküste - vom Parkplatz aus über einen Fußweg zu erreichen - galt früher als heiliger Ort und war ein viel besuchtes Wall-

CAMPING – TEJN

Camping Bådsted Rø [N55° 13' 50.2" E14° 52' 39.6"], Sønder Strandvej 91, Tel. +45 56 48 42 30, www.bornholm.net/camping/badsted/index.html; 15. Juni – 15. Sept.; ca. 3,5 km südöstlich von Tejn an der Straße 158 (Allinge – Gudhjem), zwischen Straße und Strand gelegen; Wiese von hohen Hecken und Bäumen umsäumt; 1,5 ha – 80 Stpl.; einfache Standard-Sanitärausstattung.

fahrtsziel. Das Wasser einer in der Nähe entspringenden Quelle galt als heilbringend.

Dass diese Küstenregion schon sehr früh besiedelt war und als Kultstätte diente, beweisen Monolithe und Steinkreise, die nördlich der Klippen bei Stammershalde zu sehen sind.

Zwischen Hauptstraße und Klippen liegt **Bornholms Kunstmuseum [Parkplatz, N55° 13' 22.4" E14° 53' 37.6"].** Es wurde von Königin Margrethe II. von Dänemark persönlich eingeweiht. Der moderne Museumskomplex präsentiert eine umfangreiche Sammlung von Kunst und Kunsthandwerk, die bis dahin in Rønne untergebracht war. Im Mittelpunkt stehen Malereien und Skulpturen aus der sog. Bornholmer Schule. Zudem gibt es Abteilungen für Textilien, Keramik und Glas (*geöffnet Apr. + Mai Di - So 10 - 17 Uhr; Jun. - Aug. tgl. 10 - 17 Uhr; Sept. + Okt. Di - So 10 - 17 Uhr; Nov. - März Dᴏ + Fr 13 - 17 Uhr, Sa + So 10 - 17 Uhr; http://www.bornholm-ferien.de/ bornholms-kunstmuseum.php*).

Gudhjem das alte Fischer- und Ostseehandelsstädtchen, liegt sehr malerisch an dem recht abschüssigen Küstenhang. Ungewohnt steil sind die Straßen, die zum Hafen hinabführen. Im Sommer ist der Besucherstrom oft so stark, dass man sich dazu entschließen musste, die Autolawine im Einbahnverkehr durch den Ort zu leiten. Und Radfahrer sind übrigens dazu angehalten, ihr Rad auf der Hauptstraße zu schieben! Zahlreiche Fischräuchereien. **Schöner Blick** auf den Ort von der Brücke der Umgehungsstraße aus.

Dort in der Nähe der Straßenbrücke sieht man eine von Dänemarks größten **Windmühlen [N55° 12' 30.36" E14° 58' 20.99"].** Anders als im übrigen Dänemark war es in Bornholm nicht notwendig, zum Betreiben einer Mühle mit einem besonderen Mühlenprivileg ausgestattet zu sein. Jeder der die Mittel dazu hatte, konnte eine Mühle bauen und betreiben.

Auf Bornholm sind noch einige alte Windmühlen unterschiedlicher Bauart erhalten. Vor allem findet man Bockmühlen und holländische Mühlen, wie die bei Gudhjem. Übrigens, jedes Jahr am 16. Juni, dem nationalen Mühlentag, sind alle Mühlen geöffnet.

Aber man sieht nicht nur historische Windmühlen, sondern auch moderne Windräder, die zur Erzeugung von Strom verbreitet genutzt werden. Wie es heißt, sollen weit über 20% des gesamten auf

Romantische Winkel in den Gassen von Gudhjem

Gudhjem, Bornholm

Bornholm verbrauchten Stroms von Windrädern erzeugt werden.

Parkplätze in Gudhjem findet man oben **[N55° 12′ 30.6″ E14° 58′ 15.6″]** an der Umgehungsstraße hinter der F24-Tankstelle und ganz in der Nähe der Windmühle sowie unten am **Hafen [Parkplatz, N55° 12′ 50.5″ E14° 58′ 11.1″]** (gebührenpflichtig) hinter der Fischräucherei Gudhjem Røgeri.

In Gudhjem ist dem bekanntesten Maler von Bornholm, *Oluf Høst*, das gleichnamige **Museum [N55° 12′ 49.36″ E14° 57′ 59.58″]** gewidmet. Es wurde im ehemaligen Wohnhaus des Künstlers in der Løkkegade 35 eingerichtet und zeigt eine umfangreiche Sammlung seiner Werke *(geöffnet 12. Apr. - 26. Mai Mi - So 11 - 17 Uhr; 27. Mai -11. Sept. tgl. 11 - 17 Uhr; 15. Sept. -19. Okt. Mi - So 11 - 17 Uhr; www.ohmus.dk).*

Im Sommer werden ab Gudhjem **Bootstouren** zu den Küstenklippen Helligdomsklipperne angeboten. Falls Sie eine kleine Wanderung vorhaben, steigen Sie an den Hellingdomsklipperne aus und machen Sie sich zu Fuß auf den Weg entlang der Küste zurück nach Gudhjem (etwa 7 km).

Sehr schön ist der Weg vom Hafen entlang der Felsküste südwärts bis zum Strand und Badeort **Melsted**. Den Spaziergang oder die Fahrt, evtl. auch mit dem Rad, nach Melsted sollte man mit einem Besuch im Bauernhofmuseum **Landbrugsmuseet Melstedgård [Parkplatz, N55° 12′ 9.92″ E14° 58′ 42.91″]** verbinden *(geöffnet Mitte 15. Mai - Mitte Okt. Di - So 10 - 17 Uhr; www. gudhjem.de/landwirtschaftsmuseum- bornholm.php).* Der schöne, alte Freibauernhof im Melstedvej 25 steht unter Denkmalschutz, dient als **Landwirtschafts- und Bauernmuseum** und wird noch heute in harter Knochenarbeit wie vor 100 Jahren betrieben. Man kann zuschauen, wie Flachs oder Wolle gesponnen wird, Pferde am Ziehbrunnen im Hof getränkt werden oder wie Speisen und Getränke nach alten Bauernrezepten hergestellt werden.

Das Bauernhaus, ein strohgedeckter, eingeschossiger Fachwerkbau ist mit Originalgegenständen im Stil des frühen 19. Jh. eingerichtet. In den Wirtschaftsgebäuden und Scheunen sieht man landwirtschaftliches Gerät und Ausstellungen über das bäuerliche Leben auf Bornholm von etwa 1700 bis in unsere Tage.

Falls Sie auf den Ausflug zu den Erbseninseln verzichten, bitte weiter mit **Hauptroute**.

PRAKTISCHE HINWEISE – GUDHJEM

Gudhjem Turistbureau [N55° 12′ 42.68″ E14° 58′ 16.59″], Ejnar Mikkelsensvej 27/Åbogade 9, 3760 Gudhjem, Tel. +45 56 95 95 00, www.bornholm.info/de/bornholms-touristinformation-gudhjem/. *Geöffnet 1. Juni - 31. Aug. Mo - Fr 10 - 15.30 Uhr, Sa + So 8.30 - 10 Uhr; 20. Apr. - 30. Mai + 1. Sept. - 21. Okt. Mo - Fr 9 - 15 Uhr, Sa + So 9 - 11 Uhr.*

CAMPING

Camping Gudhjem [N55° 12′ 25.41″ E14° 58′ 41.39″], Melsted Langgade 45, Tel. +45 56 48 50 71, www.gudhjemcamping.dk; 3. Apr. – 18. Okt.; am südöstlichen Ortsrand von Gudhjem, Zufahrt von der Straße 158 beschildert; große Wiesenmulde, bis an die Felsküste reichend; ca. 1,5 ha – 120 Stpl.; einfache Standardausstattung. Miethütten.
Camping Sannes Familiecamping [N55° 11′ 44.5″ E14° 59′ 09.9″], Melstedvej 39, Tel. +45 56 48 52 11, www.familiecamping.dk; Ostern – 20. Okt., südlich von Gudhjem zwischen Straße 158 und Felsküste gelegen; Wiesen und Geländestufen in schöner Lage über dem Meer; ca. 8,5 ha – 200 Stpl.; gute Standardausstattung; Laden, Imbiss, Waschmaschine, Trockner, beheizbares Schwimmbad, Sauna, Fahrradverleih, Minigolf, WLAN, Miethütten. V & E für Wohnmobile.

Ausflug zu den „Erbseninseln"

Schiffsabfahrten ab Gudhjem nach Christiansø: 9. April - 24. Mai + 18. Sept. - 18. Okt. einmal täglich um 10 Uhr, Fahrzeit 55 Minuten; 21. Mai - 16. Juni + 26. Aug. - 18. Sept. bis zu dreimal täglich um 10, 12.30 und 15 Uhr, Fahrzeit 55 Minuten, 17. Juni - 25. Aug. bis viermal täglich um 10, 12.30 und 2 Abfahrten um 15 Uhr, Fahrzeit 55 Minuten. Übrige Zeit Mo und Fr um 10.30 Uhr und Di, Mi, Do um 10 UhrRückfahrt gewöhnlich 3 Stunden nach Ankunft; www.christiansoefarten.dk/176we.htm/.

Christiansø (www.christiansoe.dk), ca. 700 m lang und 450 m breit, ist das größte Eiland der Inselgruppe **Erteholmene** (Erbseninseln), dem östlichsten Hoheitsgebiet Dänemarks.

Außer Christiansø gehören noch **Frederiksø**, die unbewohnte Vogelinsel **Græsholmen** und eine Reihe von Felsklippen zur Inselgruppe.

Die Erteholmene liegen 7 km nordöstlich von Bornholm. Und der östlichste Punkt der Insel Christiansø ist angeblich vom westlichsten Punkt Dänemarks auf Jütland weiter entfernt als von Russland. Heute leben rund 100 Einwohner auf der Insel Christiansø, auf der so gut wie alles unter Natur- oder Denkmalschutz steht.

Verwaltet wird die Insel noch heute vom dänischen Verteidigungsministerium, nicht sonderlich verwunderlich, wenn man erfährt, dass Christiansø ausgangs des 17. Jh. als vorgeschobener Verteidigungsposten gegen die Schweden, denen die Dänen damals offenbar wenig vertrauten, ausgebaut wurde. Erst damals tauchten die Inseln auch in kartographischen Werken auf.

Wirklich angegriffen wurden die Inseln dann allerdings zwischen 1807 und 1814 von englischen Kaperschiffen, die Christiansø ziemlich demolierten. 1863 schließlich wurde der Militärposten aufgegeben. Den Soldaten folgten Fischer. Heute suchen jährlich fast 100.000 Touristen die Insel heim. Auch Taucher haben die Gewässer um die Erbseninseln als interessantes Revier entdeckt.

Hunde und Katzen dürfen nach Christiansø nicht mitgebracht werden!

Christiansø war durch seine weit vorgeschobene Lage in der Ostsee lange ein strategisch wichtiger Punkt. Das erkannte auch König Christian V. und ließ um 1650 unter Federführung seines norwegischen Obersten Anthon Coucheron auf der Insel eine **Festung** anlegen, die im nordischen Krieg und später im Krieg mit England eine wichtige dänische Operationsbasis darstellte. Ältester Teil der Anlage ist der runde, mit drei Meter dicken Mauern versehene **Store Tårn** oder Große Turm.

Im Oktober 1808 tauchten die Engländer mit acht Kriegsschiffen vor Christiansø auf und zerstörten die Festung erheblich. 1855 schließlich wurde das Militärkommando abgezogen.

Eine Zeit lang war Christiansø Dänemarks „Teufelsinsel", auf der zu lebenslanger Haft Verurteilte ein recht düsteres Dasein fristeten. Heute ist Christiansø – wenn die tägliche Touristenschar wieder abgereist ist – ein friedliches, ruhiges Fleckchen Erde, wo die alten Kasernen als Wohn- und Ferienhäuser, die Waffenschmiede als Kirche und das ehemalige Staatsgefängnis öffentlichen Zwecken dient und die Staatsgewalt vom Herrn Leuchtturmwärter repräsentiert wird. Christiansø – es leben kaum mehr als 100 Einwohner ständig auf der Insel – ist heute ein beliebter Aufenthaltsort von Malern.

Die Erbseninseln werden in aller Regel nur auf Tagesausflügen besucht, da die Übernachtungsmöglichkeiten äußerst beschränkt sind. Es gibt lediglich ein kleines Gasthaus und einen sehr einfachen Zeltplatz.

HAUPTROUTE

Ab Gudhjem machen wir einen kleinen Umweg landeinwärts zur **Østerlars-Kirche [Parkplatz, N55° 10' 18.3" E14° 57' 38.8"]** oder Laurentiuskirche aus dem 12. Jh., Vietsvej 25 *(geöffnet Apr. - Okt. Mo - Sa 9 - 14.45 Uhr; Juli + Aug. So 11 - 17 Uhr; Nov. - März Di - So 9 - 14.45 Uhr, bei Gottesdienst ab 9 Uhr, 1. + 2. Woche im Okt. Mo - Sa 10 - 16 Uhr, www.oesterlarskirke.dk).* Sie ist mit 18 m Durchmesser die größte Kirche ihrer Art, die älteste Rundkirche auf Bornholm und sie wirkt durch die mächtigen äußeren Stützmauern sehr trutzig und wehrhaft. Die Decke des kreisrunden Kirchenraumes wird von einem 4 m dicken, hohlen Mittelpfeiler getragen, der die Taufkapelle aufnimmt. Der Pfeiler ist mit Fresken biblischer Szenen geschmückt.

Runensteine aus dem 11. Jh. sieht man außerhalb der Kirche. Freistehender Glockenturm mit Fachwerkspitze.

Über einen engen Treppenaufgang in der Mauer kann man über holperige

Wirkt recht wehrhaft, die Rundkirche von Østerlars, Bornholms älteste

Stufen in die beiden oberen, leeren Etagen hinaufklettern.

Vor einiger Zeit wurde übrigens unter der Kirche ein über 10 m langer und 3 m hoher Raum entdeckt. Bislang ist unbekannt, wozu der Hohlraum gedacht war oder gedient haben könnte. Als Grablege für eine reiche Bornholmer Familie vielleicht? Man weiß es noch nicht.

Einige romantische Gemüter mit viel Phantasie für Ritterlegenden bringen den Hohlraum mit dem Orden der Tempelritter in Zusammenhang. Der Orden war zu seiner Blütezeit zu Beginn des 14. Jh. unglaublich reich. Zu seinem Besitz zählten annähernd 900 Kirchen, Festungen, Burgen und Güter in ganz Europa. Der Orden war damals ein wirtschaftlicher wie politischer Faktor mit politischem Einfluss von England bis ins Heilige Land. Sein Reichtum, mit dem der Tempelritterorden, Könige und Herzöge finanzierte, war legendär.

Als der Orden den weltlichen Herrschern zu mächtig zu werden drohte, wurde er blutig verfolgt, viele Ritter endeten unter dem Richterbeil. Der Rest der Ritterschar machte sich Sorgen um das Vermögen des Ordens. Und hier beginnt die Phantasie derer, die es für möglich halten, dass der Hohlraum unter der Kirche von Østerlars als Versteck für den reichen Schatz des Tempelritterordens vorgesehen war.

Wie gesagt, was Genaues weiß man nicht. Und solange die Archäologen keine untermauerte Erklärung bieten, darf man sich ja wohl weiter Gedanken über den geheimnisvollen Schatz der Tempelritter machen, der vielleicht heute noch auf der Insel Bornholm versteckt ist. Eines ist jedenfalls sicher, Tempelritter waren bekannt dafür, dass sie gerne runde, wehrhafte Kirchen bauten.

In der Nähe von Østerlars kann man **Bornholms Middelaldercenter [Parkplatz, N55° 10' 34.7" E14° 57' 21.0"]**, Stangevej 1, besichtigen. Der Besucher kann sich anhand von Ausstellungen und durch die Aktivitäten kostümierter Interpreten in den mittelalterlichen Alltag der Bornholmer Landbevölkerung

zurückversetzt fühlen *(geöffnet Mai - Juni + Sept. tgl. 11 - 15 Uhr; Juli + Aug. tgl. 10 - 17 Uhr; www.bornholmsmiddelaldercenter.dk).*

*ROUTE: Weiterreise von Østerlars über **Østermarie** nach Svaneke, ca. 13 km. Oder von Østerlars zur Küste bei **Saltuna**, vorbei an der Klippenpartie **Randkløve Skåret** und über **Bølshavn** und **Listed** nach **Svaneke**.*

In **Østermarie** stehen zwischen der neuen Kirche und der daneben liegenden Ruinen der alten **Kirche [N55° 08' 19.1" E15° 00' 56.8"]**, 4 Runensteine.

Auf dem Wege von Østermarie nach Svaneke kommt man nach knapp 4 km vorbei an **Louisenlund [N55° 08' 12.9" E15° 04' 05.9"]**, einem kleinen Wäldchen am Louisenlundvej mit einer großen Ansammlung von Runensteinen, www.bornholm-ferien.dk/bautasteine-runensteine-bornholm.php.

Svaneke liegt an der Nordostecke Bornholms. Schon von weitem erkennt man die markante alte Bockmühle oberhalb der Stadt, die älteste **Windmühle** in ganz Dänemark. Die ganz in der Nähe aufragende Bake ist kein Seezeichen, wie man sie an der Westküste Jütlands z. B. häufig antrifft, sondern ein geschickt „getarnter" Wasserturm.

Svaneke, dieses hübsche kleine Hafenstädtchen mit etwa 1.200 Einwohnern, wurde für die Erhaltung seiner malerischen Straßenzüge und seines einheitlichen alten Stadtbildes schon verschiedentlich ausgezeichnet. Einen größeren **Parkplatz [N55° 08' 7.5" E15° 08' 39.9"]** findet man am Hafen von Svaneke.

Ca. 2 km nordwestlich von Svaneke findet man die sog. **Hellig kvinde, die Heilige Frau [N55° 8' 58.95" E15° 5' 31.50"]**. 11 Bautasteine stehen als Kreis angeordnet zwischen der Straße 158 und der Küste von einem großen, aufrechtstehenden Bautastein überragt. Die Legende besagt, dass sie eine Mutter mit ihren Kindern darstellen, die ihre 10 Kinder in Steine verwandelte,

PRAKTISCHE HINWEISE — SVANEKE

 Svaneke Turistbureau [N55° 8' 12.15" E15° 8' 42.21"], Peter F. Heerings Gade 7, 3740 Svaneke, Tel. +45 56 49 60 40. *Geöffnet Juni - Aug. Mo - Fr 10 - 16 Uhr.*

Feste, Märkte
Im Sommer mittwochs und samstag **Wochenmarkt.**
Kildefest am Sankt Hans Tag, Johannisfeuer zur Mittsommernacht am 23. Juni.
Sommerfest Svaneke, meist zweites Wochenende im Juli.

CAMPING

 Camping Hullehavn [N55° 07' 47.0" E15° 08' 57.8"], Sydskovvej 9, Tel. +45 56 49 63 63, www.hullehavn.dk; 1. Mai – 15. Sept.; an der Straße 158 nach Nexø, naturbelassenes Gelände in einem Wäldchen am Meer; ca. 2,5 ha – 100 Stpl.; Standard-Sanitärausstattung. Kiosk, Waschmaschine, Trockner, WLAN. Miethütten. V & E für Wohnmobile.

WOHNMOBIL-STELLPLATZ

 Wohnmobil-Stellplatz Svaneke [N55° 8' 44.57" E15° 6' 41.70"], Strandstien. **Zufahrt:** Von westwärts zum Vorort Hovedstaden, hier zum Sportbootshafen. 8 Plätze für Wohnmobile am Hafen. **Ausstattung:** Frischwasser, ausguss für Grauwasser und Chemikaltoiletten, Strom. **Geöffnet:** Ganzjährig. **Gebühr:** Stromanschluss gegen Gebühr.

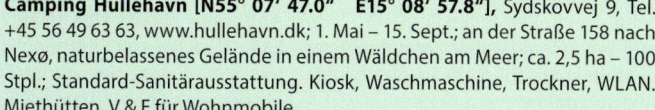

um einer drohenden Gefahr zu entgehen. Noch heute wird die Steingruppe von vorbeiziehenden alteingesessenen Bornholmern gegrüßt.

Etwa 9 km südwestlich von Svaneke erstreckt sich das **Naturschutzgebiet Paradisbakkerne**. In diesem zerklüfteten Felsgebiet mit aus der Eiszeit übrig gebliebenen Findlingen, Seen, Felsspalten, Heideflächen und Waldgebieten sind zahlreiche **markierte Wanderwege** angelegt.

Ausgangspunkt für Wanderungen ist entweder der Hof „Paradisgård" am Nordrand und vor allem der „**Klintebygård**" mit Parkplatz [N55° 4' 48.33"

Am Hafen von Svaneke

E15° 6' 3.13"] am Lisegårdsvejen am Südrand. Die Wegmarkierungen signalisieren auch die Länge der Wanderungen: Rot = 1 Stunde/ca. 3 km, blau = 3 Stunden/ca. 6 km, gelb = 3,5 Stunden/ca. 7 km.

Eine kleine Attraktion im Naturschutzgebiet Paradisbakkerne ist der fast 30 Tonnen schwere Findling **Rokkestenen** der von Hand bewegt werden kann, trotz seines enormen Gewichts. Der Rokkestenen liegt mitten im Wald bei einem Weiher. Vom Parkplatz am Klinteygård führt ein ausgeschildert Waldweg dahin.

Auf dem Weg von Svaneke nach Paradisbakkerne kann man über **Brændesgårdshaven [Parkplatz, N55° 07' 45.1" E15° 06' 21.8"]** fahren, ein beliebter **Freizeitpark** für Kinder mit großem Spielplatz, Klettergerüsten, einem Wasserland mit Rutschbahn, See mit Ruderbooten, Minigolf, großer Park mit Rehen, Wildschweinen, Affen, Vögeln u. a. Der Freizeitpark liegt im Højevejen 4 rund 3 km südwestlich von Svaneke *(geöffnet Anf. Mai - Ende Juni + Mitte Aug. - Anf. Sept. tgl. 12 - 17 Uhr; Ende Juni - Mitte Aug. tgl. 11 - 18.30 Uhr; https://www.braendesgaardshaven.com/braendesgardshaven-de.html).*

Nexø, der wichtigste Ort an der Ostküste mit annähernd 3.700 Einwohnern Bornholms und zweitgrößte Stadt, wurde im Zweiten Weltkrieg stark in Mitleidenschaft gezogen. Viele der alten Häuser waren 1945 zerstört. Heute ist Nexø ein großer Fischereihafen mit Konserven- und Filetierfabriken. Außergewöhnliche touristische Höhepunkte bietet das Städtchen nicht.

In der Ferskesøstræde 36 liegt das **Andersen Nexøs Hus [N55° 3' 27.3" E15° 7' 39.6"]**, das Elternhaus des Dichters *Martin Andersen*. Andersen ist Autor des weit über Dänemark hinaus bekannten Romans „Pelle, der Eroberer", der 1987 unter der Regie des dänischen Regisseurs Bille August verfilmt wurde und 1989 mit einem Oscar und dem Golden Globe ausgezeichnet wurde.

Eine andere Sehenswürdigkeit ist **Bornholms Sommerfuglepark [Parkplatz, N55° 3' 47.34" E15° 7' 9.48"]**, Gammel Rønnevej 14 *(geöffnet 27. Apr. - 23. Sept. tgl. 10 - 17 Uhr; www.sommerfugleparken.dk).* Hier können Sie in einem tropisch warmen Gewächshaus, aber auch im Freigelände, die Farbenpracht von etwa 1.000 exotischen Schmetterlingen bewundern. Eine separate Ausstellung zeigt, wie aus dem

PRAKTISCHE HINWEISE — NEXØ

Nexø Turistbureau [N55° 3' 44.49" E15° 8' 2.74"], Havnen 4B, 3730 Nexø, Tel. +45 56 95 95 00. *Geöffnet Mai - Aug. Mo – Fr 10 – 17 Uhr, Sa 9 – 14 Uhr, Sept. – Apr. Mo, Mi, Fr 12 - 16 Uhr.*

CAMPING

Camping Nexø [N55° 4' 21.16" E15° 8' 28.78"], Stenbrudsvej 26, Tel. +45 23 41 26 42, www.nexocamp.dk; 23. Apr. – 23. Sept.; am nördl. Ortsrand an der Straße 158; Wiese zwischen Straße und Meer; ca. 3 ha – 100 Stpl. + Dau.; Standard-Sanitärausstattung. Kiosk, Grillstelle, Waschmaschine, Trockner, Fahrradverleih, Sauna, WLAN, Miethütten. V & E für Wohnmobile.

Snogebæk bei Nexø

Camping Balka Strand [N55° 1' 43.62" E15° 6' 38.70"], Klyne-vej 6, Tel. +45 56 48 80 74, www.balkastrand-familiecamping.dk; 26. Apr. – 15. Sept.; am nördlichen Ortsrand von Snogebæk; zweigeteiltes Gelände mit Bäumen zwischen Häuser, zum Strand 200 m; 3 ha – 120 Stpl. + Dau.; Standard-Sanitärausstattung. Kiosk, Waschmaschine, Trockner, Fahrradverleih, WLAN, Miethütten. V & E für Wohnmobile.

WOHNMOBIL-STELLPLÄTZE

Wohnmobil-Stellplatz Nexø Havn [N55 3' 59" E15° 8' 10"], Sdr. Hammer 10, Tel. +45 56 49 22 50, www.nexohavn.dk. **Zufahrt:** Am Hafen von Nexø

mit Platz für 15 Wohnmobile teils auf Asphalt, teils auf Kies. **Ausstattung**: Versorgungssäule mit Ausguss für Grauwasser, Strom. **Geöffnet**: Ganzjährig. **Gebühr**: Pauschale inkl. V & E und Strom.
Wohnmobil-Stellplatz Auto Camper Space [N55° 3' 59.60" E15° 8' 10.72"], Østra Kajgade. **Zufahrt**: Vom Ortszentrum Nexø nordwärts zum Hafen und zum Østra Kajgade. Hier ebene, schattenlose Asphalt-und Schotterfläche für 20 Wohnmobile. **Ausstattung**: Frischwasser, Ausguss für Grauwasser und Chemikaltoiletten, Strom, WLAN. **Geöffnet**: Ganzjährig. **Gebühr**: Pauschale inkl. V & E, Strom und WLAN.

Kokon des Seidenspinners erlesene Seidenstoffe werden.

Die Ost- und vor allem die Südostküste Bornholms weist ganz phantastische, weiße **Sandstrände** auf.

Südlich von Nexø liegen die Badeorte **Balka** und **Snogebæk** mit Dünen und flachen, breiten Sandstränden.

Ganz besonders beliebt sind die naturgeschützten Dünen und weiten, feinen, blendendweißen **Strandgebiete von Dueodde** [Parkplatz, N54° 59' 47.7" E15° 05' 10.1"] an der Südostecke Bornholms. Der Sand bei Dueodde ist so fein, dass er früher bevorzugt in Sanduhren verwendet wurde.

Vom Parkplatz mit Restaurant und Imbisskiosk führt ein breiter Brettersteg durch die Dünen zum Strand.

Der moderne, schlanke Leuchtturm von Dueodde etwas weiter westlich ist Besuchern zugänglich.

Weitere ausgedehnte Sandstrände liegen westlich von Dueodde – der Strand von **Østre Sømarken** [Parkplatz, N55° 00' 01.4" E14° 59' 20.8"] und der Strand von **Boderne** [Parkplatz, N55° 01' 23.1" E14° 54' 30.7"].

*ROUTE: Von Dueodde zurück zur Hauptstraße und westlich von **Pedersker** Abzweig landeinwärts nach **Åkirkeby**.*

In den Stranddünen von Dueodde

CAMPING – DUEODDE

Camping Bornholms Familiecamping [N55° 0' 09.80"   E15° 5' 42.76"], Krogegårdsvejen 2, Tel. +45 56 48 81 50, www.bornholms-familiecamping. dk; 15. Mai – 15. Sept.; ca. 3 km südlich von Snogebæk im Mischwaldgelände gelegen, teils etwas beengte Stellplätze, ruhige Lage; ca. 3 ha – 130 Stpl.; Standard-Sanitärausstattung. Kiosk, Waschmaschine,t Trockner, Grillstelle, Fahrradverleih, Minigolf, Beachvolleyballfeld, WLAN im Receptionsbereich, Miethütten, naher Sandstrand. V & E für Wohnmobile.

Camping Dueodde Familiecamping & Hostel [N54° 59' 46.60"   E15° 5' 11.94"], Skrokkegårdsvej 17, Tel. +45 20 14 68 49, https://www.dueodde. dk/de/; 1. Mai – 30. Sept.; von der Straße Rønne-Nexø 2 km nördl. Dueodde meerwärts abzweigen; relativ kleiner Platz auf Sandgelände im Kiefernwald, ruhige Lage; ca. 3,5 ha – 120 Stpl.; Standard-Sanitärausstattung. Laden, Imbiss, Waschmaschine, Trockner, öffentliches Hallenbad, Sauna, Fahrradverleih, Beachvolleyballfeld, WLAN, über eine Düne zum Sandstrand. Mietcaravans. V & E für Wohnmobile. Jugendherberge.

Camping Møllers Dueodde [N54° 59' 44.10"   E15° 4' 44.10"], Duegårdsvej 2, Tel. +45 56 48 81 49, www.dueodde-camp.dk; 10. Mai – 23. Sept.; von der Straße Rønne-Nexø 2 km nördl. Dueodde auf die Straße zum Dueoddestrand abzweigen; weitgehend naturbelassenes, teils lichtes Mischwaldgelände, relativ ruhig gelegen, von Wald umgeben; grasig-sandiger Untergrund; nummerierte Stellplätze, die durch hohe Bäume, teils durch Balken gekennzeichnet sind; ca. 4 ha – 170 Stpl.; gute Standard-Sanitärausstattung;

Laden, Waschmaschine, Trockner, beheizbares Schwimmbad, Sauna, Tennis, Minigolf, großer Kinderspielplatz, Fahrradverleih, WLAN auf Teilen des Platzes, Internetecke, Miethütten; zum weißen Dueodde-Sandstrand ca. 500 m. V & E für Wohnmobile.

Bei großem Interesse an Zeugen aus der Frühgeschichte bietet es sich an, auf dem Wege nach Åkirkeby einen Umweg von Rispebjerg über **Stenseby** zur Straße 38 nach Åkirkeby zu machen. Man kommt dann zwischen Rispebjerg und Stenseby am **Bønnestenene [N55° 02' 14.1"   E15° 03' 14.6"]**, einem großen prähistorischen Dolmen vorbei, der in den Feldern unter einem großen Kirschbaum liegt.

Åkirkeby, die frühere Hauptstadt Bornholms, leitet ihren Namen ab von „Å kirke" (Flusskirche) und „by" (Stadt). 1346 bekam der Ort Stadt- und Handelsrechte, wurde später Sitz des einflussreichen Kirchenrates und war bis 1776 Gerichtsstadt. Åkirkeby ist übrigens die einzige Stadt der Insel ohne Hafen Die Stadt nutzte einen Hafen an der Südküste, der zu Beginn des 18. Jh. allerdings zu versanden begann. Von da an übernahm Rønne mehr und mehr die Rolle als Bornholms Hauptstadt.

Anfang des 16. Jh. zerstörten Truppen der Lübecker Hanse Åkirkeby. 1535 lehnten sich die Bauern der Gegend gegen die Lübecker auf, aber ohne Erfolg. Zu Anfang und in der Mitte des 17. Jh. wütete die Pest verheerend in der Stadt, die 1648 auch noch von einer Feuersbrunst zur Hälfte zerstört wurde.

Aber wenn auch Åkirkeby Hauptort der Insel war, die Gerichtsbarkeit besaß und Sitz des Kirchenrates war, die Bevölkerung des Ortes lebte offenbar mehr als bescheiden. 1787 z. B. schreibt ein Chronist, dass jeder zehnte Bürger vom Betteln lebt und noch 1808 vermerkt der Stadtvogt Jespersen: „Die meisten haben Hütten, nicht Häuser".

Noch mächtiger als heute muss damals der trutzige, doppeltürmige Bau der **Å-Kirche [Parkmöglichkeit, N55° 04' 13.1"   E14° 55' 08.6"]** aus dem 12. Jh. gewirkt haben *(geöffnet ganzjährig, außer während „kirchlicher Handlungen", tgl. 8 - 17 Uhr; www.aa-kirke.dk)*. Sie war die Hauptkirche Bornholms im Mittelalter und gehörte zum Dom in Lund. In ihrer Nähe wurde jeden Samstag vor Sankt Hans (24. Juni) das Landesthing abgehalten.

Die Kirche erfuhr verschiedentlich Umbauten. Dennoch ist der ursprünglich romanische Stil voll erhalten geblieben.

Zuletzt führte man 1874 eine durchgreifende Restaurierung durch, der u.a. der freistehende Glockenturm zum Opfer fiel. Seitdem hängen die Kirchenglocken im doppelgiebligen Wehrturm. Die älteste Glocke stammt aus dem Jahre 1584.

Im Inneren der Johannes dem Täufer geweihten Kirche ist das **Altarbild** bemerkenswert. Es stammt aus dem frühen 17. Jh. und wurde von Jacob Kremberg aus Lund im Stil der Hochrenaissance geschnitzt. Das Bild oben in der Mitte zeigt den Kirchenpatron Johannes den Täufer, darüber das Wappen König Christian IV. Die Figuren am Altartisch symbolisieren die acht Tugenden: Stärke (gebrochene Säule), Klugheit (Schlange, Spiegel), Gerechtigkeit (Schwert, Waage), Mäßigkeit (Kanne, Becher), Liebe (Mutter, Kind), Hoffnung (Taube, Anker), Glaube (Kreuz, Kelch) und Friede (Palmzweig, Lamm).

Besondere Beachtung verdient der in Sandstein gehauene **Taufstein** (12. Jh.) aus Gotland. Rundum schmücken ihn elf Szenen aus dem Leben Jesu, die durch Runeninschriften erklärt werden. Das erste Motiv, gegenüber der Nordwand, stellt die „Verkündigung" mit dem Engel Gabriel und Maria dar. Daneben „Elisabeth und Maria". Dann „Maria und das Kind", weiter die „drei Könige" und „Jesus nimmt die Gaben an". Die beiden nächsten Reliefs zeigen die „abreisenden drei Könige", daneben die „Vision der drei Könige", weiter „die Ergreifung Jesu" und „Geiselung", dann „Je-

Die historische Kirche von Åkirkeby

sus wird gebunden" und abgeführt und schließlich die „Kreuzigung".

Der Sockel des runden Beckens ist mit einem Löwen-, einem Widder- und einem Menschenkopf versehen.

Schließlich sind noch zwei alte Grabsteine in der Eingangshalle zu erwähnen. Sie stammen aus dem 16. Jh. und wurden für die beiden Frauen des damals auf Bornholm und Hammershus kommandierenden Lübeckers Sweder Ketting gesetzt. Außerdem gibt es zwei Runensteine zu sehen.

Wer sich mehr für Technik interessiert, kann in **Bornholms Bilmuseum [Parkplatz, N55° 03' 30.1" E14° 55' 55.8"],** dem Automobilmuseum von Åkirkeby im Grammegårdsvej 1, südlich von Åkirkeby, vorbeischauen. Dort sind 75 historische Autos, Motorräder und Mopeds ausgestellt, vom Rolls Royce bis zum Alfa Romeo *(geöffnet Mitte Mai - Mitte Okt. Mo - Sa 10 - 16 Uhr; www. bornholmsautomobilmuseum.dk)*. Außerdem sieht man Traktoren, Motoren und Landmaschinen.

Das **Museum NaturBornholm [Parkplatz, N55° 03′ 55.6″ E14° 55′ 11.3″]** findet man am südlichen Ortsrand von Åkirkeby an der Straße Grønningen Nr. 30. Es wurde von der Bornholmer Elektrizitäts-Gesellschaft Østkraft eingerichtet und soll das Interesse an der Natur fördern.

In spielerischer Form wird die Geschichte Bornholms von der Entstehung der Insel vor 1,7 Milliarden Jahren bis zur heutigen Zeit dargestellt *(geöffnet 1. Apr. – 31. Okt. tgl.10 - 17 Uhr, letzter Einlass eine Stunde vor Schließung; www. naturbornholm.dk)*.

Das Museum veranstaltet u. a. geführte Spaziergänge durch die Natur rund um Åkirkeby, auf denen man z. B. Interessantes über die geologischen Verhältnisse in der Region erfährt, über die Verwerfungen und Brüche unterschiedlicher Gesteinsarten z. B. deren Altersunterschied viele Millionen Jahre beträgt.

Einen dieser geologisch so interessanten Plätze findet man unweit südwestlich der Stadt ganz in der Nähe des **Parkplatz Vasegård [N55° 3′ 19.14″ E14° 53′ 16.79″]**. Von dort führt ein Fußweg am Flüsschen Læså entlang, an dessen Ufern Gesteinsarten verschiedener Zeitepochen hervortreten.

Ab Åkirkeby sollte man noch ein Stück landeinwärts/nordwärts fahren. Schon nach 6 km ist man mitten in Dänemarks drittgrößtem **Waldgebiet „Almindingen“ [N55° 7′ 26.04″ E14° 54′ 40.07″]**.

Das etwa 2.400 ha umfassende Areal ist ein ideales Wandergebiet mit markierten Wegen, idyllisch gelegenen Seen, abwechslungsreicher Landschaft und artenreicher Vegetation.

Lange war Dänemarks fünftgrößtes Waldgebiet aber mehr eine Hochheide, die sog. „Højlyng“, die den Leuten der Insel als Weide für ihr Vieh, ihre Schafe und Pferde diente und als willkommener Brennholzlieferant für die Herren auf Hammershus diente, bis im 18. Jh. die Gegend so ramponiert war, dass man sich gezwungen sah, das Gebiet wieder aufzuforsten. Die Jungforste wurden durch Mäuerchen geschützt.

Heute können die Bornholmer wieder stolz sein auf ihr Almindingen, eines der schönsten Waldgebiete des Landes und beliebtes Ausflugsziel.

Entlang des Segenvej, der Straße, die von Rønne quer durch die Insel nach Svaneke und mitten durch das Waldgebiet Almendingen führt, liegen zahlreiche **Waldparkplätze**, günstige Ausgangspunkte für Wanderungen.

Beliebte Wanderziele sind die königlichen Ruinenreste **Lille Borg** (ursprünglich 12. Jh., 1259 vom Erzbischof Jacob Erlandsen von Hammershus niedergebrannt) in der Nähe des lauschigen **Borgesø [Parkmöglichkeit, N55° 7′ 9.13″ E14° 53′ 47.61″],** dann der 162 m hohe **„Rytterknægten“ [Picknickplatz und Café, N55° 6′ 41.65″ E14° 53′ 21.97″]**, Bornholms höchster Punkt

(162 m) mit dem Aussichtsturm **„Konge-mindet"** (anlässlich des Besuchs von König Frederik VII. und Gräfin Danner im Jahre 1851 errichtet), weiter das romantische **Ekkodalen [Parkplatz und Restaurant, N55° 6' 42.1" E14° 53' 22.2"]** und schließlich die Wallanlage **Gamleborg [N55° 6' 47.8" E14° 54' 21.9"],** vermutlich eine Fluchtburg, in der sich die Inselbewohner bei Seeräuberüberfällen in Sicherheit bringen konnten. Gamleborg ist zu Fuß vom auch vom Parkplatz am Ekkodalen (s. o.) aus zu erreichen.

Das 2012 gegründete **Bison Reservat [Paekplatz, N55° 6' 47.6" E14° 56' 22.2"]** liegt an der Straße Christian X's Vej im Waldgebiet Almindingen. Hier hat man 7 aus Polen stammende Wisente (Bisons) in einem 200 ha großen Gehege um Svinemose angesiedelt; https://bornholm.info/de/moed-en-bison-paa-bornholm/.

Wisente zählen zu den bedrohten Tierarten. Um 1920 waren wildlebende Wisente in Europa sogar ausgerottet. Nur 54 Exemplare lebten noch in einem Privatgehege. Sie sollten die Basis für ein Zuchtprogramm sein, das in Polen durchgeführt wurde. Zwischenzeitlich leben wieder 2.000 Wisente vor allem in weniger beührten Gegenden Osteuropas. Die Wisente im Waldgebiet Almindinge sollen helfen, den Bestand der Art weiter zu vergrößern.

Wisente sind hervorragend dazu geeignet, die Natur des Waldes zu bewahren. Grasen und Nagen an Ästen und Gestrüp halten Flächen offen, grenzen das Überwuchern von Gebieten ein. Mit ihren Hufen treten Sie den Waldboden fest. Sie schaffen und erhalten den Lebensraum bestimmter Pflanzen-, Tier- und Vogelarten.

Man darf das Bisonreservat betreten. Sie sollten aber dennoch eine gewisse Vorsicht walten lassen, sollten sie einem Bison begegnen. Im Grunde sind die Tiere scheu und werden immer versuchen, Menschen auszuweichen. Haben Sie dennoch Respekt. Gehen Sie niemals näher als 100 Meter an einen Wisent heran. Würden Sie es tun, würden Sie die Fluchtdistanz des Tieres überschreiten und es würde sich zum Angriff gezwungen sehen – und ein ausgewachsener Wisent ist eine imposante Erscheinung. Und kommen Sie erst gar nicht auf die Idee, einen Wisent füttern zu wollen, schon gar nicht, wenn ein Muttertier ein Junges mit sich führt. Abgesehen, dass das verboten ist, könnten Sie zwischen ein Muttertier und ihr Junges geraten und das kann für Sie lebensgefährlich werden. Dass man nach den Tieren nicht mit Steinen schmeißt, dürfte selbstverständlich seine, ebenso, dass man Hunde an der Leine führt.

Und sollten Sie einem Wisent doch einmal zu nahe kommen, gehen Sie ganz langsam, ruhig und unaufgeregt rückwärts weg von dem Tier.

Den nur noch kurzen Rückweg bis Rønne sollte man über **Vestermarie** und **Nylars** führen. Die **Rundkirche von Nylars [Parkplatz, N55° 4' 26.71" E14° 48' 51.25"]** ist vor allem wegen ihrer **Fresken** sehenswert. Die Kalkmalereien entstanden im Jahre 1250 und werden zu den besterhaltenen auf Bornholm gezählt.

Durch den Wehrgang und die Schießöffnungen im dritten, obersten Stockwerk ist der Wehrcharakter der Kirche noch recht gut zu erkennen *(geöffnet Apr. - Sept. tgl. 8 - 18 Uhr; Okt. - März tgl. 8 - 15.30 Uhr; www.nylarskirke.dk).*

Nur wenige Kilometer weiter westlich erreicht man den **Fährhafen Rønne [N55° 06' 02.7" E14° 41' 17.2"].**

Mein Tipp! Lassen Sie auf Bornholm mal das Auto auf dem Campingplatz oder beim Hotel stehen und erkunden Sie die Insel per Bus. Das geht dank des guten Streckennetzes sehr einfach und ist recht erholsam.

Noch empfehlenswerter ist es aber, **Bornholm per Rad** kennen zu lernen. Man kann überall Räder ausleihen und die ausgezeichnet angelegten und markierten Radwege lassen das Radeln zum Spaß werden. Fahrradverleihs gibt es in fast jedem Ort. Außerdem verleihen viele Hotels und Campingplätze Fahrräder. Siehe auch weiter vorne unter „Bornholm per Fahrrad".

PRAKTISCHE UND NÜTZLICHE INFORMATIONEN VON A BIS Z

ANSCHRIFTEN

Fremdenverkehrsamt

VisitDenmark – Dänemarks offizielle Tourismuszentrale, Glockengießerwall 2, 20095 Hamburg, Tel. +49 (0)1805-32 64 63 (0,14 € je Minute aus dem Festnetz, max. 0,42 € je Minute aus dem Mobilfunknetz); www.visitdenmark.de.

Weitere Touristeninformationsbüros in Dänemark sind in den Routenbeschreibungen bei vielen Orten aufgeführt.

Internet

Dänemark: www.visitdenmark.de
Kopenhagen: www.visitcopenhagen.com (Kopenhagens offizielle Webseite).
Bornholm: www.bornholm.info/de/.
Für Behinderte, Infos zu Attraktionen und Übernachtungsmöglichkeiten etc. die barrierefrei sind: www.godadgang.dk/de/main.asp.

Automobilclub

FDM – Forende Danske Motorejere, Firskovvej 32, DK-2800 Lyngby, Tel. +45 70 13 30 40, www.fdm.dk (in dänischer Sprache).

Falck Euroservice, Egtved Allé 6, 6000 Kolding, Tel. +45 79 42 42 42. Pannen- und Rettungsdienst: Tel. 70102030; www.falck.dk (in dänischer Sprache).

Pannenhilfe Falck-Stationen +45 70 10 20 30.

Pannenhilfe Dansk Autohjælp (DAH) Tel. +45 70 10 80 90.

ADAC-Auslandsnotruf: +49 (0) 89 22 22 22.

Camping und Wohnmobil-Stellplätze

DACF Dansk Autocamper Forening, www.dacf.dk (in dänischer Sprache).

Auf der **Webseite www.stellplatz-danmark.dk** sind eine ganze Reihe von Ver- und Entsorgungsstationen für Wohnmobile, aber auch Rastplätze, Campingplätze, wohnmobilfreundliche Häfen und Bauernhöfe anhand von Symbolen auf einer Dänemarkkarte aufgelistet. Die Dänemarkkarte lässt sich vergrößern. Klickt man auf eines der Symbole sieht man ein Bild der Einrichtung, Adresse, GPS-Daten, Ausstattung etc.

DCU Dansk Camping Union, Korsdalsvej 134, 2605 Brøndby, Dänemark, Tel. +45 33 21 06 00; www.dcu.dk (in dänischer Sprache).

Kanusport

Dansk Kano og Kajak Forbund, Idrættens Hus, DK-2605 Brøndby, Tel. +45-43 26 20 94; www.kano-kajak.dk (in dänischer Sprache).

Konsularische Vertretungen

Königlich Dänische Botschaft, Rauchstr. 1, D-10787 Berlin, Tel. 030 50 50 20 00; www.daenemark.org oder www.nordischebotschaften.org.

Botschaft der Bundesrepublik Deutschland, Göteborg Plads 1, DK-2150 Kopenhagen Nordhavn, Tel. +45 35 45 99 00; www.kopenhagen.diplo.de.

Schifffahrtslinien

Bornholmslinjen, Dampskibskajen 5, DK-3700 Rønne, Tel. +45 70 90 01 00; www.bornholmslinjen.de.

Scandlines Deutschland GmbH, www.scandlines.de.

Segelsport

Dansk Sejlunion, Idrættens Hus, DK-2605 Brøndby, Tel. + 45 88 20 70 00; www.sejlsport.dk.

CAMPING

Kaum ein anderes Land in Europa bietet seinen Gästen ein so dichtes Netz an gut ausgebauten Campingplätzen wie Dänemark. Annähernd 500 Anlagen, klassifiziert mit ein bis fünf Sternen, verteilen sich auf das Inselreich.

Man muss nirgends lange nach einem Campingplatz suchen.

Dänemark bietet Plätze für jeden Geschmack, vom Komfortplatz mit Sauna, erstklassigen Sanitäranlagen, Schwimmbad oder Tennisplatz bis zum naturnahen und ruhigen Platz. Auch das gibt es zur Genüge.

Nur eines darf man in Dänemark nicht: auch nicht an oder in der Nähe von Stränden, „wild" campen.

Der Dänische Campingrat und Visit-Denmark, Dänemarks offizielle Tourismuszentrale, lassen wissen: „Es ist in Dänemark nicht erlaubt, am Wegesrand, in Parks, Wäldern, am Strand oder auf Parkplätzen zu campen. Ob mit Zelt, Wohnwagen oder Wohnmobil – Sie müssen immer einen offiziellen Campingplatz aufsuchen."

Als „campen" gilt bereits, wenn Sie z. B. auf einem Parkplatz Tisch und Stühle herausholen und sich vor dem Wohnmobil/Caravan aufhalten. Das Rasten im Wohnmobil/Caravan ist auf Rastplätzen gestattet (falls nicht eine entsprechende Beschilderung dagegenspricht), um sich zu erholen und auszuruhen, um die Fahrtüchtigkeit zum Weiterfahren wieder herzustellen. Einige Rastplätze haben auch Einrichtungen zum Entleeren von Abwässern und Toilettentanks und zum Auffüllen von Wassertanks.

Viele dänische Campingplätze setzen Maßstäbe, sei es im Sanitärbereich, im Bereich des Freizeitangebots oder bei Einrichtungen für die kleinen Gäste.

Warmwasser in den Waschbecken gehört ebenso zur Standardausrüstung wie Warmduschen, Geschirr- und Wäschewaschbecken mit Warmwasser, Waschmaschinen und Trockner.

Kaum ein Platz, der nicht mit einer oft sehr komfortable ausgestatteten Küche für Camper sowie einem Aufenthalts- oder Fernsehraum aufwartet.

Für Kinder steht fast immer ein Spielplatz zur Verfügung. Häufig wurden richtige Abenteuerspielplätze errichtet, mit Trampolins, Indianerforts, Spielhütten und großen Klettergerüsten u. ä.

Auch für das leibliche Wohl wird gesorgt. Einen Lebensmittelladen, auf großen Plätzen nicht selten einen richtiggehenden Supermarkt, bietet fast jede Campinganlage. Und obendrein gibt es häufig eine Imbisstheke.

Natürlich hält jeder Campingplatz gegen Gebühr Stromanschlüsse für Caravans bzw. Wohnmobile bereit. Und sollten Sie einmal keine Lust haben, Ihr Zelt aufzuschlagen, dann suchen Sie sich einfach einen der vielen Plätze aus, die auch Campinghütten oder Mietcaravans anbietet.

Ein besonderer Service wird gerade in Dänemark Müttern mit Kleinkindern geboten. Sehr viele Plätze haben spezielle Babywickelräume eingerichtet mit Wickeltisch, Waschgelegenheit und nicht selten gleich mit eigener Kinderdusche.

Den Damen steht gelegentlich eine weitere Einrichtung zur Verfügung – der Frisierraum, mit großen Spiegeln und Föhn, oder zumindest Steckdosen für den eigenen Föhn.

Ganz besonders zu erwähnen sind die Bemühungen vieler dänischer Campingplatzhalter, die Platzeinrichtungen, hier besonders die Sanitäranlagen, auch körperbehinderten Feriengästen zugänglich zu machen. Immer mehr Plätze bieten speziell für Rollstuhlfahrer konzipierte Sanitärräume an.

Übrigens, auf Verständigungsprobleme werden Sie in Dänemark nicht stoßen, man versteht fast überall Deutsch.

Die Platzzufahrten sind gewöhnlich sehr gut beschildert.

Fast 100 der beim Dänischen Campingrat registrierten Campingplätze sind ganzjährig geöffnet. Der überwiegende Rest steht zwischen dem 1. Mai und dem 1. September zur Verfügung.

Als Hochsaison, in der fast alle Campingplätze, vor allem die am oder nahe dem Meer gut belegt sind und Miethütten vorausgebucht werden sollten, gelten die vier, fünf Wochen ab dem Wochenende um Mittsommer (21. Juni). Allerdings muss auf einigen Plätzen ab Mitte August schon wieder mit eingeschränktem Service gerechnet werden.

Einige Campingplätze bieten für Wohnmobilfahrer sog. **„DK-**

Stellplätze"-Areale an, was der früheren Bezeichnung „QuickStop" entspricht. Diesen Begriff „QuickStop" haben wir bei der Beschreibung der Campingplätze der Einfachheit halber beibehalten. Es handelt sich dabei meist um Stellplätze auf dem Parkplatz vor dem Campingplatzeingang, die Wohnmobilisten gegen eine Gebühr zum Übernachten nutzen dürfen. Die Einschränkung, dass man nach 20 Uhr ankommt und vor 10 Uhr wieder abreist wurde 2017 abgeschafft. Der Wohnmobilgast kann nun zu jeder beliebigen Zeit an- bzw. abreisen. Bei Bedarf können auch die Einrichtung des Platzes genutzt werden. Das Internetportal www.dk-camp.dk gibt Auskunft welche Campingplätze die günstigeren Stellplätze vor der Schranke anbieten.

Informationen zu FKK-Campingplätzen stellt die Dänische Naturisten Union zur Verfügung – www.dansknaturistunion.dk/index.php/de/.

Wo es FKK-Badestrände gibt erfährt man unter www.strandguide.dk.

Alle offiziellen dänischen Campingplätze verlangen zur Anmeldung die Vorlage die Campingkarte Camping Key Europe Karte (früher CCI Camping Carnet International). Die Karte gibt es in Deutschland bei den Automobilclubs zu kaufen.

Hat man noch keine Camping Key Europe Karte, kann man auf den dänischen Campingplätzen, in größeren Touristenbüros oder bei der Dänischen Camping Union (Dansk Camping Union) einen solchen Campingpass erwerben.

Infos zum dänischen Campingwesen

Visit Dänemark, www.visitdenmark.de/daenemark/erlebnisse/camping.

DCU Dansk Camping Union, Korsdalsvej 134, DK-2605 Brøndby, Dänemark, Tel. +45 33 21 06 00; www.dcu.dk (in dänischer Sprache).

Infos zum dänischen Campingwesen findet man auch unter: www.daenischecampingplaetze.de.

Hinweise über Angaben zu Campingplätzen

Bei den in diesem Reiseführer aufgelisteten Campingplätzen folgen dem Platznamen die Navigationskoordinaten in eckiger Klammer, dann Telefonnummer, die Öffnungszeit und die Lokalisierung oder Zufahrt.

Bei der Beschaffenheit des Geländes wird die Form angegeben, die überwiegt, z. B. Wiesengelände.

Die Größe des Platzgeländes wird in Hektar (ha), die Aufnahmekapazität in Stellplätzen (Stpl.), ggf. mit Anteil der Belegung durch Dauercamper (Dau.), angegeben.

Die Angabe Miethütten deutet auf das Vorhandensein von mietbaren Campinghütten hin.

Es wird versucht, die Platzeinrichtungen, so wie sie beim Besuch vorgefunden wurden, in etwa zu charakterisieren, wobei Zustand und Pflege der Gebäude und Installationen auch von Bedeutung waren. Die Übergänge zwischen den als grobe Anhaltspunkte von uns geschaffenen Kategorien sind fließend.

Standardausstattung, mit den Varianten „einfache" oder „gute" Standardausstattung: Der Durchschnittscampingplatz mit WC's, Waschbecken und Duschkabinen in den Waschräumen, evtl. mit Warmwasser, Kochgelegenheit, Geschirrspül- und Wäschewaschbecken teils mit Warmwasser. Waschmaschine, Trockner, meist V & E-Station für Wohnmobile. Ordentlicher Gesamteindruck, einige Stromanschlüsse für Caravans.

Komfortausstattung, mit der Variante gehobene Komfortausstattung: Außer ausreichend WC's, Waschbecken mit Warmwasser und Warmduschen in zeitgemäßen, gepflegten Sanitäranlagen, werden auch Geschirr- und Wäschewaschbecken mit Warmwasser, Waschmaschine und Trockner, Küche und Aufenthaltsraum, Chemikalausguss für Campingtoiletten, Ver- und Entsorgungsstation (V & E) für Wohnmobil-Frischwasser bzw. -abwasser sowie Stromanschlüsse für Caravans in ausreichender Zahl erwartet. Das Terrain soll durch Wege erschlossen sein und im Gelände verteilte Müllbehälter und Wasserzapfstellen, sowie Restaurant oder Cafeteria, Einkaufsmöglichkeit und möglichst Freizeit- oder Sporteinrichtungen aufweisen.

Wohnmobil-Stellplätze

Im Laufe der Zeit hat sich in Dänemark ein relativ gutes Angebot an Stellplätzen für Wohnmobile entwickelt. Auch wenn das Stellplatznetz noch nicht sehr engmaschig ist, so findet man zumindest in den vom Tourismus stärker frequentierten Regionen eine erfreuliche Anzahl an Stellplätzen.

Stellplätze findet man auf Bauerhöfen, in Häfen, auf Campingplätzen, auf Privatgrundstücken oder auf öffentlichen Parkplätzen.

Laut Info des **DACF** (www.dacf.dk) finden Wohnmobilfahrer in Dänemark rund 400 Stellplätze, aufgeteilt in „Bondegård/Bauernhof", „Havn/Hafen", „Camping", „Private Parking", „Gratis/Frei" und „Parking" (öffentliche Parkplätze).

Die Aufnahmekapazität beginnt bei einem Stellplatz für ein Wohnmobil und reicht bis 10, 20 Stellplätzen.

Das Ausstattungsangebot ist recht unterschiedlich. Auf Stellplätzen in Freizeithäfen werden gelegentlich auch Toiletten, Duschen, Stromanschlüsse, Frischwasser und Abwasserentsorgungsmöglichkeiten angeboten.

Einige Stellplätze können kostenfrei genutzt werden. Für die meisten wird aber eine Gebühr verlangt.

Für Stellplätze in Häfen, die meist auch über Sanitäranlagen verfügen, sind in der Regel zwischen 125,- und 150,- Kronen (ca. 17,- und 20,- Euro) zu entrichten, andere Plätze können zwischen 50,- und 100,- Kronen (ca. 7,- und 14,- Euro) pro Nacht kosten. Die Angaben zu den Gebühren können sich natürlich ändern!

Infos zu Stellplätzen und eine Liste aller Stellplätze des DACF Dansk Autocamper Forening in Dänemark findet man unter www.stellplatz-danmark.dk.

Manche Städte bieten im Sommer spezielle Plätze für Wohnmobile an. Dort können Sie Ihr Wohnmobil tagsüber während eines Stadtbesuchs stehen lassen und gegen eine geringe Gebühr dann auch dort übernachten. Da sich dieses Angebot an Plätzen immer wieder ändert, fragt man ab besten in den örtlichen Touristenbüros nach, ob es in der Nähe einen speziellen Platz für Wohnmobile gibt.

Campinghütten

Wer nicht mit Zelt, Wohnwagen oder Wohnmobil durch Dänemark reist, oder auf einer Radtour abends ein festes Dach über dem Kopf vorzieht, aber nicht in Hotels oder Gasthäusern übernachten will, findet auf fast jedem Campingplatz in Dänemark sog. **Campinghütten** oder sog. Mobile Homes. Sie sind sehr verbreitet und bieten eine recht komfortable, wenn auch rustikale, aber relativ preiswerte Übernachtungsmöglichkeit. Vor allem auf einer Rad- oder Motorradtour werden Sie bei Schlechtwetterperioden eine gemütliche Hütte schätzen lernen.

Die aus Holz, oft in Blockhausmanier errichteten Häuschen bieten Platz für zwei bis sechs Personen. Sie sind in aller Regel recht zweckmäßig eingerichtet.

Die Ausstattung, bei der fast immer reichlich Holz verwendet wird, reicht von der spartanischen Version mit Tisch, Stuhl und Bett bis zum komfortabel ausgestatteten und stilvoll möblierten Ferienhäuschen mit Dusche und WC, Heizung, Kochgelegenheit mit Kühlschrank und Wohnecke. Oft ist eine kleine überdachte Veranda vorgebaut.

Bettwäsche ist mitzubringen, kann aber gelegentlich auch geliehen werden. Saubermachen muss man selbst und auch für des eigene leibliche Wohl muss man selbst sorgen. Einfachere Campinghütten haben keine eigenen Sanitäreinrichtungen, man bedient sich dann der Einrichtungen des Campingplatzes.

Auch Campinghütten sind in offizielle Qualitätskategorien unterteilt, die durch Sternsymbole angezeigt werden.

Eine Hütte mit einem Stern soll z. B. außer dem notwendigsten Mobiliar (Tisch, Bett) auch einen Stromanschluss haben und eine 3-Sterne-Hütte zusätzlich mit fließend Wasser, Dusche und WC, Kochgelegenheit, Bettwäsche und abgetrenntem Schlafraum ausgestattet sein.

Vor allem im Hauptreisemonat Juli sollten Hütten unbedingt vorbestellt, oder sehr früh am Tage angefahren werden, da in der Hauptreise- und Ferienzeit die Nachfrage überaus groß ist!

EINREISEBESTIMMUNGEN

Einreise mit dem Auto

Private Kraftfahrzeuge können von Besuchern vorübergehend zollfrei eingeführt werden. Gültiger nationaler Führerschein und Zulassungsbescheinigung Teil 1 (ehemals Kraftfahrzeugschein) sind ausreichend. Die Internationale „Grüne Versicherungskarte" ist nicht zwingend vorgeschrieben, ihre Mitführung wird aber empfohlen. Das Nationalitätskennzeichen „D", „A", „CH" etc. muss am Auto angebracht sein.

Haustiere

Hunde, die nicht als gefährlich eingestuft sind, sowie Katzen dürfen nach Dänemark mitgebracht werden. Voraussetzung ist lediglich der **EU-Heimtierausweis**, aus dem die Identifizierung des Tieres mittels Microchip oder durch Tätowierung (gilt nur noch für Tiere, die vor Juli 2011 tätowiert worden sind) zu entnehmen ist. Ebenfalls im EU-Heimtierausweis eingetragen sein muss eine Impfung gegen Tollwut. Die Impfung muss mindestens 21 Tage vor Grenzübertritt erfolgt sein und darf höchstens 12 Monate alt sein.

Für Hunderassen, die als gefährlich eingestuft sind, bestehen besondere Einfuhrbestimmungen oder die Einfuhr kann ganz verboten sein.

Persönliche Dokumente

Dank der „Nordischen Passunion" zwischen Dänemark, Norwegen, Schweden und Finnland gelten die Staatsgebiete der vier nordischen Staaten als einheitliches Passgebiet. Zudem haben die fünf nordischen Länder (inkl. Island) Ende 1996 das Schengener Abkommen über Passfreiheit und politische Zusammenarbeit unterzeichnet. Die EU-Mitglieder Dänemark, Schweden und Finnland sind Vollmitglieder des Abkommens.

Zur Einreise in die skandinavischen Länder als Tourist benötigen Bürger, die älter als 13 Jahre sind und aus der Bundesrepublik Deutschland, aus Österreich, der Schweiz und weiteren westeuropäischen Ländern stammen, lediglich einen gültigen Personalausweis oder Reisepass. Für Personen unter 13 Jahren wird ein Kinderausweis oder ein Kinderreisepass verlangt.

Minderjährige, die mit Personen reisen, die nicht ihre Eltern sind, sollten eine Einverständniserklärung ihrer Eltern vorweisen können.

Ohne weitere Formalitäten ist der vorläufige Aufenthalt auf drei Monate beschränkt.

Zollbestimmungen

Persönliche Gegenstände und alle auf der Reise benötigten Artikel wie Sportgeräte können zollfrei eingeführt werden.

Medikamente, die ausschließlich für den Gebrauch durch die Reisenden bestimmt sind, können mitgeführt werden. Über Medikamente, die Rausch- oder Betäubungsmittel enthalten, auf die der Reisende aber aus medizinischen Gründen nicht verzichten kann, ist eine ärztliche Bescheinigung mitzuführen, aus der eindeutig diese Notwendigkeit hervorgeht.

Freigrenzen für Reisende aus EU-Ländern: Im allgemeinen dürfen Lebensmittel, die für den persönlichen Verzehr der Reisenden bestimmt sein müssen, in kleinen Mengen zollfrei eingeführt werden.

Für Reisende aus EU-Ländern ab 16 Jahren gibt es außerdem folgende Freigrenzen: 10 l Spirituosen, 90 l Wein und 110 Liter Bier. Für Reisende ab 18 Jahren 800 Zigaretten, 400 Zigarillos, 200 Zigarren und 1 kg Tabak. Darüber hinaus 750 g Kaffee, 150 g Tee, 75 g Parfüm, andere Waren bis zu einem Gegenwert von höchstens DKK 1.400 (unvollständiger Auszug).

Diese Bestimmungen gelten aber nur, wenn direkt von Deutschland nach Dänemark eingereist wird. Reist man über andere Länder nach Dänemark, müssen auch die Bestimmungen dieser Länder sowie die Bestimmungen der Einreise von diesen Ländern nach Dänemark beachtet werden.

Ein Einfuhrverbot nach Dänemark besteht u. a. für Schusswaffen, Tränengas-Sprays, Luftgewehre, Gaspistolen und für gewisse Arten von Messern. Will man als Jäger Gewehre oder als Angler oder Segler größere Messer einführen, empfiehlt es sich, vorher bei der Dänischen Botschaft oder bei der Tourismuszentrale detaillierte Auskünfte einzuholen.

Fahrzeuge ausländischer Touristen dürfen nicht an Einheimische verliehen werden.

ESSEN UND TRINKEN

Dass Dänemark ein ausgesprochenes Agrarland ist, wurde weiter vorne unter „Ein Kurzporträt Dänemarks" schon erwähnt. Was Wunder also, dass die ausgezeichneten landwirtschaftlichen Rohprodukte auch in Dänemarks Küche erfreuliche, sprich wohlschmeckende „Spuren" hinterlassen. Und dass das allseits von Meeren umgebene Inselreich mit seiner lebhaften Fischereiindustrie seinen Gastronomen unter dem Stichwort „Fischgericht" auf den Speisekarten eine lange Litanei ermöglicht, ist nicht verwunderlich.

Auf einen Nenner gebracht: Die Chancen in Dänemark gut zu essen, sind gegeben. Wer allerdings lieber mehr von Gemüsen oder Salaten lebt, als von Fleisch und Fisch, wird sich etwas einschränken müssen. Grünzeug ist das Stiefkind in Dänemarks Küchen.

Eine typische, echt dänische Spezialität gibt es eigentlich nicht. Nein, auch Smørrebrød, diese appetitlich belegten Butterbrote, sind keine ausschließlich dänische, sondern eher eine skandinavische Besonderheit.

Aber etwas muss dänische Köche doch berühmt gemacht haben, so berühmt, dass einer ihrer Vertreter sogar als „Muppet" auf den Bildschirmen der ganzen Welt Stammgast war und in Amerika eine Gebäckart gar Danish Pastry heißt.

In kaum einem anderen Land werden Schweinebraten, Hacksteak, Scholle und Dorsch, aber auch Aal so variantenreich zubereitet, wie auf den dänischen Inseln. Gerichte solcher Art findet man auf fast jeder Speisekarte, so dass man geneigt sein könnte, von typisch dänischen Gerichten zu reden.

Von ausgezeichneter Qualität und ein Genuss sind frisch geräucherte Heringe. Auf Bornholm z. B. wird geräucherter Hering gerne kräftig und herzhaft mit Radieschen, Schnittlauch und grobem Meersalz garniert, mit Zwiebelringen, einem rohen Eigelb und mit einem Glas Bier und einem Aquavit serviert und ist dann als „Sonne über Gudhjem" bekannt.

Große Tradition haben in Dänemark Salzheringe, die gekonnt angerichtet ein herrliches Gericht abgeben.

Oder versuchen Sie, wenn Sie es auf der Karte finden, Kalbsragout mit neuen Kartoffeln, ein Gedicht.

Und natürlich werden Sie irgendwann auch Dänemarks heißgeliebte Frikadeller versuchen, mit Kartoffeln, zerlassener Butter, Gewürzgurke, Roter Beete oder Rotkohl oder mit einem Spiegelei oben drauf. Übrigens, original dänische Frikadeller werden aus gehacktem Schweinefleisch und gehackten Kalbfleisch, zu gleichen Teilen gemischt, zubereitet. Rindfleisch wird dabei nicht verwendet.

Wer etwas höhere Ansprüche stellt, findet aber genauso gut Krabben, Hummer oder andere Schalentiere, fein serviert, mit einem Gläschen Champagner vielleicht?

Essen gehen, und noch dazu gut essen gehen, ist in allen skandinavischen Ländern eine recht teure Angelegenheit. Relativ preiswert kann man sich in Cafeterias, Snackbars, Selbstbedienungsrestaurants oder in den Restaurants der Warenhäuser verköstigen. In aller Regel gut und gepflegt, aber eben auch mit den entsprechend „gepflegten" Preisen, isst man in Restaurants und Hotels.

Was in Dänemark alles aufs **Smørrebrød** gezaubert wird, ist auf dieser Seite nicht wiederzugeben. Und Smørrebrøds einfach als bescheidene Butterbrote zu bezeichnen, was der Übersetzung entspräche, ginge an der Wahrheit weit vorbei. Smørrebrøds sind kulinarische Kreationen, können Gedichte

Lecker, Smørrebrød und ein „kühles Blondes"

sein. Von Garnelen über Lachs, geräuchert oder mariniert, von Aal bis Hering in unglaublich raffinierten Variationen, von Roastbeef, Salami, Eiern, Käse bis Schinken, von Dillsträußchen, Meerrettich oder Pickles bis Gurkenscheiben, alles und noch viel mehr findet man zum Reinbeißen appetitlich angerichtet auf

Smørrebrøds. In großen Städten gibt's eigens Geschäfte, die nur Smørrebrøds zum Mitnehmen verkaufen.

Verschiedentlich findet man in Restaurants mittags wie abends ein Buffet, an dem man sich zu einem Pauschalpreis nach Herzenslust bedienen darf.

Besondere Erwähnung verdient an dieser Stelle der **Kro**, der dänische **Landgasthof**. Dort ist man wirklich in Dänemark. Viele der Gasthöfe haben eine lange Tradition und oft sind sie in netten alten Häusern untergebracht, die alleine schon das Einkehren lohnen. Natürlich wird man da nicht unbedingt jedesmal auf ein erstklassiges Geheimtip-Lokal stoßen. Aber in aller Regel ist man im Kro zum Essen und Trinken immer gut aufgehoben. Hier wird man am ehesten noch auf typisch dänische Kochkunst und lokale Spezialitäten stoßen.

Gefrühstückt wird in Dänemark (jedenfalls in Hotels) gewöhnlich zwischen 7.30 und 10 Uhr. Normalerweise besteht das Frühstück aus den gleichen Zutaten, die landläufig als kontinentales Frühstück bekannt sind, nämlich: Kaffee, Tee, verschiedene Brotarten, evtl. ein Gebäckstück, Konfitüre, Butter.

Ein echt dänisches „Morgenmad" ist dagegen wesentlich reichhaltiger und zu dem schon Erwähnten mit Eierspeisen, Wurst, Käse und mehreren Gebäcksorten bereichert.

Das **Mittagessen**, auf dänisch „Frokost" genannt (womit gewöhnlich ein zeitiges kaltes Mittagessen gemeint ist), wird gewöhnlich zwischen 12 und 14 Uhr serviert.

Für die Dänen ist das Mittagessen nicht die Hauptmahlzeit. Entsprechend sind die Mittagsgerichte in Restaurants eher Smørrebrød, kalte und kleine warme Gerichte und die beliebte „Platte", ein Büfett im kleinen, mit Fisch, Wurst, Buletten und Käse. Je nach Gütegrad des Lokals kann der schlichte Fisch zu Lachs, Räucheraal oder zu Garnelen werden, die Wurst zu Leberpastete, die Bulette zu Schweinefilet oder Entenbrust und der Käse zur dänischen Käseauswahl.

Das **Abendessen** nennen die Dänen „Middag". Middag isst man zwischen 18 und 20 Uhr und das gerne und reichlich, schließlich ist es des Dänen Hauptmahlzeit. Nun sind die Speisekarten vollgeschrieben mit Suppen, Brühen, Cremes, mit Vorspeisen, Filets, Schweine-, Kalbs- oder Rindfleisch, gebraten, gegart, gedünstet, geschmort und am liebsten gehackt. Gehacktes Beefsteak mit Spiegelei und Zwiebeln nimmt man allerorten besonders gern. Natürlich gibt es auch Steaks, amerikanisch oder auch anders. Und Fisch fehlt auf keiner guten Speisekarte.

Dänischer Käse ist bekannt ob seiner Qualität. Auch im Königreich zwischen Ost- und Nordsee schließt er den Magen.

Die Wahl unter den **Nachspeisen** wird einem zwischen Crepes, Eis, Kompott, Obst, roter Grütze mit Sahne, verschiedenen Beeren usw. usw. auch nicht eben leicht gemacht.

Ja, und was trinkt man? Zum kalten Büfett und zum Smørrebrød natürlich Bier und Aquavit oder einen kalten Klaren. Alles in Dänemark in bester Qualität, aber bestimmt nicht billig zu bekommen.

Weine aus den großen europäischen Anbaugebieten stehen in der Gunst der Gäste weit hinter Bier und Aquavit.

Dänemark war lange das einzige der skandinavischen Länder, in dem **alkoholische Getränke** – nicht nur Wein und Bier, sondern auch Hochprozentiges – im Supermarkt zu haben sind. Die Preise allerdings sind ziemlich gesalzen.

Unter den **nichtalkoholischen Getränken** nehmen neben Kaffee (weniger Tee), Fruchtsäfte und Limonaden jeder Art, Milch und Milchgetränke einen breiten Raum ein. Uns haben es immer die nirgends so gut schmeckenden Frucht-Milchmixgetränke angetan. Man findet sie in jedem besseren Supermarkt bei den Molkereiprodukten. Im Sommer sind diese Getränke herrlich erfrischend und unterwegs ein guter Ersatz, wenn das Mittagessen mal ausfällt.

Selbstversorger haben in Dänemark nun wahrlich keine Probleme, etwas in ihre Töpfe zu bekommen. Überall finden sie ein ausgezeichnetes Angebot aller nur erdenklichen Lebensmittel in bester Qualität.

FREIZEITAKTIVITÄTEN

Angeln

In allen Gewässern Dänemarks ist das Angeln nur mit dem staatlichen dänischen Angelschein erlaubt. Er ist obligatorisch für Personen im Alter von 18 bis 65 Jahren. Man erhält den Angelschein gegen Entrichtung einer Gebühr.

Für das Angeln in den Seen und Flüssen Dänemarks benötigt man zusätzlich eine Angelkarte.

Den staatlichen Angelschein kann man bestellen bei www.fisketegn.dk und die staatliche Angelkarte gibt es bei www.fiskekort.dk oder bei http://dansk-fiskekort.dk/de/index.php?o.

Radeln

Die vielen Fahrradwege (zwischenzeitlich fast 10.000 km ausgeschilderte Radwege) und die ungezählten Möglichkeiten, sich seinen Weg über kaum befahrene Nebenstraßen zu suchen, machen eine **Radtour durch Dänemark** zur Erholung. Aber nicht nur das, auch das überwiegend flache Terrain trägt dazu bei, dass ein Ausflug auf zwei Rädern nicht zur übermäßigen Anstrengung ausartet – auch wenn der Wind manchmal steif entgegen bläst.

Die Fremdenverkehrsämter vieler Orte im Seengebiet Jütlands und auf den Inseln geben Broschüren heraus, die viele schöne Radwanderwege beschreiben.

So haben z. B. verschiedene Landkreise attraktive Fahrradrouten ausgearbeitet, die fast alle über ausgebaute Fahrradwege verlaufen. Die Touren führen an den Küsten Jütlands entlang (alleine hier stehen mehrere Hundert Kilometer Radwege zur Verfügung), oder umrunden Inseln wie Fünen, Falster und Lolland oder erschließen Seeland.

Und auf Bornholm führt eine herrliche, bestens ausgeschilderte Radtour meist auf küstennahen Wegen 80 km rund um die Insel.

Selbst wenn Sie den eigenen Drahtesel nicht mitnehmen wollen, brauchen Sie auf einen Radausflug nicht zu verzichten. Einige Campingplätze und viele Verkehrsbüros geben Auskunft, wo Fahrräder zu mieten sind oder vermieten gar selbst. Bei Fahrradmieten wird eine Kaution verlangt und der Personalausweis muss vorgelegt werden.

Die örtlichen Touristeninformationsbüros halten in aller Regel recht gut ausgearbeitete Übersichtskarten mit Routenverlauf der Radwege, Sehenswürdigkeiten, Rastplätzen, Restaurants und Übernachtungsmöglichkeiten bereit. Zudem gibt es beim Dänischen Fremdenverkehrsamt die Broschüre „Radurlaub".

Es gibt aber auch fertig geplante und bestens ausgearbeitete Fahrrad-Pauschaltouren, inklusive Fahrrad, Packtaschen, detaillierten Routenbeschreibungen, Kartenmaterial und vorgebuchten Übernachtungen in Hotels, Jugendherbergen oder in einem Kro. Die Etappen sind nie länger als 50 bis 60 km und sind so angelegt, dass man pro Tag kaum mehr als 5 oder 6 Stunden fahren muss. Vorschlag einer Radtour siehe bei Silkeborg.

Deutschsprachige Radtourenführer kann man z. B. beim Dänischen Radfahrerverband erwerben – Dansk Cyklist Forbund, Tel. +45 33 32 31 21; www.cyklistforbundet.dk/deutsch/.

Infos gibt es auch unter https://www.visitdenmark.de/daenemark/erlebnisse/radfahren.

Beliebte Radtouren in Dänemark: www.visitdenmark.de/daenemark/erlebnisse/radfahren/ueberregionalenradfernwege.

Wandern

Wer in Dänemark gerne wandern möchte braucht nach Möglichkeiten nicht lange zu suchen. Küstenwege, Dünenlandschaften und Wälder laden ein. Im ganzen Land sind in vielen der „Plantagen" genannten Staatsforste markierte Wege angelegt.

Man sollte in den Informationsbüros der örtlichen Verkehrsämter nach Broschüren über Wandermöglickeiten in Staatsforsten, die oft auch in deutscher Sprache erhältlich sind, Ausschau halten. Wandervorschläge durch Mitteljütland finden Sie in diesem Führer bei Silkeborg.

Und niemals sollte man die **Waldbrandgefahr** unterschätzen, eine ständige Gefahr in allen waldreichen Gebieten! Offenes Feuer darf auf Wanderungen nur an den dafür vorgesehen Stellen entzündet werden. Bei sehr trockenem Wetter gilt ein allgemeines Verbot für offene Feuer. Nehmen Sie auf längeren Wanderungen also einen Kocher mit.

Schließlich sei nicht vergessen, dass man entlang den Stränden und vor allem an den kilometerlangen, breiten Sand- und Dünengestaden an der Westküste Jütlands stundenlang herrliche Strandspaziergänge unternehmen kann. Ein erholsames Vergnügen nicht nur bei schönem Wetter.

Wassersport

Wassersportler haben in Dänemark ja nun wirklich die Qual der Wahl. **Windsurfer** und **Kitesurfer** finden nicht nur an den Gestaden der Nord- und Ostsee vorzügliche Bedingungen. Ein wahres Surfparadies sind vor allem auch die Seen des Limfjord-Gebietes im Nordwesten Jütlands und andere nur durch schmale Landzungen von der Nordsee getrennte, dadurch ruhige, aber keineswegs windstille Gewässer.

Ebenfalls in Jütland und zwar ziemlich genau in der Mitte der Halbinsel, liegt ein wahres Eldorado für Anfänger des **Kanusports** und des **Wasserwanderns**. Die Seen und das Flüsschen Gudenå dort sind wirklich ein Paradies für gemütliche Kanufahrten. Anregungen und Vorschläge dazu finden Sie in diesem Führer bei Silkeborg.

Baden im Meer, ob an der Ostsee- oder Nordseeküste, ist für viele der Hauptgrund, in Dänemark Urlaub zu machen. Die Voraussetzungen, zumindest von der Strandbeschaffenheit her, sind auch ausgezeichnet.

Von Rømø bis Skagen zieht sich an der Westküste Jütlands der Strand fast ununterbrochen hin. Bis zu 300 m breit, teils mit dem Auto befahrbar (was in der Ferienzeit leider viel zu häufig ausgenutzt wird), zieht er sich Kilometer um Kilometer hin. Dahinter erheben sich die hohen, mit Strandhafer bewachsenen und den Badenden Windschutz bietenden Dünengürtel. Besondere Erwähnung verdient noch der schneeweiße, feine Sandstrand von Dueodde an der Südostküste von Bornholm.

Natürlich gibt es auch an der Ostküste Jütlands und rund um die Inseln gute Strände und Bademöglichkeiten.

Bei aller Freude über die vielen Bademöglichkeiten sollte man nicht vergessen, dass vor allem die Nordsee ihre Tücken hat. Gezeitenwechsel, Meeresströmungen längs der Küsten, Unterströmungen, hoher Wellengang u. a. sollten wirklich nicht unterschätzt werden. Die Behörden warnen immer wieder davor, auf keinen Fall mit Luftmatratzen oder Gummibooten aufs Meer zu fahren oder mit Kleinbooten ohne Rettungswesten in See zu stechen. Übrigens sind Rettungseinsätze keineswegs in jedem Fall kostenlos.

Man glaubt es kaum, denn die Wirklichkeit lässt das nicht vermuten, aber Nacktbaden ist in Dänemark keineswegs vom Gesetzgeber erlaubt. Es wird nur großzügig toleriert. Man erwartet aber auch vom Feriengast Rücksicht und die Respektierung eventueller Verbotsschilder.

GESETZLICHE FEIERTAGE

Neben kirchlichen Feiertagen wie Dreikönig, Karfreitag, Ostern, Christi Himmelfahrt, Pfingsten, Allerheiligen und Weihnachten, gelten folgende Feiertage, an denen Geschäfte, Banken und Büros meist geschlossen bleiben sind der 1. Januar – Neujahrstag und der 5. Juni – Grundlovsdag (Verfassungstag).

Ein im ganzen Lande am 23. Juni, dem Vorabend des Johannistages, fröhlich gefeiertes Fest ist das **Sankthans Sonnwendfest**. Dann werden (meist am Strand) große Sonnwendfeuer abgebrannt, bei denen oft eine Strohhexe, das Symbol böser Kräfte, mit in den Flammen aufgeht. Und nach alter Tradition singt man Volkslieder, wie die 1885 von Holger Drachmann geschriebene „Mittsommerweise". Holger Drachmann (1846 – 1908) war ein namhafter dänischer Maler, Journalist und Dichter.

KLIMA UND DURCHSCHNITTSTEMPERATUREN

Dänemark weist ein gemäßigtes ozeanisches Klima mit oft rasch wechselnden Wetterlagen auf. Regenschauer sind auch im Sommer nichts ungewöhnliches. Lange, beständige Wetterperioden sind eher selten. Am ehesten kann in der Zeit zwischen Mai und Juni/Juli mit Schönwetterperioden gerechnet werden. Zumindest an den Küsten weht ein ständiger Wind.

Im Sommer liegen die Durchschnittstemperaturen am Tage um 20 Grad, die Meerestemperatur bei 18 Grad. Der wärmste Monat ist gewöhnlich der Juli, der kälteste der Februar.

MEDIKAMENTE, ÄRZTLICHE VERSORGUNG

Wer unterwegs auf bestimmte Medikamente angewiesen ist, sollte sich diese von zu Hause mitbringen. Wichtig ist dabei aber, dass man dann tunlichst eine Bescheinigung des Arztes mitführt, die aussagt, dass man auf diese Medikamente aus medizinischen Gründen nicht verzichten kann. Eine solche Bescheinigung ist um so wichtiger, wenn die Medikamente Stoffe enthalten, die unter das Betäubungsmittelgesetz fallen.

Ganz allgemein kann festgestellt werden, dass der Medikamentenverkauf in den skandinavischen Ländern strenger geregelt ist als bei uns.

Durchschnittstemperaturen (im Sommerhalbjahr):

Ort	Mai °C	Juni °C	Juli °C	August °C	Sept. °C
Aalborg	10,5	14	16,5	16	13
Esbjerg	10	13,5	16	16	14
Fredericia	11	14,5	16,5	16,5	13,5
Gedser	10	14,5	17,5	17	14
Kopenhagen	12	15,5	18	17	14
Langeland	11	15	17	17	14
Odense	11,5	15	17	16,5	13
Rønne	9,5	14	16,5	17	14
Skagen	10,5	14	16,5	16,5	13,5
Thisted	11	14	16,5	16	13

Wassertemperaturen

Ort	Juni °C	Juli °C	August °C
Aalborg	15,5	18	17
Kopenhagen	14,5	17,5	17,5
Langeland	14	17	17

Obwohl zwischen Deutschland und den skandinavischen Ländern Sozialversicherungsabkommen bestehen, der Reisende dadurch im Krankheitsfall oder bei einem Unfall eine gewisse krankenversicherungstechnische Absicherung genießt, sollte man dennoch auf eine Auslandskrankenschutzversicherung nicht verzichten.

MINIWORTSCHATZ – KLEIN, ABER NÜTZLICH

Mein Tipp! Wenn Sie in Dänemark etwas in einer alphabetisch geordneten Auflistung suchen, z. B. im Telefonbuch, in einem Hotelverzeichnis o. ä. finden Sie Namen, Ortsnamen etc., die mit Å, Æ, Aa oder Ø beginnen, **immer am Ende** des dänischen Alphabets. In diesem Reiseführer ist das nicht berücksichtigt, z. B. im Register.

Allgemeines

Auf Wiedersehen! – Favel!
Ausgang – Udgang
Auskunft – oplysning
Ausweis – legitimation
Baden verboten! – Badning forbudt!
Bitte sehr! – Værsgo!
Briefkasten – postkasse
Briefmarken – frimærker
Brieftasche – tegnebog
Danke sehr! – Mange tak!
Drücken! (Tür) – Tryk!
Eingang – Indgang
Entschuldigung! – Undskyld!
Freibad – friluftsbad
Gefahr – fare
Geld – penge
geöffnet – åben
geschlossen – lukket
Guten Abend! – God aften!
Guten Tag! – God dag!
Hallenbad – svømmehal
Haus – huset
Kirche – kirke
krank – syg
Krankenhaus – sygehus
Krankenwagen – ambulance
Liegestuhl – liggestol

Münzwäscherei – møndtvask
Name – navn
offen – åben
Postamt – posthuset
Postkarte – brevkort
Reinigung – renseri
Reisescheck – rejsecheck
schwarz – sort
Umgebung – omegn
Verbandszeug – forbindsager
Wald – skov
weiß – hvid
Wie bitte? – Hvad behager?
Wo ist … – Hvor er …
Wohnort – bopael
Zahnarzt – tandlæge
Zeitung – aviser
Ziehen! (Tür) – Træk!

Auf Reisen, Verkehr
Abfahrt – afgang
Ankunft – ankomst
Autobahn – motorvej
Autofähre – bilfærgen
Autoreisezug – biltog
Bahnhof – banegård
Baustelle – vejarbejde
Brücke – bro
Bus – rutebil, bus
Dorf – landsby
Dünen – klitter
Einbahnstraße – Ensrettet
Eisenbahn – Jernbane
Fähre – færge
Fahrkarte – billetter
Fahrplan – køreplan
Fahrrad – cykel
Fluss – å
Gut, Herrensitz – herregård
Haltestelle – stoppested
Hügel – bakke
Kurswagen – gennemgåendevogn
Leuchtturm – fyr
links – venstre
Meer – hav
Platzkarte – pladsbillet
rechts – højre
Richtung – retuing
Schaffner – konduktør
Schiff, Boot – båd
Schlafwagen – sovevogn
Schließfach – bagageboks
Schloss – slot

Stadt – by
Stadtteil – kvarter
Stadtzentrum – byens centrum
Steilküste – klint
Straße – gade, vej
Strömung – strøm
Sturmwarnung – stormvarsel
Turm – tårn
Umleitung – omkørsel
Umsteigen – skifte
Wald – skov
Zug – tog
Zu den Zügen – til togene
zurück – tilbage

Auto
Abschleppseil – slæbetov
Abschleppwagen – kranvog
Anlasser – starter
Auspuff – lydpotte
Auto – bil
Beleuchtung – belysning
Ersatzteil – reservedel
Führerschein – kørekort
Gaspedal – speedder
Keilriemen – kiledrivrem
Kupplung – kobling
Ölwechsel – skifte olie
Rad – hjul
Reifen – dæk
Scheibenwischer – vinduesvisker
Scheinwerfer – lygte
Schraubenzieher – skruetrækker
Sicherheitsgurt – sikkerhessele
Unfall – bilulykke
Vergaser – korburator
Wagenheber – donkraft
Warndreieck – advarselstrekant
Wohnwagen – campingvogn
Zündkerze – tændrør
Zündung – tænding

Hotel
Haben Sie ein Einzel-/Doppelzimmer? – Har De et enkelt-/dobbeltværelse?
Nehmen Sie Kreditkarten? – Tager De kreditkort?
Abendessen – middag
Bett – seng
Bettwäsche – sengtøj
Doppelzimmer – dobbeltværelse
Dusche – brusebad
Empfang – reception

Etage – sal
Frühstück – morgenmad
für eine Nacht – for en nat
Gasthaus – Kro
Hotelhalle – hotelvestibule
Mittagessen – frokost
Schlüssel – nøgle
Speisesaal – spisesalen
Steckdose – stikkontakte
Wasserhahn – vandhane
Zimmer – værelser
Zimmermädchen – stuepige

Restaurant/Einkauf

Aal – al
Apfel – æble
Besteck – bestik
Bier – Øl
Birne – pære
Blaubeeren – blåbær
Blumenkohl – blomkål
Braten – steg
Bratkartoffeln – braskartoffler
Bückling – røget sild
Dorsch – torsk
Drogerie – materialhandel
Erbsen – ærter
Erdbeeren – jordbær
Fisch – fisk
Fischfilet – fiskefilet
Fischklößchen – fiskeboller
Fleisch – kød
Fräulein! – Frøken!
Frikadellen – kødboller
Geflügel – fjerkoe
Gemüse – grøntsager
Geschäft, Laden – førretning
Hähnchen – kylling
Hauptgang – hovedret
Heilbutt – helleflynder
Hering – sild
Herr Ober! – Tjener!
Himbeeren – hindbær
Huhn – høns
Kabeljau – kabiau
Kartoffeln – kartofler
Käse – ost
Kaufhaus – varehus
Kaufmann, Supermarkt – købmand
Krabben – rejer
Lachs – laks
Lebensmittel – levensmidler
Löffel – ske

Messer – kniv
Milch – moelk
Mineralwasser – mineralvand
Nachspeise – dessert
Obst – frugt
Rechnung – regning
Rinderbraten – oksesteg
Rosenkohl – rosenkål
Rote Grüze – rødgrød
Rührei – røræg
Sauerkraut – surkål
saure Heringe – marineret sild
Soda – dansk vand
Speisekarte – spisekort
Stockfisch – klipunsk
Tasse – kop
Trinkgeld – drikkepenge
Vorspeise – forret
Wasser – vand
Wein, rot, weiß – vin, rod-, hvid-
Wurst – pølse
Zwiebeln – løg
Ist dieser Platz frei? – Er denne plads fri?
Wir möchten bestellen. – Vi vil gerne bestille.
Wir möchten bezahlen. – Vi vil gerne betale.

Wochentage

Montag – mandag
Dienstag – tirsdag
Mittwoch – onsdag
Donnerstag – torsdag
Freitag – fredag
Samstag – lørdag
Sonntag – søndag

Zahlen

1 – en
2 – to
3 – tre
4 – fire
5 – fem
6 – seks
7 – syn
8 – otte
9 – ni
10 – ti
12 – tolv
11 – elleve
20 – tyve
21 – enogtyve
30 – tres

40 – fyrre
50 – halvtreds
60 – tredive
70 – halvfjerd
80 – firs
90 – halvfems
100 – hundrede

MIT DEM AUTO DURCH DÄNEMARK

Das dänische **Straßennetz**, ob Landstraßen oder Fernverbindungsstraßen, ob auf den Inseln oder auf Jütland, kann nicht anders als vorzüglich bezeichnet werden. Selbst der kleinste Schleichweg ist geteert. Für Radfahrer ist häufig eine Fahrspur oder ein eigener Fahrweg vorgesehen.

Die Autobahnen sind in Dänemark gebührenfrei. Die Brücken von Kopenhagen nach Schweden (Øresundbrücke) und von Fünen nach Seeland (Storebæltbrücke) sind allerdings mautpflichtig. Die „Schallgrenze" bei den Mauttarifen liegt bei 3,5 t und einer Fahrzeuglänge von 6 m (inkl. Fahrradträger u. ä.).

Mautgebühren für Fahrzeuge bis/über 3,5 t bzw. über 6 m Länge:

Storebæltbrücke ca. 33,-/81,- Euro,
Øresundbrücke ca. 53,-/106,- Euro (Änderungen möglich!).

Auch die Straßen- und Verkehrsbeschilderung ist ausgezeichnet. Einschränkend muss hier allerdings gesagt werden, dass in ländlichen Gebieten Wegweiser mit Ortsnamen oft nur in Kniehöhe und ohne Vorwegweiser unmittelbar am Abzweig angebracht sind. Wenn dann noch das Gras oder das Getreide etwas hoch steht, sind die Wegweiser vom Autofahrer leicht zu übersehen.

Verkehrsregeln und Verkehrszeichen entsprechen den in Europa üblichen. Besondere Vorsicht und Rücksicht ist allerdings gegenüber Fußgängern und Radfahrern geboten. Vor allem beim Abbiegen nach rechts ist unbedingt auf geradeausfahrende Rad- oder Mopedfahrer zu achten! Fußgänger, die die Straße überqueren wollen, ob auf Zebrastreifen oder nicht, haben immer das Vorrecht (Achtung beim Rechtsabbiegen!).

Das **Abblendlicht** (Fahrlicht, oder Tagfahrleuchten) muss **auch am Tage** eingeschaltet sein! Standlicht genügt nicht!

Ein **Warndreieck** muss mitgeführt werden.

Es gilt die **Anschnallpflicht** auf Vorder- und Rücksitzen.

Spikes sind erlaubt zwischen 1. November und 15. April. Wenn mit Spikesreifen gefahren wird, müssen solche Reifen auf allen Rädern aufgezogen sein, auch auf den Rädern von Anhängern (Caravans).

Warnwestenpflicht.

Weiße Dreiecke, sog. „Haifischzähne" auf der Fahrbahn bedeuten soviel wie „Achtung! Vorfahrt gewähren!"

Motorradfahrer müssen einen Schutzhelm tragen und bei Fahrten am Tage das Abblendlicht einschalten.

Promillegrenze: 0,5. Die Strafen bei Verstößen gegen Verkehrsregeln oder bei Missbrauch von Alkohol und/oder Medikamenten am Steuer sind empfindlich!

Bei Missachtung des **Park- und Halteverbots** (Parkering/Standsning Forbudt) werden auch ausländische Besucher zur Kasse gebeten. Die Mindestbuße bei Parkvergehen belief sich zuletzt auf 400 Kronen (ca. 55,- Euro).

Für Parkzonen mit zeitlich begrenzter Parkdauer (beschildert) ist die **Parkscheibe** vorgeschrieben, die deutlich sichtbar ins Fahrzeug gelegt werden muss.

Bis 10 m vor und hinter einer Kreuzung oder Einmündung ist das Parken verboten.

Ist Parken nur zu bestimmten Zeiten erlaubt, wird das durch schwarze oder rote Zahlen angegeben: Schwarz bedeutet montags bis freitags, in Klammern samstags; Rot bedeutet sonn- und feiertags. Für Parkuhren sind 1 Krone- oder 25 Öre-Münzen notwendig.

Uns fremd ist **Datostop/Datoparkering**. Es besagt, dass Halten/Parken an Tagen mit geradem Datum nur an der Straßenseite mit geraden Hausnummern, an ungeraden Daten nur vor ungeraden Hausnummern erlaubt ist.

Übrigens: Telefonieren mit dem **Handy im Auto** während der Fahrt ohne Freisprechanlage, kann für den Fahrer in Dänemark teuer werden. Wer erwischt wird, muss mit einem hohen Bußgeld rechnen.

Zulässige **Höchstgeschwindigkeiten**:

Innerorts (ab Schild mit Ortssilhouette) 50 km/h, Abweichungen sind ausgeschildert.

Außerhalb von Ortschaften: Pkw, Motorräder und Wohnmobile bis 3,5 t 80 km/h, auch auf Schnellstraßen. Wohnmobil über 3,5 t sowie Fahrzeuge mit Anhänger (Caravangespanne) 70 km/h.

Auf Schnellstraßen gelten für Pkw, Motorräder und Wohnmobile (auch über 3,5 t) 80 km/h, für Caravangespanne 70 km/h.

Auf Autobahnen gelten für Pkw, Motorräder (ohne Anhänger) und Wohnmobile bis 3,5 t 130 km/h, für Wohnmobile über 3,5 t sowie für Caravangespanne 80 km/h.

Auf Autobahnen auffahrende Fahrzeuge müssen vorgelassen werden (einfädeln).

Die **‚Grüne Versicherungskarte'** wird empfohlen.

Umweltzonen, „Miljøzonen", gibt es in den Städten Aalborg, Aarhus, in der Kommune Frederiksberg, im Großraum Kopenhagen und in Odense. Umweltzonen dürfen in Dänemark nur von Lkw, Bussen oder Wohnmobilen über 3,5 t befahren werden, die mit einem Partikelfilter ausgestattet sind. Für ausländische Fahrzeuge genügt als Nachweis, dass das Fahrzeug über einen Partikelfilter verfügt, der Fahrzeugschein.

Infos darüber findet man unter https://www.ecosticker.dk/de/umweltzonen-in-daenemark.html.

Wichtig für Caravan-Gespannfahrer: Anhänger hinter Pkw dürfen nicht länger als 12 m und nicht breiter als 2,5 m sein. Ist der Hänger mehr als 20 cm breiter als das Zugfahrzeug, sind vordere Begrenzungslichter am Anhänger vorgeschrieben.

Die **Warnblinkanlage** ist bei Staubildung auf Autobahnen oder anderen Gefahrensituation auf Autobahnen einzuschalten.

Für **Radfahrer** ist in Dänemark eine besondere Regelung zu ihrem Schutze beim Linksabbiegen an Kreuzungen eingeführt worden. Um aus den gefahrenträchtigen Fahrbahnen der Autos soweit wie möglich herauszubleiben, ordnet man sich zum Linksabbiegen nicht links ein, sondern fährt an der rechten Straßenseite oder auf dem Radweg weiter bis zur gegenüberliegenden Ecke, wartet dort ab bis die Straße frei ist oder die Ampel Grün zeigt und überquert nun die Straße in der neuen Fahrtrichtung.

Falls Sie in einen Unfall verwickelt wurden, bei dem der Versicherer des Unfallgegners, z. B. wegen Fahrerflucht, nicht zu ermitteln ist, können Sie sich ggf. – falls Ihre eigene Versicherung nicht gleich zu erreichen ist – auch wenden an:

DFIM - Dansk Forening for International Motorkøretøjsforsikring (Dänisches Autoversicherungsbüro), Philip Heymans Allé 1, DK-2900 Hellerup, Tel. +45-41 91 90 69 (10 – 15 Uhr); www.dfim.dk/en/.

ADAC-Auslandsnotruf: +49 89 22 22 22.

Kraftstoffpreise

Tankstellen aller gängigen Marken sind in einem dichten Netz über das ganze Land verteilt.

Superbenzin ca. DKK 11,58/ca. Euro 1,55

SuperPlus ca. DKK 13,22/ca. Euro 1,77
Diesel ca. DKK 10,08/ca. Euro 1,35.

Kraftstoffe die als Blyfri 95 bezeichnet sind entsprechen bleifreiem Super, Blyfri 98 entspricht bleifreiem Super Plus.

Selbstbedienung an den Zapfsäulen ist üblich. Vielfach sind Tankautomaten angebracht, die mit 20 Kronen-Scheine, oft auch mit 100 Kronen-Scheine zu bedienen sind. Man sollte also immer einen entsprechenden Vorrat an solchen Banknoten bei sich haben, besonders nachts, wenn man auf die Tankautomaten angewiesen ist, oder wenn die Kreditkarte nicht funktioniert.

Entfernungsübersicht

Aalborg												
Aalborg												
111	**Århus**											
217	152	**Esbjerg**										
171	65	112	**Frederikshavn**									
135	64	215	194	**Grenå**								
425	328	320	489	390	**Helsingør**							
385	285	280	445	350	48	**Kopenhagen**						
244	147	140	305	208	190	146	**Odense**					
174	128	80	235	188	360	320	175	**Ringkøbing**				
410	311	306	474	375	203	165	174	345	**Rødbyhavn**			
105	212	320	40	235	528	487	345	278	515	**Skagen**		
90	155	185	140	185	422	380	240	125	407	170	**Thisted**	
170	72	87	233	136	255	215	75	105	240	275	166	**Vejle**

Beispiel: Rødbyhavn – Århus = 311 km

Die meisten Tankstellen akzeptieren auch Kreditkarten. Hier kann es aber passieren, dass Ihre in Deutschland ausgestellte Kreditkarte *nicht funktioniert!* Mein Tipp: Tank also nicht bis „auf den letzten Tropfen" leerfahren, um ggf. noch andere Tankstellen anfahren zu können. Ob an der Zapfsäule auch Kreditkarten funktionieren, die nicht in Dänemark ausgestellt sind, ist auf den Zapfsäulen allerdings nicht vermerkt! An Tankstellen mit Kasse werden in Deutschland ausgestellte Kreditkarten zur Bezahlung der Kraftstoffrechnung in aller Regel angenommen. Aber auch hier kann es Ausnahmen geben.

Tankstellen sind gewöhnlich zwischen 7 und 21 Uhr geöffnet.

ÖFFNUNGSZEITEN

Geschäfte

Montag – Mittwoch 9 – 18/19 Uhr. Donnerstag und Freitag bis 20 Uhr. Samstag 9 – bis 16, teils bis 21 Uhr. Sonntag geschlossen, außer Bäckereien und viele Kioske.

Mittagspause teils zwischen 12 und 14 Uhr.

In Kopenhagen dürfen Geschäfte seit einiger Zeit jeden Sonntag geöffnet und wochentags länger als üblich öffnen.

Auf Grund eines sehr liberalen Ladenschlussgesetztes können die Öffnungszeiten, vor allem im Sommer oder in Feriengebieten, stark variieren.

Banken

Montag – Freitag 10 – 16 Uhr. Donnerstag bis 18 Uhr. Auf dem Lande sind Banken oft zwischen 12 Uhr und 14 Uhr geschlossen.

Postämter

Montag – Freitag 9/10 – 17/18 Uhr. Samstag 9 – 12 Uhr (nur teilweise!). Kopenhagen, Hauptpostamt längere, tägliche Öffnungszeiten.

POST UND TELEFON

Porto in EU-Länder: Postkarte und Standardbrief bis 50 g ca. DKK 14,-.

Telefonieren: Vollautomatisches Telefonnetz. In Dänemark gibt es Telefonnummern mit acht Ziffern. Die Ortsvorwahl ist in die Rufnummer integriert!

Öffentliche Telefone bzw. Telefonzellen werden im Handy-Zeitalter auch in Dänemark immer seltener. Selbstwählferngespräche sind aber immer noch auch von öffentlichen Fernsprechern möglich. Anfangs nur geringen Betrag einwerfen, da bei Nichtzustandekommen des Gesprächs keine Münz-rückgabe erfolgt. Der Bertrag wird allerdings gespeichert und steht für ein erneutes Telefonat zur Verfügung. Für Auslandsgespräche sind mindestens 5 Kronen oder 1 Euro notwendig.

In vielen Telefonzellen können Sie sich auch anrufen lassen, wenn Sie dem Anrufer zuvor die Nummer der Telefonzelle mitteilen (ist deutlich angegeben).

Dänische Münzfernsprecher können mit 1-, 2-, 5-, 10- und 20-Kronen-Münzen, aber auch mit Euro-Münzen im Wert von 10, 20 oder 50 Cent oder 1 und 2 Euro-Münzen betrieben werden.

Immer häufiger trifft man auf Telefone, die mit **Telefonkarten (tele kort)** funktionieren, die an Kiosken und bei Postämtern erhältlich sind.

Mobiltelefone funktionieren überall im Lande.

Prepaid SIM-Karten – Wenn Sie mit der SIM-Karte Ihres deutschen Providers in Ihrem Handy in Dänemark (oder auch anderen Ländern) telefonieren, können ganz erhebliche Gebühren auflaufen, zumal dann, wenn Sie auch Fotos verschicken.

Kostensparend ist die Verwendung einer SIM-Karte eines in Dänemark tätigen Providers. Solche SIM-Karten kann man bereits in Deutschland bei Anbietern im Internet kaufen. Das Angebot im Internet ist groß.

Simlystore.com z. B. bietet eine Dänemark Prepaid Daten SIM-Karte mit 1 GB Volumen und 30 Tage Flat für knapp 30 Euro an. Andere Anbieter mit ähnlichen Angeboten sind www.prepaid-global. de, www.prepaid-abroad.com u. a.

Meist noch günstiger ist es allerdings, prepaid SIM-Karten, bei deren Erwerb Sie bereits ein Gebührenkontingent kaufen, vor Ort in Dänemark zu erwerben. Die Erfahrung hat aber gezeigt, dass dies mit Wartezeiten in den Telefonshops oder auch mit Verständigungsschwierigkeiten verbunden sein kann. Voraussetzung, dass Sie Prepaid SIM-Karten für Dänemark nutzen können ist aber immer, dass Sie über ein Handy ohne SIM-Lock verfügen, Ihr Handy also nicht für andere SIM-Karten gesperrt ist und Ihr Handy mit dem Frequenzband 3G kompatibel ist, was gewöhnlich der Fall sein sollte.

Bei manchen Anbietern ist das Aufladen des Guthabens per Internet nur mit dänischen Kreditkarten möglich. Die Prepaid-Gesprächsgebühren sind innerhalb Dänemarks zwar gering, es empfiehlt sich aber, z. B. wenn Sie öfters mal eine SMS oder gar Fotos nach Hause schicken, gleich beim Kauf der Karte ein etwas höheres Guthaben zu erwerben. Das Guthaben (Restguthaben) ist bei den meisten Anbietern auf einen Zeitumfang von neuen Monaten begrenzt.

SIM-Karten für Handys können in den meisten Läden mit einer Stanze auf die richtige Größe gebracht werden.

Notruf (Polizei, Unfallrettung/Notarzt, auch über Mobilfunk): **112**, gebührenfrei, von Telefonzellen aus ohne Münzeinwurf erreichbar!

Vorwahlen:

Für **Dänemark: 00 45 bzw. +45** (danach achtstellige Rufnummer).

Für **Deutschland: 00 49 bzw. +49** (danach Ortsvorwahl ohne erste Null, dann Rufnummer).

Für **Österreich: 00 43 bzw. +43** (danach Ortsvorwahl ohne erste Null, dann Rufnummer).

Für die **Schweiz: 00 41 bzw. +41** (danach Ortsvorwahl ohne erste Null, dann Rufnummer).

Übrigens: Namen, die mit **Æ, Å, Ä, Ø** oder **Ö** beginnen, finden Sie in dänischen Telefonbüchern **am Ende des Alphabets**!

REISEN IM LANDE

Mit dem Schiff

Natürlich sind nicht alle der 400 zu Dänemark gehörenden Inseln mit Autofähren zu erreichen. Zu den wichtigsten aber bestehen ganzjährig gute Verbindungen mit mehreren Abfahrten täglich.

Jütland – Seeland

Ebeltoft – Sjællands Odde, Schnellfähre bis 3 mal täglich, 55 Minuten. *Molslinjen;* www.molslinjen.dk.

Århus – Sjællands Odde, bis zu 7 mal täglich, 2 Std. 45 Minuten. *Molslinjen;* www.molslinjen.dk.

Jütland – andere Inseln
Frederikshavn – Læsø, bis 4 mal täglich, 1 Std. 30 Minuten. *Læsø-Line;* www.laesoe-line.dk.

Grenå – Anholt, bis 2 mal täglich, 2 Std. 45 Minuten. *Grenaa-Anholt Færgefart;* www.anholtfergen.dk.

Kalundborg – Ballen/Samsø, bis 5 mal täglich, 1 Std. 40 Minuten. *Samsø Linien A/S;* https://www.samsoelinjen.de/.

Snaptun – Endelave, bis 4 mal täglich, 1 Std. 10 Minuten. *Endelave;* https://mf-endelave.dk/.

Årøsund – Årø, bis 16 mal täglich, 20 Minuten. *Aaro Færgefart;* www.aaro.dk/om-aaroe/faergen.

Ballebro – Hardeshøj/Als, bis 4 mal stündlich, 12 Minuten. *Nordalsfaergen Bitten;* www.faergen-bitten.dk.

Esbjerg – Nordby/Fanø, bis 2 mal stündlich, 12 Minuten. *Fanølinjen;* www.fanoelinjen.de.

Fünen – andere Inseln
Assens – Baagø, bis 6 mal täglich, 40 Minuten. *Assens-Bagø Færgen A/S;* www.baagoe.info/faergen.html:

Bøjden – Fynshav/Als, bis 8 mal täglich, 50 Minuten. *Alslinjen;* www.alslinjen.dk:

Fåborg – Avernakø – Lyø, bis 8 mal täglich, 40 Minuten. *Ø-Færgen;* https://oefaergen.fmk.dk/forside/.

Fåborg – Søby/Ærø, bis 2 mal täglich, 1 Stunde. *Ærøfærgerne;* www.aeroe-ferry.de:

Svendborg – Ærøskøbing, bis 6 mal täglich, 1 Std. 15 Minuten. *Ærøfærgerne;* www.aeroe-ferry.de:

Fynshav - Søby/Ærø, bis 2 mal täglich, 60 Minuten. *Ærøfærgerne;* www.aeroe-ferry.de:

Seeland – andere Inseln
Rørvig – Hundested (Isefjord), bis 25 mal täglich, 25 Minuten. *Hundested-Rørvig Færgefart A/S;* www.hundested-roervig.dk.

Holbæk – Orø (Isefjord), bis 10 mal täglich, 25 Minuten. *Østre Færge A/S;* www.oestrefaerge.dk.

Zwischen den wichtigsten anderen Inseln
Bandholm/Lolland – Askø, bis 9 mal täglich, 30 Minuten. *Lolland Faergefart;* www.lollandfaergefart.dk.

Kragenaes/Lolland – Femø, 6 mal täglich, 50 Minuten. *Lolland Faergefart;* www.lollandfaergefart.dk.

Kragenæs/Lolland – Fejø, stündlich, 15 Minuten. *Lolland Faergefart;* www.lollandfaergefart.dk.

Tars/Lolland – Spodsbjerg/Langeland, bis 34 mal täglich, 45 Minuten. *Langelandslinjen;* www.langelandslinjen.dk:

Rudkøbing/Langeland – Strynø, bis 9 mal täglich, 30 Minuten; www.langelandkommune.dk/borger/havne-trafik-og-veje/strynoe-faergen/.

Rudkøbing/Langeland – Marstal/Ærø, bis 6 mal täglich, 1 Stunde. *Ærøfærgerne;* www.aeroe-ferry.dk.

Fähre zur Insel Bornholm
Køge – Rønne/Bornholm, bis 2 mal täglich, 5,5 Stunden. *Bornholmslinjen;* www.bornholmslinjen.dk.

REISEZEIT

Als beste Zeit für eine Reise durch Dänemark ist wohl die Spanne zwischen Ende Mai und Anfang August geeignet. In aller Regel ist dann mit den sonnigsten und wärmsten Wetterabschnitten zu rechnen und alle touristischen Einrichtungen sind in Betrieb.

Eine Rundreise, weniger ein Badeaufenthalt, kann aber auch noch später, etwa bis Mitte Oktober mit Aussicht auf ansprechendes Reisewetter (wenn auch mit einigen Abstrichen) unternommen werden. Man sollte aber berücksichtigen, dass dann manche Campingplätze und andere touristische Einrichtungen wie z.B. Informationsbüros in kleineren Orten schon geschlossen sind oder nur noch einen eingeschränkten Service bieten. Außerdem macht sich im Herbst die nördliche Lage Dänemarks durch merklich kürzere Tage bemerkbar.

Wärmende, wind- und regenabweisende Kleidung sollten aber nie im Gepäck fehlen, weder im Sommerurlaub noch auf einer Reise in der Nebensaison.

VERANSTALTUNGEN

Mai – Anfang Mai in Århus „Spotfestival" (nordisches Musikfestival) mit Uraufführungen dänischer und ausländischer Werke, Musiktheater etc.; www.spotfestival.dk/en/.

Ende Mai bis Ende August in **Kværndrup/Südfünen „Sommer Musik Matinees auf Schloss Egeskov"**, Kammerkonzerte jeden Sonntagnachmittag.

Ende Mai in **Ringe** auf Fünen **„Midtfyns Festival"**, auf mehreren Bühnen fünf Tage lang über hundert Konzerte mit Rock, Blues, Funk, Jazz, Country Music, Folk.Mitte Juni bis Mitte Juli in **Frederiksund „Wikingerspiele".**

Ende Juni, gelegentlich auch Anfang Juli, in **Roskilde „Roskilde Musikfestival"**, eines der größten Open Air Festivals in Nordeuropa mit Rock, Folk, Beat, Jazz, Theater und Film.

Anfang bis Mitte Juli „Copenhagen Jazz Festival"; www.jazz.dk/en/copenhagen-jazz-festival/.

Mitte Juli „Ringreiterfest" in Sønderburg/Als in Südjütland, Reiter müssen von galoppierenden Pferden mit einer Lanze einen kleinen, an einer Schnur über der Reitbahn hängenden Ring aufspießen; https://www.visitsonderborg.de/sonderborg/information/ringreiten-sonderborg-gdk611204.

Anfang August „**Copenhagen Summer Festival**", klassische Konzerte täglich im Festsaal des Schlosses Charlottenburg und in der Schlosskirche Christiansborg; www.copenhagensummerfestival.dk.

Anfang August „Mosstock Festival", Open Air Festival am Mossø bei Skanderborg, drei Tage lang Rock, Folk, Jazz.

Mitte August in **Odense/Fünen „H.C. Andersen Festspiele",** Märchen unter freiem Himmel; https://www.hcafestivals.dk/.

Mitte Juli bis Mitte August „Bornholmer Musikfestival", moderne und klassische Musik montags bis mittwochs in den Bornholmer Kirchen; www.bornholms-musikfestival.dk.

Ende August bis Anfang September – die **„Festwoche in Århus"** gilt als größtes Kulturfestival Skandinaviens.

WÄHRUNG UND DEVISEN

In den skandinavischen Ländern gibt es bei der Ein- und Ausfuhr normaler Beträge inländischer wie ausländischer Währung keinerlei Beschränkungen.

Bei der Ausfuhr sehr hoher Beträge ab 10.000 Euro gelten allerdings besondere Bestimmungen!

Die dänische Währung ist die **Dänische Krone** (DKK) zu 100 **Øre** (Öre).

Geldscheine gibt es mit den Werten 1.000, 500, 100 und 50 Kronen und Münzen zu 20, 10, 5, 2 Kronen und 1 Krone, sowie 50 und 25 Øre.

DKK 100 = ca. EUR 13,38.

EUR 1,00 = ca. DKK 7,47

Die Wechselkurse unterliegen Schwankungen.

Unter **www.umrechner-euro.de/dkk-eur/** kann man Devisen zum aktuellen Tageskurs umrechnen.

International bekannte **Reiseschecks** und die gängigen **Kreditkarten** mit Chip werden in vielen Geschäften, Tankstellen (aber manchmal nicht an Tankautomaten!), Hotels, Restaurants etc. als Zahlungsmittel akzeptiert.

Geldautomaten, an denen Sie mit Ihrer Maestro-Karte oder Kreditkarte mit der geheimen PIN-Nummer rund um die Uhr Geld bekommen können, sind sehr verbreitet.

Bei der Zusammenstellung dieser Informationen wurden auch Hinweise des Dänischen Campingrats sowie von VisitDenmark, Dänemarks offizieller Tourismuszentrale, verwendet.

Haftungsausschluss

Alle in diesem Reiseführer gemachten Angaben, sowie Reise- und Sicherheitshinweise sind nach den aktuell erreichbaren und dem Verlag zugänglichen Informationen mit Sorgfalt und nach bestem Wissen zusammengestellt. Eine Gewähr für die Richtigkeit und die Vollständigkeit der Angaben sowie eine Haftung für eventuell eintretende oder daraus entstehende Schäden kann nicht übernommen werden. Gesetze und Vorschriften können sich jederzeit ändern, ohne dass der Verlag davon erfährt. Die Entscheidung über die Durchführung einer Reise liegt in der Verantwortlichkeit des Lesers.

Verlag und Autor empfehlen, sich rechtzeitig vor Antritt der Reise nach den neuesten reiserelevanten Vorschriften zu erkundigen.

ZEICHENERKLÄRUNG

⊛	Hauptstadt		⋀	Campingplatz
◉	Etappen-Start-/Endpunkt			Womo-Stellplatz
◉	Orte			V & E Station
✳	Sehenswürdigkeit		♱✝	Kirche, Kathedrale
ⓘ	Touristeninformation			Burg, Kastell
	Museum, Schloss			Wandermöglichkeit
🏛	Rathaus, öffentl. Gebäude		⌘	archäol. Stätte
	Busbahnhof, Bahnhof		▲	Berg, Gipfel
P	Parkplatz			Rast-, Picknickplatz
	Tiefgarage		⤫	Grenzübergang
✈ ✈	Flughafen		)(	Pass
✉	Postamt			Strand, Badeküste
✉	Restaurant		∩	Höhle
	Hotel		C & C	Caravan & Camping Park
──────	Reiseweg, Route			

V & E für Wohnmobile – Einrichtungen für Versorgung mit Trinkwasser sowie Entsorgung für Wohnmobilabwässer sind auf dem Platz vorhanden.

Wichtige, am Anfang zu jeder Tour vermerkte Sehenswürdigkeiten sind ihrer Bedeutung entsprechend mit einem, zwei oder drei Sternchen versehen.

* = sehenswert
** = sehr sehenswert
*** = ein „Muss" auf der Reise

INFORMATIONEN ZU GPS-NAVIGATIONSKOORDINATEN

Ein Wort zu den GPS-Daten

Alle unsere GPS-Koordinaten sind im System WGS 84 („World Geodetic System 1984"), einer der beiden internationalen Standards für Koordinatensysteme (neben UTM), erfasst.

Bitte beachten Sie: Die Genauigkeit der Routenführung durch das Navigationssystem hängt auch von der Genauigkeit und Aktualität des in Ihrem Navigationsgerät vorhandenen Kartenmaterials ab.

Minuten/Sekunden ändern in Dezimalkoordinaten

Alle Navigationsdaten in diesem Buch sind im Format Grad/Minuten/Sekunden angegeben. Falls Sie Navigationskoordinaten in Ihr Navigationsgerät evtl. nur als Dezimalkoordinaten eingeben können, ist das kein größeres Problem.

Koordinaten lassen sich von Grad/Minuten/Sekunden – so wie bei uns dargestellt – relativ einfach „per Hand" in Dezimalkoordinaten umrechnen und müssen dann gewöhnlich auch von Hand in das Navigationsgerät eingegeben werden.

– Da das Minuten/Sekunden-System in 60er Schritten geht, darf man die Minuten- und Sekunden-Markierungen nicht einfach ignorieren und daraus Dezimalkoordinaten machen, sondern man muss die Daten durch 60 teilen. Umgekehrt ist das auch von Dezimalwerten in Minuten/Sekunden möglich (multiplizieren).

Beispiel: Grad/Minuten/Sekunden-Format: z. B. N39° 29' 12.6" wird so zum Dezimalformat: 29 : 60 = 0,48, 12.6 : 60 = 0,21. Das wieder zusammengesetzte Format zeigt nun die Dezimalkoordinate: N39,4821°.

Oder: E20° 15' 34.2" – entspricht dann E20,2557° (alle Angaben ohne Gewähr).

Sollten Sie Koordinatenformate konvertieren wollen, können Sie sich eines der **Konvertierungsprogramme** bedienen, die Sie kostenlos aus dem Internet herunterladen können, wie z. B.

GPS Babel http://www.gpsbabel.org (Englisch)

Routeconverter http://www.routeconverter.de (Deutsch)

Garmin POI-Loader http://www.garmin.com/products/poiloader (Englisch)

Im Reiseführer sind die Koordinaten wie folgt dargestellt:

Beispiel: [N68° 23' 23.7"   E14° 25' 20.4"]. Koordinaten in diesem Reiseführer, die in Orten/Städten angegeben sind, sind als Anhaltspunkte zur Orientierung mit Handnavigationsgeräten bei Stadtrundgängen gedacht. Sie bedeuten NICHT, dass diese Ziele (Wegpunkte) auch immer (Ausnahme Campings oder Wohnmobil-Stellplätze) mit dem Auto zu erreichen sind! Manche Ortskerne sind (wenn auch selten) für den allgemeinen Autoverkehr gesperrt oder nur für den Anliegerverkehr erlaubt. Sehenswürdigkeiten, Museen, Kirchen etc. sind dort nur zu Fuß zu erreichen!

Gelegentlich steht vor der Koordinate das Wort „Parkplatz", z. B. **[Parkplatz, N70° 10' 40.0" E25° 17' 49.0"].** Damit wird darauf hingewiesen, dass sich bei oder ganz in der Nähe des Punktes ein Parkplatz befindet. Die Koordinate bezieht sich dann auf den Parkplatz. Vom Parkplatz können es noch ein paar Meter Fußweg bis zum eigentlichen Ziel sein.

Obwohl wir bei der Erfassung von GPS-Koordinaten größte Sorgfalt walten lassen, können wir für die Richtigkeit der in unseren Reiseführern und auf unseren Roadbook-CDs angegebenen GPS-Koordinaten und Wegpunkte sowie für evtl. daraus resultierende Ereignisse durch Missweisungen keine Haftung übernehmen.

Mobil Reisen - Wohnmobilreiseführer und Tourenbücher

Warum Reiseführer aus dem Werner Rau Verlag?

Ein großes, nahezu unübersehbares Reiseführer-Angebot erwartet Sie inzwischen im Handel. Warum sollten also gerade Reiseführer aus dem Werner Rau Verlag die richtige Entscheidung für Sie sein? Eine gute Frage… Gerne gebe ich Ihnen darauf eine Antwort:

Schon seit den 70er-Jahren begeistere ich mich fürs Wohnmobil-Touring und verfasse seit Beginn der 80er-Jahre Reiseführer für alle, die Land und Leute gerne auf eigene Faust entdecken wollen. Die Jahrzehnte lange Reiseerfahrungen in fast allen europäischen und zahlreichen außereuropäischen Ländern, die auf den vielen Reisen gesammelt wurden, fließen nun als Ergebnis ins Konzept meiner Reiseführer ein.

Einfach einsteigen, losfahren und entspannt die Tour genießen! Das wäre doch ideal, war mein Gedanke. Und genau das möchte ich mit meinen „MOBIL REISEN"-Tourenbüchern Ihnen zur Verfügung stellen. Mein Ziel ist es, kompetente und aktuell informative Reiseführer anzubieten.

Zusammen mit bewährten Tourenvorschlägen und Reisetipps bieten meine Reiseführer nicht nur umfangreiche Infos zu den schönsten Reiserouten mit GPS-Koordinaten, sondern zudem eine gelungene Mischung aus zeitgemäßer Informationsvielfalt, Kultur und aktuellen Tipps für täglich neue Reiseerlebnisse. Und natürlich gibt es eine Fülle an Hinweisen zu Campings und zu Wohnmobil-Stellplätzen.

Einer der vielen Vorteile unserer Reiseführer-Reihe ist, dass Sie sich durch die in den Büchern vorgeschlagenen Routen Ihre eigene, ganz individuelle Reise-Tour zusammenstellen können.

Fast alle Tourenvorschläge, jeder mit einer eigenen Übersichtskarte versehen, sind so gewählt, dass sie an einem Tag erlebt werden können. Und alle beschriebenen Touren sind Vorschläge, an die Sie sich aber nicht strikt halten müssen. Sie haben jederzeit die Freiheit, die Auswahl der Touren ganz nach Ihren Vorstellungen zu gestalten. Dabei sind die entsprechenden Info-Tabellen vor den jeweiligen Touren eine große Hilfe. Vor jeder Tour finden Sie darin übersichtliche Informationen, welche die Reisehöhepunkte hervorheben, Länge der Tour nennen und auch die eventuelle Reisedauer beschreiben. Und wenn Sie diese Info-Tabelle überfliegen, wissen Sie schon, ohne viel hin und her zu blättern, was Sie auf der ausgewählten Tour an Reisehöhepunkten, Zeitaufwand und Entfernungen erwartet. Sie können mit unseren Tourenvorschlägen problemlos Ihre persönliche, individuelle Reise ganz nach Ihren Vorstellungen planen.

Rau's Reise- und Tourenbücher mit dem erfolgreichen Konzept ‚Mobile Touring Highlights' sind handliche, praktische Reiseführer, optimal geeignet für individuelles Wohnmobil-, Caravan- und VanCamper-Touring - mit Kompetenz aus erster Hand. Einfach einsteigen, losfahren und genießen!

Zu fast allen meinen Wohnmobilführern können Sie beim Verlag ein GPS-Roadbook auf CD bestellen, mit GPS Koordinaten zu wichtigen Wegpunkten und zu fast allen im Reiseführer erwähnten Camping- und Wohnmobil-Stellplätzen.

Vergnügten Reisegenuss wünscht Ihnen
Ihr Werner Rau

Hier geht's direkt zu meiner Webseite www.rau-verlag.de.

MOBIL REISEN

NIX WIE RAUS!

Rau's Reiseführer – die gelungene Mischung aus kompetentem Reiseführer, Tourenbuch, Camping- und Stellplatzführer.

Erlebnisreiche Touren zum Nachreisen mit Wohnmobil, Caravan oder Van-Camper.

Mobil Reisen: BALTIKUM

Die schönsten Reiserouten, kombiniert zu einer erlebnisreichen Tour durch alle drei baltischen Länder - Litauen, Lettland und Estland. Mit einem Abstecher nach Kaliningrad. Reisetipps in Fülle. Plus Vorschläge zu sechs Radtouren.
Mit Wohnmobil-Stellplätzen u. Campingplätzen.
Von Michael Moll, 288 S., zahlr. Farbfotos, Karten und Stadtpläne.
ISBN 978-3-926145-72-7. € 19,90.
GPS-Roadbook-CD mit Navigationskoordinaten verfügbar!

Mobil Reisen: BRETAGNE

Ein individueller Reiseführer mit Routenvorschlägen, ausgesuchten Touren für eine Reise von Nantes bis ans „Ende der Welt", der Finistère an die bretonische Atlantikküste. Historisches, Amüsantes, Kulinarisches und natürlich viele praktische Reisetipps. Jetzt mit noch mehr Wohnmobil-Stellplätzen.
Mit vor Ort erfassten GPS-Koordinaten.
336 S., zahlr. Farbfotos, Karten, Stadtpläne, Hotels, Campingplätze sowie viele Infos und Reisetipps.
ISBN 978-3-926145-78-9. € 19,90.
GPS-Roadbook-CD mit Navigationskoordinaten verfügbar!

Mobil Reisen: DÄNEMARK – Mit Insel Bornholm

Handlich und praktisch für erlebnisreiches Van-Camper-, Caravan- oder Wohnmobil-Touring. Auf den attraktivsten Urlaubsrouten zu den schönsten Städten und Küsten in Jütland, Fünen, Seeland und Bornholm. Ausführlicher Teil über "wonderful, wonderful Copenhagen".
Mit vor Ort erfassten GPS-Koordinaten.
312 S., zahlr. Farbfotos, Karten, Stadtpläne, sowie viele Infos, die schönsten Camping- u. Stellplätze.
ISBN 978-3-926145-87-1. € 19,90.

RAUS REISEFÜHRER „MOBIL REISEN"

Mobil Reisen: ENGLAND SÜD

Von den weißen Felsen von Dover über lebhafte Seebäder bis hinaus an die abgeschiedene, wilde Küste von Cornwall. Wandern auf den herrlichen Küstenwegen und Klippenpfaden, den Schauplätzen aus Pilcher-Filmen nachspüren, in prächtigen Gärten schwelgen oder lieber gemütlich in einem uralten Pub verweilen, in dem sich schon die Schmuggler früherer Tage die Klinke in die Hand gaben? Dieser Reiseführer sagt Ihnen, wo's lang geht. Mit vor Ort erfassten GPS-Koordinaten. 348 S., zahlr. Farb-Abb., Karten, Stadtpläne, Pubs, sowie viele Infos und die schönsten Campingplätze.
ISBN 978-3-926145-86-4. € 22,90.
GPS-Roadbook-CD mit Navigationskoordinaten verfügbar!

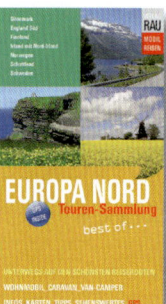

Mobil Reisen: EUROPA NORD

Wohin im nächsten Urlaub? Diese Sammlung der schönsten Wohnmobil-Touren durch Europas Norden gibt jede Menge Tipps. Erleben Sie auf den schönsten Reisewegen Touring Highlights in Dänemarks Jütland, in Englands Süden, in Finnland, in Irland und Nordirland, in Norwegens Fjordwelt und auf den Lofoten, in Schottland und in Südschweden.
Mit einladenden Camping- und Stellplätzen und mit vor Ort erfassten GPS-Koordinaten.
300 Seiten, zahlr. Farbfotos, Karten, Stadtpläne.
ISBN 978-3-926145-82-6. EUR 22,90.

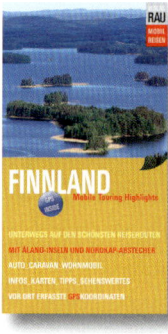

Mobil Reisen: FINNLAND – Mit Åland-Inseln

Das „Land der tausend Seen" von Helsinki über das Labyrinth des Saimaa-Seengebiets, weiter über Karelien, die einsamen Weiten Lapplands und zurück über den finnischen Schärengarten auf eigene Faust erleben. Anschließend ein Abstecher auf die Åland-Inseln.
Mit einem ausführlich geschilderten **Abstecher zum Nordkap**. Und das Ganze mit vor Ort erfassten GPS-Koordinaten.
264 S., zahlreiche Farbfotos, Karten, Stadtpläne, Hotels, Campingplätze sowie viele praktische Informationen über Land und Leute.
ISBN 978-3-926145-50-5. € 19,90.
GPS-Roadbook-CD mit Navigationskoordinaten verfügbar!

Mobil Reisen: GRIECHENLAND

Aus der Reisepraxis für die Reisepraxis geschrieben. Ein Reisehandbuch mit Routen, Touren und Reisetipps fürs Reisemobil-Touring.
Eine Fülle von Routenvorschlägen führt Sie durch alle Regionen Festlandgriechenlands, von den Badestränden der Chalkidiki-Halbinsel bis in den Süden der Peloponnes-Halbinsel und natürlich zu allen archäologischen Stätten.
Mit vor Ort erfassten GPS-Navigationskoordinaten!
312 S., zahlr. Farbfotos; Karten, Stadt- u. Lagepläne, Stadtspaziergänge, Hotels und die schönsten Campingplätze.
ISBN 978-3-926145-80-2. € 19,90.
GPS-Roadbook-CD mit Navigationskoordinaten verfügbar!

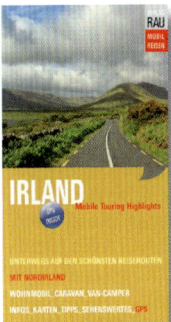

Mobil Reisen: IRLAND – Mit Nordirland

Der ideale Urlaubsführer für alle, die den Charme der "Grünen Insel" auf eigene Faust entdecken wollen. Ausgesuchte Routenvorschläge fürs Wohnmobil-Touring von den südlichen Counties über die imposante Westküste bis hinauf ins abgeschiedene Donegal und durch Nordirland. Ausführlicher Dublin- und Belfast-Teil mit detaillierten Rundgängen. Kultur, Folklore, Tipps zu Pubs, Wandermöglichkeiten.
Mit vor Ort erfassten GPS-Navigationskoordinaten!
408 S., zahlr. Farbfotos, Karten, Stadtpläne, Hotels, viele Infos und die schönsten Campingplätze.
ISBN 978-3-926145-84-0. € 22,90.
GPS-Roadbook-CD mit Navigationskoordinaten verfügbar!

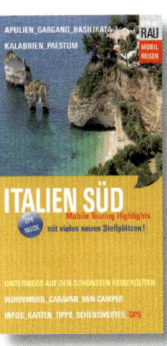

Mobil Reisen: ITALIEN SÜD

Italiens Süden hat viel mehr zu bieten als Sonne, Strand und Meer. Erleben Sie auf den schönsten Reisewegen die süditalienische Region Apulien mit dem hübschen Zentrum der Trullibehausungen und dem imposanten Stauferschloss Castel del Monte, die prächtige Küste der Halbinsel Gargano, sowie die einladendsten Plätze in Kalabrien. Und lernen Sie die Touring Highlights der Basilikata kennen. Natürlich fehlt auch ein Abstecher nach Paestum nicht. Neben jeder Menge an Reisetipps und Sehenswürdigkeiten finden Sie in diesem Tourenbuch eine Vielzahl von Camping- und Wohnmobilstellplätzen sowie vor Ort erfasste GPS-Koordinaten.
240 Seiten. Zahll. Farbotos, Karten u. Pläne sowie eine Fülle an Tipps.
ISBN 978-3-926145-83-3. € 22,90.
GPS-Roadbook-CD mit Navigationskoordinaten verfügbar!

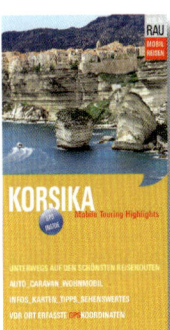

Mobil Reisen: KORSIKA

Korsika, „Ile de Beauté", die „Insel der Schönheit" besticht durch ihre wunderbare Berglandschaft und ihre herrliche, oft atemberaubende Küstenszenerie. Eine Herausforderung für alle unternehmungslustigen Wohnmobilisten und Caravaner und ein Eldorado für anspruchsvolle Wandertouren.
Hotels, Restaurants, Campingplätze und jede Menge Tipps und Infos. Mit vor Ort erfassten GPS-Koordinaten.
228 S., zahlreiche Farbfotos., Karten, Stadtpläne.
ISBN 978-3-926145-41-3. € 18,90.
GPS-Roadbook-CD mit Navigationskoordinaten verfügbar!

Mobil Reisen: KROATIEN

Istrien, die Dalmatinische Küste und Kroatiens herrliche Adriainseln auf den schönsten Reisewegen erleben. Dieses praktische Reisehandbuch sagt Ihnen, wo's lang geht. U. a. mit Inseln Cres, Lošinj, Krk, Rab, Pag, Hvar, Korčula u. a., Makarska Riviera, Krka-Wässerfälle, Dubrovnik, Plitvicer Seen, Zagreb, sowie mit einer Fülle an Reisetipps, Infos zu Hotels und jede Menge Campingplätze.
Mit vor Ort erfassten GPS-Koordinaten.
264 S., zahlreiche Farbfotos, Karten, Stadtpläne, Stadtspaziergänge.
ISBN 978-3-926145-81-9. € 18,90.
GPS-Roadbook-CD mit Navigationskoordinaten verfügbar!

Mobil Reisen: LOIRETAL

Komplett überarbeitet, aktualisiert! Noch mehr Womo-Stellplätze!
Die schönsten Reisewege durch das Herz Frankreichs, der Landschaft, in der es sich leben lässt „wie Gott in Frankreich". Nicht umsonst entstanden hier die prächtigsten Schlösser Frankreichs. Aber auch wer weniger das Historische als viel mehr kulinarische Erlebnisse sucht, wird in der Gegend um das Loiretal auf seine Kosten kommen. Und dieser Reiseführer sagt Ihnen wo's lang geht. Mit vielen Wohnmobil-Stellplätzen und mit vor Ort erfassten GPS-Navigationskoordinaten!
288 S., zahlr. Farbfotos, Karten, Stadtpläne, sowie viele Infos und die schönsten Camping- und Wohnmobilstellplätze.
ISBN 978-3-926145-85-7. € 19,90.
GPS-Roadbook-CD mit Navigationskoordinaten verfügbar!

Mobil Reisen: NORWEGEN – Reisewege zum Nordkap

Komplett überarbeitet! Aktualisiert! Noch mehr Womo-Stellplätze!
Neue Touren und zusätzliche Routen! Noch übersichtlicher!
Jetzt mit praktischen „Tourenpaketen" zum Kombinieren, wie z. B. „Südnorwegen", „Gletscher, Fjells und Fjorde" oder „Finnmark und Nordkap".
Durchgehend farbig und noch mehr Fotos und Karten!
Verlässliche Kompetenz aus langjähriger Reiseerfahrung.
Mit vor Ort erfassten GPS-Koordinaten.
408 S., Stadtrundgänge, Wandervorschläge, viele Farbfotos, Karten, Stadtpläne, Hotels, sowie Reise-Infos in Fülle, dazu über 200 Campingplätze und zahlr. Stellplätze.
ISBN 978-3-926145-77-2. € 22,90.
GPS-Roadbook-CD mit Navigationskoordinaten verfügbar!

Mobil Reisen: OSTSEE-RUNDE

Auf überlegt ausgesuchten Routen und Touren die schönsten Gegenden Pommerns und Masurens, wunderschöne baltische Städte wie Vilnius, Riga und Tallinn, sowie die russische Perle Sankt Petersburg erleben. Reisen Sie über Finnland, Schweden und die dänische Insel Seeland zurück. Dieser Reiseführer hilft – ob Wohnmobil-Tourer, Caravaner, Autourlauber oder Motorbiker – sowohl bei der Vorbereitung als auch auf der Reise unterwegs. Ein unvergessliches Reiseerlebnis!
396 S., Stadtrundgänge, zahlr. Farbfotos, Karten, Stadtpläne, Hotels, sowie viele Infos und die schönsten Camping- und Wohnmobil-Stellplätze.
ISBN 978-3-926145-75-8. € 22,90.
GPS-Roadbook-CD mit Navigationskoordinaten verfügbar!

Mobil Reisen: POLEN

Polen bequem auf eigene Faust kennen lernen. Über die Sudeten und über Schlesien, weiter durch die Karpaten, Zentral- und Ostpolen mit einem ausführlichen Teil über die Hauptstadt Warschau, durch Ermland, die Masurische Seenplatte, durchs Lebuser Land und über Pommern schließlich bis zur Ostseeküste. Alles in bequem nachvollziehbaren Reiserouten beschrieben.
Von Michael Moll, 240 S., viele Farbfotos; Karten, Stadt- u. Lagepläne, Stadtspaziergänge, Hotels und die schönsten Campingplätze.
ISBN 978-3-926145-73-4. € 19,90.

Mobil Reisen: PORTUGAL

Gesamt Portugal, vom grünen Norden bis zur sonnigen Algarveküste, vom kargen, ursprünglichen Alto Alentejo bis zu den Seebädern am Atlantik beschreibt dieser Band auf leicht nachvollziehbaren Touren, die einen kompletten Eindruck von diesem überaus interessanten Reiseland vermitteln. Besonders ausführlich die Weinstadt Porto und natürlich Lissabon, eine der schönsten Hauptstädte Europas.

Mit vor Ort erfassten GPS-Koordinaten.

300 S., zahlr. Farbfotos, Karten, Stadtpläne, Hotels, sowie viele Infos und die schönsten Campingplätze.

ISBN 978-3-926145-64-2. € 19,90.

GPS-Roadbook-CD mit Navigationskoordinaten verfügbar!

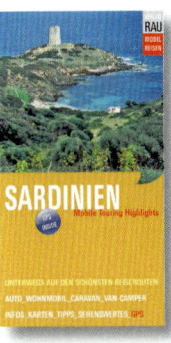

Mobil Reisen: SARDINIEN

Ein Reiseziel mit ganz unerwarteten Attraktionen – zauberhafte Küstenszenerien, das größte Dünengebiet ganz Italiens, wunderschöne Seegrotten, mystische Nuraghen, geisterhafte alte Minenstädte und einer der spektakulärsten Canyons in Europa.

Dieses Tourenbuch, gespickt mit jeder Menge Reisetipps, führt auf den schönsten Routen und Wohnmobil-Touren durch Sardinien. Mit Wohnmobil-Stellplätzen, Tipps zu Hotels und Restaurants, Campingplätzen. Mit vor Ort erfassten GPS-Navigationskoordinaten!

252 S., zahlr. Farbfotos, Karten, Stadtpläne.

ISBN 978-3-926145-62-8. € 18,90.

GPS-Roadbook-CD mit Navigationskoordinaten verfügbar!

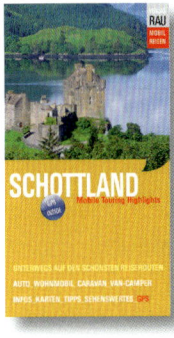

Mobil Reisen: SCHOTTLAND

Schottland auf neuen Wegen erleben. Eine variantenreiche Rundreise – von den Borders bis zu den Highlands, von den Western Isles bis zu den Orkneys. Detaillierte Beschreibung von Edinburgh, Glasgow, allen wichtigen Städten, Schlössern und Landschaften.

Außerdem Essen und Trinken, Whisky, Clans, Tartans und Dudelsäcke, Wandern u.v.m.

336 S., zahlr. Farbfotos., Karten, Stadtpläne, Hotels, sowie viele Infos und die schönsten Campingplätze mit GPS-Koordinaten.

ISBN 978-3-926145-79-6. € 19,90.

GPS-Roadbook-CD mit Navigationskoordinaten verfügbar!

Mobil Reisen: SCHWEDEN - Mit Inseln Öland und Gotland

Komplett überarbeitet, aktualisiert! Noch mehr Wohnmobil-Stellplätze! 22 sorgfältig ausgewählte, vor Ort getestete Reise(mobil)routen und Autotouren durch die schönsten Landschaften, Städte und Regionen. Mit vielen Reisetipps und Informationen über Sehenswertes vom südlichen Schonen bis Lappland. Mit ausführlichem Stockholm-Teil, Stadtrundgänge u. a. durch Helsingborg, Göteborg, Uppsala, Kalmar, sowie die Inseln Öland und Gotland. Mit vor Ort erfassten GPS-Koordinaten.

336 S., zahlr. Farbfotos, Karten, Stadtpläne, Hotels, sowie viele Infos und die schönsten Campingplätze. Mit Wohnmobil-Stellplätzen.

ISBN 978-3-926145-74-1. € 22,90.

GPS-Roadbook-CD mit Navigationskoordinaten verfügbar!

Mobil Reisen: SIZILIEN

Auch ein klassisches Reiseziel lässt sich immer wieder neu entdecken. Dieses neue Tourenbuch schildert kompetent und ausführlich die schönsten Reisewege durch Sizilien.

Mit Wohnmobil-Stellplätzen und mit vor Ort erfassten GPS-Koordinaten. 252 S., zahlr. s/w.- u. Farb-Abb., Karten, Stadtpläne, Hotels, sowie viele Infos und die schönsten Campingplätze.

ISBN 978-3-926145-55-0. € 18,90.

GPS-Roadbook-CD mit Navigationskoordinaten verfügbar!

Mobil Reisen: SKANDINAVIEN

Reiseziel Nordkap

Die große Tour zum Nordkap in bequem zu kombinierenden Reiserouten. Mit neuen Touren und vielen Streckenvarianten durch alle vier nordischen Länder – Dänemark, Norwegen, Schweden und Finnland. Ausführliche Beschreibung der Hauptstädte. Übersichtlich, informativ, kompetent. Mit vor Ort erfassten GPS-Koordinaten.

408 S., zahlr. Farbfotos, Karten, Stadtpläne, Hotels, sowie viele Infos und die schönsten Campingplätze und viele Wohnmobil-Stellplätze. ISBN 978-3-926145-71-0. € 22,90.

GPS-Roadbook-CD mit Navigationskoordinaten verfügbar!

Mobil Reisen: SPANIEN NORD

Spaniens Norden von den Stränden der Costa Brava über die Pyrenäen, durch das grüne Galicien mit dem Pilgerziel Santiago de Compostela bis ins Herz Kastiliens mit den Hochburgen von Kunst, Kultur und Geschichte wie Salamanca oder Segovia.

Ausführlich: **Der Jakobsweg**. Hotels, Restaurants und die schönsten Campingplätze. Mit vor Ort erfassten GPS-Koordinaten.

283 S., zahlr. Farbfotos; Karten und Stadtpläne.

ISBN 978-3-926145-63-5. € 19,90.

GPS-Roadbook-CD mit Navigationskoordinaten verfügbar!

Mobil Reisen: SPANIEN SÜD

Eine gelungene Mischung aus Kunst, Kultur, Information und Reisetipps. Ein kompletter Reiseführer, der mehr als nur Routen und Touren bietet. Vom Mittelmeer ins Herz Kastiliens, auf den Spuren der Conquistadores, weiße Dörfer, maurische Paläste und der sonnige Süden Andalusiens. PLUS: Madrid City Guide.

Mit vor Ort erfassten GPS-Koordinaten.

312 S., zahlreiche Farbfotos, Karten und Stadtpläne. Stadtspaziergänge, Hotels, Paradores, Campings, Wohnmobil-Stellplätze u. v. m.

ISBN 978-3-926145-69-7. € 22,90.

GPS-Roadbook-CD mit Navigationskoordinaten verfügbar.

Mobil Reisen: TOSKANA - Mit Florenz und Insel Elba
Wiege der Renaissance, altes Zentrum von Kunst, Kultur und Wissenschaft und natürlich Eldorado für Weinliebhaber und ein wahres Paradies für kulinarische Entdecker. Ein Autoführer mit bequem zu kombinierenden Reiserouten durch die gesamte Toskana, mit Elba.
Großer Florenz-Teil sowie alle wichtigen Städte, Landschaften und Sehenswürdigkeiten. Mit vor Ort erfassten GPS-Koordinaten.
300 S., zahlr. Farbfotos, Hotels, Restaurants, Camping- u. Reisemobil-Stellplätze, Kartenskizzen, Stadtpläne und viele Infos.
ISBN 978-3-926145-70-3. € 19,90.
GPS-Roadbook-CD mit Navigationskoordinaten verfügbar.

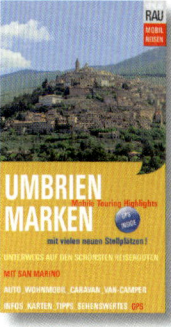

Mobil Reisen: UMBRIEN, MARKEN
Mit San Marino
Auf den schönsten Reiserouten durch die mittelitalienischen Regionen Umbrien und Marken. Reisen Sie von der sehenswerten Hauptstadt Umbriens Perugia über das prächtig gelegene Orvieto bis an die Ufer des Lago di Bolsena, weiter über die einladenden Höhen der Sibellinischen Berge an die adriatische Küste und in die älteste Republik Europas, San Marino. Mit vor Ort erfassten GPS-Koordinaten.
240 S., zahlr. Farbfotos, Hotels, Restaurants, Camping- u. Reisemobil-Stellplätze, Kartenskizzen, Stadtpläne und viele Infos.
ISBN 978-3-926145-76-5. € 19,90.
GPS-Roadbook-CD mit Navigationskoordinaten verfügbar.

Weitere Titel sind in Vorbereitung!

Fragen Sie im Buchhandel nach unseren aktuellen Neuerscheinungen.

Oder besuchen Sie uns im Internet:

https://www.rau-verlag.de
http://www.mobil-reisen.eu

WERNER RAU VERLAG, Feldbergstraße 54, D - 70569 Stuttgart

www.rau-verlag.de – e-mail: info@rau-verlag.de

Mobil Reisen: DÄNEMARK

© Werner Rau, Stuttgart, 1987.

Vorliegend: 9. Auflage 2020/2021